校中近有級際英文辯論中文辯論比賽，男擬加入賽之文兩種代表，惟以狠忙未敢僑。男近來學問人品卻有進步，讀書亦較逕前更有條理，加筆誌之耳。此為正堪告慰者也。餘俟後詳，敬請

安及︒

男露

十二年十二月下四號

陈铨
评传

孔刘辉 著

人民文学出版社

图书在版编目(CIP)数据

陈铨评传 / 孔刘辉著. —北京：人民文学出版社,2020
ISBN 978-7-02-016592-6

Ⅰ.①陈… Ⅱ.①孔… Ⅲ.①陈铨（1903—1969）—人物研究 Ⅳ.①K825.6

中国版本图书馆CIP数据核字（2020）第165330号

责任编辑　郭　娟
装帧设计　李思安
责任印制　王重艺

出版发行　人民文学出版社
社　　址　北京市朝内大街166号
邮政编码　100705
网　　址　http://www.rw-cn.com

印　　刷　三河市鑫金马印装有限公司
经　　销　全国新华书店等

字　　数　266千字
开　　本　710毫米×1000毫米　1/16
印　　张　19.75　插页19
版　　次　2020年12月北京第1版
印　　次　2020年12月第1次印刷

书　　号　978-7-02-016592-6
定　　价　75.00元

如有印装质量问题,请与本社图书销售中心调换。电话:010-65233595

·少年时代，陈铨在四川

・陈铨（前排右四）与四川省立第一中学同学合影，1921年

· 为清华两位同学留美所摄，左起：张昌圻、谢明旦、林伯遵、刘孝瑾（林伯遵妻）、张昌颖、陈铨，1925年

·仁友会合影,前排:右一陶桐、右二陈铨,左二林同济;
后排:右一张荫麟,左一贺麟,左二陶葆楷,1926年

·奥柏林学院中国留学生合影,前排左三陈铨,二排左二陈洋溢、左三张咏、右二任泰,三排左一刘建华、右二熊大纯,约1929年

- 左图：1930 年在奥柏林学院获硕士学位
- 右图：约 1931 年在克尔大学

·1931年陈铨（中间餐桌远端）在柏林参加国际黑格尔学术会议

· 左起：陶桐、张昌圻、冯至、蒋复璁等在柏林，1932 年，
陈铨拍摄

·陈铨（左）与姚从吾，柏林，约 1932 年

·陈铨（左三坐者）在克尔大学参加李培教授（桌后男士坐者）的戏剧研讨课

·1932年柏林"青年励志会"会友聚会，左起：王树棻、傅汇川、陈茂、陈晓岚、陈铨、杨能深、程登科

·克尔大学中国皮影戏演出合影

・陈铨与德国友人

·陈铨在德国与冯至、姚可崑夫妇(中立二人)

· 1935年陈铨、邓昭常夫妇在清华园

·1937年祖孙三代在富顺：陈铨与父亲陈智府（坐者）、儿子陈光群

·1939年《祖国》演出后合影，左起：陈铨、凤子、孙毓棠、闻一多

· 1943年演出《金指环》合影，前排左六陈铨、左七余上沅

·陈铨（后排左三）与译员训练班学生合影，1945年

·陈铨（左六）在同济大学

·全家福,前排左起:陈铨、邓昭常夫妇,女儿陈光琴;后排左起:儿子陈光群、陈光还

・1957年陈铨（后排中）与南京大学外文系学生

紅日映窗紗書聲出我家
明月照籬花歡聲震我家

此日殷勤頻灌溉 他年春色遍天涯
一九六三年夏攝列念大弟寧陳克芸陳光鋼陳鷺
唐詩斌嶼紀念 陳銓手筆時年六十

龍門照相
南京中山路136号

・1963年陈铨与侄儿侄女们合影并在照片旁题字

·陈铨主编、参与编辑的刊物

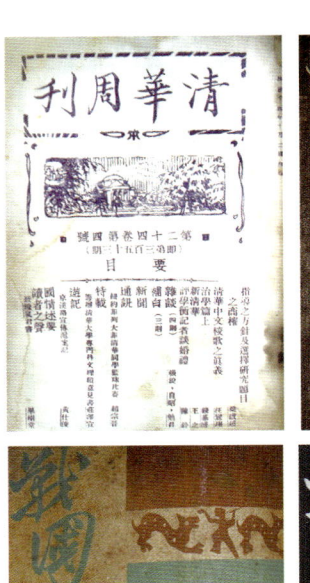

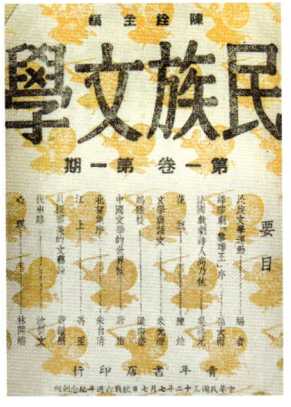

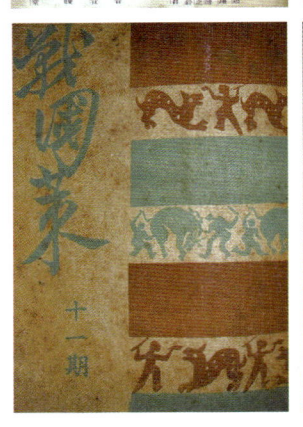

·《革命的前一幕》《天问》《死灰》等长篇小说

- 《黄鹤楼》《野玫瑰》等多幕剧

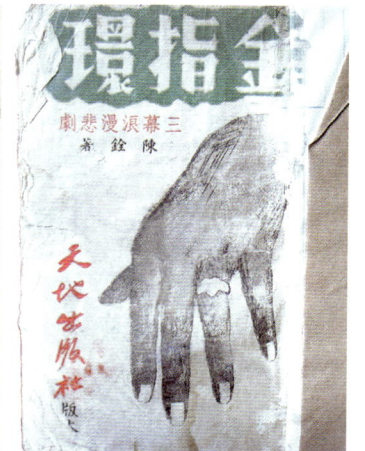

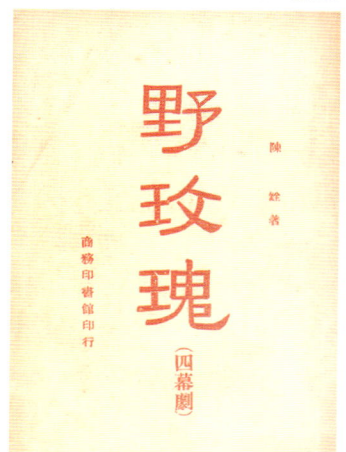

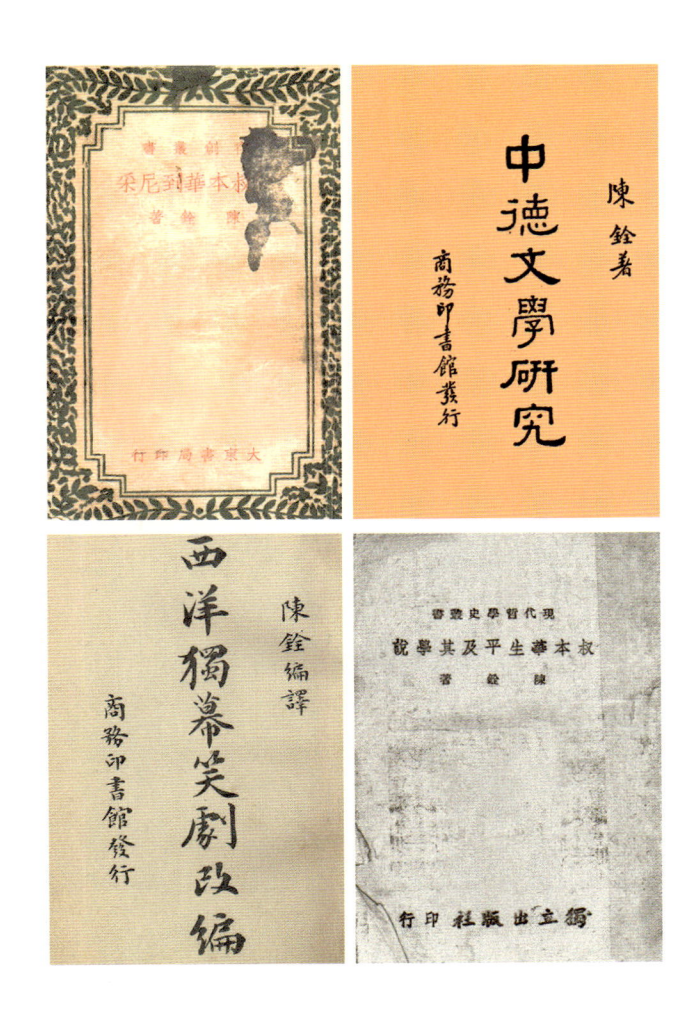

·《中德文学研究》《从叔本华到尼采》《叔本华生平及其学说》等著述

· 1950—1960 年代的译著

·再版的各种著述

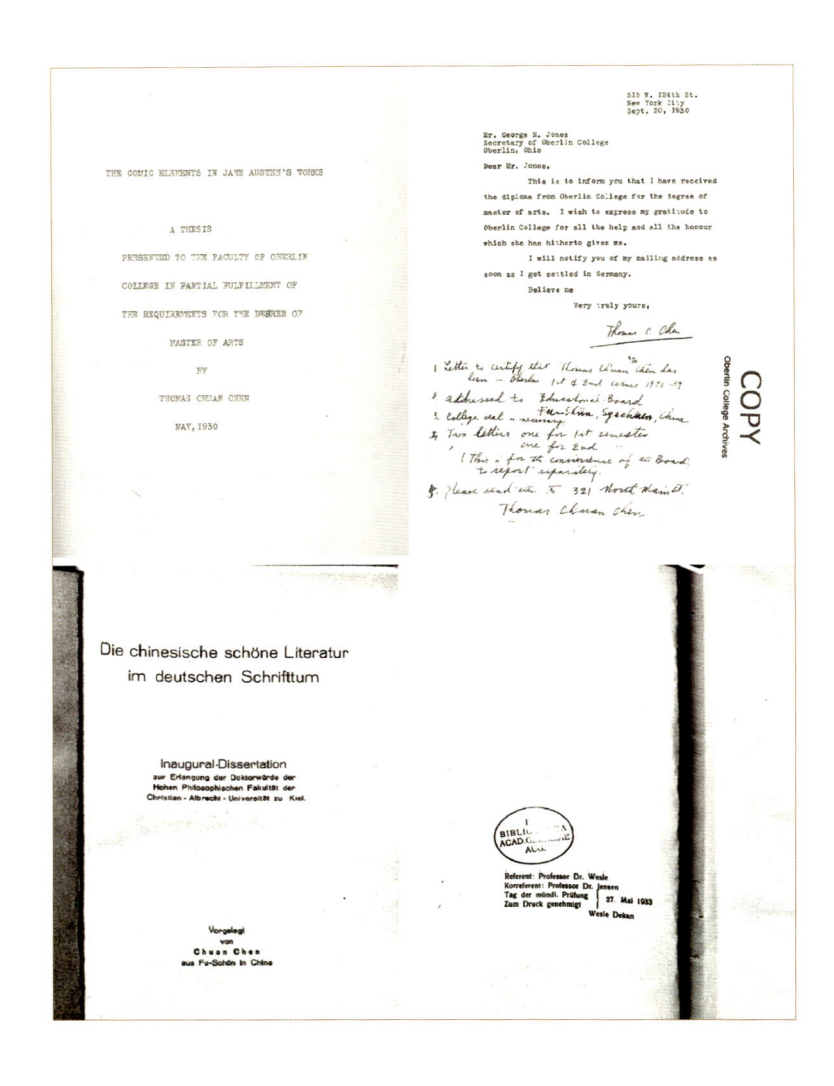

- 上图左：硕士论文（1930）
- 上图右：奥柏林学院档案馆所藏陈铨函件
- 下图：博士论文

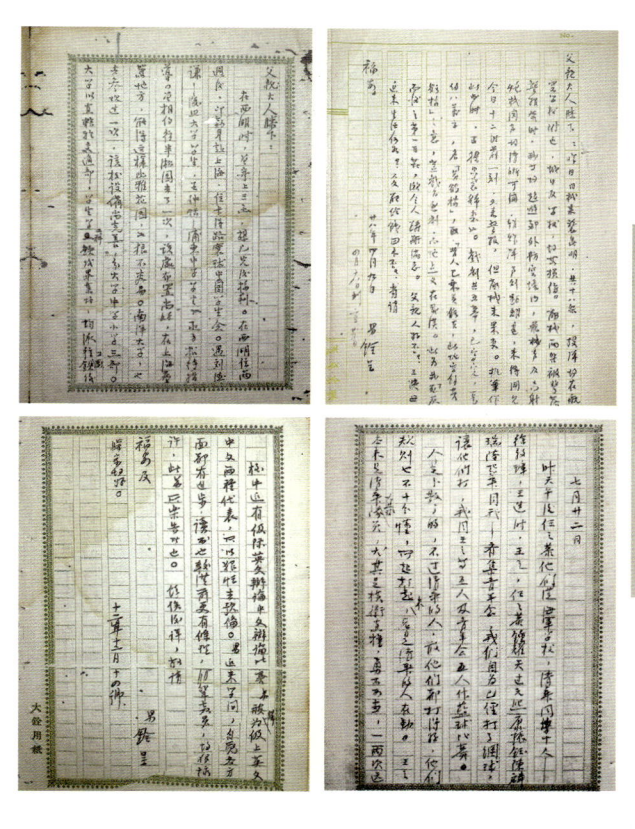

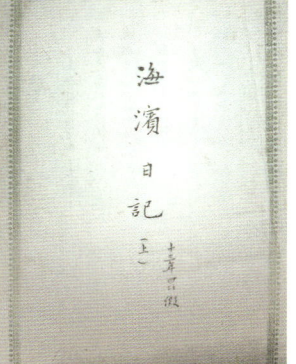

・家书（1923，1939）、海滨日记（1924）等手迹

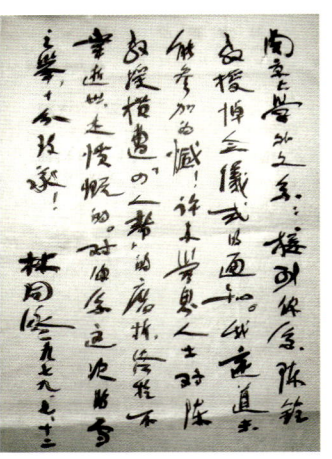

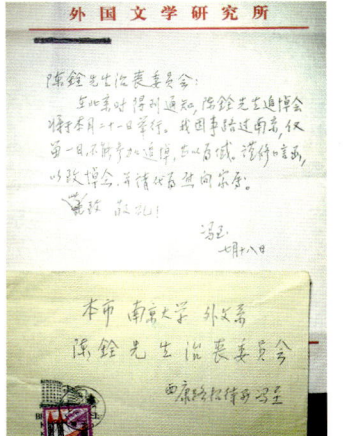

· 1979年追悼会前：林同济、冯至唁信，贺麟唁电

目　录

序 ………………………………………… 陈光还 1

引　言　富顺少年 ………………………………… 1
第一章　清华学子 ………………………………… 6
第二章　美风欧雨 ………………………………… 42
第三章　执教清华 ………………………………… 80
第四章　小说家 …………………………………… 107
第五章　西南联大 ………………………………… 130
第六章　"战国派" ………………………………… 162
第七章　尼采的魅影 ……………………………… 196
第八章　戏剧家 …………………………………… 227
第九章　重庆·上海 ……………………………… 257
第十章　金陵岁月 ………………………………… 277
结　语 ……………………………………………… 301

主要参考文献 ……………………………………… 305
后　记 ……………………………………………… 309

序

陈光还

尽管时常想念父亲，很多年来却极少与人谈及父亲，研究者若有需要，大多是找我的小妹光琴。2016年12月，我受邀参加了在四川富顺召开的"全国首届陈铨学术研讨会"，代表家属在会上作题为《我印象中的父亲》的简短发言，讲着讲着，觉得大家挺感兴趣，不知不觉就多讲了几句。后来据录像的朋友告诉我，整整讲了17分钟，走下讲台，郭娟女士就前来和我约稿，希望把这次发言整理出来，可以刊登在她主编的《新文学史料》上。

后来我才明白，我的发言之所以受到与会专家教授们的关注，是因为他们没有亲眼见过父亲，尽管他们读过我父亲的书，写过有关父亲的著述。由此可见，学术界迫切需要一本以可靠的事实为根据，反映父亲的成长经历、学术思想变化，以及各个时期的工作和遭遇的传记，以消除对他们研究对象的陌生感。由这一点出发，在我读过的有关父亲的研究著述中，孔刘辉先生的这部评传是最值得阅读的一本力作。

多年以前，大哥光群就和我讨论过，作为家属我们到底可以帮那些研究父亲的学者们什么忙，他的意见是可以做两件事：一是提供父亲未曾公开的资料，如照片、日记、信件以及未发表过的文稿；二是回忆我们所知的有关父亲的工作、生活以及习惯、交往等日常琐事和有趣的细节。至于我们家属的个人的观点和看法，就不必行诸文字，而应让学者们自由发挥和讨论。在和学者们的交往中，我尽可能地这样去做了，希望对他们的研究工作有些帮助。

记得父亲生前常说："如果没有事实为依据，又缺乏逻辑性，那写出来的文章就是胡说八道!"这是我一生奉为圭臬的原则,也是我十分赞赏这本书的原因。在多年的研究实践中,孔先生不辞劳苦地收集了大量有关陈铨的资料,对于原本不太清楚的问题,凡有所得,兴奋之情,溢于言表。这些资料中有许多是我过去不清楚甚至不了解的。孔刘辉先生曾经对我说:"我希望写的每一句话都有文献和事实为根据。"这本《陈铨评传》就是按照这个要求去做的,当然要完全做到这点非常困难,但能够这样去想去做,就已经十分难能可贵了。

2020年5月18日于桂林

引言　富顺少年

四川盆地的南沿,沱江的下游,有一个千年古县——富顺。富顺为古阳江县治域,因盛产井盐,北周天和二年(567),划设为雒原郡及富世县,后来建制几经变化,或设监设州,或设县撤县,明代以后定为富顺县①。晋朝时富顺即开采井盐,"人获巨利","百姓得其富饶","商旅辐辏"②,是以蜀中有"金犍为,银富顺"的说法。衣食足而礼仪兴,富顺自古尊儒崇学,文人辈出,明清以降尤甚,川中俗谚又称"富顺才子内江官"。

沱江流经富顺,向东回旋,再向西南而下,顺流形成的半圆形丘陵地带就是富顺老县城。城内以狭长的西湖为中心,南邻沱江,北靠钟秀山、玛瑙山、神龟山,玛瑙山中有始建于唐代的千佛寺。西湖东北边是清代段玉裁的"读书楼",往南是宋代隐士李见的"读易洞",西南有建于清中叶的"试院"考棚,东南则是文泽千年的"富顺文庙",再往南两三百米就是滔滔沱江了。伫立江边,远处可见高高矗立的回澜塔、文光塔。富顺县域自北向南,沿沱江有狮市、邓井关、怀德、赵化、长滩等古镇,北往成都,南接泸州,东通重庆,西达乐山,旅人商贾南来北往,历来是川南的繁庶热闹之地。

清光绪二十九年八月初五(1903年9月15日),陈铨出生在富顺县城西湖边小南门盐井街(今文庙正街439号附近)。陈铨祖籍广东梅县,只知祖父名粤仁,父亲陈智府生于清咸丰八年(1858),本名正心,青年时代随先人经商,后定居富顺。光绪六年(1880),陈智府在叙

---

① 富顺县志编纂委员会:《富顺县志》,成都:四川大学出版社,1993年,第11页。
② (宋)乐史撰,王文楚等点校:《太平寰宇记》,北京:中华书局,2007年,第1745页。

州府（今宜宾）考取秀才，光绪二十六年（1900）援陕西例赈捐贡生，由吏部注册为候选儒学训导，但并未出仕为官，以在富顺县城行医、开"同兴和"药号为生，曾自谓"为学韩康混世尘，经营货殖效前贤"①。

陈智府先娶胡氏，育有三子，胡氏殁后，继娶吴瑞麟（1875—1937）。吴氏育有四子二女，陈铨排行第二（家族行五），胞兄陈咏南，胞弟陈振华（雄岳）、陈焕章，两个妹妹皆未及成年即夭折。根据辈分，父亲给他取名大铨，字号选卿，陈铨日后用过的笔名有铨、大铨、涛每、唐密、吴瑞麟、金东、陈正心等②。

陈铨出生时，正值清政府废科举、办新学之际，风之所及，富顺也兴起了办新式学校的风潮。1904年，清廷颁布《奏定学堂章程》，富顺就开办了官立高等小学堂，1907年又新建了中学堂。据称辛亥革命前，全县有中小学堂100多所③。但到蒙学年龄，陈铨却并未入新学堂，而是从六岁起接受了长达七年的传统私塾教育。

陈智府晚清秀才出身，尊儒崇德，从留下"国粹从来最可夸，数千历史灿云霞。共和变法斯文丧，美雨欧风遍满华"④的诗句中，表明他对民国新制新风有所保留。也正因此，陈铨直到13岁（1916）才进了富顺县立高等小学，但父亲还是相继延聘了三位老先生在家私教，其中一位业师还是晚清举人、川中有名的鸿儒卢庆家。据说，陈铨白天在新学堂学习算术、地理、博物等新制课程，散学回家则继续子曰诗云、四书五经，居然能做到并行不悖，毫无困难。1919年，陈铨高小毕业，考上了四川省立第一中学校。

陈铨自小聪颖好学，过目不忘，表现出极高的禀赋。据陈雄岳回忆："母亲谈兄出生前几天，梦见一个大猴进屋，认为兄聪明好学与此有关。"⑤

---

① 陈智府：《陈智府泮游周甲纪念》（1939），手稿。按：韩康，东汉人，以卖药为生，指卖药人。
② "涛每""唐密"笔名取自陈铨钟爱的英国作家托马斯·哈代（Thomas Hardy，1840—1928）"Thomas"的音译；"吴瑞麟"是陈铨母亲的姓名，此笔名用得较少；"陈正心"是陈铨父亲的姓名，"金东"系取自"陈铨"两字各一半，此二者1949年后译著中所用。
③ 自贡市教育委员会编：《自贡市教育志》，成都：四川人民出版社，1993年，第517页。
④ 《陈智府泮游周甲纪念》。
⑤ 陈雄岳：《与家兄陈铨相处时的记忆》，写于1980年代，手稿。

陈铨日后也对下辈谈起年少善学之旧事,如彼时川中兵匪炽盛,各路人马过富顺皆张榜安民,喧扰一番,家人常嘱往观之,然后再回家转述,每次都讲得周全。据说,他还能在喧闹嘈杂环境中读书而不受干扰,母亲设法弄了个小书桌,令他兴奋不已。他曾因读书太久,用眼不当,致假性失明。陈铨也因善学在街坊四邻中享有"神童""天才"之美誉。

幼少时,对陈铨影响最大的是父亲。老先生"为人诚笃,光明正大,急公好义,办事极有才干","对于地方事业,非常热心,见义勇为,不顾一己","奔走不遗余力"①,曾被推选为富顺商会会长,七十六岁时(1934)还曾主持修缮富顺文庙②,在县城中有很高的公信威望,人称"陈四公"。陈铨自小佩服父亲的才干,时叹息父亲"生在富顺偏僻地方,无法展布其才能,如能生在大都市","定能建树许多事业"③。他还曾建议父亲"将生平事业经验,作一自传","激励奋发"后人④。

陈智府老先生外表持重严肃,但陈铨时时能切身感受父亲的深深关爱和殷殷期盼。在外求学,他一直保持写家信的习惯,随时向父亲禀报自己的学习生活情形,以及见闻感受、所思所虑,字里行间不时流露对父亲的崇敬之心,书桌案几边还总是供放着父亲的照片,以激励自己。1950年代末,身处逆境的陈铨,一次次梦见老父⑤,可见父亲在他心目中的重要地位。

陈铨对父亲的崇敬中饱含了感恩的心。陈家兄弟众多,唯他得到外出求学的机会,这固然是他天赋高、成绩好,但也与父亲有心栽培密不可分。陈铨幼时,家境尚比较殷实,除了药铺,在富顺城北还置有田地,但随着陈智府年事渐高,下辈不善打理家业,药铺生意日渐惨淡,更兼兵匪巧取豪夺,终至入不敷出,亏空卖地。在极其困难的情况下,父

---

① 陈铨致父亲家书,1924年7月1日;1923年10月14日,手稿。按:以下引述家书只注明日期。
② "富顺文庙"现为全国重点文物保护单位。
③ 陈雄岳:《与家兄陈铨相处时的记忆》。
④ 1924年5月12日。
⑤ 陈铨在1959年12月8日日记中写道:"昨夜梦见父亲,很严肃,关爱仍令我深深感觉,但不似往昔那样表现在面上。别时,我忽然找不着帽子,到屋里到处寻找不着,最后还是在外边桌子上发现。"按:书中所引日记皆为手稿。

亲仍苦苦支撑,助其完成学业,陈铨当然也是父亲的骄傲和希望。1934年春节,陈铨学成归来,是富顺县第一位洋博士,一时之荣,老先生曾有诗云:"绕膝承欢有六郎,沟通新学涉重洋。五年费尽钻研力,博士头衔返故乡。"①

陈铨母亲吴瑞麟系富顺黄葛灏(今黄葛灏街道)人氏,是个典型的传统式贤妻良母,终日操持家务,养育儿女,据说腌制得一手好泡菜。陈铨后来曾说,父亲的"孔家哲学和封建思想,对我幼时教育,影响很大",而母亲的"家庭观念,特别是对弟兄姊妹的情重,对我影响很大"。陈铨也对父母特殊的关爱培养,竭尽所能予以回报,日后主动承担起整个大家庭的经济负担。

事实上,在私人生活空间,陈铨谨守中国传统孝悌观念,于家事尽心尽力,孝奉父母长亲,关爱兄弟子侄。在家庭教育影响下,陈铨为学勤奋、热心公事、稳重平和、遇事冷静、开朗乐观。

陈铨自幼浸润于故乡的山水风光、古迹名胜和历史传说中,对周遭的茶馆瓦市、赶集唱戏、节庆送祝等地俗民风,乃至码头渡口、江滩乡场、街头市井的船工走卒、袍哥土匪、赌徒无赖等轶事时闻、历史掌故,皆熟稔于心,并留存于记忆深处。他日后曾多次以温情的笔触,描摹家乡的水光山色、乡风民俗,表现出一个游子浓浓的乡情。故乡不都是温情美好,也有丑恶狰狞,陈铨也以人道主义情怀,浓墨重彩地展现并批判了晚清民国以来,一方百姓在吏治腐败、匪患兵灾下饱受煎熬,尤其是蜀中连年不断的军阀混战,给人民带来的灾难痛苦。

1919年的秋天,陈铨在父亲的期盼和母亲的不舍中,满怀憧憬,负笈成都,进入四川省立第一中学。此时,新文化运动在成都渐渐落地生根,陈铨在天府之国的核心地,眼界大开。据阳翰笙所述,省立一中当时是一个陈姓北大毕业生当校长,校风"开明""活跃",重视"介绍新思想"②。陈铨在成都求学的两年,正值五四运动发生之际,受其影响,蓉城也是学潮骤起,风波不断。初到成都,即赶上了学生"排日货"运动、

---

① 《陈智府泮游周甲纪念》。
② 阳翰笙:《风雨五十年》,北京:人民文学出版社,1986年,第43页。

遭到不满商人殴打致伤的事件,省立一中首当其冲,十几个学生被打伤。随后两年又相继发生为争取教育经费独立而起的教师学生集会请愿、罢课风潮①。阳翰笙、李硕勋等同学在时代潮流中,走上了革命的道路。但陈铨并未受太大影响,刻苦学习之外,则多与同学遍游学校周边的古迹遗址、寺庙公园,喂鱼喝茶,逛街看戏。

1921年,陈铨与同学向理润顺利考取了北京清华学校,陈铨数学还考了满分。四川当年被清华学校录取的还有杨允奎②。因为怕家里不同意外出求学,接到清华学校的通知书后,陈铨瞒着父母,找同学朋友东挪西借,凑了一些川资,先期到了重庆,这才写家信报告考上清华学校的事情,并表示非常想上北京求学。父亲虽然大感意外,却也谅解了儿子的自作主张,寄去了钱款,并表示将继续支持他。

一个稚气未脱的瘦弱少年,从此踏上了求学异乡之路。

---

① 参见熊明安等编:《四川教育史稿》,成都:四川教育出版社,1993年,第280—281页。
② 杨允奎(1902—1970),字星曙,四川安岳人,农业学家。1928年留美,入俄亥俄州立大学,1933年获农学博士,先后任职河北省立农学院、四川大学,1949年后任职四川省农业厅、四川农学院等单位。

第一章　清华学子

　　清华学校是中国近现代教育史上一个极为独特的存在,七年清华(1921—1928)也是陈铨成长的关键阶段。清华园内,他亲聆吴宓、王文显、王国维、陈寅恪、谭唐等良师教诲,偕向理润、贺麟、张荫麟、林同济、陶桐等同侪友朋切磋砥砺,勤学苦读,历练成长为一个有思想富学识的青年才俊,奠定了一生志业理想、立身处世、为人为学的基调。

一、清华学校

　　1908年,美国政府决定将尚未还清的"庚子赔款"退还给清政府,约定为"专办教育事业"之用,最终定为甄选优秀青年到美国留学,作为"国耻"象征的清华学校由此诞生。1909年6月,清廷"外务部"成立了"游美学务处","综司考选学生,遣送出洋,调查稽核一切事宜"[①]。8月录取第一批直接留美生47名,并择定京城西郊清华园作为"游美肄业馆",1910年选送第二批留学生70人,并招收70名"初级生"入馆培训,同时筹备学校,定名为清华学堂。此后,留美生事宜皆归清华学堂(校)管理。

　　1911年4月,清华学堂正式开班,5月,选送第三批63名直接留美生,新招录460名新生则入学堂培训。1912年辛亥革命成功,政权更迭,学堂停学,5月又复课,11月改校名为"清华学校",但仍归外交部

---

① 《会奏收还美国赔款遣派学生赴美留学办法折》(1909),清华大学校史研究室:《清华大学史料选编》(第一卷),北京:清华大学出版社,1991年,第116页。

门管辖。此后十多年间,清华学校纯为留美预备学校,虽有一些改革变化(如学制、课程等),但这一根本性质未变。为筹办大学,1924年停招了"旧制生",1925年开办大学部和研究院(国学部)①,但留美预备部的旧制生仍按期派出留学,直至1929年最后一届止,是为清华学校时期。1928年南京国民政府成立,清华学校改组重建为国立清华大学,1929年5月改归国民政府教育部管辖,同时各系设立研究院(1930年开始招收研究生)。自此,清华完成了向现代大学的转型。诚如清华人所言:"吾校由游美学务处,而清华学校,而国立清华大学,中间艰难频经。由附属而独立,由独立而稳定",殊为不易②。

1921年,陈铨入校时,正值清华学校"痛苦""混乱"时期。时局不稳、社会动荡是外部原因,而学校本身的特殊性(如管理模式、课程设置、外界干扰等),也面临诸多挑战和危机。所幸在师生共同努力下,不仅旧制生全部顺利留洋,而且还创办了大学部和研究院,为创建大学,乃至日后的辉煌,打下了坚实的基础。

清华学生禀赋超群,志学之年,从天南地北"荟萃群居,相互接触而同窗共砚,自于不知不觉中,增益见闻,扩大胸怀,其影响深远,收效宏大,非可想象而形容者"③。这种共同的人生经历和成长经验,影响深远,涵育了清华学生相近的德行品性,是为清华学校的精神和传统。其要者为:具有开放性的国际视野,崇尚自由理念和独立精神;执着于学术研究,讲求真才实学,有领袖气质,但一般对从政兴趣不大;有强烈的爱国精神与民族情怀,以强国立邦为己任,主张社会改良;有积极进取、刻苦奋斗的意志品质,有容忍异见、公平竞争、互助合作的民主精神等④。

清华大学(包括长沙临时大学、西南联大)是中国现代高等教育史上的传奇和神话,而其人文传统和学校精神,实肇始并形成于清华学校时期。这不仅因为近千名留洋的毕业生,日后在中国学术、思想、教育、

---

① 1925年秋,清华学校分为三个"部":"留美预备部""大学部"和"研究院国学部"。
② 《国立清华大学二十周年纪念刊》,清华大学出版物,1931年,第1页。
③ 浦薛凤:《浦薛凤回忆录》(一),合肥:黄山书社,2009年,第55页。
④ 可参见苏云峰:《清华的人文教育传统》,《中央研究院近代史研究所集刊》(台北),第20期,1991年6月。

实业、军事等各界,有卓越表现,同时也是清华教员的主要来源,更重要的是,他们在1920年代清华历经阵痛的改良发展中,深度参与其间,起到了不可替代的作用。陈铨的学识增长和人格养成,不仅得益于清华园的人文环境和精神气候,同时也积极参与其中,表现非常活跃。

二、学业

从"学堂"到"学校",清华一直隶属外交部门,不在国家常规教育体系内,其学制自成系统,分中等科、高等科,两科皆四年毕业,招生则根据各省承担的庚子赔款的比例,核算招录名额。清华旧制生的主要来源,系每年由各省考选咨送的新生,他们一般从中等科一年级开始学习,八年始得毕业留美,故有"清华八年""八年清华"说法①。

五四之前,地处北京西郊的清华园,不啻为一个远离喧嚣的世外桃源。因课业繁重,淘汰率高,为顺利留洋,学生们大多成为"分数"的"奴隶",是为"机械式教育"和"服从成性"的"专制时代","谨饬服从","受教员的压制","相沿成风"②。五四之后,社会思潮风起云涌,学生自我意识觉醒,"自治"呼声高涨,而学校当局在一系列大小事情中,处置失当,学潮不断,以致出现三年四换校长的尴尬局面。

陈铨入学的1921年,清华学校共招新生49人,其中中等科42人,插班高等科者7人。9月初新生到校,经过"复试",四川考来的向理润入中三级,陈铨、杨允奎则入中二级(正常情况下,1928年戊辰年毕业留美,故称"戊辰级")。9月9日,全体学生正式报到。是年底,清华学校高等科247人,中等科168人,全校共415人。

新生入校大抵如"乡下人到了上海的南京路一般,目眩神驰"③,陈

---

① 因不断有被淘汰者,为保证留美名额,每年也招考少量插班生,根据成绩插班。1921年停招中一级,学制上改为中等科、高等科各三年以及大学一年级("大一")。
② 王造时:《清华校风的蜕化和批评》,《清华周刊》(北京),第209期,1921年1月28日;宪:《清华学生的真精神》,《清华周刊》,第242期,1922年3月31日;彭文应:《清华德育之历史》,《清华周刊》,第310期,1924年4月18日。
③ 苏重威:《我两年来的清华生活》,《清华周刊第十一次增刊》,1925年6月18日。

铨因为有表哥林伯遵①及四川同乡贺麟、徐敦章、何祖义等热忱帮助，故搬运行李、注册缴费、了解校规、找定宿舍、熟悉环境，一切顺利。同寝室的两个广东大男孩，一个是来自五华县的钟耀天，另一个是祖籍梅县、新加坡南洋华侨中学的选送生钟俊麟。

1921年秋季学期非比寻常，盖因上半年辛酉级学生罢考受罚事件持续发酵，举国瞩目。经多方斡旋，开学时方得以初步解决，但校长金邦正与学生已势同水火，清华园内弥漫着焦灼不安的异样空气。9月11日，全体学生相约拒绝出席校长召集的开学典礼②。新生遇此情形，不免有些茫然无措，好在教学秩序还是有条不紊，清华园内很快忙碌起来，陈铨也很快融入紧张有序的校园生活。

自开办起，清华就明确以"培植全才，增进国力为宗旨"，"以进德修业，自强不息为教育方针"③。学生们也一直谨记清华的优厚条件乃"国耻"所赐（"庚子赔款"），十分清楚自己肩负的责任和使命——成为国之栋梁、社会中坚，并届届相传，心照不宣。学校从一开始就树立了"宁缺毋滥的学风"④，在升级（学）和课程上要求极其严格，淘汰率非常高。

首先是上课"钟点"多。西文、中文两部合计，中等科周课时30以上，高等科20以上。其次是课程要求严。每学年所习所有科目必须60分以上，且总均分70以上，方能升级。再次，成绩评定特殊而严格。期末"大考"成绩仅占30%，平时成绩占70%（据出勤、随堂问答、月考等计算）。再次，教学方法上以学生自学为主。"各种功课纯粹靠学生自动去研究，教员不过只是处于释疑和指导的地位"⑤，"指定阅览的资

---

① 林伯遵（1903—1966），本名林恂，字伯遵，四川富顺人，陈铨姨表兄。1917年考入清华学校，1925年毕业留美，1931年获芝加哥大学算学硕士学位，回国后长期任职中华文化教育基金会。1949年后，历任中国科学社总干事、中华自然科学工作者学会上海分会副秘书长兼秘书处长等职。
② 清华大学校史研究室编：《清华大学九十年》，北京：清华大学出版社，2001年，第26页。
③ 《清华学堂章程》，《清华大学史料选编》（第一卷），第146页。
④ 苏云峰：《从清华学堂到清华大学1911—1929》，北京：生活·读书·新知三联书店，2001年，第19页。
⑤ 言卿：《我之三年清华生活》，《清华周刊第十一次增刊》。

料必须事先读过,否则上课即无从听讲或应付"①。凡此种种,要求学生一刻不容懈怠,"成绩的好坏,完全要看他平时有无刻苦自修的功夫"②。

陈铨的第一个学期,西文部有英文读本、英文文法、算术、博物、音乐等课程,国文部有国文、中国历史、中国文法、中国地理等。此外,还有修身、体操、英文会话等科目。国文课程努力用功,应对不成问题,但西文部的课程从教材书本、课堂教学,到口头书面的作业和考试等,全部用英文,对初学者是一个非常大的挑战。

学生日常管理同样非常严格。凡升级、毕业、留洋、插班、德育、请假、自修、奖惩、课外作业、兵操、体育,乃至食宿洗浴、卫生礼仪、写家信等日常行为,皆有明细规章。具体实施中,则据章记录,"轻则训诫、禁假、思过、记过,示儆戒",通报全校,并"随时通知家属","重则责令退学",凡"记满大过三次或小过九次者",就难免要被开除③。是以,学生最怕得"F"(Failure,不及格)和"P"(Punishment,记过),并形象地名之为"手枪"和"指挥刀"(也称"板子"),成为清华园内特有的流行语。

一学期很快结束,大考后是两周寒假。路途遥远的学生一般不回家,思乡是难免的,好在留校学生不少,也并不孤单,演戏观影、聚餐联欢等,自有一份热闹,只是传出了要开除13人的消息,一时"人心惶惶"。1922年春节刚过,《清华周刊》记者从学校探得传言不虚,共开除12人,另有1名大一学生因成绩未过,自请退学,开除者皆因"功课已有三学期不及格"④。

陈铨的学业不成问题。他非常珍惜来之不易的机会,丝毫不敢怠惰。国文课自不待言,多年私塾的记诵吟咏和父亲的耳提面命,已打下扎实基础,不仅作文有相当水平,还能写旧体诗词。至于西文部,一经

---

① 梁实秋:《清华八年》,李正西等编:《梁实秋文坛浮沉录》,合肥:黄山书社,1992年,第130页。
② 言卿:《我之三年清华生活》。
③ 《学生惩罚规则》,《清华一览1919》,清华学校出版物,1920年,第110—111页。
④ 《新闻·与斋务主任陈先生的谈话》,《清华周刊》,第235期,1922年2月10日。

入门也无足畏惧。可清华的学习压力,尤其是中等科,委实繁重,可谓"魔鬼训练",从陈铨家书中可见一斑:

> 男每周有卅点钟功课,每周自星期一至星期五,都是一天忙到黑的预备功课,唯至星期日星期六,乃有时间写信作文看课外书。
>
> 男此期功课较忙,课外作业,又复增多,故暇时甚少……下星期就要大考,故这几天预备功课,忙碌万分。
>
> 校中还有六周,即放暑假,毕业考试,亦快到了,近来功课,非常忙碌,课外书也很少有看。
>
> 明日即开始试验,功课繁重,忙碌非常,容余后详……泽远信已接到,唯无暇作覆,考完再答。
>
> 近日课程较忙,德文初学,尤不易易,非多费时间不可。
>
> 近来功课极忙,非提起全副精神,不能对付。①

陈铨中等科三年,只有1923年秋季学期体育、数学分数不很理想,似仅得及格分数,但很快迎头赶上。1923年6月,数学月考中还得了"上等"。1924年6月中等科毕业时,陈铨以年级前五名升入高等科,得到学校张榜表扬,而"同班四十余人,有七八人,均要留级一年,有二人成绩太坏,或不免开除"。是年,清华"因功课不及格开除者至十人,降级二十余人,试读者共三十人,淘汰之严,为历来所未有"②。

高等科至大一四年(1924—1928)间,适逢清华筹建大学的转型期,课程及相关规定也相应调整,如延聘高水平教师、国文纳入考核、多设选修课程、内容加深,但严格要求一如既往。从陈铨高二、高三、大一三学期的"成绩报告表",可一窥其学业状况:26个科目中,得"超等"者2,"上等"8,"中等"14,"下等"与"及格"各1,综合成绩在中等以上。平时无记过记录,有一学期旷课二学时(见下表③)。由此可见,七年清华,陈铨一贯用功刻苦,直至1928年顺利毕业,按期留美。事实

---

① 1923年9月19日;1924年1月17日;5月12日;6月12日;9月25日;1925年10月20日。
② 1924年6月18日,9月11日。
③ 表格内容据陈铨成绩单原件。

上,不单陈铨,戊辰级本来就"'矿业'发达",蔚然成风①。

学期	年级	学科	等次	出勤情况
1925—1926学年第二学期	高等科二年级	翻译	超	该学期请假6时,旷课2时
		英文	上	
		英作文	中	
		英演讲	上	
		三角及机械技术	中	
		高中物理学	中	
		欧洲通史	中	
		德文	中	
		体育	上	
		兵操	及格	
1926—1927学年第二学期	高等科三年级	翻译	上	该学期请假4时
		英作文	中	
		英文小说	中	
		生物学	下	
		现代文化	上	
		法文一	中	
		德文三	上	
		体育	中	
1927—1928学年第一学期	大学一年级	韵文选	上	该学期请假12时
		大一英作文	中	
		西洋文学概要	超	
		专集研究三(戏剧)	中	
		专集研究四(评论)	上	
		第二年法文	中	
		比较政治	中	
		体育	中	

说明:每张"成绩报告表"下皆有"注意":
(甲)学业成绩之优劣共分六等:(一)超(二)上(三)中(四)下(五)及格(六)不及格
(乙)及格系表明成绩不佳,凡于某科的及格者务须奋勉
(丙)不及格者无分数,凡必修科不及格者应于下学年复习

① 邹尧芳:《戊辰级风》,《清华周刊第十一次增刊》。按:"开矿""矿业"等是彼时清华学生间的流行语,指刻苦学习。

三、"课外作业"

清华"培植全才""造就领袖人才"之教育方针,落实于具体层面,是为德智体三育并进的"通才教育",智育在课程,德育、体育则在课外涵育锻炼。较之于枯燥的课堂,课外生活丰富多彩,学校鼓励引导,学生也积极参与其中,形成极富特色的传统。其突出的特点一是"课外作业"发达,二是体育风气炽盛。

所谓"课外作业"其实是课外兴趣活动,但是必须完成。形式主要有演讲辩论、集会结社、出版写作、表演游艺、体育运动、科学实验、社会实践等。演讲辩论分国语和英语两种,不仅有级赛校赛,还经常与汇文中学、南开中学等开展校际比赛。社团活动种类繁多,只要集三五情投意合者,即可定规制章,成立会社,约期活动。学生会社以联络情谊、进德修业为主,历史最久的是青年会(基督教会),最具权威性和影响力的是1919年11月成立的学生会。学校当局对一些校级活动和公益活动,会津贴钱款,并大力支持出版物(如《清华周刊》《清华年报》《清华学报》《清华一览》等)。

体育运动是"课外活动"极为重要的环节。从学堂时期起,每学期皆有《体操》一科,平时还必须参加两种"强迫运动",一是课间十分钟的"呼吸运动"(简单体操);二是周一到周五下午四时到五时,所有教室馆堂全部上锁关闭,全体学生必须身着运动服,参加一个小时的体育活动。最关键的是,毕业前必须通过体育测试[①],否则不得毕业和留洋,如吴宓即因未通过而滞留一年,梁实秋则经补考合格,才得以留美。

1919年,清华新体育馆落成,又新规定"每人每周必修四小时之体育"。此后"体育学程既定,体育本身发展,亦因之进步,各种级际比赛于是乎盛"。此外,校方还支持培育各种"运动队",为校队成员每月贴

---

① 1919年前体育"毕业试验"为"五项运动"(一百码、半英里跑、投掷铅球、跳高、熟悉一种球类规则),1919年始分两大类:一、灵敏度测试(Agility Test)(跳高、攀绳、跳远、一百码跑、鱼跃翻滚);二、游泳二十码。

补伙食费三元,在食堂专设令人垂涎艳羡的"练习桌"(Training Table)。于是乎,清华的足球、篮球、棒球、网球、田径等校队在各种运动会上成绩斐然,不仅执华北体育界之牛耳,还在全国运动会,乃至远东运动会上,屡获佳绩,创造了多项全国纪录,留美期间入选大学校队者亦不乏其人①。

清华提倡体育的初衷不外以下几端:一、培养学生运动习惯,强健体格;二、为适应美国大学生活,树立健康向上的民族形象;三、通过运动培养刚勇顽强、光明磊落、团结协作的精神品质。学生由被动而主动,养成良好习惯,不必说潘文炳、程树仁、时昭涵、陈崇武、孙立人等体育名将,即使未必以此见长者,也无不忆及清华体育之盛以及个人终身受益于此。事实上,体育不仅是清华之优良传统和醒目标识,亦足以载中国体育发展史。

陈铨入清华时已年满十八岁,比一般同学年长,只是个头偏矮,外表稚嫩,但也是戊辰级热心公众事务者之一,曾被推选为年级评议员、评议部书记等职,多次代表年级参加学校辩论赛。体育虽非所长,但对篮球、网球、游泳、台球等也颇有兴味。至于团体会社,陈铨不仅积极参与,还是发起者和组织者,曾加入"辞命研究会""仁友会""砺社""售品公所""校工夜校""平民学校"等多个社团,并作为核心人物发起和成立了两个会社——"群声学会""弘毅学会"。

仁友会由李济(1918届)等人创办于1913年,"以励进道德,研究学术,联络感情,养成健全人格,效力国家为宗旨,以刻苦、和平、果毅、诚实、有恒、俭约为会规"。陈铨约在1924年入会,时王造时为会长,贺麟、林同济、彭文应、陶葆楷、任之恭、赵访熊、张荫麟等皆为会友。1927年陈铨被举为仁友会会长②。他与王造时、林同济等即在此会结下深厚情谊。

在中等科,陈铨投注精力最多的是"群声学会"。该会成立于1924

---

① 郝更生:《十五年来清华之体育》,原载《清华十五周年纪念增刊》(1926),引自《清华大学史料选编》(第一卷)。
② 《团体新闻·会社一览》,《清华周刊》,第415期,1927年10月6日。

年4月,以"交换知识、联络感情、完成人格"为宗旨。陈铨是首任会长,成员有刘瑚、李崇伸、赵诏熊、张彝鼎、罗皑岚①、钟耀天、钟俊麟、祁开智等,皆为戊辰级同班同学。群声学会活动频繁,不仅定期开展读书报告、英文会话、循环通信等学习活动,还举办"周年纪念"、游艺聚乐、出版会刊等娱乐活动。陈铨作为中坚力量,无疑获益匪浅,他曾在家书中写道:"同级十余人,组织有一读书团体,名群声学会,每周开会一次,藉此还可以练习英文,听很多读书报告,彼都很有益。男被举为该会会长,负责稍为重大,但此等团体,尽一分力,自己即可直接得一分好处,故也很值得。"②

至于1926年陈铨参与发起的"弘毅学会",已是一个宗旨明确的近于社会化的团体,超出清华"课外作业"的范畴,后文再表。

四、《清华周刊》

清华历来不重视国文部的中文课程,一度连课都上不下去了,校内校外尽人皆知,校方、教师、学生皆大为不满。陈铨入学时,正值清华园大力谋求国学改良之际,他写得一手好文章,可谓如鱼得水,不仅得同学之佩服,频频有求为捉刀代笔者,老师也甚为嘉许。1922年9月,陈铨在习作《乡土风俗记》中,寥寥数语即勾勒出富顺的恬淡古拙的乡俗俚风,并表达了今不如昔的慨叹,文笔老练,一气呵成,国文老师给予"叙事井井有条,语多警策"之好评③。

陈铨在清华园崭露头角,也是在舞文弄墨方面,而《清华周刊》(下称《周刊》)则是其锻炼能力、展布才干的重要平台。他曾回忆说:

---

① 罗皑岚(1906—1983),湖南湘潭人,学名罗正晖,自号罗皑岚(罗嶦岚),后以别号行世,笔名有山风、山风大郎、溜子、飞来客等。1922年考入清华学校,插入戊辰级,1926年因北伐战争滞居湖南老家一年,复学后插入下一级,1929年留美,先后留学斯坦福大学、哥伦比亚大学,历任南开大学、长沙临时大学、湖南大学等教授,著有长篇小说《苦果》(1934)。
② 1923年9月29日。
③ 陈铨:《乡土风俗记》(1922),手抄稿。

"从前在清华七年,差不多每学期都多少要同周刊发生关系。"①此言不虚。1922年3月,陈铨在《周刊》发表处女作《清华学生与机器》。新生在《周刊》发表文章并不多见,这为他接触学长、增长见识、提升自我,打开了方便之门。1923年春《周刊》改制,吴景超任总编辑,陈铨与王造时、梁实秋、施滉、黄自、顾毓琇、贺麟、向理润等17人同被推选为编辑。自此他做了五个学期的《周刊》记者,并主编过两个副刊——《书报介绍》(1924)和《清华文艺》(1925)。

《书报介绍》系附在《周刊》内的一个单独编目的固定栏目,专门"报告国内外的出版情形"②。1924年2月,陈铨任该刊编辑"主任",开"中等科"学生任专栏负责人的先河。陈铨主持期间,新辟"古籍新评"一栏,专门揭载国学研究小论文,贺麟、张荫麟、罗皑岚等皆在此发表了初窥学术堂奥的第一批作品。《书报介绍》博采众家,深入浅出,又有梁启超、胡适、戴志骞、庄泽宣等师长助阵,为学生学习提供了有益参考,办得相当成功,据说凡有"书报副刊",当期《周刊》就"销行特别多"③。

清华园内也不乏新文学的拥趸。1921年11月,闻一多、顾毓琇、吴景超、梁实秋、谢文炳等十余人发起成立了"清华文学社",1922年9月,《周刊》开始不定期发表新文学作品,随后推出《文艺增刊》(附在刊内)。但随着闻一多等核心人物或留美或被开除(朱湘),相继离校,更兼《周刊》要加价致学生不满,宣告停刊。一年后,在孙大雨、何鸿烈等努力下又复刊了。1925年秋,贺麟任总编辑,《周刊》作出重大调整,单独出版由陈铨主编的《清华文艺》和张荫麟主编的《书报副刊》。

《文艺增刊》专门揭载新文学作品,《清华文艺》内容则更加丰富,创作与理论并重,既有新旧文学创作,也有"旧文艺的整理",还有"西洋文艺的翻译与介绍"。作者群为清华一时之选,如从事创作和译介的罗皑岚、何鸿烈、李健吾、杨世恩、贺麟等旧制生和大学生,写旧体诗文的梁启超、吴宓、余戴海等"国学部"师生。作为主编,陈铨除发表自己不少新

---

① 陈铨:《我的生活和研究》,《清华副刊》(北平),第44卷第3期,1936年4月26日。
② 《书报介绍附镌·序言》,《清华周刊》,第271期,1923年3月1日。
③ 陈铨:《半年来之书报介绍副刊》,《清华周刊》,第317期,1924年6月6日。

诗、翻译、论文等外,还辟专栏"涛每丛谈",写了不少针砭时弊、嬉笑怒嗔、不乏情趣的短小杂文。《清华文艺》排版讲究,印刷精致,着实颇费了一番心思。贺麟日后清楚记得主编"特别热心","内容异常精彩充实",唯篇幅大增,须"常向学校当局交涉,增加印刷费用"①。

此外,陈铨还曾深度参与《清华年报》《清华一览》等多种清华出版物。从入学到高等科一年级,陈铨的"课外作业"和兴趣渐渐集中在"文字方面"②,虽然为观察采访、找人写稿、编辑撰文等,花费了大量时间精力,但收获巨大,同时也在清华园内文名渐起。

陈铨最初的习作,主要有以下几类:一是奔走于各类"课外活动"现场,写了大量消息通讯;二是对清华校风校事的批评和建议,如《清华德育之回顾与今后之标准及实施》《清华德育问题歧路中的两条大路》《新闻政策与清华》等;三是《一星期的灰尘生活》《南游漫录》《波光鸿影》等游记;四是校园征文和迎新送旧类文章,如《清华学生生活的批评》《清华学生课堂上的生活》《我的清华生活最快乐的一幕》《送别之言》《欢迎新教职员新同学》等;五是主编两份副刊时,写了不少随感杂谈、批评研究、翻译介绍、诗歌小说等。这些作品真实记录了陈铨的成长历练过程、多姿多彩的校园生活,反映了一个有为青年勇于探索、研求真理的批判精神,具有丰富的认识价值。

经过中等科四年的勤学苦练,陈铨虽未择定学业方向,但已基本完成知识和能力的原始积累。1925年初,他函告父亲:

> 这一年所做的事来说,学问方面,自己总算没有一天虚过。中文方面,作文看书,都较以前进步,智识也较以前宽广一点。英文现在读书,差不多与中文一样的容易了,使我读书的范围,增大不少。③

此时,陈铨不唯在学术潜质上初现端倪,而且品行心智、处世为人也趋于成熟稳定,初步奠定了人生的框架和底色。

---

① 贺麟:《我所认识的荫麟》,《思想与时代》(贵阳),第20期,1943年3月。
② 1924年12月22日。
③ 1925年1月23日。

五、乡愁、婚约与友情

1924年,社会上有谣言称:"清华学生皆为官吏子弟,入学不重才学,而以其父之官势为转移,一经入校,出洋可靠,并不问其在校功课合格与否。"时任校长曹云祥撰文回应,以客观翔实的数据统计,予以驳斥澄清①。实际上,清华学生虽多来自中等以上家庭,但出身微寒者也不少,如陈铨同级的杨允奎、张敷荣、武三多等,或自幼失怙,或家道中落,皆求学不易。

陈铨虽自称"中人之家",但自上成都求学后,家中经济每况愈下,年长一岁的四哥不得不放弃学业。每一及此,他总心绪不平,默默难过,不时警醒自己:

> 不由地想到我的炼云四哥,假使他能同我一块儿,其快乐岂有终极,然而他已经因为我出来读书,负担太重,家中无人,只好牺牲学业了!牺牲了我亲爱的人的幸福,来图我自身的前进,别人也许说我侥幸,然而我何其可怜!②

> 我不知道为什么这样侥幸,能够得这样好的父亲母亲哥哥?更不知为什么这样侥幸,能够以偏僻地方一个中人子弟来住清华学校?处着这样侥幸的机会,唯一的方法,就是充分去利用他。每每想到家庭,不替给我自己以鞭策。③

虽然家中已尽力供给,陈铨经济上还是捉襟见肘,"每次开学,均因款项迟迟不到,书籍学费,不能缴纳购买,非常着急"④,几乎年年为

---

① 曹云祥:《改良清华学校之办法》,《清华周刊·十周年纪念增刊》,第303期,1924年3月1日。
② 陈铨:《海滨日记》,1924年7月4日,手稿。
③ 1925年5月15日。
④ 陈铨家信中多有"学费未缴,上课书籍,均未有买,非常之不方便","款未汇到,颇为焦急,昨已由保证人写信与校长,请求缓缴","已向友朋借有十余元,但他们存款不多,不便多借","前日多方挪借,学费幸得缴纳","学费至今尚未缴,不过上课曾要求缓缴,故得允准上课","自开学至今,一钱未有,受窘万分","男款已一无余剩,消夏团团费已请迟缴"等语。

学费发愁。父亲又屡告以家乡"匪风甚炽,军队故意纵匪","无端勒索,不顾民命","官僚政客,只知自私自利,县中宵小,又复助桀为虐","公理正义,更复无人顾及"。陈智府老先生热血心肠,每遇不平辄"面陈当局,告民困苦"。陈铨不由暗暗叫苦,频频劝慰父亲,"以后对于此等事项,一概不管","彼辈嫉忌日深,无端嫁祸,不可不虑也"。①

陈铨记挂的不单是父亲热衷公事,遭人嫉恨,还有母亲的操劳和咳嗽病、四哥的前途,以及一干弟妹们的教育。糟糕的是,时局混乱还致使"家中生意,又复窘迫",长房兄弟"均不成才",父亲亦无可奈何。陈铨"每一念及,心中非常不安,不知何以自处"②。1926年5月,一向疼爱的大芸妹妹竟因病夭折,更让他痛心锥骨。陈铨自知全家都把希望寄托在他身上,可学业未竟,只能待"将来学业有所成就,光大我们的门楣,使先代名声,父亲事业,光耀于世",以报答父兄"辛勤抚养"之德③。

1925年发生一件与陈铨婚约有关的不幸的事。成都求学期间,父母做主替他定下一桩婚姻,未婚妻为街坊中一萧姓贫家女子。虽难免受自由恋爱之新潮影响,但一向受教于传统,他只能"将忍受痛苦,牺牲自己幸福,绝不离弃,以伤父母心"。1924年,陈铨忽然在家信中与父亲谈及此事,大意为将来十年内,"不造成顶好学问,不愿回国",成婚无期,"不独牺牲自己,而对方也要受无限痛苦",故请父亲"告渠家以男读书计划,与两方利害;共同商量一妥当办法,免致将来彼此俱受苦痛"④。

多年在外求学,不明底里,陈铨大概是想探知家中态度和对方想法,虽不无悔婚的念头,但也没有确定的主意,更谈不上反抗。但四哥却来信告知,家中疑心他"有意退婚",父亲更是"情理相责"。陈铨无言以对,只能默默承受,黯然说道:

---

① 1924年7月1日。
② 1923年10月14日,12月14日。
③ 1924年6月18日。
④ 1924年3月4日。

我将来自己家庭的幸福,是满不在心上的。我对于父亲母亲哥哥,我愿意尽我应尽的责任。我以后自己的家庭,要是能相得满意,我自然高兴,要是不然,我只尽我一点供养的责任,把我的快乐精力完全发展到学问事功上。人生的事情要做的正多呢,何必婚姻?人生应当爱怜扶助的人,举国举世都是呢,为什么不能爱怜自己的妻子?随着运命的途路,来定我对她责任的大小,这就是我对于婚姻的态度。①

陈铨既决意委曲求全,只提出了两点要求,不要缠足,要读书写字,但结果却出人意料。1925年夏天,萧姓女子不幸病逝。陈铨虽"悲其遭际之艰",却意外解脱牵绊,只是亲友街坊中退婚的传闻四起,他不仅自己背负压力,亦致父母遭到议论。

平心而论,陈铨对旧式婚姻确有不满,但为不拂逆父母,"更不愿彼之不得其所",已"决计牺牲",却未曾料到如此结局。百口莫辩中,他以诗明志,并嘱以家中再有为媒者,概以"清华章程不许订婚"拒之,还立下誓言,十年内不论婚事,唯"努力事功,将来若能为社会国家尽一分力量,则萧女虽死,彼与我自由,使我向上,其功甚大,彼亦将欢喜于地下"②。无论刻意为之,还是机缘巧合,陈铨的确十年后才结婚成家。

陈铨自1921年初离家上成都以后,一直未及返乡,而每一念及家中的窘境艰难,便不能自己,乡思日炽:"是夜月明如昼,徘徊至十一钟始就寝,然因此遂思家不已,一二钟均不成寐";"当我写信的时候,窗外雨下得很大,听听雨声树声,令人想家得很";"思家之心,异常之厉害,比往年更甚,明年若道路平静,决回家一看,以释心怀";"今日为除夕日,遥想家庭,不能奋飞,离家度岁,今已五年矣,父母音容,急思一睹"。③ 但又由于种种原因,一直未能回乡探视,直到1934年自欧洲返

---

① 1924年5月2日。
② 陈铨以《悼未婚妻萧氏》赋七律三章(附注)寄示父亲,诗中有云:"早有痴心图拯溺,愧无密语教端详。从今十载休提起,凄切情怀不忍忘。"
③ 1923年9月29日;1925年5月15日;9月3日;1926年2月12日。

国。好在多年求学途中,有同学友朋,相知相伴,聊慰思乡之苦和孤寂情怀。

　　清华学生贫富有别,但在清华园内凭的是人格品行和才学能力。菁菁少年,群居共处,朝夕相伴,共同经历青春的烦恼与成长的喜悦,无不结下纯真的友谊。事实上,必须交友,如何交友,交友何为,是清华学生的另一种必修课。吴景超曾撰长文《友谊》,细细讨论交友之道①,陈铨彼时与这位威信很高的学长多有过从,自是心有同感。

　　陈铨性情温和,坦荡持重,热忱友善,十分珍惜同学之情、友朋之谊,"从来没有同别人吵过一次,至于打架更不用说了"②,平时非常注意如何为人处世、择朋交友,并时有反思,思虑得失,力求改进,从善如流,而对于有缺点的同学,则以真诚之心,诤言劝勉,相帮互助。

　　清华学生讲究同乡情谊,四川是大省,学生多,又远在大西南,格外重乡情。陈铨与向理润、贺麟、林伯遵、何祖义、曾远荣、徐敦章、杨允奎、张弘伯、谢星朗等众多乡党关系密切,彼此照应。1923年暑假中,陈铨曾与向理润、贺麟参加了东南大学的暑期学校,并偕游杭州、上海、南通等地,结下了终身至交。当然,不仅同乡,陈铨与同室、同级也相处融洽,更有意结交"出类拔萃"的校友,以为榜样。1924年暑假,陈铨与钟耀天、陆起华到烟台消夏,与王造时、徐敦璋、王之、冉鸿达等故朋新交,游泳打球、读书畅谈,其乐融融,并写下成长心曲《海滨日记》。

　　陈铨宽厚通达,推己及人,又勤奋好学,深得同学师长之肯定,这为他的学业之进步、人格之养成,创造了愉悦的环境和良好的空间。他也对美好友谊唱出了真诚的赞歌:

　　　　四年中,不断的有最可爱可敬的朋友来鼓励我;安慰我;劝告我;扶助我;增长我无限的勇气;培养我簇新的生命;使我相信这鬼蜮可怕的人间,还能够有人以诚相见,这是何等伟大的力量呵!③

---

① 吴景超:《友谊》,《清华周刊》,第271期,1923年3月1日。
② 1925年1月23日。
③ 陈铨:《我的清华生活最快乐的一幕(六)》,《清华周刊第十一次增刊》。

升入高等科后，随着年龄增长和学业进步，大多同学将至成年，学识理想、个性气质等已初成气象。数年的朝夕不离，全校上下，师生之间，同学之间，已彼此熟悉。交友方面也发生一些变化，虽故朋仍旧，但过从更密的则多是志趣相投者。盖因经由几年的选择组合，交游圈子相对稳定，而且毕业将至，留美有期，无论是选择何种专业、将来如何谋生的切近目标，还是学得何种真正本领，创得一番事业、贡献于民族国家的远大理想，都应互相联络，切磋研磨，及早预备。怡怡相悦之少年情谊，已上升为志同道合之交。

虽然日后因专业、职业、际遇等不同而星散各地，一旦因缘际会，重获聚首，他们往往又梦回少年时代，演绎出一幕幕清华园中曾上演过的桥段和故事。抗战时期，陈铨与林同济、贺麟等"至好"，以及何永佶、雷海宗等众多清华校友云集春城，名噪一时的"战国派"由此诞生。事实上，在笔者看来，"战国派"的源头就是在清华学校。

六、多事之秋

1925年初，陈铨曾这样评价自己："我现在同以前不同的一点，就是看事情比从前清楚，尤其是一种勇往直前的精神"，"对于处事待人方面，自觉较从前更看得清楚，更知道自己应当怎样做。讲话也知道轻重一点"。① 好友贺麟亦有"陈心好似大明镜，万事万理无遁形"②之评价。但生活和成长并非总是一帆风顺，1926年前后，无论是私人生活，还是学校、时局等公共领域，皆发生出人意料的遽变，促使陈铨不得不在喧嚣中冷静思考，作出判断，并走向成熟之境。

首先是1925年9月，清华学校迎来了120余名新生（本科生和研究生），旧有格局被打破，学生的成年化、新旧制学生的利益冲突、动荡的时局等，给校方和学生皆带来了诸多问题和挑战。1925年4月，陈铨就敏感地指出："新生加多，已成的风气、势力不能使新生都清华化，

---

① 1925年1月23日；3月1日。
② 贺麟：《我所认识的荫麟》。

新生带来的风气,势将弥漫于清华","聚千百将成年的青年,思想身体正当发育的时候","不能不有惧心"①,尤其是"大学生及研究生此后均无出洋资格,能出洋者,只有我等旧学生一百八十余人,权利不同,将来不知会不会发生冲突",尽管"学校方面及旧学生现在极力设法使新来者,熟悉情形,增进感情,免致将来由嫉妒而决裂"②,但还是出了不少问题,此后几年清华园内风波不断③。

其次是时局动荡带来的巨大影响。清华学生一向疏离"政潮",但自1924年始,革命潮流逐渐影响到校园。当年初,施滉、徐永煐、何永佶(吉)等在假期游历广州,并到"元帅府"拜谒孙中山,他们返校后写了不少相关文章④,此后《周刊》时载有国父的消息。1924年底,孙中山进京,清华学生会派彭文应、徐敦璋、王造时去请他演讲,孙因病未来,却促成了汪精卫到清华园演讲《革命之历史》,据说"大受全体同学的欢迎"⑤。而接下来发生的孙中山逝世、五卅惨案、首都革命、三一八惨案、京城兵变等一系列变故,在清华园引起了极大的震动,学生或主动参与,或被动裹挟其中,或遭到战争的威胁,已难以安心读书。这一时期有三件事对陈铨个人产生重要影响。

其一是五卅爱国运动。陈铨不仅参与集会游行、宣传捐款等集体行动,还与王造时、贺麟等编辑日刊《上海惨剧》以及《京报副刊》"上海惨剧特刊",暑假中又与张荫麟、林同济、彭光钦三人,费时多日收集整理、汇纂而成《五卅痛史》,为国耻存照,以警策国人⑥。陈铨在运动中

---

① 陈铨:《清华德育问题歧路中的两条大路》,《清华周刊》,第343期,1925年4月17日。
② 1925年9月3日。
③ 1925年和1927年,发生因曹云祥校长辞职而引起骚动;1927、1928两年的暑假中,因担心政策有变,皆发生旧制生要求提前留美的活动;而关于研究院的续存问题,自开办之日起就颇有波折,并最终停办。
④ 有《在广州之半月》(何永吉,《清华周刊》第304期,1924年3月7日)、《见孙中山先生记》(徐永煐,《清华周刊》第308期,1924年4月4日),徐永煐的长文《八星期旅行生活》(《清华周刊》第312—314、316期连载)中有"国民党"一节,专门介绍国民党"一大"后南方社情和革命形势。
⑤ 《新闻·学生会新闻》,《清华周刊》,第334期,1925年1月9日;王造时:《王造时自述》,载叶永烈编:《王造时:我的当场答复》,北京:中国青年出版社,1999年,第73页。
⑥ 全书分"痛言""事实的经过"等八个部分,陈铨负责"舆论""办法"两编,参见晨报编辑处、清华学生会编:《五卅痛史》,北平:晨报出版部,1925年。

深受爱国主义洗礼,灵魂受到极大震撼①,接连写下《认清题目》《游行之后》《谈作战的步骤》等批判英日暴行,探讨斗争策略的杂文,并试图从国民性角度探究中华民族屡遭外侮的原因。他认为,国人受儒家思想影响,素以"宽大""和平"待人,"不尚武力","没有国家观念",每每委曲求全,不为"国家神圣而争",总做着"正义人道,世界和平"痴心美梦,而"处此国家主义盛行的时代,只讲强权,不讲公理的时代",必须"提倡国家主义,注重军事预备",才是"永久的救国方法"②。陈铨抗战时期提倡崇武尚力的民族精神和救国方略,在此已见形状。

其二是主编《清华文艺》时遭遇挫折。首先,因为校方不愿增加津贴,致"编辑部"与"经理部"发生矛盾,出了两期后,几近停刊。其次,文学在清华园内,尚属小众,多玩票性质,并不以为业,贬损非议者不乏其人。再者,《清华文艺》多为校内来稿,陈铨作为主编,在稿件取舍上可能也招致责难,甚至要"提出辞职",欲"与人对骂"③。凡此种种,致使他在最后一期发表《编辑罪言》。事实上,这不算多大的艰难险阻,只是作为象牙塔内的青年学生,偶遭指责,即产生了挫折感,竟有"生前不知道犯了什么罪,今生偏来当《清华文艺》的编辑"之语。《清华文艺》之于陈铨意义重大,他不仅发表了众多作品(也是遭指责原因之一),锻炼了写作能力,还为日后办报刊积累了丰富的经验。

第三件事是1926年初因张彭春辞职而引发激烈风潮。张彭春也是清华校友(1910年第二批直接留美生),1923年9月到清华学校任教务长,厉行改革,旧制生与他"感情颇好","平日视张为清华唯一理想人物"④,但也得罪一些同事。1926年1月,几名教员突发责难,起而"倒张",校长曹云祥亦与之决裂,张彭春随即挂职而去。学生闻讯"群

---

① 陈铨曾描述道:"我交完捐款以后,赶快跑去,会序已经快完,开始游行。忽然天色昏暗,雷电交作,数十万人,呼号奔走,再接再厉,悲惨的声音,奋斗的勇气,令人表无限同情。好些年老的教员,纤弱的女学生,十余岁的小学生,也大呼若狂,我当时不知不觉热泪夺眶而出!"陈铨:《游行之后》,《京报副刊》,第181号,1925年6月16日。
② 陈铨:《从沪案运动里表现出来的中国国民性及今后应取之态度》,《京报副刊》,第184号,1925年6月19日。
③ 《编辑罪言》,《清华文艺》,第1卷第4号,1925年12月。
④ 《吴宓日记》(三),第145—146页。

情彷徨,不知所措",立刻集会商议,多方活动,后来张去职已经成了定局,遂转向"改造清华运动"①。

1926年2月4日,学生获知张彭春是日离校,即请与之晤谈,了解情况后,立刻召开评议会,议挽留张,并质问校长曹云祥。第二天,清华园"风潮大起"。据吴宓所述:

> 学生开大会,挽留张仲述……(议案)通过后,即聚众前往包围校长住宅,迫校长签约,允行三事。(一)迎张氏回校。(二)斥退王、庄、徐三主任。(三)改良学校,裁员减政。校长悉允之。次乃包围王、庄、徐及曹霖生之住宅,并游行,唱口号,加以辱骂,迫王、庄、徐对众立允辞职。②

两天后,《晨报》《京报》刊载了张彭春的辞职信,事态进一步扩大。其后,曹、张又公开撰文,针锋相对,各具说法。

经过调查,学生们一致同情张彭春。2月20日晚,学生会召开评议会,议决驱逐校长,并拟次日晚间召开全体学生大会,"如经全体认可,立即暴动施行"。紧要关头,21日上午,贺麟、陈铨、张荫麟三人找到吴宓,告以详情,并提出平息办法,敦请"速言于校长,当机立断,以免迫近眉睫之大祸"。好在校方当局立即依陈铨等人的建议行事,解聘了"倒张"的几名教员,裁撤冗余机关,决心改良学校,风潮遂告平息。

风波前后,陈铨悉数参与,曾在家信中以告父亲:"事之起源,由于教职员有人排挤张彭春,又未说何项理由,故学生非常愤激,遂群起主持公道。迨风潮既大,张氏不回,遂进而图改良清华。"但是他并不主张过激的行为:

> 清华非一日所能改良,学生能力有限,而欲糜烂全校,牺牲一切,以图不可必之改良,非善策也。故当事起之时,男即主张学生

---

① 李道煊、黄恭寿:《寒假期内改造清华运动述略》,《清华周刊》,第368期,1926年2月17日。
② 《吴宓日记》(三),第147页。

为主持公道起见,可以挽张,若事势不能挽回,则公理已伸,学生即可以已,至于清华各理弊端,宜预备长期之运动,不宜遽行激烈手段,作无谓之牺牲。男虽有此主张,而群情激昂,置之不顾。①

该事件是曹云祥上任后"唯一的风潮"②,却几达不可收拾的危机局面。陈铨始以"词不见纳,遂谢绝一切,毫未与闻",但关键时刻,还是公心所在,暗中调停,避免了事态进一步扩大。贺麟后来提及此事曾赞曰:"陈言利似刃,斩金截铁解纠纷,判析毫芒惊鬼神"③,表明陈铨的意见应该起到了关键的作用。而亲身经历"群众之轻举妄动,不筹大局",往往"只图一时之快意,不顾将来之一发而不可收拾"④,则让陈铨感慨莫名,思绪万端,内心受到很大的触动。

树欲静而风不止,清华园内风潮刚刚平息,1926年3月,日本人挑起大沽口事件,激起国人极大愤慨。18日,北京数千名学生、市民在天安门召开"国民大会",反对所谓"八国通牒",惨案随之发生。当日清华全体学生皆参加了天安门集会,少数前往执政府请愿的学生,同遭毒手,五人受伤,大一新生韦杰三还付出了生命的代价。一波未平一波又起,4月,奉直联军与"国民军"开战,京畿一片混乱,人心惶惶。清华园一度四围皆兵,"人马出入,杀气腾腾",风声鹤唳,连运动会上的发令枪声,亦致校园内一片"惶恐之象"。好在"清华以有美国关系,学校当局又与最高行政长官,声气相通,故军队惮而不敢轻犯",校方又敦请警察时时护卫,附近的很多居民也进入校园里避难。及国民军败退,奉直联军把持政权,报人邵飘萍被杀,《周刊》也遭印刷局老板勿谈政治的"警告"。⑤

北伐战争将至,山雨欲来风满楼,"最时髦之新主义,为社会主义,

---

① ④ 1926年2月12日。
② 云:《对于此次风潮之我见》,《清华周刊》,第369期,1926年3月5日。
③ 贺麟:《我所认识的荫麟》。
⑤ 参见:《草木皆兵四日见闻录》,《清华周刊》,第376期,1926年4月23日;陈铨家书1926年4月29日;《新闻·杂闻》,《清华周刊》,第374期,1926年4月9日;《新闻·杂闻》,《清华周刊》,第375期,1926年4月16日;《新闻·杂闻》,《清华周刊》,第376期,1926年4月23日;《编辑余谈》,《清华周刊》,第377期,1926年4月30日。

共产主义,及无政府主义等类,而在最近之清华之中,均已'崭然露头角'"①,学生加入党派蔚然成风②,"加入国民党者有之,加入共产党者有之,诸如此类,五花八门,不知凡几"③,"打倒""推翻"之风"潮涌飙暴",甚嚣尘上④,"'党同伐异'的时症非常的流行"⑤。1926年3月13日,清华学生隆重举行了"中山先生周年纪念"活动,李大钊、陈毅到会演讲,鼓吹三民主义和国民党的工作目标⑥。以致梁启超感叹道:"近来学生运动,已沾惹了万恶的政治毒。分党派的恶现象在学生运动里也有了。"⑦

虽然积极"活动"者不过少数,但也足以影响校园风气,学校当局对学生风潮心有余悸,也无力管束。总之,自陈铨入校以来,一向稳定安宁的清华园,在1926年前后陷入躁动不安、随时可能引发风潮的境地。国家状况更是糟糕已极,中华大地,烽火遍地,交通阻隔,前途未卜。1927年9月,曹云祥在开学典礼上说道:"上学期期终,谁又不能预料现在能开学;而今天居然能行开学礼,实为大幸!"⑧

七、学术救国

国势风雨飘摇,变幻莫测,清华园内同样令人堪忧。一向在家信中报喜不报愁的陈铨,屡屡告以老父自己的迷茫忧思:

> 过年时同学常彼此送贺年片,年片种类甚多,花样百出,兹寄回数张,以见一斑。处此国家纷乱之际,疮痍满地,有何兴趣,从事于新年庆祝?

---

① 陆懋德:《清华学生与新主义》,《清华周刊》,第375期,1926年4月16日。
② 黄仕俊:《时髦的国民党党员》,《清华周刊》,第370期,1926年3月12日。
③ 麈:《我之所希望于清华学生之加入政党者》,《清华周刊》,第382期,1926年6月4日。
④ 张荫麟:《论"入井"运动》,《清华周刊》,第372期,1926年3月26日。
⑤ 刘瑚:《敬劝一般"党同伐异"者》,《清华周刊》,第374期,1926年4月9日。
⑥ 《新闻·专记·中山先生周年纪念》,《清华周刊》,第371期,1926年3月19日。
⑦ 梁思忠:《梁任公先生国耻演讲记》,《清华周刊》,第379期,1926年5月14日。
⑧ 《新闻·要闻·开学典礼》,《清华周刊》,第413期,1927年9月23日。

> 近来京中学生界谈革命谈主义之风气,异常厉害,以素不管国事之清华同学,近闻加入国民党者已四五十人。其心可嘉,然智识未足,未免过于轻率耳。
>
> 清华同学加入国民党者日益增多,遇事把持,压制同学,男稍表不满,即受其嫉视。青年时代,如此发狂,真可痛心,此等横逆之来,唯有恕之而已。……终日叫嚣,排除异己,暴戾恣睢,养成恶习,国家元气,将断丧尽矣。

复又说所幸"大部分同学,尚未冒昧加入,唯从事学问,俯首读书,待至学成,再出图匡救,若果青年学子,均能如此踏实做去,国家前途,尚有可为"。作为"大部分"中之一员,陈铨此时左思右想,细细琢磨,逐渐想清楚了未来的人生计划和努力方向:

> 从前只想过一学者生涯,近来看国家情形,日益紊乱,觉非出世作事,对社会有所补益,则中心不安,故将来选择职业,大概不仅偏于学问,而同时并重实际工作。总之以作事为目的,学问为根基,老守书本,不与人事,非所愿也。
>
> 唯有努力学业,以便他日报效国家,补救万一耳。
>
> 处此情形中,唯有俯首读书,从事研究,不取若何举动,待将来学成,再出而问世,未为晚也。

"三一八惨案"给陈铨带来了极大震撼和愤慨,同时更加坚定了自己的想法:"国家情形,愈趋愈乱,莽莽中原,无一片干净土,男目前唯努力学问,将来再图补救,至力尽心枯,则毕身责任,即算卸却,结局如何,无法确定也。"[1]与私衷相表里的是,陈铨在此期间公开抒写了对军阀干政、武人治国的无比愤懑[2],同时也发表对"革命""救国"和青年责任的看法。

在陈铨看来,"革命的目的,不仅在于破坏,而尤在建设,欲图建设,非有知识不为功",万不能"以不知觉不知,以不觉觉不觉","社会

---

[1] 1926年3月19日。
[2] 涛每(陈铨):《天方夜谭与中国政局》,《清华周刊》,第376期,1926年4月23日。

上的事情,原因复杂,何者应破坏,何者应如何破坏,脑经简单,知识不足的人,万万不能胜任此重大使命。有时目标认错,方法认错,其害反胜于常人","真正的革命者"要"有高尚的知识,有过人的眼光,看出社会的病原,一腔侠肠,不能自已,故挺身直前,以图拯救"①,"决不是没有学问,拿一枝枪,骑一匹马,就可以打平天下的"②。

于此,陈铨把民族的前途和国家的希望寄予自身一代青年,"要图拯救,我们不能靠官僚,不能靠军阀,不能靠强邻,所可靠的,唯有中国有志的青年",而首先要"完成人格",再"联络同志","分工合作,预备全盘的计划",依靠"有严密组织"之团体,为"国家努力"③。青年以后的工作则在:"(一)砥砺我们的德操;(二)增进我们的学识;(三)训练我们的思想;(四)研究中国的问题;然后:(五)认定一种目标或信仰一种主义;(六)以谋建兴中国,然后再谈:(七)改造世界"。④

1926年3月,陈铨作为主要发起人之一,成立一个新团体——弘毅学会。3月19日晚,成立大会在清华工字厅正式召开,到会者30余人。张景琨、吴其昌、徐敦璋等先后发言,陈铨详细报告了发起的经过、原因、宗旨和信条,强调学会不带"任何政治色彩",只是"砥砺人格,研究学术的团体"。随后选举"职员"⑤,明确分工,陈铨被推为会刊《弘毅》总编辑。一星期后,通过张荫麟执笔的宣言《弘毅学会缘起》⑥。关于弘毅学会的发起和成立过程,陈铨曾描述道:

> 弘毅学会之酝酿,盖始于民国十四年秋。当时清华学校一部分留美预备部学生,与一部分新大学生,为联络感情,研究学术起见,时相过从。后以清华尚无大规模之学术团体组织,颇欲集合同志,发起学会,然以功课纷忙,亦无暇及此。十五年春,往还愈

---

① 陈铨:《真正的革命者》,《清华周刊》,第372期,1926年3月26日。
②④ 铨(陈铨):《五七》,《弘毅》,第1卷第1期,1926年5月。
③ 铨(陈铨):《救国的步骤》,《弘毅》,第1卷第2期,1926年6月。
⑤ 其他还有正副干事向理润、张景琨、程思进,文书戴克光、林同济,庶务杨允奎,会计蔡鼎,学术干事吴其昌、王之、曾远荣、付举丰,总经理朱都范,丛书委员长张荫麟等。
⑥ 《弘毅学会缘起》,《弘毅》,第1卷第1期,1926年5月;又载《清华周刊》,第377期,1926年4月30日。

密,相知更深,每当抵掌谈天下事时,辄觉近时国势颠危士风浮薄,后非倡一种勇敢直前之精神,辅以虚心考究之态度,不足以扶危持颠。于是几经筹划,约集同志,计开筹备会三次,小会十余次,最后通过章程,遂得正式成立。①

弘毅学会组织周全,分事务股、学术股和出版股,宗旨、会章、职员、宣言、会刊等一应俱全,与陈铨之前参与的团体有很大区别。首先,学会成立时就宣布与"本校校务毫无关系",已近于社会化组织。其次,会员成人化,来源广泛,大多具有一定的学术积累②。再次,明确提出以"砥砺人格,探究学术,交换思想,谋求中国之解放与改造"为宗旨,并在经费有限的情况下,集中力量办会刊《弘毅》杂志。③

《弘毅》自1926年5月至1927年5月,共出9期8册(其中第2卷第1、2期为合刊),历时整一年。任《弘毅》总编辑的一年里,陈铨得心应手,一展其志,编刊、著文、翻译,学业又再上台阶。如其所言:"此事虽觉忙碌,然因此关系,男可认识联络许多朋友。且男将来事业,大概在文字方面,此时得点练习,亦不无益处。"④1927年初,在编完第2卷第1期后,陈铨以将要毕业、事情多,辞去了总编辑,由付举丰(任敢)接任,出两期后,因经费支绌等原因停刊。

《弘毅》学风严谨,研究切实,具有较高的水准,实现了弘毅学会"业有特精,术有专长","以探究态度,批评精神",研求"学说"的初衷。所载70余篇文章涉多个学科领域:一、国学研究;二、欧西文化、文学和科学译介;三、中国、苏俄、日本、欧美等政治问题的理论研究;四、小说、戏剧等文学创作;五、时事评论、会务报告和会员通信等。作者群

---

① 陈铨:《弘毅学会成立记事》,《弘毅》,第1卷第1期,1926年5月。按:《弘毅》初名"弘毅月刊",第2卷第4期改为"弘毅杂志",本书引述统称《弘毅》。
② 初始会员包括留美预备部、大学部和国学部等三部30余人,1927年达到50余人,另有少数校外会员。
③ 据《弘毅学会会章》:"会员入会时须纳入会金一元","会员每年需交年费二元,于每年二月缴纳","自由捐助"外,必要时还可以"向会员临时募捐",表明经费主要靠会员会费和自由捐款。参见《弘毅学会会章》,《弘毅》,第1卷第1期,1926年5月。
④ 1926年4月29日。

阵容强大,如新生部的吴其昌、周传儒、李健吾、付举丰、章熊等,行将留美的徐敦璋、陶葆楷、崔龙光等,以及张荫麟、陈铨、罗皑岚、向理润等。此外,《弘毅》还载有梁启超、王国维、黄侃、陈长蘅、陆志苇、周鲠生等著名学者的文章或演讲,据称清华"评议会""出版委员会"曾报告学校:《弘毅》"有给予津贴的价值"①。

1926年6月,陈铨在家书中写道:"此次留美同学中,有七八人与男均为至好。放假后尚需时日,商量将来一切计划,一切联络进行等事项,因此番别后,各自东西,将来留美回国,均不知能否亘相聚也。"所谓"至好",非相知者不以此称,所谓"计划""联络"者,不唯友谊,还有约为同志,以俟将来,谋图拯溺,为国家民族之公事也。而这些"至好"当有林同济、徐敦璋、陶葆楷、王之等弘毅会友,以及不知何故未加入弘毅学会的贺麟。有意味的是,此年留美学生中还有日后加入中国共产党,抗战时期斥"战国派"为"法西斯主义"的谢启泰(章汉夫)。

从"五卅"到"三一八"风雨如晦的危局中,作为一个有强烈使命感的青年知识分子,陈铨在清华园内基本完成了对国家命运和个人前途的认识、思考、判断和取舍——努力进德修业,求得真正学问,再图渐进改良之救国之路。而从《清华文艺》到《弘毅》,陈铨也一步一步接近并最终选定了学业方向——文学。

八、"亲密的先生"

清华学生一般在留美前一两年才"择业"(学科方向),陈铨未雨绸缪,1923年就开始考虑了,并"问了很多有经验的人",据"他们的忠告"与"自己的审查",一开始有学教育的动议。因为他认为"教育为国家精神之所托命","国中研究者之太少,又见教育对于国家人民之重要,故近来颇有学此趋向"②。

1924年初,陈铨又多次请教"职业指导部"主任庄泽宣博士。庄为

---

① 《清华大学九十年》,第37页。
② 1923年9月18日。

清华1917年留美生,作为过来人,他建议还是以打基础为宜,到高等科二三年级再作定夺。① 当年秋,升入高等科的陈铨给自己定下了"造学计划":"把大部分的功夫来费在语言同科学上",文科则"通通不学",因为清华师资"不狠好","参考又不够,费一年功夫,仅仅学一二本书而已","若是语言弄得好,将来到美国参考方便,不过一月功夫,学来还踏实些。至于语言是造学的工具,多一分气力,多一分用处"②。

自此,陈铨依计行事,钻研"各种学科入门书籍",打牢学业基础,并"留心"与"各种事业上人的谈话","以便作择业预备"。③ 可能越来越发现自己的兴趣和优长,慢慢集中在"文字上面",兼本来对文学就很有兴趣,但陈铨却并没打算以之为终身志业,最终学"文学",吴宓起了决定性的作用。

经顾泰来举荐,吴宓1925年初回到清华主持研究院国学部。虽因反对新文化运动和浪漫天真、不合时宜的行为做派,公开私下皆颇遭议论,但作为成名的学者和校友,在清华园却有很高的人气声望,自然也引起陈铨的注意。初到清华,吴宓专门为中文根底好的学生开设了一门《翻译术》课程。陈铨虽"本无意翻译",但钦慕其学问名声,又被国文老师"举荐",并通过了考试,遂加入其中。贺麟曾回忆道:"吴宓先生是当时清华的一个精神力量。他开了一班'翻译'的课程,选习的人并不多。有时课堂上,只有荫麟、陈铨和我三人。我们三人也常往吴先生住的西工字厅去谈论。"④此后三人与吴宓过从密切,后世谓之"吴门三高足"。

《翻译术》是吴宓到清华开的第一门课程,其宗旨"在视翻译为一种文学上之艺术,由练习而得方法,专取英文中之诗文名篇杰作,译为中文,而合于信达雅之标准",其教授方法为:

> 先讲授翻译之原理,略述前人之学说,继以练习,注重下列三

---

① 1924年1月3日。
② 陈铨:《海滨日记》,1924年7月21日。
③ 1925年5月5日。
④ 贺麟:《我所认识的荫麟》。

事,为翻译所必经之步骤:(一)完全了解原文,(二)以译文表达之,而不失原意,(三)润色译文,使成为精美流畅之文字。练习分短篇长篇二种,短篇一学期中多次,题目由教师发给,专取各种困难繁复之句法,译卷由教师批改,长篇一学期一次,学生各择专书翻译,而由教师随时指导之。①

平时多选西洋经典诗文,要求学生反复揣摩,并迭出新意地用近体诗格翻译西洋诗歌,还将学生的翻译习作,择优登载于《学衡》杂志。经吴宓课堂内外的濡染熏陶,陈铨、贺麟、张荫麟、董承显等皆对文学和翻译发生浓厚兴趣。

可事实上,陈铨、张荫麟诸人此时都不想学文科。1925年8月6日,陈铨造访吴宓,具体若何不得而知,只见吴宓在当日日记中愤愤写道:

> 此间一二优秀学生,如张荫麟、陈铨等,亦皆不愿习文史之学,而欲习所谓实际有用之科学,以从事于爱国运动,服务社会。甚矣,习俗移人,陷溺之深,竟无有能脱离污泥而克自树立者。哀哉。②

吴宓的无奈喟叹大概也是有感而发,盖因在刚发生的五卅运动中,"三高足"皆满怀热忱参与其中,贺麟还被选为清华"沪案后援团"的代表,暑假中还曾到河北、河南等地宣讲鼓动爱国主义和三民主义。当然,师生之间的巨大差异,不只是学以致用、匡救时弊的救国理念,还在于思想观念上的冲突和交锋。

1925年初,吴宓在一篇译文的按语中,以"父母之命,媒妁之言"的"婚制",来例证"遽尔全行革除,则为患实深",并批评"今之治国学者,但知从事考据,琐屑推勘,甚或专务疑古,以推波助澜,破坏礼教"③。吴宓的观点本不值得一驳,但彼时陈铨正受包办婚姻困扰,情郁于中,

---

① 《科目说明·翻译术》,《清华一览 1924—1925》,清华学校出版物,1925年,第48页。
② 《吴宓日记》(三),第53—54页。
③ [美]吉罗德夫人撰,吴宓译:《论循规蹈矩之益与纵性任情之害》,《学衡》,第38期,1925年2月。

见如此言论,不啻如鲠在喉,便著文予以质疑。在陈铨看来,"方术"和"标准"应该适时而变,"与今日之社会情形,是否扞格不合?苟其不合而有害也,则改之","不然,则错取一标准,可害人于无穷","万不能含糊过去",不独旧式"婚礼"之荼毒人性,中国"数千年来死于不良礼教者,多不可胜计,皆由其中不良之标准在,而人乃惮故习而不改也"①。

据陈铨所言,反驳文章完成后,"恐吴先生有未尽之论,或有对于婚礼具体建设之主张,为予所不知,或为先生未尝为文发表者,故寄示之。后又与之晤谈,承其详为解释,约二时之久,然予心不以为然",并写道:

> 予深慨今日之学风,非盲目信从,互相称誉,即不分黑白,尽力诋諆,对于一种问题,每多不努力于平情建设之论,而徒从事于怨歌嗟歌之言,与意气之争执,故于师友交游,均不敢随意阿附,毅然以求真为念,想亦吴先生之所赞同欤?②

实际上,对于五四以来关于传统和西化问题,陈铨有非常清晰的判断:"外国化与不外国化并没有什么要紧,只看化得对不对","不必见着采用外国制度风俗文物,就摇头咋舌,深叹国粹国糟,不能保存","只要化得对,也并没有什么可怕的"③,可谓是十足的"拿来主义"。在激进的文化革命潮流中,文化保守主义者吴宓逆势而动,援引其哈佛大学导师白璧德的"新人文主义",以一己之力办《学衡》,致力"昌明国粹",以期保留和重建以儒家伦理为核心的人文传统④。陈铨则多受新学思潮和爱国运动的濡染熏陶,崇尚自由民主、科学理性之现代观念,更有强烈的爱国精神和谋图拯溺的济世情怀。这是师生间思想观念上的根本区别。

吴宓终究是一个容忍异见的谦谦君子,也表现出一个良师的胸襟风范,只是在日记中忧心忡忡地写道:"清华新派之对宓攻诋,此其开

---

①② 陈铨:《评〈学衡〉记者谈婚礼》,《清华周刊》,第353期,1925年10月2日。
③ 陈铨:《阅〈愿全国教育家反省〉以后》,《清华周刊》,第349期,1925年5月29日。
④ 参见沈卫威:《吴宓与〈学衡〉》,开封:河南大学出版社,2000年,第13—14页。

端矣。"①担心的事情实际上并没有发生,这场小小插曲,映射了双方不同的价值取向,但并不妨碍师生间的密切过往。受吴宓课堂内外的循循善诱,陈铨的兴趣逐渐转向文学,也每每得到吴宓的褒扬鼓励:"昨翻译班教员吴宓先生,将男所译安诺德英文诗一首,深为嘉许,并拟以登《学衡》杂志";"近日读英文诗甚多,常择其优者,译成中文诗,作为翻译班功课,吴宓先生颇为赞赏,已登数首于《学衡》杂志。"②

即便如此,陈铨仍无意于学文学。此时,他可能满脑子都在琢磨究竟哪种学术,能迅速发生作用,起溺图强,洗雪国耻。1926年3月13日,在清华孙中山逝世周年纪念会上,陈铨撰写一副"最长"的挽联:

> 重挥急泪哭先生:看今朝华夏,此斗彼争;主义信徒,笔酣墨饱;霖雨苍生之望,悠悠者,竟谁堪指数乎? 四十载辛苦经营革命事,成功未竟;群龙失首,大陆仓皇,外患燃眉,新亭饮泣;热血已如怒涛起,道所痛与世间离,妙药可返魂,愿活我公于九京,领袖同胞,实现三民主义!

> 再到碧云追往迹:正斜日暖风,莺呢燕语;青衫红粉,踵叠肩摩;尽忠报国之成,喷喷者,更互相口道矣! 五千年神明种族奴隶耻,誓死不承;众志成城,危邦拯救,内忧逼目,遗范遵循;睡狮近自长梦醒,豪杰何须文王作,精灵终弗泯,建兴伟业于中土,排除万险,保全一片河山!③

这极具象征性的话语和行为,既是对孙中山的敬仰,也是其彼时所思所虑和理想抱负的真实写照。一星期后,陈铨在家书中写道:"去年曾告阿父,男颇有志于教育,今则兴趣已变,颇有志于政治与新闻,自审才力,尚能有一番建白。"④

一直以来,清华留美生"多攻应用科学",尤以"习工程实业者,为

---

① 《吴宓日记》(三),第60页。
② 1925年3月27日;1926年4月29日。
③ 《中山先生周年纪念》,《清华周刊》,第371期,1926年3月19日。
④ 1926年3月19日。

最普遍",1920年代以后,"兵戈四起,疮痍满目,民不聊生,遑言工业","英雄无用武之地",选理财经国者渐多①,甚至学军事学的也不少(如曾锡珪、孙立人、李忍涛、梁思忠、谢明旦、王之等),但学文学者一直寥寥无几,如1924到1926每年均为一人(李方桂、孙大雨、李唐晏),1927年也只有朱湘和柳无忌,只有1923年稍多②。于此就不难理解,陈铨即使颇有兴趣,却并不想以文学为业。

从某种意义上说,与吴宓的相遇,改变了陈铨的人生轨迹。几个月后,他改变了主意。1926年10月,弘毅学会登记会员时,陈铨在"专习科目"一栏写下"文学"二字③,三十年后,他写道:"吴宓,清华时我亲密的先生。我常去请教他,他许我为天才,尽力提拔我","因为他的劝告,我学文学"④。

吴宓的春风化雨,终见成效,贺麟、陈铨、张荫麟皆学的是"文史之学"。得英才育之,从博学温雅之良师,乃人生之幸事,三人日后各有建树,在中国现代文化史上皆留下了深深的印迹,"吴门三高足"名不虚传,只是公开反驳老师,也让吴宓多少有些芥蒂。师生情谊是一辈子的缘分,陈铨后与吴宓在清华大学、西南联大又同事八年。据说,后来执教于重庆西南师院的吴宓,凡遇富顺籍学生,总会提及这位得意门生。只是造化弄人,晚年的吴宓居然还要为学生写下长长的"交代材料"。此系后话。

九、文学之路

陈铨自小熟读古籍,进入清华后,仍常读不辍,又适逢国学改良运动,并凭借其扎实的古典文学功底和出色的写作能力,在清华园崭露头角,深得老师和同学的"赞许",成功的喜悦让他甚至想到了"将来更加

---

① 朱君毅:《丙寅级留美之学校与选科》,《清华周刊》,第383期,1926年6月11日。
② 有谢文炳、方重、梁治华(实秋)、盛斯民(赴美后学哲学)、孙成钦(孙瑜,实际学电影)等5人。
③ 《弘毅学会会员名录》,《弘毅》第1卷第3期,1926年10月。
④ 《陈铨档案》,南京大学档案馆。

努力,或可以此见长"①。陈铨对文学的兴趣和信心也源自于此。

1925年主编《清华文艺》受到小小挫折,一度让陈铨产生消极情绪,甚至宣称"不专门学文学"②。吴宓的出现,则将其领入西洋文学大花园,并最终选择了文学一科。方向既定,更加用心尽力,在留洋前两三年间,陈铨编刊物、搞翻译、撰评论、写小说,取得令人刮目相看的成果,一举成为清华文坛"第三期"文人中出类拔萃者③。

1925年秋天,清华开始了从留美预备学校向现代大学的过渡期。转型过程中,虽然遇到一些困难波折,但却意外地为欲习文学者提供了有利的条件,陈铨适逢其时。首先,因为将来要留洋,文学实际上就是英语语言文学(或西洋文学),清华本来即以外语的师资最强,不独有谭唐、翟孟生、吴可读等高水平的外教,吴宓、王文显等本土教授亦是一时之选。其次,随着国学研究院(1925)和西洋文学系(1926)的成立,课程资源更加丰富,课程水平也大幅提高,更好地满足了习文学者的需求,尤其是大师级人物梁启超、王国维的到来,极大地提高了清华的学术水准和声望。换言之,清华最后两年间,在古典文学和西洋文学两个方向上,陈铨都得有机会受教于当时国内的顶尖学者。从1926年起,他比较系统地旁听了国学院和大学部的很多课程,如梁启超的《儒家哲学》《历史研究法》,王国维的《说文练习》《金石甲骨文》,陈寅恪的《西人之东方学目录》。陈铨十分欣赏陈寅恪旁征博引、深入浅出的讲课风格,对王国维更是钦佩有加。

在吴宓引导下,陈铨得以一窥西洋文学的大花园,开始大量阅读西洋经典,翻译发表了罗色蒂(Christina Georgina Rossetti,1830—1894)、彭斯(Robert Burns,1759—1796)、斯宾塞(Edmund Spenser,1552—1599)、司各特(Walter Scott,1771—1832)、莫尔(Thomas More,1478—1535)、约翰·德莱顿(John Dryden,1631—1700)、Owen Meredith、Henry

---

① 1924年11月1日。
② 《编辑罪言》,《清华文艺》,第1卷第4号,1925年12月。
③ 毕树棠:《二十年来清华文坛屑谈》,载《国立清华大学廿周年纪念刊》,清华大学出版物,1931年。

Carey(1687—1743)、John Gay(1685—1732)、济慈、华兹华斯、歌德、海涅诸人的一大批诗作,以及苏联作家 Iarsov-Rodionov 的中篇小说《可可糖》和《诗人雪莱的心理》等文学批评。有意思的是,以反对新文化运动而著称的吴宓,对新文学却很有兴趣,一直想写小说,并多次与陈铨等弟子讨论创作小说的思路和方法,虽然他自己没写出琢磨已久的长篇小说《新旧因缘》,但陈铨却受益匪浅,专攻长篇小说创作,并大获成功。

1925年,陈铨写下了名留"红学"史的《读王国维红楼梦评论之后》,第一次阐发了王国维的经典之作《红楼梦评论》的学术价值和漏失缺憾,并抒写了自己对《红楼梦》的不俗见解[①]。经由王国维,陈铨第一次接触到叔本华的意志哲学,从此开始了对叔本华、尼采的持续关注和研究,并从中领悟到研究之道。课堂之外,陈铨还随吴宓拜谒过王国维,后来与王大师也有通信交流。陈寅恪中西比较的学术视野和精细考证的研究方法,则对陈铨产生了潜移默化的影响,名著《中德文学研究》以及1930年代关于德国文学的研究长文,也皆考辨周详,论证细致。陈铨日后曾说,陈寅恪的文章"考订最博、最精","一个问题陈寅恪如果作了结论,这事基本结束"[②]。陈铨与吴宓亲近,但在学术研究上则私淑王国维和陈寅恪。

此外,王文显和美籍教师谭唐也是陈铨学业上的重要引路人。据多名知者所述,王文显上课刻板而枯燥,只"照本宣科""写好的讲义",学生则忙于抄笔记,乃至"把手都抄痛了",而且"每年照本宣讲,从不增删",如牧师主持葬礼般"疲倦""单调"而拘束[③]。但陈铨却不以为意,学得津津有味,乐此不疲。他后来回忆道:

> 那是我在清华学校最后一年了,我已经决心学西洋文学,我选

[①] 可参见拙文:《陈铨的〈读王国维先生《红楼梦评论》之后〉及其"红学"研究》,《红楼梦学刊》,2011年第2期。
[②] 陈雄岳:《与家兄陈铨相处时的记忆》。
[③] 参见季羡林:《季羡林全集》(第四卷),北京:外语教学与研究出版社,2009年,第89,164页;张骏祥:《〈王文显剧作选〉序》,《新文学史料》,1983年第4期;温源宁著:《王文显》,顾苍生译,载《人言周刊》(上海),第2卷第24期,1935年8月24日。

了王文显教授两个课程,一个是西洋戏剧,一个是莎士比亚。王文显先生要算是中国对西洋戏剧最有研究的学者,一直到今天我还想不出任何人可以比得上他。他聪明的解释,巧妙的分析,令我对于西洋戏剧,感觉无穷的乐趣。①

事实上,洪深、陈铨、陈麟瑞(石华父)、李健吾、曹禺、杨绛、张骏祥等一批戏剧家,皆出自王文显的门下。② 陈铨日后写道:"王文显,清华时我最佩服的先生。他教我戏剧,在戏剧理论方面,他偏重技巧的形式主义,深刻地影响了我,至今尚难摆脱。"③

谭唐(George Henry Danton,1880—1962),1907年获得哥伦比亚大学德国文学博士学位,1916年秋受聘为清华学校德文教授,其博士夫人也在清华教德文④。谭唐为人幽默诙谐,开朗热情,与学生多有交流互动,很受欢迎,曾作为清华教员到美国纽约大学(1920)和德国莱比锡大学(1925)做访问教授。1925年秋起,陈铨连续两年选修了谭唐的《德文》课。1927年夏,谭唐从清华辞职,回到美国,任奥柏林学院(Oberlin College)德文教授。在谭唐的引荐下,次年陈铨选择到奥柏林学院留学,并继续随其学习德语文学。

在陈铨的观念中,学习文学还意味着必须搞新文学创作。清华学校第一代新文学作家是闻一多、梁实秋、顾一樵、谢文炳等人,1920年代中期,孙大雨、朱湘、饶孟侃等相继离校,新文学力量日渐式微,陈铨、罗皑岚、柳无忌、罗念生、李健吾等继之成为清华文坛的后起之秀和核心力量。

陈铨最初的新文学创作是新诗。1925年,他在《清华文艺》发表了十几首新诗,这些篇章或是抒写爱国主义情怀,如《恨不得》《祖国》等,或是摹写思乡念亲、青春爱情的愁绪感怀,如《秋声》《第一次祈祷》《中

---

① 陈铨:《我的戏剧学习经验》,《寰球》(上海),第22、23期合刊,1947年9月。
② 张骏祥曾说:"洪深、陈铨、石华父(陈麟瑞)、李健吾、曹禺、杨绛,还有我,都听过他的课,我们对于西洋戏剧的接触,大约都是从此开始的。"参见张骏祥:《〈王文显剧作选〉序》。
③ 《陈铨档案》,南京大学档案馆。
④ 《校闻·新聘人物》,《清华周刊》,第80期,1916年9月27日。

夜蟾蜍》《月夜机杼声》《失眠》《你曾再三告诉我》《故琴》《月静》,形式上则大抵诗形整齐、韵律和谐。虽不乏构思精巧、神思感兴之作,但并未引起多大影响,反因主编《清华文艺》遭到一些风言风语。

陈铨有一股不服输的狠劲:"无论读书作事为朋友,我不作就算了,要作我总是用全力去把它作好,失败了我也不叹气,只是努力去想法子救济,再往前作去","我以为这一种勇往的精神,这一种求全的精神,这一种不怕困难的精神,总算是成功的要件,是应养成的德操"①。从1927年开始,陈铨集中精力专事小说创作,先后完成了《梦苹》(1927)、《天问》(1928)两部长篇,一举成为清华园首屈一指的文坛闯将。

总之,清华的最后两三年间,陈铨在学业上的准备和努力,除了已有相当积累的古典文学外,主要集中在西洋文学翻译和小说创作两个领域,取得了不俗的成绩,的确展现出过人的天赋,为留洋进一步学习和日后的专业研究,打下了相当扎实的基础。

1928年4月,《周刊》公布了当年47名留美学生的名单,陈铨是唯一明确学"文学"者②。7月16日晚,吴宓在成府的燕林春闽菜馆宴请赵万里、张荫麟等人,为将要游学美国的陈铨饯行,一如两年前为贺麟送行一样,只是那时陪客是陈铨和张荫麟。七年清华,一个懵懂少年已成长为具有相当学识的有为青年,同侪浦江清曾赞叹道:"陈君为此间留美预备部学生,去夏赴美者。其人读哈代之小说甚多,且至美国后立意研究西洋小说,且从事创造,前途殊不可量。"③

在告别的时刻,陈铨感慨万端地在《级史》中写道:

> 清华为庚子赔款所设立,清华乃一国耻纪念碑也。凡受清华教育者,均应奋发有为,决不应堕落心死。安乐吾不愿,虚荣吾不愿。吾人唯一所愿在一平等独立之中华民国。七年辛苦,今幸告完,后顾前瞻,曷胜怅惘。吾人当此骊歌乍唱之际,愈觉前途责任

---

① 1925年1月23日。
② 参见:《新闻》,《清华周刊》,第438期,1928年4月27日。
③ 浦江清:《清华园日记·西行日记》,北京:生活·读书·新知三联书店,1987年,第33页。

之重且大也。①

后来还回忆说:"一提起'生活'二字,令我对过去在清华天真烂漫的生活,有无穷的渴想。那时候我胸怀中常常都充满了计划,心灵中常常都有活泼的天机,无论待人接物读书作事,都是我新鲜生命的表现","我把清华学生生活比作隆冬压迫过后的春天,情人久别重逢快乐的心境。后来我在毕业的前一年,写我的第一部长篇小说《革命的前一幕》,还保存着这一种情绪。"②

这的确是陈铨清华时代的真实写照:读书游历,会社团体,编刊写作,成长的喜悦,友谊的快乐,师长的褒扬,家国的忧思,民族的前途,刻苦而充实,一切充满希望。事实上,从某种程度上说,理解了清华学校时期的陈铨,也就理解了陈铨的一生。

---

① 转引自徐志福:《抗战救亡运动中的陈铨》,成都:巴蜀书社,2009年,第145页。
② 陈铨:《我的生活和研究》。

第二章　美风欧雨

1928年8月,《大公报》《申报》《新闻报》等津沪各大报,照往年惯例登出本年清华毕业生"即将放洋"的消息。8月17日,包括陈铨在内的50余名清华学生,在上海码头登上了"大来公司"的"麦迪逊总统"号邮轮,启程赴美。

8月21日,船过日本横滨,照常停留半天,众人下船乘车到东京畅游一番,30日到檀香山,亦如往年一般,受到当地华侨的盛情款待,一众人等得遍游火奴鲁鲁岛(Honolulu)。9月5日,抵达美国西海岸城市旧金山(San Francisco),又受到当地华侨团体的欢迎①。两天后,大家互道珍重,三三两两前往各自择定的大学。

陈铨在旧金山停留了几天,还与武三多等同学参观了斯坦福大学(Stanford University),张敷荣等选择在此留学;随后与杨允奎、董承显等结伴乘火车往东,他们选择的学校皆在东部的俄亥俄州(Ohio State)。9月中旬,陈铨到达了目的地——奥柏林学院(Oberlin College)②。

一、奥柏林学院

奥柏林学院位于美国俄亥俄州克利夫兰市(Cleveland)西南50余公里处,1833年由美国东部基督教长老会(Presbyterian Church)牧师

---

① 参见:《通讯》(李惟远、董承显、杨允奎),《清华周刊》,第442期,1928年11月17日;《通讯》(张敷荣、武三多),《清华周刊》,第443期,1928年11月24日。
② Oberlin 也译作欧柏林,此从陈铨的译法。

John Shipherd 和传教士 Philo Stewart 创办。学校得名于 18 世纪法国教育先贤、传教者约翰·弗雷德里克·奥柏林（John Frederick Oberlin，1740—1820），此公曾在穷乡僻壤的出生地艰苦奋斗，兴实业，办教育，传教义，造福一方，Shipherd 与 Stewart 二人仰慕其精神而追随效仿之，创建奥柏林学院。以奥柏林学院为核心，此地渐发展成为一个几千人口的小镇①。

奥柏林学院注重宗教，同时亦以"学习与劳动"为校训，以"自由教育"为办学理念，是全美第一所招收黑人学生（1835）和女性学生（1837）的大学，素以浓厚的理想主义和多元化的人文思想而闻名，为美国有名的文理学院之一。据说 150 年校庆（1983）时，《纽约时报》称："过去的 150 年间，哈佛为古典而焦虑，耶鲁为上帝而不安，奥柏林则早已为美国和世界忧虑"，一如今天奥柏林所宣扬的"使命和价值观"："力求提供一个多样化和包容性的学习环境，鼓励自由和相互尊重的思想交流，共享稳定而公平的学习空间"。②

奥柏林学院与中国还颇有渊源。1880 年，学校即组织"中华团"到山西传教办学，"庚子事变"中，不少传教士在当地被杀，为纪念罹难者，1903 年，奥柏林校园内建造了殉教者纪念碑，1907 年山西太谷县又创办铭贤学校（Oberlin-in-Shanxi），校友孔祥熙任校长。铭贤学校日益扩大，从小学到大学预科一应俱全，尤以农工两科为显，"教学成绩卓著，名扬华北诸省"③。1934 年，蒋梦麟、潘光旦、陈衡哲、蒋介石、宋美龄、徐永昌等学政界闻人先后到校参观，可谓一时之盛。抗战期间，铭贤学校迁至四川金堂，1941 年《纽约时报》曾有"30 年勤恳办学，助力中国工农业重建"的报道④。

---

① 1924 年，在奥柏林学院学音乐的邱仲广（清华 1923 届）介绍："全城人口，不过六七千人，大学学生便占了千六，此外高等学生，小学生不计。"参见：邱广：《通信·Oberlin 大学》，《清华周刊》第 309 期，1924 年 4 月 11 日。
② 参见：https://www.oberlin.edu/about.oberlin/mission.and.values。
③ 周山仁：《清末民初的山西教育：从传统到现代》，北京：光明日报出版社，2016 年，第 205 页。
④ 《欧柏林内迁四川》，载郑曦原编：《浴火重生：〈纽约时报〉中国抗战观察记 1937—1945》，北京：当代中国出版社，2016 年。

奥柏林学院有文理学院、音乐学院和神学院。音乐学院创办于1865年,是美国顶尖的音乐学院之一,其他专业以化学最强①,而神学(哲学)、文学、经济、体育亦是很好的专业。中国闻人孔祥熙、蒋廷黻等曾在此求学,但一直以来,注重获取学位的清华学生多选择哈佛、普林斯顿、耶鲁、康奈尔、哥伦比亚、芝加哥、威斯康辛等综合性名校,或是如维吉尼亚军校这样专业性强的大学,最初十余年间,清华毕业生没有人选择奥柏林。1920年,刘驭万、刘世芳来此学习经济学,此后每届皆有,至1929年共有20人左右,选习的专业有法律、经济、化学、文学、哲学、体育以及最有名的音乐。但大多在获学士学位后,即转入其他大学,攻读更高的学位。

如前所述,陈铨选择奥柏林学院,与清华的德文老师谭唐有关。他的奥柏林学院进修(插班)申请表(Application for Admission to Advanced Standing in the College of Arts and Sciences of Oberlin College)"个人能力评估"(estimates of personal qualifications)一栏的介绍人就是谭唐②。在博士论文(1933)的"自传"中,陈铨还对谭唐致以谢忱,并说"是他带领我进入德语文学研究"③,近有研究者指出,谭唐曾"介绍他在清华指导的德文学生陈铨到奥柏林学院学习"④。

奥柏林学院"过去和现在都是一所好学校"⑤,而且学校在小地方,生活成本低,清华留美生每月80美元官费,还能节余"十至二十元金洋"⑥。彼时奥柏林小镇人口不过六七千,宁静和谐,"差不多人人都相识,与清华生活无大差别"⑦,这对于志在求学的陈铨,也是一个很好的

---

① 最有名的是化学专业学生霍尔(Charles Martin Hall,1863—1914)发明了电解法制铝,并于1886年获得专利。霍尔也是奥柏林学院最著名的赞助人之一,奥柏林校园塑有其铝质雕像。
② 另一人为当时在清华任职的美籍教员翟孟生(R. D. Jameson),参见:Ch'en, Thomas Ch'uan Former Student File,奥柏林学院档案馆。
③ Chen Chuan, Die Chinesische schöne Literatur im deutschen Schrifttum, Philosophie Fakultät der Christian-Albrechts-Universität zu Kiel, 1933。
④ 陈怀宇:《"美国北京人"在纽约》,《文汇报》(上海),2013年8月19日,第11版。
⑤ 蒋廷黻英文口述稿,谢钟琏译:《蒋廷黻回忆录》,台北:传记文学出版社,1984年版,第59、63页。
⑥⑦ 邱广:《通信·Oberlin大学》。

选择。此外,陈铨到奥柏林还可能与先期(1926年)到此学哲学的贺麟有一定关系。有师友打前站,陈铨对奥柏林的情况早已悉知,审查成绩后,插入了文学专业三年级,主攻英语和德语文学。

据陈铨自述,除了谭唐,其在奥柏林学院的授业老师还有瓦格尔(Wager)、洁列夫(Robert A. Jelliffie)、谢尔曼(Sherman)、马克(Mack)、斯特吉斯(Sturgis)等。瓦格尔是奥柏林"最杰出的文学教授",曾教过蒋廷黻英国文学①,教拉丁文、希腊文的斯特吉斯则是一位"熟练而严格"的女教授②。

在奥柏林陈铨最感兴趣的课程,是洁列夫教授讲授的莎士比亚,他日后回忆道,"民国十七年秋天我到美国进阿伯林大学,专习英国文学。除掉英国文学系必修课程而外,我最喜欢读的是洁列夫教授的莎士比亚选读。我从洁列夫教授学习了莎士比亚六个剧本。洁列夫教授是一位严谨的学者。每个解释和评论,都是博览深思的结晶",并将其与王文显的戏剧教学作了一番比较:"王文显先生最注意观众的兴趣,戏剧的技巧,洁列夫先生却最注意哲学的思想,人物的性格。"③

洁列夫与中国也颇有渊源。1946年秋,他曾到北京大学做过一年的客座教授。日后名声显赫的学者夏志清(1921—2013),当时通过了北大的一个留学奖学金考选,还请洁列夫帮忙申请到奥柏林学院学习。不过在夏志清看来,"奥柏林是俄亥俄州的名校,真立夫一定是个好老师,但算不上是个名学者"④,只是夏氏志在做当代批评(criticism),对古典文学似乎兴趣不大,且欲进名校,听了洁列夫几节课后,即转学他处。

与清华时期没日没夜地读哈代一样,陈铨在奥柏林费了不少工夫研读莎士比亚和古希腊戏剧。他曾回忆道:

> 从叶勒夫教授那里,我第一次对于莎士比亚发生极浓厚的兴

---

① 《蒋廷黻回忆录》,第61页。
② 水天同:《我与外语学习》,李佑良等编:《外语教育往事谈——教授们的回忆》,上海:上海外语教育出版社,1988年。
③ 陈铨:《我的戏剧学习经验》。
④ 夏志清:《谈文艺 忆师友》,上海:上海书店出版社,2007年,第18—19页。

趣。有一天星期六晚上，同学的几位中国学生来约我去看电影，我没有去，一个人独坐在家里，埋头读《哈孟雷特》。越读越高兴，什么事体都忘去了。我脑子里充满了哈孟雷特的人生问题，我眼中只看见莎士比亚琳琅的字句。我想象不到在这么一本简单的戏剧中间，一位戏剧家居然能够把人生描写到这样地深刻，这样地动人。同时我更深深地感到书中的主人翁人格的丰富伟大，他能够观察别人所不能观察的问题，他能够感觉别人所不能感觉的刺戟。他的精神，就好像空气一般，无微不入，又好像观象台上面的风度表，空气稍微震动，它的记录，立刻表现出高低。①

经过王文显、洁列夫的课堂内外的熏陶和自己的竟日研磨，陈铨对西洋戏剧"有更进一步的认识"②，兴趣也日渐浓厚。

此外，陈铨还选修了哲学课程，并开始攻读叔本华的意志哲学。他日后回忆道："我第一次认识叔本华，是二十年前的时候。那时我还在清华中学，有一天得着机会读王静安先生一篇评《红楼梦》的文章。静安先生根据叔本华的哲学，对《红楼梦》发表一些崭新的见解。我读了爱不忍释，立刻写了一篇几千字的书后，登在《清华周刊》，记载当时的感想"，"到美国以后，习西洋哲学史，开始阅读叔本华的书籍。他思想清楚，说理透彻，尤其是他的文章，简洁漂亮，使我心悦诚服"。③ 但对尼采学说发生浓厚兴趣则是到德国后。

陈铨在奥柏林的两年时光，紧张忙碌，生活多姿多彩。1928年9月初到奥柏林时，贺麟已转入芝加哥大学(Chicago)，熟识的校友黄自(1904—1938，音乐家)也转学耶鲁大学(Yale)，但此间仍有不少中国留学生。从留下的照片看，陈铨在奥柏林交游的中国学生主要有张咏④、陈洋溢、刘建华、熊大纯、水天同等清华校友，听音乐、看电影，或是郊外远

---

① 陈铨：《哈孟雷特与房租问题》，《论语》(上海)，第98期，1936年10月16日。
② 陈铨：《我的戏剧学习经验》。
③ 陈铨：《叔本华生平及其学说》，重庆：独立出版社，1942年，《序》。
④ 张咏(1906—1988)，山西汾阳人，清华1926届留美生，1929年在奥柏林获体育学硕士，1932年获哥伦比亚大学体育学博士，是中国第一位体育博士。

足、湖区游泳、上山伐木,课外生活很丰富。过从甚密的则是同样学文学的清华校友任泰(贵州安顺人,1925年留美)夫妇,以及一位广东留学生刘丽贤女士,彼此间还留下不少近体诗词的唱和。

在美期间,陈铨曾利用假期,到各地游历访友。最先去的是同州的俄亥俄州立大学,同班的杨允奎、董承显、邹尧芳等均在此学习。1929年,贺麟从芝加哥来函邀约参加"东方学生会"的活动。此会由两位美国女士出资,每年假期都邀请东方的留学生开会,"讨论世界和平问题",当年贺麟担任会长。陈铨借此规划了一次假期远游,先乘车往西北赴威斯康辛大学,访问了在此求学的陶桐、向理润、徐敦璋等人,随后赶到密歇根州首府兰辛(Lansing)参加会议①。一周的会议结束后,又到了芝加哥,看望了在芝加哥大学攻读数学的表哥林伯遵,并见到一批清华校友。

在清华学生看来,美国是个高度物质化的新兴国度,欧西文化的根还是在欧洲,学文学哲学,还得到欧洲,陈铨也早就对五年官费留学作了计划安排,即尽快在美国获得学位,再转学到欧洲②。陈铨基础扎实,又刻苦勤奋,一年即获得了文学学士,1930年5月,又顺利通过了论文答辩,获得硕士学位。

陈铨的硕士论文为《简·奥斯汀作品的喜剧元素》(*The Comic Elements in Jane Austen's Works*)③。今天举世公认简·奥斯汀是英国维多利亚时代最杰出的作家之一,但是"达到这一结论,却绝非易事"④。虽然同时代有司各特(Walte Scott)这样的推崇者,但也不乏夏洛蒂·勃朗特、马克·吐温等鄙之者,直到20世纪,奥斯丁才逐渐被承认,研究奥斯丁是当时文学前沿课题。

在这篇六十多页的论文中,陈铨首先否定郭立西(Francis Warre-Cornish,1839—1916,英国学者、作家)、朗(Andrew Lang,1844—1912,

---

① 贺麟:《我学习〈精神现象学〉的经过》,《学海》,1992年第5期。
② 陈光还(陈铨次子)访谈,2018年9月22日。
③ 陈铨译为《迦茵奥士丁作品中的笑剧元素》,发表于《清华学报》(1935年第10卷第2期)时,删去了少量内容与参考书目。
④ 朱虹编选:《奥斯丁研究》,北京:中国文联出版公司,1985年,《前言》。

苏格兰作家、文学批评家)、安诺德(Mathew Arnold,1822—1888,英国诗人、文学评论家)等评论家对奥斯丁的偏见,在古、今、"英"、外多维度的参照比较中,通过细致入微的文本分析,大胆论定奥斯丁在"英国文学史里占一个特殊的位置"。

在具体论述中,陈铨以柏格森的经典之作《笑——论滑稽的意义》为理论核心,融合英国作家乔治·梅瑞狄斯(George Meredith,1828—1909)、约翰·莱斯利·帕尔默(John Leslie Palmer,1885—1944)等关于喜剧的论述,建构了"笑剧"的"基本原理"(Fundamental Principle):笑剧依赖的是理智,而不是情感;笑剧通过笑来制裁社会人生中不合常规的事物(Disproportions),以维护最好的社会规则;人生中不合常规的事物,也许是直观的物理(Physical)上的缺陷(如不合比例的高矮胖瘦,不合常规的奇装异服、言行举止等),也许是人类精神(Spiritual)上的弱点(如虚伪、势利、感伤、吝啬等),前者是浅层次的"低级笑剧",后者则是"高等笑剧"或"性格笑剧";不合常规的事物,也许是暂时性的,也可能是永久性的,并随着时间和空间而变迁。

陈铨认为,奥斯丁依靠理性力量,洞见了人生中悖谬之处,并在作品中巧妙排列个性化的"笑剧"元素,在戏剧性的场景中,塑造了个性鲜明的人物形象,所以她不仅是一位"成功的笑剧家"(Successful Comic Writer),更是一位"成功的个性笑剧家"(Successful Writer of high Comedy)[①]。论文极有见地,重点分析了奥斯丁的语言特质,指出其一反英国作家的传统,创造了一种"清楚简洁""明了典雅"的语言风格,具有莫里哀的气质。文中写道:

> 它没有卡奈尔散文(Prose Style)华丽的藻饰;它没有罗斯金(Ruskin)散文图画式的描写;它没有梅瑞狄斯(Meredith)散文刻意的晦涩和人为的雕饰;它没有马克莱(Macaulay)造句谋篇的方法;它没有狄更斯(Dickens)故意的言过其实;它没有萨克雷(Thackeray)道德的教训;它没有艾略特(George Eliot)的哲学意

---

① Thomas Chuan Chen: *The Comic Elements in Jane Austen's Works*,奥柏林学院档案馆,1935年。

味;它没有斯威夫特(Swift)的闹骚满腹;它没有菲尔丁(Fielding)的土气俚俗;它没有哈代(Hardy)悲观的讽刺。

作为正式的西洋文学研究论文,无论从论题选择的前沿性,理论建构的合理性,资料收集的广度,还是阐释论证的逻辑性,学术规范的谨严性,研究结论的科学性等,均显示出开阔的研究视野和扎实的学术积淀。① 据说答辩结束后,"主考的首席教授对他祝贺说:'我对阁下之造就,甚为钦佩。'"②

虽然为了尽快拿到学位,学习任务繁重,文学创作时间日少,但在留美期间,陈铨还是抽空完成了长篇小说《冲突》以及《来信》《重题》等短篇小说,并已开始构思创作长篇小说《彷徨中的冷静》。因为对德国文学和哲学产生兴趣,兼贺麟也要去德国,陈铨决定也去德国。

1930年5月,硕士论文答辩通过后,陈铨立刻向清华大学申请将剩下的三年官费到欧洲留学,同时与奥柏林的老师同学一一告别,收拾行囊到了纽约,在哥伦比亚大学报名参加一个暑期学校,专门攻读德语。9月初,清华大学第一次评议会议决准予陈铨、贺麟等留美学生转学欧洲的申请。当月中旬,陈铨收到了奥柏林学院寄来的英语文学硕士证书,随后在纽约登上赴欧的轮船,匆匆告别了美国。

二、克尔大学

1930年10月,陈铨到达德国北部海港城市克尔(Kiel),在克尔大学③"戏剧文学研究院"德语文学系注册,开始了三年留德生涯。克尔大学创办于1665年,全名克里斯蒂安—阿尔伯特克尔大学(Christian-Albrecht-Universität zu Kiel),由克里斯蒂安·阿尔伯特·石勒

---

① Thomas Chuan Chen:*The Comic Elements in Jane Austen's Works*,奥柏林学院档案馆,第15页。
② 参见刘海声:《知名教授作家陈铨》,载《富顺文史资料选辑》(第5辑),1991年,第177页。
③ 也译作"基尔大学",本书从陈铨的译法。

苏益格—荷尔斯泰因—戈托尔夫公爵（Christian Albrecht of Schleswig—Holstein—Gottorf）创办，是德国历史最悠久、最富传统的大学之一，共出过七位诺贝尔奖获得者，赫兹、普朗克等著名物理学家曾在此任教。

陈铨甫至克尔大学，即结识了在此留学的陈序经、周冠军、黄公安等中国留学生，而据克尔大学1930—1931冬季学期外籍学生名册显示，当年学校注册外籍生共有19名，其中有陈铨、黄公安两名中国学生。只是德国大学转学自由，黄公安、陈序经等很快转学他处或回国了，长期留在克尔的中国学生不多。陈铨选择克尔，可能与当年在美国哈佛大学访学，也是他的博士论文指导老师李培（Wolfgang Liepe）教授有关①，也有可能与谭唐有关②。不管怎样，陈铨的目标很明确，一是求得真正学问，二是要得博士头衔。

德国当时有"大学二十三所，工业大学十所"，"高等专门学校三十三所"，"皆为国立"，"设备及地位相似而平等"，学费也几乎"全国一律"，"无大差异"③。德国的高等教育层次分明，大学皆是研究性的，凡入大学者，皆已受相当的学术训练，可以考博士学位，但没有学士、硕士等学位设置，大学教授则属于国家公职人员，考选非常严格，他们是大学"主要分子，有一切的自由"，"受人信仰和尊视"，学生可以"自由选科"和"自由转学"④，甚至"一年上不了半年的课"⑤，"大学生的读书生活，可谓绝对自由"。这种看似散漫自由的培养模式，对有志于求学问道者，是理想的学习方式，但要得博士并不容易，除了学位论文，还要同时修一主两副三个系（学科），并一次性通过三个系的考试

---

① 李培教授曾于1929—1930年到哈佛访学，且陈铨申请克尔大学时，"德语能力证明人"也是李培。因未见确证资料，故存疑。
② 谭唐学德语文学，曾到德国访学一年，还曾在清华演讲《德国的大学》，陈铨受业多年，很可能咨询并听取了他的意见。
③ 黄公安：《德国的大学生（德国通讯）》，《生活周刊》（上海），第8卷第37、38期连载，1933年9月16日、23日。
④ 谭唐博士演讲，一天译记：《德国的大学》，《清华周刊》，第386期，1926年12月31日。
⑤ 《牟乃祚自柏林来函》（1932年11月12日），《青年励志会会务季刊》（北平），第6、7期合刊，1934年3月20日。

（口试）①，至于何时提交论文，参加考试，则取决于个人的申请。

陈铨在克尔大学主科修德语语言文学，副科则选的是英语文学和哲学。英语文学已操练多年，不在话下，下很大功夫研求的是德语文学和哲学。据陈铨博士论文的"自传"介绍，他在德国的授业老师主要有 Wolfgang Liepe、Karl Wildhagen、Richard Jacob Kroner、Arthur Haseloff、Ferdinand Weinhandl、Julius Stenzel、Otto Mensing、Carl Welse、Carl Petersen、Eduard Schmidt、Georg Jacob、Hans Jensen 等十余位教授。

德国大学"一向谨严踏实，对学生要求极高"，"许多杰出的学者教授把自己的研究心得和生平绝学毫无保留地传授给中国弟子，表现出学术无国界的高尚敬业精神"②。陈铨禀赋出众，刻苦勤奋，兼官费充足，衣食无忧，又得良师指导引路，可谓如鱼得水，眼界大开，学业精进。据德国石勒苏益格县（Schleswig）石荷州档案馆（Landesarchiv Schleswig-Holstein）所藏克尔大学档案，可知陈铨在克尔期间（1930—1933）各系科的教师及课程情况，从中可一窥其师承所学。

Liepe、Mensing、Welse 三位系德语文学专业教授，他们三年中开设的课程主要是德语文学，内容涵盖了从史诗时代的古德语文学，到狂飙突进运动、古典主义、浪漫主义时期的文学，以及歌德、席勒、赫伯尔等经典作家。Kroner、Stenzel、Weinhandl 皆为哲学教授，其课程包括自古希腊至 20 世纪初德国哲学、逻辑学以及黑格尔、康德、尼采等专题。Wildhagen、Petersen 分属英语和历史专业，Schmidt 和 Haseloff 是考古和艺术教授，Jacob 和 Jensen 两教授则是东方学和汉学学者。这些教授们的课程包括史诗《海伦娜》（Elena）、乔叟、弥尔顿、莎士比亚，以及 19 世纪政治经济史、德意志民族与民族意识史、19 世纪德国艺术等。由此可大致判断，陈铨所学全面涵盖了文史哲以及艺术领域，尤其是德意志

---

① 陈铨曾在小说中写道："在德国博士考试，同时要考三样东西，德国文学是我的主科，英国文学同哲学是我辅科。"季羡林也说："根据德国的规定，考博士必须读三个系：一个主系，两个副系。"冯至亦有类似说法。参见陈铨：《死灰》，大公报出版部，1935 年，第 123 页；季羡林：《留德十年》，见《季羡林全集》（第四卷），北京：外语教学与研究出版社，2009 年，第 452 页。

② 元青：《民国时期中国留德学生与中德文化交流》，《近代史研究》，1997 年第 2 期。

的历史和文化。陈铨日后较多提到的有李培(Liepe)、克洛那(Kroner)、司腾泽尔(Stenzel)、雅各布(Jacob)、鄢森(Jensen)等教授。

李培(Wolfgang Liepe,1888—1962)是陈铨博士论文的指导老师,其1906年起在柏林、巴黎、哈勒(Halle)学习日耳曼学、罗马学、哲学和艺术史,1914年获哈勒大学博士学位,并任教于该校,1928年出任克尔大学新德语语言文学教授(Ordentliche Professor für neuere deutsche Sprache und Literatur)①。陈铨在克尔就读期间,李培开设的课程如下表②。

开课时间	课程名称	开课机构
1930—1931 冬季学期	《德国浪漫派》《十八世纪以来的德国戏剧史》	德语文学系
	《克莱斯特(Heinrich von Kleist)》《戏剧学与导演问题选谈》	文学戏剧研究所
1931夏季学期	《赫伯尔》《德国戏剧史》(十八世纪至当代)	德语文学系
	《德国古典文学的形式问题》《戏剧研习小组》	文学戏剧研究所
1931—1932 冬季学期	《十八世纪德国文学史(至莱辛)》《歌德的〈浮士德〉》	注:此学期陈铨转学柏林大学
	《1900年以来的德国戏剧》《〈浮士德〉与舞台》	
1932夏季学期	《赫尔德、歌德与狂飙突进》	德语文学系
	《浪漫派研究》《戏剧研讨课》	文学戏剧研究所
1932—1933 冬季学期	《德国古典文学》	德语系
	《赫伯尔》《十六世纪戏剧》《高级研习小组》	文学戏剧研究所
1933夏季学期	《歌德晚期作品(从〈亲和力〉至〈浮士德〉第二部)》《十九世纪初至今的德国戏剧》	德语系
	《莱辛》《关于戏剧演出计划、观众和批评的练习课》《广播剧的形式(实践练习课)》《高级研习小组》	文学戏剧研究所

从表中可见,李培的课程主要包括两方面内容:一是德语文学史和经典作家;二是戏剧的实践训练。李培是日耳曼学家,尤以赫伯尔(Friedrich Hebbel)研究著名,他"不但是德国文学史有名的学者,同时也是德国舞台历史的权威"③,在哈勒期间曾担任职业剧团的顾问,参与过歌德、毕希纳等戏剧作品的上演,到克尔大学还接替戏剧与赫伯尔

---

① *Neue deutsche Biographie*, Bd. :14, Berlin 1985, S532—533。
② 本节所涉陈铨博士论文及其留德档案等,均承张帆提供并翻译。参见张帆:《从档案看陈铨留德生涯》,《新文学史料》,2017年第3期。
③ 陈铨:《我的戏剧学习经验》。

博物馆（Theater-und Hebbel-Museum）的工作，其《文学论文集》（*Beiträge zur Literatur- und Geistesgeschichte*）关于赫伯尔的论文就有数十篇①。陈铨日后对赫伯尔颇为瞩意，显然与李培有直接关系。

李培对陈铨影响最大的是戏剧。《戏剧学与导演问题选谈》《〈浮士德〉与舞台》《戏剧研习小组》《高级研习小组》等戏剧课，不仅是纸面的理论，更注重排练导演、舞台布置和演员动作等戏剧实践，一些课程不唯学生参加，还有导演、演员等一线舞台人员。陈铨后来谈到"戏剧学习的经验"时写道：

> 我从他深研德国最重要的戏剧作家。歌德，席勒，雷兴，克奈斯蒂，赫伯尔的著作，我都反复揣摩。李培教授的戏剧研究班我也加入。这一个戏剧研究班的会员，除掉大学生以外，还有一些戏剧导演和演员参加。对于戏剧导演的问题，用科学的方法，精密分析到了极点。如像哈孟雷特的独白，我从德国历代有名演员留声机记录中，逐字逐句，讨论他的表情和声调的节奏，花费了几个月的工夫。

> 经过这一番严格的训练后，我走进戏园，对于导演和演员的成功和失败，比较上有了更明晰的观念。从这个时候起每星期我至少总要看两次戏，都带着研究的眼光来看，自觉有了一个新的境界。②

1931年10月，陈铨曾到柏林大学注册学习了一学期。柏林为德国政治、文化中心，戏剧演出"代表德国的最高峰"，"导演和演员，大半都是国际剧坛上有名的人物"，陈铨得有机会在剧场欣赏领略"莱因哈特的导演，莫以西的演技"以及"新式舞台的装置和选用"等一流的戏剧表演③。在李培的栽培下，从理论研究，到实践探讨，再到赏鉴高水平的舞台表演，陈铨真正迈入了西洋戏剧的艺术殿堂，这番严格的训练，也为他回国后从事戏剧的研究、创作和编导实践，奠定了基础。

众所周知，陈铨日后以介绍阐释意志哲学而著称，这当然与在"哲学的

---

① Parry, Idris.: *Wolfgang Liepe*, "Beiträge zur Literatur- und Geistesgeschichte" (Book Review), *The Modern Language Review* 60.1 (Jan 1, 1965): 154.
②③ 陈铨：《我的戏剧学习经验》。

民族"德国求学经历密切相关。虽然主科是文学,但他对副科哲学也产生了浓厚的兴趣,在名师指引下,又得以一窥西洋哲学的堂奥。陈铨曾回忆道,"关于哲学方面,我所从游的,主要是克洛那 Richard Kroner 和司腾泽尔二人。我从克洛那习康德和尼采,从司腾泽尔习莱布尼茨及语言哲学,本来克洛那是黑格尔专家,司腾泽尔是柏拉图专家",并说克洛那上课讲得"头头是道",司滕泽尔则"讷讷不能出口",下笔却"精深博大"①。

克洛那(Richard Jacob Kroner,1884—1974),德国现代著名哲学家。1908 年获弗莱堡大学博士学位,是西南学派重镇李凯尔特(Heinrich Rickert,1863—1936)的得意门生,有《从康德到黑格尔》《精神自身的实现》《康德:宇宙论》等著作,在德国学界享有盛名。克氏 1929 年到克尔大学任哲学系教授,1933 任系主任,纳粹上台后移居美国②。司腾泽尔(Julius Stenzel,1886—1936)则以精研柏拉图哲学著称,为"欧洲极少数学者中能了解柏拉图哲学的一个",1931—1932 年任克尔大学哲学系主任。③陈铨在克尔期间,二位教授开设有《尼采》等课程(见下表)。此外,哲学系的 Ferdinand Weinhandl 教授还开设有《逻辑学》《康德判断力批判》《黑格尔精神现象学序言》等专题研讨课程。

开课时间	克洛那 Kroner	司腾泽尔 Stenzel
1930—1931 冬季学期	《尼采》《研讨课:黑格尔逻辑学》	《新哲学导论(自康德始)》《研讨课:现象学》
1931 夏季学期	《逻辑学》《研讨课:黑格尔逻辑学》	《哲学导论(以语言哲学为基础)》《研讨课:莱布尼茨单子论》
1932 夏季学期	《当代哲学思潮》	《康德纯粹理性批判导论》《柏拉图〈会饮篇〉》
1932—1933 冬季学期	《空间与时间》《德国美学及艺术哲学发展(从康德至黑格尔)》《中级研讨课:斯宾诺莎伦理学》	《高级研讨课:亚里士多德形而上学》
1933 夏季学期	《德国唯心主义中的哲学与宗教》《高级研讨课:亚里士多德〈论题篇〉练习课》	《哲学问题导论(以古希腊哲学史为例)》《中级研讨课:洪堡语言哲学练习课》

①③ 陈铨:《书评:*Dilthey und die Deutsche Philosophie der Gegenwart*,von Julius Stenzel,Berlin 1934》,《清华学报》,第 12 卷第 1 期,1937 年 1 月。
② 克洛那著,陈铨译,《哲学与人生》,《文哲月刊》(北平),第 1 卷第 3 期,1935 年 12 月 15 日。

由此可知,陈铨所受的哲学训练是全方位的,涵盖了从古希腊哲学至德国当代哲学思潮。有意思的是,三位教授都开设了康德、黑格尔专题课程,这大概与彼时欧洲"黑格尔哲学的中兴"潮流有关①。受此影响,陈铨对德国古典哲学产生浓厚兴味。1932年,他曾在给友人的信中写道:"数年来均治文学史,近对德国唯心主义极发生兴趣","近治德国康德哲学,颇感兴趣"②。

陈铨与克洛那的来往最密切。克氏是新康德主义西南学派代表人物,当时兼任国际黑格尔学会会长、康德学会会长以及德国著名哲学杂志 *Logos* 总编辑。1931年10月,"国际赫格尔联合会第二届大会"在柏林大学召开,"全世界对赫格尔哲学最有研究"教授学者,三百多人齐聚一堂,陈铨作为中国唯一代表亦躬逢其盛,并撰写新闻通稿、配发照片向国内报道大会盛况③。在德期间,陈铨就多次将克洛那的学说翻译介绍给中国学界,回国后师生间亦有鸿雁往来。

陈铨后来遗憾地表示,那时"因为忙于研究德国文学","不能尽量利用我难得的机会",跟着克洛那、司滕泽尔进一步研习哲学。回国后,陈铨曾翻译了克洛那寄给他的《哲学与人生》《精神与世界》两篇尚未公开发表的论文,还为格罗克勒(Herman Glockner)、司滕泽尔以及冯至、贺麟等人的著译写过鞭辟入里的评论,并不止一次谈到彼时尚未得大名的胡塞尔(Edmund G. A. Husserl, 1859—1938)和海德格尔(Martin Heidegger, 1889—1976),可见其对德国哲学的前沿动态也颇为关注。

陈铨也多有提及的雅各布(1862—1937)是德国著名的东方学学者之一,精通阿拉伯语言文化,是德国第一位主持伊斯兰研究的教授,在德国首创突厥学(Turkology),首次在德国翻译土耳其文学。鄢森则是比较语言学教授,是克尔大学极少懂中文的德国人,也参与指导了陈铨的博士论文。陈铨与这两位教授结缘,与中国的"灯影戏"(皮影戏)

---

① ③ 陈铨:《国际赫格尔联合会第二届大会》,《国闻周报》(天津),第8卷49期,1931年11月14日。赫格尔,今通译为黑格尔。
② 《陈铨自德国克尔来函》,《青年励志会会务季刊》,第六、七期合刊,1934年3月30日。

有关。

雅各布曾用"毕生精力",遍搜各国"灯影戏",1925年完成《东西灯影戏史》。雅氏知道中国灯影戏历史悠久,但因为资料缺乏、语言不通等原因而不甚了。1930年,德国科隆戏剧研究院、奥芬巴赫(Offenbach)皮革博物馆新得了数千个中国灯影戏人偶,雅各布以此为资料,在陈铨和鄢森的帮助下,花了两年多时间费心完成著作《中国灯影戏》(Das Chinesische Schattentheater,1933)。陈铨还曾设法托四哥从老家抄剧本、买皮影,其中四川皮影戏剧本《盘丝洞》,经鄢森翻译附在书后①。1932年,陈铨还参与了克尔大学文学戏剧研究院中国灯影戏的演映,并得到"社会上很好的批评"。② 回国后还发表专文评述雅各布的《中国灯影戏》的研究方法和贡献,并指出从文化的角度切入,也能把灯影戏之类"不能登大雅之堂的平民文学","变成最有趣味的最重要的材料",并感叹这一"成就""使我们中国学者羞惭",以后要研究"不能不到德国去留学了"③。

翻阅国内数十种皮影戏专书,如二十四卷大著《中国皮影戏全集》,皆未提及雅各布的研究和德国收藏的几千种中国皮影造型,而其中三千件还是乾隆宫廷中流落出去的,只是不知道经历世界大战后,是否还幸存。但不论怎样,陈铨曾经为中德文化交流所做出的工作和努力,还是值得一提。

三、《中德文学研究》

1931年冬天,陈铨到柏林大学收集材料,开始撰写博士论文。1932年4月,回到克尔继续写论文,1933年初竣稿,同时提交了博士考试申请,5月通过了博士口试。据好友张弘伯当年7月所言,陈铨"于五月廿七日在德国克尔大学最后博士口试及格,论文则早已接收,且得

---

①③ 陈铨:《书评:Georg Jacob und Hans Jensen, *Das chinesische Schattentheater*, Stuttgart 1933》,《清华学报》,第10卷第1期,1935年1月。
② 陈铨:《中德文学研究》,上海:商务印书馆,1936年,第124—127页。

最佳的评语"①。

陈铨的博士论文题为 Die Chinesische schöne Literatur im deutschen Schrifttum,直译是"德国文献中的中国纯文学",他自己译为"中国纯文学对德国文学的影响",曾连载于《国立武汉大学·文哲季刊》(1934—1935),出版时改为《中德文学研究》(1936)。② 论文主要探讨的是中国"纯文学"(指古典小说、戏剧和诗歌)在德国译介传播及其影响。按他自己说法,要解决的具体问题是:

> 研究的目的,不单是在指出翻译书籍文字上的错误,同仿效作者意义上的误解,我最要紧使命就是在说明中国纯文学对德国文学影响的程序,同时就中国文学史的立场来判断德国翻译和仿效作品的价值。③

这篇十万字(中文)的论文共分五章,第一章为"绪论",中间三章考察中国"纯文学"在德国的译介和流传,并各作总结,第五章为"总论"。绪论中陈铨首先作了一个理论预设:"大凡一种外来的文学,要发生影响,通常要经过三个阶段,或者三个时期:第一是翻译时期,第二是仿效时期,第三是创造时期",并初步判断中国文学在德国"始终没有超过翻译的时期"。接下来三章具体考察小说、戏剧、抒情诗等三种中国"纯文学"在德国的传播和影响。

通过一番考释,陈铨发现,德国对中国文学的翻译、解释和传播,存在着不少以劣为好、翻译不准,乃至随意改编、张冠李戴等令人啼笑皆非的现象,连《灰阑记》《好逑传》等在中国勉强算二三流的作品,"在欧洲居然能够发生很大的影响,受一般人崇拜","一本自由改窜的中国戏",都能"博得德国剧台上很大的胜利",而中国真正的文学经典反而未被译介。总之,因为不能把握中国文学"正确的知识",德国选译的

---

① 《张弘伯会友通信》,《青年励志会会务季刊》,第八、九、十期合刊,1934年12月1日。
② 中文版未收录《自传》(Lebenslauf)和《附录:常见翻译错误简介》(Anhang: Kurze Darstellung der Gründe für die häufigsten Übersetzungsfehler)。
③ 陈铨:《中德文学研究》,第5页。

文本不能代表中国文学的精华,解释也不能传达出"中国文化的特点,中国人生的精义",更"没有达到用中国精神来创造新文学的境界"。论文的结论是:

> 两百年中间,德国方面总是不断的努力去探讨中国纯文学的美丽。但是他们所见到的图画,始终还是不清晰,不稳定,除非他们更有忍耐,更卖力气,很不容易抓住中国纯文学的精华。
>
> 在这一篇研究中,我们曾经一步一步去表明中国纯文学对于德国文学的影响。我们在起首就说明,一种不同文学的介绍,往往要经过三个时期:可以叫他翻译时期,仿效时期,创造时期。我们研究的结果,认为德国方面的成绩,始终还没有超过翻译时期。

《中德文学研究》在国内发表出版后,即有厉啸桐、毕树棠、清源等人撰写书评,予以高度评价,七十年后,卫茂平、王向远、季进、叶隽等当世学者亦多有介绍和好评。《中德文学研究》的开创意义和学术贡献毋庸置疑。

首先,《中德文学研究》选题精当,文质相称,成一家之言,是中国第一部系统的比较文学研究的杰作,具有开山意义。毕树棠曾很有见地地说道:"两种文化程度平衡的国家,文学上的相互影响,是重要的因缘之一,作比较和批评的研究是最常见的文字,这在近代的欧洲已是很普通的事了。然而中国和德国(推而至如欧洲各国)之间,却不是那样的简单,文化,思想,兴趣,生活的传统,种族,宗教,文字等等的各异,在文学里都深深的蕴藏着,而从来没有人从中整理过,这是一件很重要而不易的工作",而陈铨"很早就深于中国文学,又在美国和德国专攻文哲有年,研究批评都有显著的成绩,以他的天才和学问来写这本书,当然是成功的"[①]。

《中德文学研究》不仅逻辑体例严谨,具体论述也是精彩迭现。如对中西"史诗"的辨析,中国抒情诗、神怪小说的美学特征和艺术手法,中国戏剧与西洋话剧的区别,"四大名著"以及《诗经》《西厢记》《金瓶

---

① 毕树堂:《中德文学研究(书评)》,《宇宙风》(广州),第72期,1938年8月1日。

梅》《聊斋志异》等都有独到见解,往往三言两语,切中肯綮,对中国文学"也有许多新颖的看法"①。而在末章的"总论"中,陈铨屡叙德国的历史进程、文化潮流、哲学思想的变迁,以及工业技术大发展、世界大战的发生,乃至中国近代的政治军事上的失败,对中国文学在德国传播的兴衰起伏、发展变化,产生了不同程度的影响,可谓语约意精,字字珠玑,尤见功力。如论者所言,那些看似"很空虚"的"评语",则非有"深切的认识和透彻的感悟"与"天才的灵通和学问的练达",不能"见解及此"。值得一提的是,陈铨还将雅各布的中国灯影戏研究,作了专节介绍,为"国人著作中所仅见者"②。

其次,《中德文学研究》在方法论上,具有开拓性的示范意义。中国古代文论重兴味体验,多神思感悟,只可意会,不好言传。王国维曾说:"我中国有辩论而无名学,有文学而无文法,足以见抽象与分类二者,皆我国人之所不长,而我国学术尚未达自觉(Selfconsciousness)之地位也",而"西洋人之特质,思辨的也,科学的也,长于抽象而精于分类,对世界一切有形无形之事物,无往而不用综括(Generalization)及分析(Specification)之二法,故言语之多,自然之理也"③。五四新文化运动后,西洋新科学、新名词、新方法传到中国,开启了研究方法的现代性。中国古典文论虽自有传统和优长,但讲究证据编排、逻辑思辨、规范严谨的西洋研究方法,不仅是大势所趋,对中国文论也不无启发意义。

陈铨从清华时期开始尝试文化比较研究,留学美欧,操练多年,逐渐学得西洋文学研究方法,并形成了自己的研究特色——首先精选论题,抓住研究对象特质,建立一个恰当的理论体系,然后爬梳整理资料,作全面精审、条分缕析的阐发解释,最后形成结论。《中德文学研究》从框架体例、资料收集、文献综述、征引文献、参考书目等,整套学术规

---

① 清源:《新书介绍:〈中德文学研究〉》,《大公报·图书副刊》(天津),第134期,1936年6月11日。
② 毕树堂:《中德文学研究(书评)》。
③ 王国维:《论新学语之输入》,《静庵文集》,引自《王国维遗书》(影印本,第五册),第98页。上海:上海古籍书店,1983年。

范悉备俱全,著中所列"参考英法德三国的书籍,有二百八十余种"①。此外,德语原版《中德文学研究》还有"附录"《常见翻译错误简介》,指出德国翻译中错误原因和具体表现,为正文作例证和补充。

西洋文学研究方法,在当时中国并不多见。1933年,朱光潜在法国斯特拉斯堡大学完成的英文博士论文《悲剧心理学》,但是该著五十年后才译成中文与中国读者见面。而陈铨及时发表和出版了《中德文学研究》,无疑起到模范引领作用。当时有评论道:

> 本书的第二个特点,就是著者治文学史的方法,似乎是德国学者治精神科学的方法。他的目的,不单是在收集一些干燥无味的材料,给它一种事实的叙述,他还要从这一些历史的事实中间,探讨两种不同文化接触后精神影响变化的途径步骤。这样一来干枯的事实,都变成有趣味的活动,死的历史,变成活的精神了。②

陈铨曾说道:"凡治学问,重点在方法,未学得方法,是不易进门的。留学就是学教授治学的方法。能考起博士就是教授承认你已学得治学的方法,可以独立治学了。并不是得了博士学问已经很好,而是研究学问才起头。"③表明了他在治学方法上有了自觉的现代意识。当世学者称誉道,"《中德文学研究》1930年代问世,而今'书龄'已逾古稀。虽然时过境迁,但其资料搜罗的广泛、排比考订的精审、比较方法使用的纯熟依旧为人折服,是中德文学关系研究史上嘉惠学林的杰作",是"中德比较文学领域里具有划时代意义的一部著作","至今仍是一个难以逾越的标高"④,可谓恰如其分。

《中德文学研究》的瑕疵,在于中文参考文献不足,少数文献、史实有错讹舛误,厉啸桐、毕树棠、卫茂平等均有指正。这主要是因为作者

---

① 毕树堂:《中德文学研究(书评)》。
② 清源:《新书介绍:〈中德文学研究〉》。
③ 陈雄岳:《与家兄陈铨相处时的记忆》。
④ 卫茂平:《一部"年逾古稀"的中国比较文学名著——陈铨〈中德文学研究〉述评》,《中国比较文学》,2006年第3期;季进、曾一果:《陈铨:异邦的借镜》,北京:文津出版社,2005年,第131页;叶隽:《江山诗人情——作为德语文学研究者的陈铨》,《中华读书报》,2008年1月2日。

"远在海外",对"小说戏剧的新资料","没得机会采用"。不过这些都是"实无大关系"的"枝节"问题,所谓"小疵""不足为大醇之累","全书并不因此减少丝毫价值"①。此外,可能为了简约方便,陈铨将其译作"中德文学研究",与德文原著的意思也不大贴合。

《中德文学研究》令人印象最深刻的就是,中国文学在德国的传播中,居然有那么多错讹、偏差和误导,而陈铨正本清源的研究,不仅向外邦传播了真正的中国文学,同时也从学术上弘扬了中华文化和民族精神。陈铨曾在《歌德与中国小说》(1932)中写道:"中国民族对小说之最大贡献不见知于世界,而第二流、三流作品乃风行一时,冠履倒置,珠玉沉埋,与中国国运同一可叹!"②自传性小说《死灰》(1935)中,也借人物之口说道:"你应当替中国的学术界文艺界争一口气,使中国在国际的地位,无形中提高,别人不会看不起我,说我们是劣等民族,永远没有出息,应该供人欺负踩躏。"

以此看来,《中德文学研究》无疑对陈铨具有双重意义——不仅是学术研究,也是其学术救国的理想抱负和民族情怀的一次实现。论者有言:"作者学养识见,并至超卓,驳正德人译著误处,往往令人解颐。"③大约也是对学术之外的隐义有所会意。

四、故交新朋

克尔市位于德国最北端波罗的海港湾,离丹麦很近,距入海口只有十余公里,克尔大学就在海港旁边,曾在此留学一年的陈序经描述道:

> 在旭日初升或太阳西落、以至明媚月夜的时候,在海旁的长堤,在花园的树下,格外觉得美丽,格外觉得幽雅。而且德国人民是最有音乐天才的人民,最喜音乐娱乐的人民。在这种景色之下,你总会听到各种音乐若远若近,若起若伏。时而雄壮如排山倒海

---

①③ 厉啸桐:《陈铨〈中德文学研究〉指瑕》,《国立武汉大学·文哲季刊》(武昌),第6卷第1号,1936年。
② 陈铨:《歌德与中国小说》,《大公报·文学副刊》,第242期,1932年8月22日。

的声音,时而温柔如情郎倩女的细语,真是使尔心驰神往……我平生没有像我在琪尔那一年那么感觉到身心怡快。①

克尔大学不仅环境优美,景色宜人,其实也是一所学科齐全、实力很强的大学。陈铨受业的李培、克洛那、雅各布、司滕泽尔以及 Carl Petersen 等皆为德国一流学者。1932年9月,陈铨告知友人说,"弟去年冬季曾一度转学柏林。今年春复返克尔,以后当不再移校,因此间教授及设备均极满意之故",并言及曾到丹麦旅游的经历。②

陈铨日后曾告诉家人,德国人非常崇拜中国文化,他自小熟读中国经典,颇具传统文化修为,又在语言和文化交流上毫无障碍,"读书旅行,与德国人来往",生活上过得很惬意。平时亦热心于公共事务,是"德意志—外籍学术交流协会"会员和"克尔大学德意志外籍学生协会"理事会成员,以及德国"青年黑格尔学会"成员。

陈铨曾写道:"在德国克尔大学读书的时候,因为那儿我是唯一的中国学生,我又带了一支破洞箫,所以每到周末,都有本地的德国人请我到他们家里去饮茶或待饭。"③从其反映留德生活的作品和留下的照片中,可知他与德国人相处毫无隔阂,关系融洽和谐,其乐融融。日后著名德国汉学家傅吾康在回忆录中曾提到,在柏林时与陈铨是"语言交流的伙伴",1937年二人还在清华大学重逢④。

1931年冬到1932年春,陈铨在柏林大学注册学习了一个学期。他后来说:"柏林七个月的大学生活,要算我一生中的黄金时代。因为我那时有足够的金钱,我生平最大两个嗜好,买书和看戏,都得着了最好的机会。"⑤当然,陈铨在柏林不唯买书、看戏、写论文,不仅见到了几位老朋友,还结识了一批中国留学生,只是遗憾错过与彼时游学欧洲的

---

① 陈序经:《全盘西化论史略》,转引自陆键东:《那一代人》,《收获》,1997年第3期。琪尔,即克尔。
② 《陈铨自德国克尔来函》,《青年励志会会务季刊》,第六、七期合刊,1934年3月30日。
③ 陈铨:《德国老教授谈鬼》,《论语》(上海),第91期,1936年7月1日。
④ [德]傅吾康著,欧阳甦译:《为中国着迷:一位汉学家的自传》,北京:社会科学出版社,2013年,第76页。
⑤ 《牟永锡自柏林来函》,《青年励志会会务季刊》,第六、七期合刊,1934年3月30日。

老师吴宓会面的机会①。

柏林是德国最大的城市,大学众多,也是中国大使馆所在地,留学生很多。据1931年11月初到柏林的牟乃祚说,当时柏林有中国学生"约近四百人","大多集居于一隅,日夕相处,很有些无谓的行动"②。但如陈铨这样的公费生志在求学,学年有限,耽误不起,皆刻苦勤勉。陈铨在柏林的交游过往的中国学生,主要有两批,其一是"青年励志会"(下称"青励会")会友王树菜等人。

青励会说来话长。该会成立于1920年冬天,发起人张昌圻、樊弘、袁世斌、谢星朗、周传儒等北京大学学生,后周传儒、谢星朗、张昌圻等考入清华国学院,吸纳不少清华学生加入。青励会自成立起一直以川籍在外学子为主,相当于川籍学生同乡会。后来不少会员毕业工作或留洋海外,故又在南京、美国和欧洲等地设有分会。

青励会的宗旨是:"结合有志青年,交励个人的学行,务期造成各种专门人材,协合以创造社会的新事业。"③其《本会之缘起》写道:

> "五四"以后,学生鹜于外务,奔走呼号,咸以爱国相尚。时而大会,时而游街,时而演讲,时而罢课;如此年余,课业荒废实多!一时狂热,放射几尽。当时有识者谓为其志可嘉,其方实谬。然风尚所趋,弗能挽阻。后同侪渐憬然于能力之差弛,罢课之非策,相与约为事其所事,以期不负初衷于将来;不然,虽日出数十起痛骂国贼当局之宣言,亦不过徒博空言无补之诮。国事日非,谁与为是?自无整备,远足堪虞。同时又觉自组之团体虽多,然蕲向远大步伐整齐者则少。比比者不规模狭隘,即夕瘁朝荣,自生自灭,流产相望。同人等深夜步于森林,时闻狼嗥,时闻虎啸,胆栗心惊,荒凉满目,同气之求,因是骤起。④

---

① 1931年8月16日,贺麟在柏林寄给陈铨一张照片,并在背面附言告以与吴宓"定于本日下午搭车回国"。
② 《牟永锡自柏林来函》。
③ 《青年励志会会务季刊》,第1期,1931年6月30日。
④ 《本会之缘起》,《青年励志会会务季刊》,第3期,1932年6月30日。

由此可见，青励会的初衷旨趣在修德进业、互相砥砺、注重实学，以学术救国、谋求社会改造为己任，颇类弘毅学会，只是其会员来源更加广泛，活动时间更长。青励会大多由同乡同学引介加入，曾出版过《青年励志会会务纪闻》《青年励志会会务季刊》等会员交流刊物。随着他们毕业走上社会，或是出洋留学，会员与总会，以及会员间仍开展"循环通信""同乐会"、救助困难会友等活动，一直持续到1930年代，登记的会员近二百人，有记载的聚会达五十余次。

青励会的核心人物之一是陈铨的密友张昌圻。张昌圻（1903—1970），亦名张弘，字弘伯，富顺县赵化镇人，1926年毕业于北京大学哲学系，1928年考入清华大学国学部研究生，1929年以论文《洙泗考信录评误》毕业，短暂任职四川省建设厅，1930年10月赴法国里昂中法大学留学，1938年以论文《吕西安·莱维-布吕尔的伦理学和社会学至上论》获博士学位。抗战爆发后，任国民党中央宣传部"驻欧特种委员会"驻法国的"合作员"，1938年春又至"国际和平促进会"秘书处工作，"主持编译通讯及联络中国之工作"，为"反日侵略而努力"①。抗战期间，张昌圻在《军事与政治》（向理润主编）发表大量"欧洲通讯"，为抗战呐喊，后不知所踪，有可能移居欧洲。张昌圻的弟弟张昌颖、张昌培亦毕业于清华②，与陈铨也熟识。

陈铨在家书中称与张昌圻"甚善"，可能是富顺高等小学的同学，在北京读书时两人过往密切，陈铨每过北京城均留宿于张昌圻的宿舍北京大学"西斋"。陈铨大约在留美前后入会，其学生时代的交游圈除清华同学，也大抵在青励会，如林伯遵、向理润、贺麟、谢明旦、杨允奎、张敷荣、董承显、武三多、谢星朗等，日后成为连襟的叶麐（石荪）、杨西孟、雷兴翰等，都是青励会会员。

① 中国第二历史档案馆（龙锋选辑）：《国民党中央宣传部驻欧特种宣传委员会报告书》，《民国档案》，2013年第3期。
② 张昌颖（1906—2006）。1923年考入清华学校，1929年赴美留学，入威斯康辛大学学习化学专业，1933年获博士学位。1934年回国，先后任教于多所医科大学，著名生物学家、营养学家、医学教育家。张昌培（1908—？），1927年考入清华学校大学部，1931年毕业于清华大学经济系。

青励会会员不少人颇有建树,除前述外,经济学家樊弘、体育教育家程登科、地质学家黄汲清、植物学家孔宪武、统计学家刘南溟、测绘学家夏坚白、核物理学家王淦昌,以及文学家朱光潜、李健吾、林如稷等皆为会员。青励会曾于1928年集资办"励志书局",陈铨还入了二股(五十元),其长篇小说《冲突》(1929)即由该书局出版,后来还多次讨论筹办"大学出版社"的事宜。可惜1934年以后青励会的情形不得而知,有可能随着成员年岁渐长,各有事务,无形中解散了。

据记载,陈铨在德国曾两次参加青励会的活动。第一次是陈铨即将返克尔前的1932年3月29日,除杨毓川因病不能到会,其他会友傅汇川、程登科、杨能深、陈茂、陈铨、王树荣、陈晓岚等再次相聚在柏林的中餐馆泰东饭店。此次聚会一个重要缘由是为留德多年,"在经济困难中,终能成功其所学",获得博士学位的王树荣"贺捷"。中午餐毕,下午一行人参观了柏林体育大学,并摄影留念,晚上又"二次聚餐","痛痛快快,胡乱吹牛",十一时始散①。此次聚会结束后,陈铨结束了在柏林大学一学期的学习,返回克尔城。

第二次是1932年陈铨从克尔来柏林度寒假。12月28日下午,在柏林西郊程登科的住处,在德会员悉数到场,为新到德国的会员牟乃祚、新入会的萧忠国接风洗尘,提交入会申请的王淦昌、杨昌谷等亦与会同乐:

> 去年年底(十二月二十八),此间召集会议一次,除全德会员全体出席外,尚有行将介绍入会之来宾数人参加。开会地点仍为程登科同志家内,开会内容除报告国内同志努力会务及创办大学出版社经过情形外,则为欢迎萧忠国同志入会及牟乃祚同志来德,留德同志表示热烈的欢迎。此外更讨论一切会务及改选,散会后复聚餐,是日集会兴趣至浓,自午至晚,各无倦意。此亦可想见留德同志精神之一般。②

---

① 《欧洲分会德国分组春季大会记录》,《青年励志会会务季刊》,第四、五期合刊,1932年10月30日。
② 《陈茂自德国柏林大学来函》,《青年励志会会务季刊》,第六、七期合刊,1934年3月30日。

除了励志会的故交新识外,陈铨在柏林还新结识了陈康、冯至、蒋复璁、洪谦等新朋友。陈康(1902—1992),一名陈忠寰,江苏扬州人,1929年毕业于中央大学哲学系,同年赴英国伦敦大学留学,1930年秋到德国柏林大学学习,1940年获柏林大学哲学博士,历任西南联大、中央大学、北京大学、同济大学教授,后任台湾大学教授,1958年赴美任教,以研究古希腊哲学蜚声海内外。陈康与陈铨在柏林过从密切,并也曾受教于克尔大学的司滕泽尔教授。抗战时期,两人在昆明、重庆时常相聚,关系密切。1948年在上海,陈康与陈铨的妻侄女陶淑明结婚,两人还成了亲戚。

冯至(1905—1993),原名冯承植,直隶涿州人,诗人、学者。1921年考入北京大学预科,与林如稷、陈翔鹤、杨晦、陈炜谟等关系密切,参与"浅草社"以及《浅草季刊》《沉钟》等文学杂志。1927年毕业于北京大学德文系,1929年考取河北省教育厅官费留学,1930年9月与吴宓等结伴赴德,进海德堡大学。1932年8月,冯至转学至柏林大学学习,受到北大校友蒋复璁、朱偰等人的"欢迎"[①],稍后到柏林的陈铨,在此间也与冯至等人相识。

蒋复璁(1898—1990),字慰堂,浙江硖石人,著名图书馆学家。1923年毕业于北京大学哲学系,1924年到清华学校教国文,1929年考取德国洪堡基金会奖学金,1930年7月赴德国柏林大学留学,专攻图书馆学。1932年11月回国,任中央图书馆筹备处主任,抗战期间在重庆江津创办中央图书馆。1949年后曾在港台教书,1954年起历任台湾中央图书馆馆长、台北故宫博物院院长,1974年当选台湾中央研究院院士,1988年曾起草"以中华文化统一中国"提案,交国民党十三大。蒋复璁是中国现代图书馆业奠基人,为保护中华古籍文物作了不少努力和贡献,在台湾文化界享有很高的声望,被誉为"中华文物的守护者""图书文博界泰斗"。

据陈铨所言,他在柏林交的朋友除陈康外,就是蒋复璁,可见关系

---

① 姚可崑:《我与冯至》,南宁:广西教育出版社,1994年,第18页。

密切。陈铨在清华时即知道（或认识）蒋复璁，从留下多种合影看，两人在柏林来往频繁。蒋氏虽无意于政治，但却深得其北大老师、国民党政要朱家骅的器重赏识，回国后在朱主持的"德奥瑞同乡会""中德文化协会"任职。据其自述，朱家骅对他"可谓言听计从"①，蒋也向朱推荐了不少留德学生，对柏林旧识自然是竭力引介。1934年1月，陈铨回国曾在南京受到蒋复璁的热情招待，抗战中在重庆又多有过往。陈铨日后曾说蒋复璁"处处帮忙"，1946年受聘同济大学，也是由其举荐。

1935年10月，冯至夫妇回国，蒋复璁同样邀二人到南京做客。据姚可崑回忆："蒋复璁热情招待我们，陪同我们参观了中山陵，游玩了玄武湖，还介绍我们拜访了朱家骅"，并言朱"很注意收罗留德学生，蒋复璁常为他延揽'人材'。冯至不肯留南京，蒋复璁感到失望，临别时握着冯至的手说：'先到北平去看看吧'。"②虽然陈铨、冯至两人皆志在文学与学术，无意政治，但蒋复璁对旧交之厚谊，也是颇具君子风度，只是晚年在台湾回忆起柏林往事，对留在大陆的陈冯二人皆未曾提及。

1931年12月9日，冯至在致杨晦、陈翔鹤的信中写道："有时同一两个德国人谈一谈，很少见中国人。做《天问》的那位陈铨在此地学文学，此外没有人。"③陈铨热情外向，而冯至沉默内敛，二人同治德国文学，相识前各有社交圈，但这并不妨碍他们成为相善互敬的君子之交。虽然日后彼此书面上皆极少提及过往，事实上陈铨与冯至在德国交情匪浅，不仅在柏林多次相见，1933年，陈铨通过博士考试后，也来到了海德堡大学访学，与冯至夫妇再次相见。1935年冯至通过博士考试，陈铨立即著文为其博士论文写评述，予以高度评价，抗战时期在西南联大以及1949年后也有过往。

陈铨在柏林大学还认识了日后以研究逻辑实证主义哲学享有盛名的哲学家洪谦。洪谦（1909—1992），祖籍安徽歙县，出生于福建。曾在清华国学院师从梁启超，1927年起留学德国耶拿大学、柏林大学，以

---

① 黄克武编撰：《蒋复璁回忆录》，台北：中央研究院近代史研究所，2000年，第61页。
② 姚可崑：《我与冯至》，第47、49页。
③ 冯至：《冯至全集》（第十二卷），石家庄：河北教育出版社，1999年，第131页。

及奥地利维也纳大学,师从德国哲学家、"维也纳学派"创始人石里克教授,成为该派成员之一,1934年获维也纳大学哲学博士学位。洪谦1937年回国,在陈铨引荐下,至清华大学哲学系任教,后又在西南联大同事。

1930年10月,陈铨初到克尔大学时,与在此求学、日后西南联大的同事陈序经,以及黄公安、周冠军等中国留学生颇有过往①,次年4月,陈序经夫妇回国,大家还留影聚餐,为其送行。此外,陈铨还曾与彼时到德国留学的清华校友和同治德国文学的杨业治(1908—2003)以及在柏林大学汉学研究所任讲师的历史学者姚从吾有愉快的会面。值得一提的是,1933年3月间,在美国完成学业回国的陶桐,曾到德国考察化学工业,与陈铨、张弘伯、冯至、蒋复璁等在柏林相聚、郊游远足,并留下多种合影,陈铨的自传性小说《死灰》中的张佩清的原型就是陶桐。

五、纳粹德国

1932年,陈铨在青励会会员调查表"生活情形"一栏写道:"心情大部分是快活的。"这表明虽然在德国从学业到生活一切顺利,但他还是心有忧患。天各一方,思念故土亲人是难免的,父母渐渐老去,四哥已结婚生子,两个弟弟尚幼,更兼川中战事频仍,家中经济更加窘迫。这些或许都不是大问题,待学成回国,就能改观,让陈铨忧怀的是其他事情。

1928年,陈铨赴美之际,国民党政府定都南京,当年底,张学良宣布"东北易帜",中国实现了形式上的统一。但随着国共两党合作破裂,共产党走上武装革命的道路,地方军阀各自为政,国中依然不太平,局部大小战争从未停止。从"翘首望故国,故国正刀兵"②(1929)的诗

---

① 1931年4月,陈序经携妻儿回国,陈铨、周冠军等人聚会相送,并留下合影。
② 诗名为《丽贤东行志别》,前有小序:"丽贤为刘丽贤女士,阿校同学,因病退学,东去纽约依姊氏养病,广东人。"全诗为:"昨闻啼鸠声,心绪正怦怦。今日复何日,挥手送君行。同是居异乡,同是远游人。翘首望故国,故国正刀兵。奈何君复病,别我作东征?春风池水绿,新月柳枝横。感此忧我心,无以道中情。愿君加珍重,莫听杜鹃鸣。"

句中,表明他时时牵系着祖国。

从九一八事变到上海一·二八淞沪抗战,日本侵略中国的步伐加快,民族危机进一步加剧。如此重大变局也牵动着海外学子。以德国为例,王淦昌(新中国"两弹一星"元勋)时在"柏林郊外,风度不减当年,只是去岁受九一八刺激甚深,愤激不平"①。陈铨也借小说中人物,表现了自己当时震惊痛苦的情形:

> 中国东三省失陷,是何等惊天动地的事情?华亭最初得着日报占领沈阳的消息,是在克尔吃饭的公寓里……
> 唐克先生把华亭请到他屋子里边,恭恭敬敬地把报送给他看。华亭用着战栗的手,迅速地读下去,起初他还不相信,他又重读了一遍,这事情确确无疑的了。
> 他不讲话,一趟跑回家去,伏在床上,大哭了一场。
> 自从那一天起,天天报上都载得有关于东三省的消息。《柏林午报》的记者,甚至于负责签名报告他亲眼在东三省看见日本兵活埋中国人,有一次在义勇军退却以后,日本兵赶来,捉了十七个赶场的农民,登时枪毙,还有三个用石油浇在身上,放火来烧。②

这虽是小说中的桥段,其实也是真实的自我写照。1932年初,陈铨将《柏林午报》所载日军在东北的惨无人道的暴虐行径的报道,译成中文,寄给了《大公报》,并附言道:"一月十五日柏林午报载该报在奉天记者波斯哈尔德亲眼所见日本军烧埋中国居民情形。此间人士,无不痛恨日人之残暴,盖日本军此等举动,实属三等野蛮不入文化的民族之行动,不独为全中国人民之敌人,实为全世界人类之敌人,凡属人类,均应起而打倒此残暴之人也。"《大公报》则以陈铨的译稿编发了题为《勿忘暴力下三千万同胞!》的"社评",揭露了日寇惨无人道的暴虐兽行和"东北同胞生活于暴力支配之下,诚非水深火热所可喻其困苦"的

---

① 《牟永锡自柏林来函》。
② 陈铨:《死灰》,天津:大公报社出版部,1935年,第18—19页。

悲惨境遇。①

当然，欲解决民族危机，不单是奔走呼号、排拒日货，更重要的是谋求中国的彻底革新，如在美国的张荫麟写道："所欲大声疾呼为国人告者，吾人当前之急务，不唯在抗日之宣传与准备，尤在扑灭国内主要之黑暗势力"，否则"不独永无力量抗日，抑且无资格以抗日"②。虽然小说中萧华亭深陷绝望虚无中，但现实中的陈铨并未丧失信念。1932年9月30日，他在致友人的信中写道："国内情形愈趋愈下，弟颇乐在外国多读两年书。以后回国，看如何努力。我等志同道合之人，只要大家心不死，将来只有一番建设。弟深信中国民族必有出头之一日也。"③

德国的状况同样令人堪忧。陈铨在德三年，恰逢希特勒和国社党乘势发展，迅速崛起，并最终攫取政权，实行法西斯残暴统治的时期，这段特殊经历，无疑对他有深刻影响。陈铨到美国的第二年（1929）秋天，随着美国华尔街股票市场崩盘，经济危机爆发，席卷整个西方世界的"大萧条"时代来临，而一战失败、受《凡尔赛和约》（Treaty of Versailles）限制困扰的德国的情形最为糟糕。陈铨曾写道：

> 当一九三〇年，作者到德国的时候，欧战已经结束了十二年，然而德国的国民经济还未恢复。汉堡和伯雷门的港口，停满了不能开行的船只，多数工程倒闭不能重新生产，全国七千万人口，失业的工人达八百多万人。④

德国民众"失望的情绪更为严重"⑤，极端的民族主义情绪高涨，不独无以为生的失业者，"大部分学生看来都醉心于希特勒了"⑥。当时在柏林的牟乃祚描述道：

---

① 参见：《勿忘暴力下三千万同胞！》（社评），《大公报》（天津），1932年2月11日。
② 张荫麟：《为国难致容希白教授书》，《大公报》，1932年2月16日。
③ 《陈铨自德国克尔来函》。
④ 陈铨：《抢救青年》，《申论》（上海，周刊），第1卷第12期，1948年7月17日。
⑤ [美]斯塔夫里阿诺斯：《全球通史：从史前史到21世纪》（下），吴象婴等译，北京：北京大学出版社，2012年，第698页。
⑥ [美]威廉夏伊勒：《第三帝国的兴亡》（上），董乐山等译，北京：世界知识出版社，2011年，第239页。

德国学生会决定每星期三下午学校不得排功课,他们利用之去操练,去游行,去宣传,又加之十一月十二号Hitler在掩耳盗铃,自欺欺人地闹大选,闹投票表决。于是一会要去作大选宣传啦,停课两小时,一会"领袖"(Fuhres Hitler)要讲话啦,停课去听Radio,发狂似的,令人为之齿冷,即在他们自己看来,也难免啧有烦言。可是魔王当道,没处讲理也。①

1933年1月,狂人希特勒如愿以偿,赢得大选,上任国务总理,随即立刻大肆迫害屠戮犹太人、共产党和异见者,德国境内全面纳粹化,大学校园也不例外,大批反对者和犹太人的公职人员被解职②。陈铨后来写道:

　　希特勒上台以后,各地青年人活像一群疯子,到处屠杀犹太人。在作者读书的克尔城中,一群青年纳粹党员冲入一个犹太人的商店,毒打主人,破坏家具,犹太人开枪击伤一人,于是全家立刻死在乱枪之下。在柏林戈培尔令人焚烧国会,嫁祸共产党。经过一番审问后,共产党的一切报纸,一切机构全入纳粹党人的手中。共产党或遭屠杀,或入集中营,在很短的期间,全部势力崩溃。大学的教授,职业的医生律师,政府的公务员,音乐戏剧的导演,文艺的作家,甚至于舞台上的演员,凡是稍为带一点自由思想的分子,通通遭受排斥,无处谋生,轻则拘禁,重则被迫空手出境,残杀暴虐是纳粹的作风,残杀暴虐是当时德国青年最痛快的发泄。就是这样,希特勒成功了,德国全境也成疯人院了。③

作为留学生,陈铨虽未直接受到人身威胁和伤害,但希特勒上台适值其博士考试,因为克洛那、司滕泽尔、李培等授业老师横遭厄运,并一度危及到他的学业。

　　克洛那教授祖先是犹太人,是以受到了纳粹政府"种种压迫,郁郁

---

① 《牟乃祚自柏林来函》。
② 周丽华著:《德国大学与国家的关系》,北京:北京师范大学出版社,2008年,第125页。
③ 陈铨:《抢救青年》,《申论》(上海,周刊),第1卷第12期,1948年7月17日。

不得志",1934年被迫离开克尔大学,曾到罗马讲学,"意大利政府欲聘为教授,德国政府又不允许,返国后,又不许其任教",他只好到英国苏格兰等地任教,1940年移居并终老在美国①。司腾泽尔教授则因为"太太有犹太血统的关系",一度被停职,1934年到哈勒大学,1935年11月竟突患急症离世,其妻儿则于1939年移居美国②。更有甚者,陈铨博士论文指导老师李培也因为妻子是犹太人,受国社党攻击,1933年4月被停职③。此时,陈铨的博士考试在即,幸好在李培的请托关照下,最终由威尔士和鄢森两位教授代理完成陈铨的博士论文的评阅和口试④。而威尔士也因为同情和支持李培,离开了克尔大学。

回国后,陈铨以见证者的身份,在纪实小说中真切反映并揭露了纳粹德国偏执的种族情绪、动荡的现实以及对犹太人的大肆迫害,但同时作品中也灌注着强烈的家国情怀。如《政变》写"我"旁观狂热分子大游行,回到住处后,房东高兴地对"我"叫道:"德国民族复兴了","陈先生的祖国不久也要复兴的",而"我"则谢绝了聚会邀请,情绪激动,不能自已,独步街头。小说末尾写道:

> 进房里,一个人坐在椅子上,心乱如麻,不知作什么事情好。
>
> 忽然我大气,用拳头使劲地打桌子。一挣身起来,把大衣披上,匆匆下楼去。房东太太问我出去有什么事,我说出去散散步就转来。
>
> 我跑到街上,深深呼吸了两口气,仰望着天空中的繁星,眼眶含满了热泪。⑤

《免职》的结尾则写了这样一个场景:

---

① 克洛那著,陈铨译,《哲学与人生》,《文哲月刊》(北平),第1卷第3期,1935年12月15日。
② 陈铨:《书评: Dilthey und die Deutsche Philosophie der Gegenwart, von Julius Stenzel, Berlin 1934》。
③ 1939年二战爆发,李培移居美国,在芝加哥大学等地任教,1952年回访德国,后于1954年又回到克尔大学。Neue deutsche Biographie, Bd.;14, Berlin 1985, S532—533。
④ 据陈铨博士论文扉页,论文答辩时系主任是威尔士(Welse),共同评阅人为威尔士和鄢森(Jensen)。
⑤ 陈铨:《政变》,《文学时代》(上海),1935年第1期。

我勉强说了几句安慰的话,海拉满教授谢谢我。我坐一会儿告辞走了。海拉满教授送我到门口,忽然他说道:

　　"陈先生,你考试的事情,我已经托韦士烈代办,他已经完全答应了。请你不必为我愁,我还有力量奋斗。你回中国,请你不要把德国说得太坏了。当局的人,自有他们的苦衷。只要民族能自由,个人的牺牲,是没有关系的。德国可以虐待我,但是德国不能禁止我心里不爱他!"①

这些细节表明,纳粹德国极端的民族主义思潮和种种躁狂的表现,使陈铨民族自尊心受到了深深的创伤②,让他不时想起满目疮痍的中国,并从中深刻体验和感受到德国一般民众的强烈的民族情感和爱国精神。对德国法西斯这种种手段和作为,既痛恨又不无羡慕的复杂情感,并非陈铨所独有,而是彼时不少留德中国学生共同的矛盾而复杂的心理。当时也在德国留学的黄公安写道:

　　今者党治路线分明,政治方向确定,信仰有了中心,舆论归于统一,既免态度不明与无所适从之危惧,又无党争之内顾,政府可得一本其政策与意志,安心从事于国家社会之建设,谋经济财政金融问题之解决,以及新理想社会之实现,如放弃利己观念,着重公德伦理的利群主义,以及工年运动等新思潮之产生,其将来有裨于新社会之构造,万分值得吾人注意。鄙意以为欲救中国,尤当以德国为模范。③

当然,黄氏也深知希特勒执掌下的法西斯德国潜藏的极度危险性:

　　假令希氏,今后能善用其地位,挽既倒之狂澜,出斯民于水火,对外能尽量发展外交长才,取消凡尔赛条约之束缚,对内抚辑民众,打破当前之经济难关,是则德国再造,端出希氏之赐。倘或操

---
① 陈铨:《免职》,《中外月刊》(上海),第2卷第7期,1937年7月。
② 《死灰》《闹钟》等小说中多次写到九一八之后,德国同学问"我"中国人为什么不奋起反抗侵略,而"我"则无言以对。
③ 黄公安:《德国最近政治经济与社会思想之剧变(德国通信)》,《时事月报》(南京),第9卷第3期,1933年9月1日。

之太急,轻举妄动,则孤注一掷,亦足以促德国灭亡。总之,德国今后生死兴替之关头,全系于希特勒一身。①

不幸的是,狂人希特勒走的是后一条路,不仅将德国人民带入万劫不复的火坑,而且给世界带来了巨大的灾难,并对犹太人犯下了滔天的罪恶。只是在1933年,无论在德国人眼里,还是在中国留学生看来,魔鬼的外表的确有些炫目惑人。抗战时期,在德国法西斯肆虐欧洲时,作为希特勒暴政的亲历者,陈铨却援引尼采学说,标举德意志的民族精神的根由即在于此。

六、迷茫与归途

清华学校的最后两年,陈铨先后完成《梦苹》《天问》,也因此而被一直想写长篇小说而不得的吴宓誉为"天才"②。1928年,满怀学术救国的热情,同时也带着作家梦想,漂洋过海,但从美国到德国,学习和学位是首要任务,尽管也写了一些长短篇小说,但与最初的理想和规划可能还是有些出入。

1930年硕士毕业后,陈铨即开始写长篇小说《彷徨中的冷静》。到德国后,环境心境和客观需要发生了变化,为了要尽快完成学业,三年间完全沉浸于理论中,文学创作基本中断。1933年博士考试通过后,陈铨来到海德堡,"创作的兴致,忽然又不可遏止。心里很想写一本戏剧","但终觉得自己修养不够,经验太浅,不敢下笔。有一次花了几天工夫写成一幕,仔细审阅,最后全部扔进壁炉"③。当然,他在海德堡还是找到一些灵感,完成从美国即开始动笔的三十万字的长篇小说《彷徨中的冷静》。

---

① 黄公安:《希特勒就任总统与德国法西斯之尖锐化》,《时事月报》(南京),第10卷第4期,1934年10月1日。
② 吴宓曾写道:"晚,燃烛读陈铨所著小说《天问》,甚佳。另有文评之。陈君成绩如此;宓拟著小说,二十年于兹,一字未成。可哀也已。"参见吴宓:《吴宓日记》(四),第159页。
③ 陈铨:《我的戏剧学习经验》。

数年来研磨戏剧理论,连一个剧本都未能写出来,这对于志在创作的陈铨来说,无疑产生了一些心理落差,并时常有学不能用的失落感和创作力衰微的危机感。《死灰》中曾描述了这种感受:

> 我觉得大学是研究科学的地方,同我们努力文学创作的人最不相宜。我起初以为到外国进大学多读几年书,从许多知名教授那里,听一些文学批评的理论,对于自己文艺创作,一定有许多的帮助,现在留学四年多,什么理论都听过了,我才知道,完全不是我想象那么一回事情。因为在大学里,学的不是文学创作……四年来,我学了一肚子的理论,对我实在是毫无用处,我的工夫白费了!
>
> 这四年来,我时时刻刻都感受到一种内心的冲突……现在我差不多已经完全失掉了我创造的习惯……
>
> 我脑子里现在充满了空虚的规律,很少幻想出有血有肉有灵魂的人物……我想我诗人的生活,已经寿终正寝了。[①]

尽管《天问》出版后,有一定反响,但此时新文学的高潮已过,陈铨出道又稍迟,与文学界的接触有限,创作实绩还不足以奠定他在文坛的位置,甚至连《梦苹》的书稿都未能售出。陈铨对此显然不能满意,而写出更有影响力的作品,对他很重要。留学期间,学习占据了主要的时间和精力,创作受到很大影响,未能沿着《天问》趁热打铁,更进一步,失落感和危机感由此产生。这种困扰和矛盾,在一定程度上影响了陈铨的人生走向,后文再表。

留学期间,陈铨个人感情上亦颇有挫折。1925年因为女方病故,陈铨意外从传统旧式的包办婚姻中解脱,曾立誓十年不谈个人婚事而志学,这当然是特殊情境下的一时感奋。事实上,大约从1927开始,到1934年从欧洲回国,陈铨前后经历了初恋和异国恋两段没有结果的恋情。

陈铨初恋的对象是清华同学陶葆楷(1906—1992)、陶桐(1909—1968)的妹妹陶葆桎。陶氏兄弟分别于1920和1923年考入清华学校,

---

[①] 陈铨:《死灰》,第132—133页。

陶桐插班到戊辰级，与陈铨情投意合，友谊深笃，陈铨与陶葆楷也共同参加过辞命研究会、仁友会、弘毅学会等社团，也非常熟络。陶家原籍江苏无锡，1920年举家迁至天津，两兄弟上有大姐陶葆权，下有小妹陶葆柽。陶桐的父亲陶介如毕业于南洋公学，当时在天津铁道部门工作，陶母周氏为人善良慷慨、热忱好客。

1924年8月底，陈铨从烟台消夏返北平，过天津时即到过陶桐家，那时即遇见陶家年幼的小妹。1926年陶家发生一件伤心事，大女儿陶葆权因不幸的婚姻而去世。陈铨闻此不幸，为之作传，并写下了哀切动人的长篇挽诗《薄命词》述其短暂一生①。从诗中可以看出，陈铨对陶家的情形十分熟悉。当年暑假，陈铨应陶桐邀请到天津度假。陈铨虽身材不高，但一张聪明俊秀的娃娃脸，又知书达理，才品俱佳，深得陶家人的欢迎。因为整个暑假都在陶家度假，朝夕相处中，陈铨大概即在此时对陶家小妹渐萌生了爱的种子，但此时还学业未成，陶葆柽尚且年幼，双方虽有朦胧的好感，时机还不成熟。

1927年，陈铨以天津的这段经历以及对自由恋爱、美好爱情的热切向往为素材，写成长篇小说处女作《梦苹》。因为长女包办婚姻的悲剧，陶家父母对此事未予干涉，任两人自由发展。1928年2月寒假间，应陶父的邀请，陈铨又随陶桐到天津过春节。此行，陈铨还在吴宓的介绍下，拜访了《大公报》主笔张季鸾。留美前夕，陈铨随陶桐再次到天津。陶葆柽此时已是一位亭亭玉立的少女，可矜持内向还是如故，对陈铨还是一样的欢迎，一样的客气，告别时虽也互赠信物，相约通信，但关系仍不温不火。7月下旬，陈铨与陶桐从塘沽乘船到上海，登上了赴美的邮轮。

到美国后，陈铨大概思恋愈炽，写了很多深情的书信，陶葆柽也有不少回信，但大抵寥寥几句客套话，不得要领。在散文《哈孟雷特与房租问题》中，时在奥柏林的陈铨曾提到自己的女友在中国，表明两人关系有一定的进展。天各一方，见面太少，学业未成，陶葆柽不到二十岁，还在南开中学读书，对哥哥这位有才气的同学不无好感，但大约还情窦

---

① 诗前有小序："民国十五丙寅，为同学陶君之妹作传，并作此挽之"。

未开,两人关系始终未能确定。数年来的一往情深,未得到期待中的回应,陈铨可能渐渐有些心灰意冷,通信后来也很少了,这段朦胧纯洁的情感,最后无疾而终。

陶家兄妹皆天资聪颖,勤奋好学。1932年陶葆楷中学毕业,以优异成绩考入了清华大学。1935年陈铨结婚前,两人郑重而友好地将来往信件和信物寄还对方。与此同时,陶葆楷的清华同级同学任之恭[1],则对陶葆桎展开"百折不挠"的热烈追求,1937年两人结为连理[2],双方各自找到美好归宿。

陶桐曾规劝陈铨说,他与妹妹性格上有很大的差异,未必合适,陈铨冷静思考后,觉得不无道理,尽管万分不舍,他还是理智地放弃了这段若有若无的美好感情。让人感到温暖的是,陈铨与陶桐终生交谊笃厚,1950年代同在南京大学任教期间,两家已超出一般同学之谊,而近于亲人般的情分。而从美国到德国,陈铨也结识过不少女性朋友,但大抵限于友谊的范畴,真正交往相恋的是一个美丽的德国女孩。

清华学生在国内备受关注,在国外大学也是出类拔萃。青春年少,才学俱佳,活泼好动,故很快融入当地社会,也颇受西方女孩的好感和青睐。于是,留学生中留下不少浪漫爱情故事,如胡适与韦莲司、季羡林与伊姆加德等。即如陈铨身边不少密友也有此经历,林伯遵、贺麟皆有深度交往的西方女孩,林同济还娶了一位美国太太。虽然这些都未留下过多的记载,但想必如大多异国恋情一样,缠绵悱恻,黯然销魂,却终又花自飘零水自流,空余别恨。陈铨的故事也是如此。

关于陈铨跨国恋情的具体细节已不得而知,甚至连女方的真实姓名也无从查考,但从以下几方面可以略窥大致情况:其一,陈铨"太过写实"[3]的小说《死灰》即是纪念这段浪漫而又令人神伤的情感经历,《闹钟》《难说》等小说中也略有涉及;其二,陈铨后人也曾说父亲在德

---

[1] 任之恭(1906—1995),山西沁源人。1926年毕业于清华学校,1931年毕业于哈佛大学,物理哲学博士,曾任教于山东大学、清华大学、西南联大,后留居美国,著名物理学家。
[2] 任之恭著,范岱年等译:《一位华裔物理学家的回忆录》,太原:山西高校联合出版社,1992年,第62—73页。
[3] 陈铨:《死灰·自序》。

国的确有一个热恋的女友,陈铨也留下了不少这位德国女孩的照片。在上述皆有自传性的小说,男主人公(中国留学生)的德国女友皆叫"冷荇",姑且以此称之。

故事大致是这样的:美丽的德国女孩冷荇出生在柏林,成年后即离开家庭,自谋职业,在经济大萧条中失业,无以为生。大约在1931年冬天,陈铨在柏林街头邂逅生活困顿的冷荇,相识相交。1932年4月,陈铨返回克尔,仍不时接济冷荇。1932年12月的寒假中,陈铨再次来到柏林①,与冷荇重聚言欢。郎有意女有情,如胶似漆地度过一段浪漫温馨的时光。

相聚日短,他们不可避免地想到将来,但是有太多的现实困难不好解决,冷荇还未做好来中国的思想准备,陈铨也想着家里的老人未必认可洋媳妇,最后未商量出个结果和好办法。1933年5月,陈铨在克尔大学通过博士考试和论文答辩后,又来到柏林,可能还带着冷荇一同到了海德堡,度过一段时光,并与冯至夫妇有多次愉快的聚会,四人还留下多张合影照。当年冬天,陈铨与冷荇凄惨诀别,启程回国,从此再无缘相见!

陈铨留学的清华庚款官费到1933年上半年即止,1932年9月,他致函清华大学留学监督处,告以自己的学业情况,并申请延长官费一年,作进一步研究,清华的回复是准许半年官费。1933年通过博士考试后,陈铨来到了德国南方的海德堡大学访学。海德堡以古堡建筑、内卡河以及浪漫人文气息而闻名遐迩,始建于1386年的海德堡大学则是德国最古老的大学之一。姚可崑曾回忆:"海岱山是一座风景优美的城市,涅卡河(Necker)东西横流,两山南北对峙,树木苍翠葱茏,各种颜色、各种风格的房屋坐落其间,确是幽静宜人。"②

海德堡几个月时间,大概是陈铨1921年出外求学以来精神上最放松的时刻,十几年的紧张学习,终于告一段落。陈铨在此又重逢了冯

---

① 陈铨家书(1932年12月20日)所示:"男自前日起来柏林,度此十余日寒假,一学期工作后得稍为休息,身心亦觉舒展,大约在一月七号左右再返克尔,重新工作。"
② 《我与冯至》,第24页。

至、姚可崑、杨业治等旧识,自由轻松的参观访问、读书写作,并搜集了不少研究资料,在其藏书中,即有从德国带回的烫金精装本的《歌德全集》《席勒全集》,以及赫伯尔、黑格尔、康德、叔本华、尼采等著作和资料。

在海德堡,陈铨拜访了几位著名教授,有据可查的是在老师克洛那教授的函引下,拜见了已届古稀之年的"西南学派"哲学大师李凯尔特(Heinrich Rickert,1863—1936)。他后来写道:"我当时同他谈到黑格尔哲学的将来,他说:'黑格尔哲学太难懂了,要一般人了解,真不容易。'他又说:'克洛那同格罗克勒(Herman Glockner),两人都专门研究黑格尔,但是两人的解释完全不同,不知道谁对。'"李氏还谈起格罗克勒正在编撰《黑格尔辞典》一事①。

博士考试结束,清华大学即拍来电报,敦请陈铨回校教授德文,但大概时局所致,学位证书一直未发下来。1933年11月,陈铨收到克尔大学寄来的博士证书,随即打点行装,启程回国。"不到欧洲,不知西洋文学历史之真切",实地观览,"亦是真正之教育"②,陈铨借回国之际,也往英法意等国一游。

在巴黎,陈铨遍览卢浮宫、凡尔赛宫、埃菲尔塔、凯旋门、巴黎圣母院等法国著名的历史文化遗迹,并与青励会会友江西人刘南溟(1902—1976)相见。刘南溟时在巴黎大学学统计学,两人畅谈一番,并一致期望青励会诸人将来能成为中国"思想学术的中坚"③。告别巴黎,陈铨相约来到里昂,到中法大学会见张弘伯,老友见面,免不了一叙旧情别意。告别法国,来到返国的启程地——意大利水城威尼斯。

1933年12月中旬,陈铨登上了回国的轮船,五余年的海外求学生涯宣告结束,也永远地告别了他满怀憧憬、挥洒汗水,充满青春理想,留下美好回忆的异国邦土。

---

① 陈铨:《书评:*Hegel-Lexikon*, by Hermann Glockner, Stuttgart 1935》,《清华学报》,第11卷第3期,1936年7月。
② 《吴宓日记》(五),第170页。
③ 《张弘伯会友通信》。

第三章 执教清华

陈铨从威尼斯(Venice)登船,经过二十多天的航程,1934年1月8日到达上海。五年四个月了,终于踏上祖国的大地。在上海逗留了几天,陈铨随后到南京与老友向理润相聚,同时还见到了蒋复璁,在他们的介绍下,结识中央大学教授张沅长等人①。近乡情怯,在南京待了一个星期,陈铨乘船沿长江而上,待到富顺时,就快要到春节了。

一、从武大到清华

自1921年离家上成都,已过去整整十三年,瘦弱稚嫩的少年已成长为风度翩翩的洋博士。所幸家里一切安好,双亲健康,四哥儿女成群,八弟九弟已是少年了。富顺虽然才子多,但留洋博士还是头一遭,陈铨的归乡不仅是陈家的荣光大事,在县城里也引起轰动,富顺各界在文庙举行了盛大的欢迎仪式,为激励后学,民众教育馆还请他作了一次演讲,地方的父母官也频频邀他晤面。陈铨很快发现,地方各处"无不腐败已极":

> 当事者只想拿钱,而一般社会亦群以能拿钱者为有本事。我此次回家,亲友均希望我能作大官,将来挑银子回家种种不入耳之

---

① 张沅长(1905—?),上海人,1931年获美国约翰·霍普金斯大学哲学博士学位,曾在武汉大学、中央大学任教,后任职国民政府宣传部、外交部,1949年后去台湾,曾在东吴大学、淡江大学等大学任教。1933年,张沅长发表论文《莎学》,见《国立武汉大学·文哲季刊》(武昌),第2卷第2号,在中国首提"莎学"一说。

言,令人又气又笑。全川局势,大抵皆然,非独富顺为然也。川中触处皆穷,人民生活困难,达于极点,而当局犹不惜层层剥削,务使同归于尽而后已。某党退让几县,而实力未损,川中将领又不齐心,互相推诿,均欲藉人以消灭对方之势力,故剿匪无甚进展,而藉剿匪又多一征税之好名目。看此情形,若此一二年不想办法,全川真有被蹂躏之日。已蹂躏而后谈恢复,则牺牲不堪设想。①

陈铨到家方知,家里的情况更糟糕,药铺已倒闭关门,早年置办的田地也所剩无几,还欠了不少外债,竟连日常开支也左支右绌,几乎已经揭不开锅。回家当晚,来客散去后,母亲竟马上问他带回了多少钱,尔后更有一些穷苦亲戚前来告贷求助。陈铨不由得暗暗叫苦,虽知悉家中经济上困难,却不知竟至如此。

一年后,陈铨以回乡的见闻感受和家中窘境为题材,创作了短篇小说《欢迎》。小说写富顺县城一位留德化学博士楚西学成回乡,见家道中落,几近绝境,在当地军阀的利益诱惑下,为他们贩运军火,获取钱财,以解燃眉之急,最终志业未展而无端殒命于军阀混战中。小说开头描写亲朋乡人种种啼笑皆非的行状,讽刺中有沉痛。此作后两易篇名收入文集,如此珍视,其间显然承载着现实中难忘的酸楚记忆②。

因为离乡时间太长,陈铨本打算在家"休息一年半载,侍奉老人"③,再去清华大学就职,但见双亲焦灼的神情和热切的期待,他不得不改变计划,设法赚钱。未回国前,清华校友、武汉大学外文系主任方重曾电报到家,邀请他到武大任英文教授。1934年正月初八,在家仅待了两星期的陈铨,匆匆动身赶往武汉就职,大学教习生涯就此开始。

陈铨在武汉大学仅任教一学期,所留信息和线索很少,只知道教授的课程是大学英文和文学批评,住在珞珈山麓武汉大学漂亮的教授单

---

① 《陈涛每会友通信》。
② 载《东方杂志》第33卷第1期(1936年1月),后改为《烈士纪念碑》收入短篇小说集《蓝蝴蝶》(长沙:商务印书馆,1940年),又改为《归鸿》收入短篇小说集《归鸿》(上海:大东书局,1946年)。
③ 《张弘伯会友通信》。

身宿舍"半山庐",周末曾多次到汉口去观影看戏,除了重逢校友方重,还结识了谢寿康、袁昌英等同事,并初步开展了一些研究工作。

1934年6月,清华大学寄来了"专任讲师"聘书。虽然武汉大学也是国立大学,不仅校舍华丽,风景优美,而且待遇优厚,但陈铨认为"设备学风则不及清华",更由于与母校和师长有约在先,还是决定返回清华①。学期结束,陈铨匆匆打点行装,偕同事谢寿康等同船先到了南京,继又到了上海。此行的主要目的是联系长篇小说《梦苹》《彷徨中的冷静》的出版事宜。

1934年7月中旬,陈铨抵达北平,首先见到了一别多年的表哥林伯遵,而贺麟、张荫麟、何祖义等也早已得悉消息,老友乡党重逢自是几番宴聚畅谈。林伯遵1931年在芝加哥大学获得算学硕士,回国后任职中华文化教育基金会,接触交游甚广,在他的介绍引荐下,陈铨得以会晤了不少学界名流。7月下旬,陈铨从表哥家搬入了清华大学,时隔六年,再次回到熟悉的清华园。

清华在1920年代曾遭遇波折和危机,但历经十年发展,尤其是确立通才教育方针,落实教授治校管理模式,一批学有所成的留美校友返校任教,学校事业蒸蒸日上,一跃成为中国最顶尖的大学之一。清华大学的外国语文系更是师资强大,积淀深厚,办学成熟。早在1927年即确定了清晰的培养目标:"使学生得能:(甲)成为博雅之士,(乙)了解西洋文明之精神,(丙)造就国内所需之精通外国语文人才,(丁)创造今世之中国文学,(戊)汇通东西之精神思想而互为介绍传布。"②其中"(丁)"表明作家也是外文系的培养目标之一,李健吾、曹禺、张骏祥、钱锺书、杨绛、穆旦、杜运燮、辛笛、袁可嘉等作家、诗人,皆出自清华大学(西南联大)外文系,绝非偶然。

1934年,陈铨与赵诏熊、吴达元被清华大学外文系同聘为"专任讲师"。此年外文系还有王文显(系主任)、吴宓、陈福田、叶崇智(公超,当年休假)、钱稻孙、徐祖正、毕莲(Miss A. M. Bille)、吴可读(A. L.

---

① 《陈涛每会友通信》。
② 《国立清华大学学程大纲》,清华大学出版物,1929年。

Pollard-Urquhart)、温德(R. Winter)、翟孟生(R. D. Jameson)、石坦安(Diether von den Steinen)、华兰德(Miss L. Holland)等本土和外籍教授,以及张锦宏、张骏祥等"教员""助教",在岗教师共二十余位①。除本系课程外,他们还负担着全校的公共外语课程,教学任务比较繁重。

陈铨是清华大学最先聘任的本土出身的德文专任教师,其八年清华执教生涯(1934—1942),也主要是教授德文。以1934—1935学年为例,开设德文课程的有化学系、心理学系和生物系,而哲学系、历史系、地理系、政治学系、经济学系均要求学习第二外语(德语或法语)。德文课程分《第一年德文》至《第四年德文》,每周四学时,每学期四学分。第一、二年德文相当于入门,其目的"为使学生能读浅近之德文,文法注重练习,发音及单字",以及"练习和作文,并使学生直接用德文会话"②。

除了第一、二年德文外,陈铨还教授《第四年德文》,此课程"为有志专攻德文者而设","注重德国文学之历史,性质,及哲学背景,俾学习者得成一专门人才并得识前进之路线,作更深之研究"。在具体的授课中,陈铨利用自己精通英语和德语的优势,创造性地用英语讲课教学,而不是用中文③。此种方法可以让学生在学习德文的同时,还可以提高英语的水平。

此外,陈铨还开过几种选修课程,如抗战前为清华大学"文科研究所"的研究生开设的课程《海贝尔》,西南联大时的《文学批评》《现代戏剧》。其中《海贝尔》"专门研究德国大戏剧家Fredrick Hebbel之戏剧及戏剧理论以及其影响,教师指导学生研读,为专修德文者而设";《文学批评》"在讲求欧洲各文学批评巨子之哲学的及文化的立场,以阐明伊等以作批评之标准"④。《现代戏剧》则是陈铨应校方要求而开

---

① 《国立清华大学一览》,清华大学出版物,1934年。
② 《外国语文系学程一览》,《国立清华大学一览》,1935年。
③ 何兆武先生在致笔者信函(2008年8月24日)中说道:"我做学生时,曾上过陈铨的德文课,他的特点是用英语而不是用中文授课。"
④ 海贝尔,Friedrich Hebbel,陈铨通常译为"赫伯尔"。参见:《外国语文系学程一览》,《国立清华大学一览》,1935年。

设,此课程旨在为宣传抗日培养戏剧人才。以上就是陈铨清华八年所授的主要课程。

因为一次意外机会,陈铨参与指导了清华学生的戏剧排演活动,由此开始尝试西洋话剧的改编。他曾回忆道:"那时顾一樵先生任清华工学院长。他对于戏剧浓厚的兴趣,远过于我。有一次学生打算演剧,请他帮忙,他推给我。我为学生排了一个独幕剧,就是我后来改编的《婚后》,效果非常之好。"自此,"每次一面给学生排演,一面自己修改台词,这样无形中使我对于戏剧的语言,得着好些训练"。① 这样,从理论研究,到编导实践,为抗战爆发后从事抗日戏剧活动,作了铺垫和准备。

二、学者生涯

刚到北平一段时间,陈铨除了上课,业余生活忙碌而丰富,参加了不少文化活动。如1934年10月13日,陈铨作为"主人"主持了青励会总会第四十六次"同乐"活动,到会有汤像龙、付任敢、张昌培、刘心铨、黄希濂、朱光潜、李健吾等近20人。会员们讨论了会刊出版、"大学出版社"等事宜,并进行了同乐聚餐。这也是有记载的青励会最后一次活动,此后再无相关记载。

1934年5、6月间,汪懋祖、许梦因发表《禁习文言与强令读经》《文言复兴之自然性与必然性》等文,倡言"文言复兴",引发了全国性"文白之争"和"大众语"论争浪潮。11月上旬,清华大学中文系在"工字厅"也组织了一次《文言与白话》的讨论活动,到场学生50多人,到会演讲的有郑振铎、朱自清、浦江清、沈从文、王了一等,陈铨亦应邀参加,并发表了自己以"哲学的眼光"看待"文言与白话"的独特观点②。

---

① 陈铨:《我的戏剧学习经验》。
② 陈铨认为文言与白话本为"工具",只是随着时代需求而改变,若"相信中国有机会翻身,不仅是自强,而且对世界负有使命",也许"提倡文言倒是中国的觉悟"。参见野光:《文言与白话——郑振铎、陈铨、浦江清、沈从文等在清华大学中国文学讨论会讲演》,《北平晨报》(北平),1934年11月11—13日连载。

1934年12月,陈铨应南开大学外文系主任柳无忌以及刚受聘南开的罗皑岚的邀请,到天津南开大学作学术演讲,两人都是陈铨清华时期较为密切的同学。罗皑岚1922年考入清华学校,插入陈铨所在"戊辰级",他们曾共同组织群声学会,都有志于文学创作,关系非常密切。1926年暑假,罗皑岚回乡探亲,因北伐战争,交通中断,无法返校,在湖南老家待了整整一年,返校后插入了下一级,迟一年(1929)出洋①。多年未见的同学相聚,少不了一番畅叙别情。12月14日,陈铨在南开大学的"思源堂"作题为《文学批评之标准》的专题演讲②。遗憾的是,作为清华文坛"第三期代表人物"的陈、罗、柳,因后来各自经历不同,大家交游渐少,往来不多。

1935年初,应英国政府之邀,国民政府决定将故宫及私人收藏的一批文物古董运到英国伦敦,举办"中国艺术国际展览会",以"庆祝英皇加冕二十五周年纪念",但英国方面居然一再敷衍,不愿为文物买保险。故此,一批学界中人极力反对此事。1935年1月20日,《北平晨报》登载了《我国学术界反对古物运英展览》的公开信,在公开信上签名的有王力、陈岱孙、赵诏熊、金岳霖、朱自清、熊佛西、周培源、浦薛凤、张荫麟、李健吾、梁思成、张奚若等28人,陈铨也位列其中。

陈铨回国时已届而立之年。过往情感已无可追回,好在十几年来,求学生涯和职业规划一切顺利,工作稳定后,婚姻大事被提上了日程,而来做媒撮合的好心的月老自然不少。陈铨也很快就"邂逅"了终身伴侣,日后同甘共苦、相濡以沫三十多年的妻子——邓昭常。邓昭常(1910—1993),四川江津白沙镇人,初级师范学校毕业,曾任小学老师。邓家是当地名门望族,其父邓鹤丹(1873—1943,字褵仙),早年留学日本,加入过同盟会,与陈天华、于右任、程潜等交识。后在家乡江津白沙协助其兄邓鹤翔办新学,在当地有很高名望。邓鹤丹育有三子五

---

① 1927年,罗皑岚在老家与陈铨有通信,陈铨留美期间在《清华周刊》发表小说《重题》也是经罗皑岚之手,《天问》出版后,罗曾著文予以高度评价。
② 《佳宾莅临南大 乐梯模讲〈中国之命运及边疆问题〉陈铨讲〈文学批评的标准〉》,《益世报》(天津),1934年12月16日。

女,邓昭常为第四女。

陈铨、邓昭常的姻缘与四川同乡叶麐有关。叶麐(1893—1977),字石荪,四川古宋县人,心理学家、教育家,1921年毕业于北京大学哲学系,1929年获法国里昂大学文学博士学位,1930年回国历任北大、清华等多所大学教授,也是青励会会员。1934年6月,叶麐与邓昭仪(邓鹤丹第三女)结婚,在叶氏夫妇介绍下,陈铨结识了应邀从江津来到北平的邓家九妹邓昭常。

据说,在清华大学大礼堂,陈铨第一次"遇到"秀慧端庄的邓昭常,便一见倾心,遂发起热烈的追求。郎才女貌,情意契合,两人很快相恋。1935年3月31日,陈铨与邓昭常在清华大学"工字厅"举办了新式婚礼,吴宓、林伯遵、贺麟、赵诏熊赵访熊兄弟等众多师友到场祝贺,只是双方父母长亲未能见证这喜庆的一幕。《清华校友通讯》还揭载了他们的婚讯:"一九二八级校友陈铨君,现任母校专任讲师,与同乡邓女士暑假前在校结婚,即卜居母校。陈君才情俱富,邓女士亦仪态万方,令人羡慕。他们自做爱以至结婚,为期不过数月,其特别快之程度,洵非一见心倾者不办也。"[1]

陈铨婚后的住所是清华大学新建成的教师宿舍——"新南院"9号。"新南院"完工于1934年10月,是清华大学按高标准建成的30套教师住宅,每套皆为200多平方米的独栋单层花园洋房,屋前屋后皆有庭院,"内部规划之精密,真是极其旁通曲折","有大客厅以资宴客,有小书房以备藏修,其余寝室、贮藏室,应有尽有","屋之后偏东,有浴室兼厕所一间,再外一间,为更衣室",电话门铃、浴池马桶等时髦的新式装备一应俱全[2]。新南院一经建成即成为清华园内引人注目的焦点,这不仅在于其条件豪华,设施周全,更在于它的主人皆为各业的一流学者和青年才俊。如陈铨的隔壁分别是物理学家赵忠尧(8号)和古生物学家张席禔(10号),同期入住的还有闻一多、张荫麟、潘光旦、陈岱孙、萧公权、俞平伯等学者教授。

---

[1] 《喜讯一束》,《清华校友通讯》(北平),第2卷第7期,1935年7月1日。
[2] 《新南院巡礼》,《清华副刊》,第42卷第5期,1934年11月19日。

由于路途遥远,婚礼时双方父母均未到场,陈铨夫妇决定暑假中回四川省亲。一番舟车劳顿,相继到江津和富顺,拜谒了双方长亲。陈铨一年前返国回乡时,深叹川中吏治腐败,民不聊生,随着国民政府加大对四川政治、军事、财政等方面的干预整顿,尤其是"新生活运动"风之所及,兵匪横行、遍地烟馆妓院等腐败不良现象有很大改观。陈铨耳闻目睹家乡的新气象,北归后写成《进步的四川》,表达了对时局国运的殷切期盼:"这次回川所得最大的安慰,就是中国前途是有希望的,中国人是有出息的。"①

陈铨在外求学多年,全赖家庭的鼎力支持,为报答亲恩,孝奉双亲,工作后,他主动承担起大家庭的经济负担,按期往家汇款。此次回乡,陈铨将四哥陈咏南的孩子、侄儿陈光祜带到北平,准备好好培养,同时还将表兄李子云请来当厨师。新婚燕尔,夫妻谐和,多年来漂泊不定的生活宣告结束,过起了有规律的日子。文人风气,清谈宴聚,交流切磋,自是风雅之事,陈铨很快融入其中。仅据《朱自清日记》所载,1935年陈、朱同宴的聚会就有好几次,到客则有赵家璧、张荫麟、闻一多、顾一樵诸人②。陈铨的老表厨师善做川菜,家中常常高朋满座,热闹非凡。1936年2月,长子陈光群出生,次年4月,次子陈光还出生,兴奋喜悦自是必然,只是生活陡然忙碌起来,而陈铨也迈入人生的新阶段,并在这短暂的几年安稳日子里,迎来了研究与创作的高峰期。

众所周知,陈铨在学术史上受到关注是博士论文《中德文学研究》以及"战国派"时期的言论,前者获得学界的高度评价,后者则颇多争议,且多在文化(学)史视阈予以考量,而非学术层面。事实上,抗战前从武大到清华的三四年间,是陈铨一生学术上真正的"黄金时期",取得了令人瞩目的成绩。不妨先作一个罗列。

一、德国文学研究与哲学研究。前者代表性成果是以歌德、席勒、赫伯尔等为研究对象、刊于《清华学报》的研究长文;而在哲学方面,除了论文《从叔本华到尼采》外,还包括《Feng(冯至)*Die Analogie von Na-*

---

① 陈铨:《进步的四川》,《独立评论》(北平),第169号,1935年9月22日。
② 朱自清:《朱自清全集》(第九卷),南京:江苏教育出版社,1997年,第364—365、386页。

tur und Geist als Stilprinzip in Novalis' Dichtung.》(1936)、《Glockner, Hegel-Lexikon》(1936)、《Stenzel, Dilthey und die deutsche Philosophie der Gegenwart》(1937)、《尼采与近代历史教育》(1937)、《关于黑格尔》(1937)等书评。此外,陈铨还翻译发表(出版)了硕博论文,完成了一篇独特的长文《中国文学对于世界的贡献》(1934)。

二、德国文学与哲学介绍和翻译。此方面内容主要有三块:一是与上述研究相呼应的介绍和翻译,如《德国浪漫诗人罗发利斯及其〈青花〉》(1934)、《席勒在德国文学史上的地位》(1934)、《赫伯尔之悲剧观念》(1934)、《寂寞之尼采》(1934)、《歌德的塔梭与斯坦茵夫人》(1936)等,以及诺瓦利斯的诗歌(1934)、赫伯尔《玛丽亚·玛格达莱娜》(1934)、尼采《查拉图斯特拉》序言(1934)和诗歌的翻译等;二是对德国著名学者克洛那、雅各布教授的学术思想的译介,如《黑格尔哲学对于现代的意义》(1931)、《黑格尔哲学在国际间的研究》(1932)、《哲学与人生》(1935)、《精神与世界》(1936)、《Jacob und Jensen, Das Chinesische Schattentheater》(1935)、《亚可布教授论东方对于西方文化的影响》(1936)等;三是欧美当代作家独幕笑剧的改编,如《欺骗》(1936)、《扰乱》(1937)等,后曾结集为《西洋独幕笑剧改编》(1940)。

三、文学创作和批评。主要作品包括自传性长篇《死灰》(1935),短篇小说《政变》(1935)、《欢迎》(1936)、《巴尔先生》(1936)、《梦兰的家》(1936)、《夜归》(1936)、《惩罚》(1936)、《安慰》(1937)、《王二娘的政治运动》(1937)、《免职》(1937),散文《德国老教授谈鬼》(1936)、《哈孟雷特与房租问题》(1936)、《回忆》(1937),文学理论《经验与小说》(1936)、《批评与创作》(1936),等。

此外,陈铨还完成了一些跨界的研究和翻译,如《德国民族复兴运动的哲学根据》(1934)、《俾斯麦与德国民族性》(1936),中德外交档案翻译《德国关系中国外交文件汇译》(1935),以及《一九三六年的世界经济》(1936)、《法郎贬值的前因后果》(1936)等关于世界经济的长篇述评。以上除少数系旧作,都是在不到三年间完成的,可见其惊人的创造力和学术爆发力。

避开创作不论,上述成果对应正是陈铨在克尔大学时的主系和副系——德语文学和哲学。如前所述,陈铨在哲学上受过相当严格的训练,对欧西哲学的源流演变、要言奥义,如数家珍,尤对康德、黑格尔等德国古典哲学颇有心得,而最感兴味的则是尼采的生命哲学。作为一个学者,其主业和最佳成绩是德语文学研究,下面我们就来考察这一鲜有问津的陌生领域,并从中一探德意志文化精神对陈铨究竟有怎样的影响。

三、"中国文学对于世界的贡献"

在《中德文学研究》中,陈铨始终以歌德为研究重点,不仅因为歌德确实关注过中国文学,还在于其"世界文学新时代"的构想和版图中也包括中国,大概因此引起陈铨的特别关注。陈铨曾完整引述了歌德与艾克曼谈话中关于"世界文学"的经典表述,并希望德国对中国文学的输入能迅速完成"翻译时期",使"中国纯文学真正的美丽,中国文化真正的特点,可以明了,中国同德国的关系,可以更加密切",把中国文学引入"全人类相关的世界文学"①。

这些情况表明,陈铨在做中德文学的比较研究时,已在酝酿思考一个更为宏大的问题:如何在世界文学格局中,评估和建构中国文学应有的历史地位?中国文学的特异性何在?对世界文学到底有何贡献?1934年,他在武汉大学完成的长文《中国文学对于世界的贡献》,就是他长期潜思冥索的成果。

陈铨认为,要研究中国文学对世界的贡献,首先要明确批评的标准,而根据历史经验,文学批评标准有"修辞式""内容式""天才式""文化式"等四种,其中"文化式"最适宜观照一个民族的文学,因为"文化"是"一个民族许多年代许多人物生活思想习惯的结晶,经过了种种方法的熔铸陶冶,结果成了一个民族共同对人生的态度",是以形成了

---

① 陈铨:《中德文学研究》,第194页。

一个民族特有的"世界观人生观",作家受此影响,其作品也就成了这种民族的文化的代表。

所谓"文化式的标准","就是去研究某一种文学里面表现出来某种文化对人生的启示",陈铨开宗明义地写道:

> 我这一篇文章的标准,就是文化式的。其他三种标准,天才式,修辞式,内容式,讨论的时候,也间或用来说明中国文学的价值,但是最主要的判断,仍然根据文化的标准。我处处要问的,就是某一个作家,是否能够代表中国文化?中国文化对于人生,同旁的文化有什么不同的态度?这一种对人生的态度,对于世界启示了什么真理?这种真理,对于世界算不算一种伟大贡献?

陈铨认为,影响中华民族的文化有三大思想:以孔子为代表的儒家思想,以老子为代表的道家思想,以及以释迦牟尼为代表的佛家思想,并分别冠名为"合理主义""返本主义"和"消极主义",而"中国的文学,可以就这三种对人生的态度,来分类研究,看它们对人生有什么启示"。

在合理主义看来,世界与人生是"光明清楚"的,"没有什么神秘性","一切都有道理可寻,一切都可以用理智去解决",所以"合理主义文学家""不会有伟大的内心冲突,激烈感情的震荡,不会有丰富的想象,神秘的思想",他们不会有浮士德"追求真理的痛苦",也不会有哈姆雷特"对人生犹豫不决的烦恼",世间的秩序事理才是他们寻求的目标。合理主义文学从《诗经》始,其贡献最大的是源远流长的散文传统,而最伟大的诗人是杜甫。"合理主义"给予世界的启示意义在于:

> 人生一切可以用理智去解决,因此它给我们生活的勇气。无论什么事情,他劝我们守中庸之道,所以我们事事不走极端;无论什么事情,他给我们一定的标准,所以我们没有踟蹰的烦闷。在光明空阔,安静稳定的情绪中,它领我们到自然界里,去客观地观察欣赏,使我们的灵魂,得很大的安慰。

但是,合理主义只关注"简单明了"的"实际的人生",不问"鬼神生死"这类终极问题,其弱点是"不彻底",以老庄为代表的返本主义则试图探究"最根本的形而上学的问题"和"宇宙万物最初的基本原理"。在返本主义影响下,产生了浪漫瑰丽的文学,杰出代表是李白和陶渊明。返本主义启示我们:"人生是梦幻的,一切是相对的,真正精神上自由的时候,就是消除了人我的界限,摆脱了有无的成见,破除了生死的观念,回复到最初的,一元的基本原理的时候。"陈铨认为,19世纪《道德经》在欧洲风行一时,李白、陶渊明亦受"赞叹欣赏",表明返本主义对"肤浅的物质主义""迷信科学万能"有丰富的启迪意义。

至于消极主义指的是在佛教思想中,"消除一切欲望,使心如槁木死灰",寻求人生解脱的一种人生观。在陈铨看来,尽管实际生活中,消极主义虽然容易遭到诟病,但其影响下的文学却成绩斐然,除了佛经的翻译、神话的创造,还促进了思想解放和文化多元发展,并催生了《西游记》《红楼梦》等伟大的文学作品,贡献和意义有目共睹。文章最后认为,中国在儒道释三种不同思想文化的影响下,产生了"许多伟大的作品",它们在世界文学中,"已经要占很重要的位置","至于它们对人生的启示,我们更认为对世界文化的发展,有很大的意义"。

中国文学源远流长,光辉灿烂,从整体上作现代性评估,实非易事。《中国文学对于世界的贡献》首先建构了一个逻辑严谨的理论框架,紧扣儒、道、释这三大影响中华民族特性的思想渊源,再从民族文化角度来考量民族文学,无疑比较准确地把握住了中国文学的脉络源流。而与论题相应,文章所论涉及经史子集各部门,几乎囊括了中国古典文学的精华,并将佛经翻译、民间戏曲等也纳入考察范围。

在具体论述中,陈铨大处宏观审视,小处精雕细刻,在讨论作家作品时,多将中国文学置于世界文学坐标中,举一反三,旁征博引,作多维度比较,往往寥寥数语,精到准确,达于会意。如在对比分析"合理主义"和"返本主义"文学中的"自然"时写道:

> 儒家欣赏自然,道家也欣赏自然,但是儒家是拿人去欣赏自然,人同自然是分离的,道家的态度是拿来回到自然,人同自然是混合的。所以儒家是齐观的,道家是主观的,儒家是实际的,道家

是形而上的,儒家是光明的,道家是暝曚的,儒家是平常的,道家是神秘的。拿西洋文学史上面的话来形容,可以说儒家是古典的,道家是浪漫的。

其他如杜甫与李白、陶渊明与华兹华斯的比较等,也皆极具感兴,深得其味,可谓精彩迭出。要言之,在巧妙的理论预设下,文章从文化哲学的高度,以现代性的审美感悟力,将中国文学的皇皇历史和伟大成就,及其对人类的精神生活和心灵的启示意义,作了博达清晰的分析阐释,自成体系,把中国文学的"世界性"诠释得十分到位。

新文化运动以来,传统文化遭到强烈质疑,鲜有关注中国文学的"世界性"问题。以"介绍世界文学整理中国旧文学创造新文学"①的"文学研究会"认为,"中国虽自命为文学国,但我们的文学作品,能在世界文学水平线上占一个地位的,却是极少的,数千年来,文学的运动,寂寞而且无力"。② 事实上,他们未尝没有领略中国传统文学的魅力,但或忙于"为人生"的新文学,或是专事考证补订,无暇及此。

尽管《中国文学对于世界的贡献》在学术规范、名词界定、例证选择、阐释论证等诸多方面,还存在失之严谨、挂一漏万等可商榷之处。但陈铨对中国传统文化的强烈自信,站在世界文学的高度,独出机杼,从民族文化角度,全面考察中国文学在世界文化中地位和价值,其立论高远,识见宏深,发前人未发之言,至今仍不乏启示意义。

四、歌德、席勒、赫伯尔

陈铨以个性化的尼采阐释而著称,事实上,其研究专长是德语文学,并在抗战前已初具规模。这其中最具代表性的是《十九世纪德国文学批评家对于哈孟雷特之解释》《歌德浮士德上部的表演问题》《席勒麦森纳歌舞队与欧洲戏剧》《赫伯尔玛利亚悲剧序诗解》等研究

---

① 《文学研究会简章》,《小说月报》(上海),第12卷第1期,1921年1月10日。
② 《文学研究会丛书缘起》,阿英主编:《中国新文学大系·史料索引》,上海:良友图书印刷公司,1936年,第72页。

长文。

《十九世纪德国文学批评家对于哈孟雷特之解释》详细考述了自莱辛、歌德以来,德国文学批评家对莎士比亚《哈姆雷特》的接受史和评价史。文章一方面通过扎实的史料梳理,指出莎士比亚在英国文坛的地位尚未十分巩固,德国的批评家就已非常赏识他,莎剧演出的兴盛"连英国都望尘莫及"。换言之,莎士比亚"在世界上获得了最高的荣誉",德国人起到了重要的推动作用。另一方面,陈铨通过细致深入的阐释分析,揭示了莱辛、歌德、伯尔勒、施莱格尔、叔本华、韦尔德、鲍姆加通、格锐蒙、鲍尔生、罗林等德国批评家们,围绕《哈姆雷特》作出种种不同的解释。

陈铨认为,这些不同维度,甚至意见相左的解释,"似乎都有缺点,似乎都没有找出真正莎士比亚的本意,《哈姆雷特》仍然是一个解不开的谜团",但这"并不是白费功夫",反而"清楚明白"地说明了哈姆雷特"人格的复杂性",印证了《哈姆雷特》是欧洲文学史上"最少数伟大作品之一",而不断推进的研究则体现了人类"求真的精神"。文末写道:"世界一天不消灭,我们相信哈孟雷特的解释问题,也一天不会停止。至于哈孟雷特这个谜团,是否有解开的可能性,我们在这里不能讨论,也用不着讨论。"[①]这表明他自己对《哈姆雷特》也有深刻的颖悟和会意。

《歌德浮士德上部的表演问题》探讨的是诗剧《浮士德上部》不算成功的演出历史及其原因,并指出改进演出的思路和建议。陈铨指出,《浮士德上部》的舞台演出一直有一个处理不好的难题——《序诗》里年轻的浮士德,饮下了药酒后才返老还童,以至于"历来浮士德的表演,观众总觉得前后不一致,只能够有一部分成功,不是老浮士德演得不好,就是少年浮士德演得不妙",始终不能完美演绎出"歌德真正的原意"和"原书真正的价值"。陈铨认为,如此重要关节"全靠一杯药酒",不是一个伟大作家和一个伟大戏剧"应有的廉价动机",其中必有

[①] 陈铨:《十九世纪德国文学批评家对于哈孟雷特之解释》,《清华学报》,第9卷第4期,1934年10月。

玄机。

《浮士德上部》共有三个版本,历来《浮士德》演出是根据1808的"定本"(创作于1797—1808年),但问题是,歌德已于1790年出版了《浮士德残本》(1778—1790年),1887年又发现了《浮士德原本》(1768—1775年)①。通过考察《浮士德上部》的创作历程,陈铨认为,浮士德是"狂飙时代"青年歌德思想探索和艺术追求的产物,因为《浮士德原本》中"始终是少年浮士德",其他两个版本中的老浮士德、女巫、药酒等新加和改写的桥段,则改变了浮士德的形象。但是,歌德的"计划失败了",因为"定本"里的浮士德形象,"仍然充满了少年浮士德的情绪,无论讲到题材语言人物,无不带狂飙时代的色彩"。

在具体论述中,陈铨通过细致入微的考证分析,指出浮士德形象前后矛盾的具体表现,如《浮士德上部》暗示浮士德年事已高是不可信的;浮士德在女巫那里饮的酒,并非返老还童的药酒,而是刺激情欲的"春酒";浮士德读《圣经》的情节是少年歌德的人生经历;浮士德要自杀的举动与维特一样,也是狂飙时代的风气;等等。所以,《浮士德上部》舞台表演难度大、演出不能尽其意的根源,在于"浮士德自身矛盾成了解不破的谜团",即剧本内在结构的冲突和浮士德形象的不统一。

通过逐一检视《浮士德上部》演出史上几种常见的表演方式,以及马可夫斯基、韦克等人表演的得失,陈铨认为"真正浮士德表演的成功,至今还没有达到",而若要获得"真正成功",首要条件是要搞清楚剧本和人物:

> 第一:一定要认清《浮士德上部》是狂飙时代的产物,浮士德是狂飙时代的代表。第二:歌德的浮士德不能有少年老年的分别,他只是一个少年浮士德。第三:歌德《浮士德上部》是整个浮士德生活演进中的一个阶段。这一个阶段,是少年的阶段,是狂飙时代的阶段。②

---

① 《浮士德》的版本问题,可参见董问樵:《〈浮士德〉研究》,上海:复旦大学出版社,1987年,第5页。
② 陈铨:《歌德浮士德上部的表演问题》,《清华学报》,第11卷第4期,1936年10月。

冯至曾说:"十九世纪后半叶,有一部分研究浮士德的人,不视《浮士德》系一个整体,而分成断片,并蓄意在其中发现矛盾,虽一代大师如色勒(Scherer)者亦不免此迂曲之见,其实浮士德全书自始至终具有一贯的精神一致的结构。"①此说其实未必尽然。虽然《浮士德》是歌德一生思想和艺术的结晶,的确有"一贯的精神",但歌德历时六十年的漫长岁月才最终完成,其人生经历、思想观念、创作心理等始终在变化中,"分成断片"解释顺理成章。

要言之,《歌德浮士德上部的表演问题》从舞台演出实践角度,深挖细掘,熔史实考证、文本细读和知人论世为一炉,清晰地呈现了《浮士德上部》的创作历程,以及歌德的人生经历、思想变化与时代演进之间互动共生的关系。如此新颖的方法,亦同样体现在席勒研究中。

四万言《席勒麦森纳歌舞队与欧洲戏剧》以席勒的颇有争议的仿古之作《墨西拿的新娘》(*Die Braut von Messina*,1803)作为研究对象。陈铨以该剧独特的形式——合唱队(Chorus,陈铨译为"歌舞队")作为切入点,首先考察了古希腊戏剧传统合唱队的历史演变,继而详细阐释了席勒合唱队的理论建构与《墨西拿的新娘》中合唱队成功运用,最后说明了席勒复活合唱队的原因和意旨。

合唱队起源于古希腊酒神颂歌,后渐发展演化成戏剧(悲剧)。经埃斯库罗斯、索福克勒斯、欧里庇得斯等悲剧家的改造创新,情节和人物成为戏剧的中心,合唱队在演出中的"长度缩短","逐渐失掉了它原来的地位",只在烘托主角("信托人")、场次转换等方面起辅助作用。古罗马时期辛力卡(Lucius Annaeus Seneca)的戏剧中的合唱队与故事情节完全分离,只是一种"传统下来的形式",但到了文艺复兴时期,却又成了"大家效仿的目标"。17世纪以后,这种"有形无神""没有多少存在的价值"的合唱队在欧洲剧坛逐渐式微,直至弃之不用。在德国也是如此,但到狂飙时代结束,古典主义抬头,德国剧坛"渐渐回复到仿效希腊的悲剧来",歌德曾与席勒"共同仔细研究希腊悲剧的歌舞

---

① 冯至:《歌德论述》,上海:正中书局,1948年,第50页。

队"。在此背景下,席勒创作了《墨西拿的新娘》,欲以"古希腊悲剧诗人的剧型和他们较量一番,同时试验一下古希腊悲剧中合唱队的戏剧效果"①。

陈铨认为,席勒在悲剧中恢复合唱队,有以下原因:其一,戏剧家不应该受舞台的限制和束缚,合唱队是"实际"舞台之外的另一个"可能"的舞台;其二,席勒认为戏剧既是游戏娱乐,也是道德教训,合唱队就是把道德教育自然地融于戏剧艺术中;其三,"真正的艺术"既是"超脱实际"的理想,又是"切合实际"的真实,近代的自然主义和浪漫主义各有偏废,都不是"真正的艺术"。悲剧中增加合唱队,"能够使悲剧成了理想和实际的调和,实际的超脱和实际的切合同时并立"。其四,最高尚的艺术境界不单是"新鲜伟大的生命",也应该有"高尚美丽的安静",合唱队将"反思与情节分离",使舞台上的真实与作家"抒情的自由"隔开,也使观众与剧情保持距离,使他们在激情中保持"自由"。

陈铨认为《墨西拿的新娘》中合唱队有以下特点:一是合唱队是演员的一部分,与戏剧结构和剧情发展有密切关系,不是可有可无的;二是合唱队往往随着情节发展,自然妥帖地发出道德教训,启示观众;三是合唱队对戏剧氛围的营造,起到了极大的烘托作用;最后,《墨西拿的新娘》继承发扬了古希腊以来合唱队的"七种长处",同时也避免了"四种坏处"。是以,《墨西拿的新娘》是"欧洲近代悲剧中采用歌舞队最完备的戏剧,同时也是用歌舞队表演最成功的悲剧"。

进一步,陈铨认为,席勒合唱队的理论构建和实践探索,意在反对彼时风行一时的"自然主义"思潮,提倡古典主义文学,以达到"艺术教育"的目的。席勒深受康德二元论哲学思想影响,特别信崇其道德哲学,但席勒也有自己的创见。康德认为道德的目标与人类的欲望,总是处于对立的地位,"一定要压制欲望,道德才有发展的机会",而席勒认为,道德不应该是强迫的,人类应该通过教育,心甘情愿、潜移默化地

---

① 转引自张玉书编:《席勒文集·前言》,北京:人民文学出版社,2005年。

"养成一种道德上的习惯",这种教育就是席勒新创的德语概念"艺术教育"(ästhetische Erziehung,也译成"美育"),而戏剧作为一种最受大众欢迎的娱乐,就是最好的形式。这就是席勒创作《墨西拿的新娘》的原因所在。

陈铨最后指出,随着文学思潮的演进,欧洲舞台上除了传统的合唱队以外,更多的是以"变换的形式",将合唱队"抒情的成分"和"歌唱的成分"掺入到话剧中来,如新浪漫主义、象征主义和表现主义等,并特别提及曹禺的新作《日出》中建筑工人的唱歌,其实也是合唱队的"变种"[①]。

从晚清到民国的德国文学引介,歌德、席勒关注者甚众,陈铨独树一帜的研究是赫伯尔。赫伯尔(Friedrich Christian Hebbel, 1813—1863),德国19世纪著名剧作家,生于德国北部小镇韦塞布伦(Wesselburen),出身寒微,十四岁时,做泥水匠的父亲去世,一度生活极为困顿,后经刻苦学习,终有所成。1840年,赫氏以处女作《尤滴》(Judith)一举成名,一生共创作十五部戏剧,并有诗歌及其他理论文章,以及去世后被发现的1835—1863年的大量日记(6卷)。赫伯尔最有名的作品是三幕"市民悲剧"《玛丽亚·玛格达莱娜》(Maria Magdalena, 1843)。

中国最早介绍赫伯尔的是王国维。1907年,静安先生撰《戏曲大家海别尔》,称其"不独为十九世纪中叶之首屈,抑亦全德文学史上之伟人",并介绍了赫伯尔的悲剧观与《玛丽亚·玛格达莱娜》等三部剧作[②]。新文化运动后,多种德国文学(史)编(译)著中对赫伯尔均有专门介绍,如刘大杰编著的《德国文学概论》(1928)费了不少篇幅介绍了其生平、七部剧作及其"艺术观"[③]。考诸百年来赫伯尔的中国接受史,多为常识性介绍,而19世纪德国"写实派中最伟大的悲剧家"和"批判

[①] 陈铨:《席勒麦森纳歌舞队与欧洲戏剧》,《清华学报》,第12卷第2期,1937年4月。
[②] 王国维:《戏曲大家海别尔》(1907),姚淦铭等编:《王国维文集》(第三卷),北京:中国文史出版社,1997年,第379—391页。
[③] 刘大杰编:《德国文学概论》,上海:北新书局,1928年。

现实主义戏剧家",则是中国学界对赫伯尔的基本定位①。

在博士导师李培影响下,陈铨对赫伯尔情有独钟,不仅写有《赫伯尔之悲剧观念》(1934)、《赫伯尔玛利亚悲剧序诗解》(1937)、《赫伯尔的泛悲观主义》(1941)等论文,翻译了《玛丽亚·玛格达莱娜》,还开过研究生选修课《海贝尔》。在这些文字中,陈铨全面阐释了赫伯尔的哲学思想、悲剧观念与戏剧创作之间深刻而复杂的关联。

第一,陈铨通过考察赫伯尔的著述、生平和个性,揭示了其不但是剧作家和诗人,也是"一个极深刻的思想家"的本色。首先,赫伯尔是一个"最喜欢研究哲学"的戏剧家,而且"不顾一切要想把哲学表现在他艺术品中间";其次,赫伯尔受黑格尔历史哲学影响,认为一个时代有一个时代的精神和理想,但与之"相反"的精神与理想亦同时产生,历史就是在这一正一反的矛盾冲突中演进,永远不能到达"绝对自由"。再次,赫伯尔认为最适宜表现"历史意志"的悲剧艺术,其主人翁"不必为伟人,为英雄,为出色人物","王侯将相可也,贩夫走卒亦可也,美人皇后可也,平常妇女亦可",只要能"表示出时代精神之冲突"人物都可以,他们不可避免地成为新旧冲突牺牲品,"除了帮助宇宙完成他重复演变的过程以外,根本没有任何的意义"。这就是赫伯尔的人生观和悲剧观,这种"形而上的悲观主义",也被称为"泛悲观主义"②。

其次,为了阐释清楚赫伯尔的哲学思想如何主导并决定其艺术观念,陈铨从《玛丽亚·玛格达莱娜》的《序诗》中发现奥妙,认为这"太形而上学"的诗篇正是打开赫伯尔的艺术思想的钥匙。在《赫伯尔玛利亚悲剧序诗解》中,陈铨旁征博引,逐章逐句地细细诠释了这62行《序诗》,阐明了赫伯尔哲学观念中的真实包括"本体"和"现象",而诗人的

---

① 参见刘大杰编:《德国文学概论》,第223页;廖辅叔:《译后记》,弗立德里希·赫伯尔著:《玛利亚·玛格达莲》,廖辅叔译,北京:作家出版社,1956年,第83页;余祥森:《德意志文学史》,上海:商务印书馆,1933年,第84页。郑传寅、黄蓓著:《欧洲戏剧史》,北京:北京大学出版社,2008年,第381页。

② 陈铨:《赫伯尔之悲剧观念》,《珞伽月刊》(武汉),第1卷第5期,1934年3月。

灵感是打开"世界本体的钥匙","自然"("现象")有达到"本体更高的自觉",选择并指示诗人通过艺术,"达到宇宙真理最好的工具",而"诗人不是从世界,而是从自身,不是从感官现象乃是从形而上学的思想起首"。所以,对于赫伯尔来说,艺术就是解决真理问题的"工具"①。

此外,还有两点值得注意。其一,陈铨是第一个将《玛丽亚·玛格达莱娜》译成中文的人②;其二,他还指出,在中国新文学上有重要影响的易卜生"最服膺赫伯尔",赫氏的作品"曾经对易卜生发生过很大的影响",尤其是《玛丽亚·玛格达莱娜》,"同易卜生的社会问题剧,更明白的有蛛丝马迹可寻"③。总之,陈铨通过全面的介绍和切实研究,大大提高了中国的赫伯尔研究的水平和深度,以笔者有限视野,至今未见能出其右者。值得一提的是,陈铨1940年代的《野玫瑰》等抗日谍战剧,着力表现抗战救亡的"时代精神",也是受到赫伯尔的启示和影响。

五、德意志文化的中国传人

通过考察,我们发现,陈铨不仅对歌德、席勒、赫伯尔等德国文学大家有精到研究,而且对德国文学的渊源、发展、形成与演进,亦有全面深刻的把握。两者互为参照补充,充分展示了陈铨的扎实的专业素养和深厚的学术底蕴,并形成独具特色的研究风格,一举奠定其一流德国文学专家的地位。

首先,陈铨从民族文化视阈,通过实证研究,准确捕捉了德国的"思想者的文学"特质。他曾指出,"德国的民族性,对于一个问题,总喜欢做一根本的研究","所以哲学思想,在德国无论哪一种知识,哪一

---

① 参见陈铨:《赫伯尔玛利亚悲剧序诗解》,《清华学报》,第12卷第1期,1937年1月。
② 1934年,陈铨将《玛丽亚·玛格达莱娜》改名为《父亲的誓言》,译成中文,《学文月刊》(第1卷第4期,1934年8月)载第一幕后停刊。陈铨之后有两个全译本,一是1936年版(上海商务印书馆,改名为《悔罪女》,译者之一为留德的化学博士汤元吉),二是1956年版(北京:作家出版社,题名为《玛利亚·玛格达莲》,译者为廖辅叔)。
③ 陈铨:《赫伯尔的泛悲观主义》,《中央日报·文艺》(昆明),第17期,1941年2月8日;赫伯尔著,陈铨译:《父亲的誓言》,《学文月刊》(北平),第1卷第4期,1934年8月。

种人物,都很普通",文学家也同样"殚精竭力"地在哲学上"去建筑他们创造的基础",文学和哲学交叉融合"在德国文学史上真是最普遍的事情",研究德国文学一定不能忽视作家的哲学思想①。

众所周知,马克思和恩格斯曾对英国文学和德国文学作过一番比较,总结出所谓"莎士比亚化"和"席勒式"("传声筒")两种不同模式,并厚此薄彼地说道:"我们不应该为了观念的东西,而忘掉现实主义的东西,为了席勒而忘掉莎士比亚"。"综观整个德国文学史,'席勒式'决不是席勒个人的风格,而是整个德国文学中的普遍现象","'席勒式'的追求思想深度是德国大多数作家的首要追求"②。

实际研究中,陈铨多围绕具体作品,从社会思潮、哲学观念和艺术表现等多维度,清晰构建出作家的哲学思想、艺术观念与文学作品、时代思潮之间的关联,准确把握了德国文学沉郁深邃的形而上气质。如席勒对康德道德哲学接受与改造及其审美教育思想的形成,谢林和黑格尔对赫伯尔的哲学观、悲剧观形成的意义,诺瓦利斯神秘主义诗学的哲学来源等研究,都是成功的例子。

其次,陈铨有明确的方法论意识,并形成一套独到的研究方法。他认为,"人生观"是作家"个性的发展"和"思想的结晶",也是"创作的基础",而作品则是作家"精神自身的实现",研究文学应从作家"内心的成长变化来了解他",即使是其中一个"很小的问题",也可以"研究了解最严重的现象"。

陈铨往往精心选择一个"很小"的切入角度,谋篇布局,深挖细掘,即小见大,见微知著。在具体论述中,他深得德国人讲究细致缜密,注重实证的学术精神,条分缕析,考证周详,阐释到位,注重历史和逻辑的统一,在讨论作家的"成长变化"时,知人论世,举重若轻,最终形成合理可靠的结论。如其所言:

---

① 陈铨在《席勒麦森纳歌舞队与欧洲戏剧》中写道:"研究德国文学不懂德国哲学,那简直是笑话。"
② 王向远:《从宏观比较文学看德国文学的特性》,《汉语言文学研究》,2010年第1卷第1期。

从歌德《浮士德上部》的表演问题,可以明了少年歌德整个内心的发展;从莎士比亚《哈孟雷特》的解释,可以探讨莎士比亚对宇宙人生的态度;从灯影戏的人物剧本,可以研究中国文化的特点,从德国人对于中国文学的态度,可以指导中德民族精神生活的变迁,从罗发利斯作品的风格,可以悟会德国浪漫主义运动的真义。①

再次,文学发生地的学术立场。赛义德曾说:"理论或观念的旅行",要穿越"各种文本压力的通道",在多种"条件"的规约下,受到"一定程度的改造"以适应"新时空的新位置和新用法"。② 众所周知,有意无意的"误读"和"偏读",正是新文化运动以来西方文学引介中常见的现象(如易卜生)。陈铨则是从德国的文化背景和学术史出发,选择研究对象,以德国的学术方法从事研究。换言之,他是以德国的方法和规范研究德国文学。陈铨精通英文、德文,能阅读法文、拉丁文和希腊文,对德国文学乃至欧洲文学的源流历史,以及作家的生平、著述、交游、思想等知识和掌故熟稔于心。故而其研究深得要领,切实可靠,更接近本相,达到了直接与西方学界接轨和对话的高度。

虽然一些选题专业性太强,乏人可解,但学术史的意义则是毫无疑问的。近来有研究者指出,《墨西拿的新娘》在中国是一部被"有意识忽略"的"寂寞的剧作",直到 2005 年才有中文译本③,并写下专门论文《论席勒戏剧〈墨西拿的新娘〉中合唱队的运用》,但从"相关中文资料少得可怜"④等语中,表明了作者漏过七十年前陈铨的研究。据笔者有限视野,陈铨的一些研究,国中至今未见有后续者,大抵只限于文学史著中一般性描述,如欧洲戏剧传统中合唱队的来龙去脉,《哈姆雷特》

---

① 参见陈铨:《席勒麦森纳歌舞队与欧洲戏剧》。
② [美]爱德华·W.赛义德著,谢少波等译:《赛义德自选集》,北京:中国社会科学出版社,1998 年,第 138—139 页。
③ 《墨西拿的新娘》见《席勒文集》第五卷(张玉书选编,北京:人民文学出版社,2005 年),译者之一章鹏高是陈铨在南京大学执教时的学生。
④ 傅琳:《论席勒戏剧〈墨西拿的新娘〉中合唱队的运用》,北京大学硕士论文,2005 年,第 1、27 页。

的德国接受史,浮士德形象的统一性问题,以及赫伯尔研究等。

最后,综合考量陈铨抗战前后的德国文学研究,实际上已形成了一个初具规模的框架体系①。在这个体系中,既有歌德、席勒、赫伯尔、诺瓦利斯等个案的深入发掘,也有德国文学发展史和经典作家的一般性概述,而狂飙突进运动与德国的民族文学和民族文化的形成则始终是核心。陈铨曾表示有完成一部"大规模的德国文学史"写作计划②。由于种种原因,这一想法竟终生未能付诸实现。试想一下,以他的学术功力,会写出一部怎样的德国文学史来。

因为了解,所以热爱。陈光琴先生曾说:"我的父亲陈铨教授除了他最亲爱的祖国,可以肯定地说,最热爱的就是西欧中部那片森林占全国面积30%、山清水秀、人杰地灵、美丽的德国大地了。"③陈铨"魂牵梦系"的不单是曾经努力奋斗,留下美好回忆的"德国土地",还有他深刻领悟、无比仰慕的德意志的民族精神。

有学者指出:"在宏观比较文学的视域中,可以将德国文学的总体特征提炼概括为三个方面:一、以'普鲁士精神'为基础的文化心理构造;二、以'席勒式'风格为代表的文学的哲学化与观念化;三、以浮士德为人物原型的人生终极价值的探索。"④这不仅是德国文学的精髓,也是德意志的文化传统和民族精神,而所谓"普鲁士精神"是德意志民族在曲折的历史进程中形成的,以渴望统一、国家至上为核心的尚武好战、服从权威的民族特性,而后者即如陈铨所言的"浮士德精神",它代表了德国人沉郁深邃的民族文化心理和追求"绝对自由"的理想主义精神。

抗战时期,陈铨标举尼采学说和德国精神,引起了很大争议。这也是别有背景和渊源的。如前所述,1925年参加五卅爱国运动时,陈铨

---

① 抗战期间,陈铨发表有《狂飙时代的德国文学》(1940)、《狂飙时代的席勒》《欧洲文学的四个阶段》(1942)、《狂飙时代的歌德》(1942)等文。
② 陈铨:《我的生活和研究》。
③ 陈光琴:《中德文化思想交流的快乐架桥工陈铨教授——追忆父亲对德国的深情》,季羡林等著:《旅德追忆》,北京:商务印书馆,2000年,第62页。
④ 王向远:《从宏观比较文学看德国文学的特性》。

就在思索中国贫弱落后、屡遭屈辱的原因,及其应对策略,并对"不尚武力""国家观念"淡漠的国民性有所反思。而与德国民族的遇合,陈铨似乎终于发现了落后的中国,可以师鉴借镜的榜样。

19世纪前,德意志虽名为"神圣罗马帝国",但实则长期四分五裂,战争不断。"欧洲走廊"的地理自然条件,使其多受四邻觊觎压制,始终未能形成统一的民族国家,社会发展迟缓,甚至连文艺复兴都未在帝国诸邦产生多大的涟漪,政治、经济、思想、文化、艺术等方面远滞后于英法意诸邦。如陈铨所言,到17世纪时,意大利已经产生了彼得拉克,英国已经产生了莎士比亚,法国已经产生了莫里哀,西班牙已经产生了维加,而德国宫廷还在吟诵着法文诗,德语文学却只有可怜的《圣经》翻译和宗教赞美诗①。

1648年,"三十年战争"结束,德意志民族逐渐开启近代化的探索之路,经过莱布尼茨、沃尔夫、莱辛、赫尔德等文化人的不懈努力,直至18世纪狂飙突进运动,"天才、精力、自由、创造"成为时代最响亮的口号,反抗封建专制,情感和个性的张扬,民族意识的觉醒,成为时代的主题,歌德、席勒横空出世,以天才和激情创作出真正属于德国民族的伟大文学。18世纪末到19世纪上半叶,康德、费希特、谢林、黑格尔等哲学大师,又创造了属于德意志人的博大精深的古典哲学。1871年,俾斯麦以其纵横捭阖的政治智慧和强权武力的铁血作风,实现了德国民族统一的梦想,并成为欧洲豪强之一。

清华七年,陈铨多次经历因外交失败、国权丧失而起的学生爱国运动,深深体验到中国落后挨打的残酷现实。自近代以来,诸强环伺,民族危机不断加剧,几到亡国灭种的境地,与德国在欧洲的境遇何其相似?在陈铨看来,德国在欧洲崛起的经验,及其在这个过程中所形成的民族精神,正是中华民族所需要的。他后来说:

  鸦片战争以后,中华民族忽然遭逢一个最严重的局面,这一群

---

① 《十九世纪德国文学批评家对于哈孟雷特之解释》《席勒在德国文学史上的地位》等文中均有谈及。

欧西国家,有进步的物质文明,进步的精神文化,中华民族从来没有遇着这样的敌手。从军事失败,觉悟政治失败,到后来不得不承认文化失败。中华民族要求生存,旧一套文化有改弦更张的必要。①

当然,需要辨析的是,在不同的历史阶段,陈铨的援引各有侧重。具体而言,抗战前主要是从思想文化层面,期以德国民族的理想主义和爱国精神,重塑中国的国民性,而在抗战中则从现实需要出发,有意识地振臂高呼,鼓吹尚力崇武的"普鲁士精神"在民族存亡危局中的启示意义。

首先,留德期间,陈铨借黑格尔哲学在欧洲"中兴"的潮流和参加"国际赫格尔联合会第二届大会"的契机,向国内学界推介德国古典哲学。陈铨认为,五四新文化运动以来,为欧洲哲学界"屑不足道"的"实用主义",在中国却大行其道,"崇拜之如神明,虔诵之如《圣经》",其"势力弥漫于人心,影响于教育",成为"真正科学哲学发展之桎梏",无非是培养了"肤浅享乐崇拜金钱"的"物质主义"和"实利主义"。"二十年来,中国思想界肤浅贫弱,众皆昧于急近之功力主义,处处欲用能立即兑现之支票",乃至大学也不过是学生"抢饭碗之场所",虽然"口口声声言科学",却不知"推动科学研究之势力",正在于"不事功利之人生观"与"高尚之精神生活"。

在陈铨看来,欲不使"中国思想界永如此沉沦下去","必先革'心'",如何革心,乃需要"深沉为世界冠"的德国哲学②。为此他译介了克洛那的《黑格尔哲学对于现代的意义》(1931)、《黑格尔哲学在国际间的研究》(1932)、《哲学与人生》(1935)、《精神与世界》(1936)等多种著作,以期引起国人的注意和研究。1934年回国后,陈铨专事尼采研究,固然是个人兴趣,但与此也密切相关。

---

① 陈铨:《文学运动与民族运动》,《军事与政治》(重庆),第2卷第2期,1941年12月15日。
② 德国克洛那教授撰,陈铨译:《黑格尔哲学在国际间的研究》,《大公报·现代思潮》,第37期,1932年6月4日;德国克洛那教授著,陈铨译:《黑格尔哲学对于现代的意义》,《大公报·文学副刊》,第201期,1931年11月23日。

其次,在文学上,陈铨除了一再阐述"狂飙运动"以及歌德、席勒对于德国民族的"解放"、民族文学的"形成"与"固定"的伟大功绩,最为推崇的则是所谓"青花"精神。"青花(Die blaue Blume,也译成蓝花)"是德国浪漫主义诗人诺瓦利斯(Novalis,1772—1801)长篇小说《奥夫特尔丁根》(*Heinrich von Ofterdingen*)中的意象。陈铨认为,主人公苦苦追寻的那朵"若远若近,忽隐忽现",却总不能得到的青花,象征着"人类无穷之渴望,无尽之悲哀,与永远找寻而永远不能发现之所想"的精神境界。

在陈铨看来,中国自汉代以来,儒家哲学一统天下,在这种人生观的影响下,除了少数天才,中国文学"实无多浪漫之成分",新文学运动虽有"浪漫成分",但根本还是借"合理主义 Ratisnalismus",以"打倒权威"的"光明运动"(Enlightenment),"虽能推倒孔教,而其精神乃仍不能脱离孔教,不但不能脱离,乃更高张而恶化"。故而新文学"只求明白清楚,无感情,无想象,无神秘性,其全部之理想,仅注重于工业化后丰衣足食,禽视鸟息之人生,而未尝有超现世之思想"。如安诺德(Mathew Arnold)所批评"费力斯特主义(Phiestinism)",即"满意于现世,努力于现世,无高尚之精神生活",也即"非寻找青花之生活"。所以,"处今日之中国,欲为中国文学辟一新境界,非改变中国乐天安命丰衣足食传统思想不可",就是要涵育培养对于"真善美无限的追求"的"理想主义和浪漫精神"①。

再次,陈铨亲历法西斯的暴虐,但又对德意志民族充满敬仰。当然,在他心目中,代表德国民族特性的不是歇斯底里的希特勒,而是一手缔造德意志帝国的"铁血宰相"俾斯麦(1815—1898)。《死灰》中刻意描写了主人公瞻仰柏林国会大厦前俾斯麦铜像的桥段,并誉其"最能代表德意志民族伟大的气魄"②。在专文《俾士麦与德国民族性》中,

---

① 陈铨:《德国浪漫诗人罗发利斯及其〈青花〉》,《中央日报·文学周刊》(南京),第2期,1934年5月17日;陈铨:《青花:理想主义与浪漫精神》,《国风》(周刊,重庆),第12期,1943年4月16日。
② 陈铨:《死灰》,天津:大公报社出版部,1935年,第136页。

陈铨颂扬了俾斯麦对德国民族伟大的贡献和辉煌的一生。在陈铨看来,俾斯麦毕生"努力的目标"就是德国"内部的统一"和"民族的光荣",他"牺牲一切来为国为民",纵横捭阖,意志坚强,终成大业,是"复兴德国民族的英雄",并特别指出俾斯麦代表了德国人特有的"军人气概",对民族和国家"负责任的勇气",却不以武力压迫为能事,服从忠诚于德皇,爱好艺术,向往自然,人格光明磊落,是德意志民族性的最完美的体现。①

　　陈铨深谙德国历史和文化,而且与德国人有深度的交往,对德意志民族的观察符合实情,非常准确,只是抗战时期,他救亡心切,一再试图把德意志民族的历史经验,及其特殊的政治文化传统直接移入中国,鼓吹以牺牲个人的自由,来求得民族国家的自由、独立和强大,从而也异于五四以来英美自由主义和俄苏共产主义两大社会思潮,尤其是当法西斯主义成为人类公敌之时,不可避免地遭到批判。

---

① 陈铨:《俾斯麦与德国民族性》,《大公报·史地周刊》,1936年7月24日。

第四章 小 说 家

陈铨的新文学创作始于新诗,成名于长篇小说,抗战中又以戏剧而声名远播。他一生共写有长篇小说六部,短篇小说 30 余篇,以长篇小说成绩最显,时人誉之为"善于写长篇的天才"[①]。抗战前所写《革命的前一幕》(即《梦苹》,1927)、《天问》(1928)、《冲突》(1929)、《彷徨中的冷静》(1932)、《死灰》(1935)等五部长篇皆各具特色,自成一家。

陈铨小说取材主要有两类,风貌殊异。一是以亲身经历的见闻感受和情感体验为素材,其中不少篇章介于真实与虚构之间,实际是表现自我人生经历和日常经验的自叙传小说;二是《天问》等长篇以家乡四川省富顺近现代历史为背景,通过文学想象而铺演成篇,往往通过离奇曲折的故事,演绎人物的悲欢离合,映射波澜壮阔的时代变迁,体现出对史诗性的艺术追求。

一、自叙传小说

众所周知,法国作家法郎士"一切文学作品,都是作家的自叙传"的观念,在新文学作家中影响深远,郁达夫等作家以为圭臬,开创所谓自叙传小说,蔚为风气。陈铨也写了不少这样的小说。根据表现内容,大致分两种情形:一类是以个人经历为素材,写青年时代的情感经历,如《革命的前一幕》《死灰》,以及短篇小说《闹钟》(1943)等,《助教》

[①] 偶笔:《陈铨著〈彷徨中的冷静〉》,《出版周刊》(上海),新 190 号,1936 年 7 月 18 日。

《德国老教授谈鬼》《欢迎》《美丽的助教》等,则反映人生不同时期印象深刻的生活剪影。另一类是从旁观者和见证者的角度,叙述海外留学时期的见闻感受,如《重题》《来信》《冲突》《巴尔先生》《政变》《免职》等。

短篇《漱成》(1925)是陈铨的第一篇小说。作品写的是四川某县城少年漱成到乡间躲避战乱时,结识同龄女孩凤麟,萌生天真的爱情,战事消停,两人作别。后来漱成外出求学,奋发读书,两人渐次疏离,最终凤麟一家皆相继去世,漱成闻悉悔怅不已。小说以漱成的经历为叙事线索,表意隐晦迷蒙,而其中穿插了陈铨为早逝的未婚妻所作的三首七律,表明了该作系有感而发,意在纪念那桩不幸的包办婚姻①。

《革命的前一幕》是陈铨第一部长篇小说。比之《漱成》的琐碎零散,这部十余万字的长篇集中讲述了一个简单而又有波折的爱情故事,明华学校的青年学生陈凌华在暑假中,到杭州的同学宝林家做客度假,结识了宝林的妹妹梦苹,两颗年轻的心撞击出爱情的火花。一年以后,凌华出国留学,梦苹随家北迁,并考上了北京大学,也由此认识了凌华的好友许衡山,本以济天下为己任、抱独身主义的许教授,把梦苹的崇敬误当作了爱情,当明白所爱之人已芳心暗许,遂斩断情缘,投入到风起云涌的"南方革命"的浪潮中,一对有情人也终成眷属。

贯穿《革命的前一幕》叙事结构的是一个"情"字,无论是友情亲情,还是爱情,都洁净纯朴,表达了作者对生活、理想和艺术的热切向往,歌颂了青春、友谊和爱情的美好。小说中借一个寓言表现爱情的不可抵挡:"从前印度有一个妓女,美貌无双,不知道多少的人为她倾家荡产。后来有一位道行最高的僧人,决意去说这个妓女回心转意。僧人同妓女谈论三天三夜。妓女已经饱尝了人世风尘,听僧人指点,立刻恍然大悟,决意落发修行。然而这位道行最高的僧人,因为同妓女谈得太多,倒反被她迷住了!"②

《革命的前一幕》准确把握了少男少女的初恋心理,逼真地呈现了

---

① 涛每(陈铨):《漱成》,《清华文艺》,1926年6月4日。
② 陈铨:《革命的前一幕》,上海:良友图书印刷公司,1934年,第160页。

宝林和梦苹由初识到相恋的过程，细致而微地描摹了他们情窦初开、隐约变化的心理过程，极有分寸感和层次感。西子湖畔的旖旎风光与纯净的爱情融为一体，用情用心是小说的中心所在，如论者所言："这本书里有一个长处，就是作者的一股热情，这一股热情，通过了全书，使这篇作品得以成立"，"随时可以在每一小部分里找出作者的潜伏的感情"①，"本书所述的爱是非常的纯洁，真挚，绝对没有一点虚伪和诲淫的象征，尤其梦苹的那种天真活泼的姿态，他愿把和衡山的交谊断绝，而同凌华结婚，这是他对于爱的伟大和神圣已有具体的认识"②。事实上，《革命的前一幕》表现的是陈铨美好的初恋，如小说中明华学校喻指清华学校，西湖是其假期曾游历并留下深刻记忆的地方，引述济慈的"美即是真，真即是美"名句等，则是其彼时阅读学习西洋文学的反映。

《革命的前一幕》原名《梦苹》，完成于1927年，1934年才得以出版③，是以遭不得要领的评价。有人认为，小说本是"一个恋爱事件，作者所取用的书名是'革命的前一幕'"，因恋爱失败而革命的题材"已经太陈旧"④。茅盾更是就"革命与恋爱""三角恋爱""曲折离奇的结构"发表长篇大论，贬之为时人诟病的"革命+恋爱"小说⑤。事实上，《革命的前一幕》与《幻灭》（茅盾）的写作时间大致相同，且都是以小知识分子为表现对象，前者写追求爱情、憧憬未来的青年学生，后者反映的是革命激流中悲观迷惘的彷徨者，两者从不同角度映射了大时代中青年知识分子的人生面影，各有宗义。

陈铨留美期间所写《冲突》《来信》《重题》等长短篇小说，则取材于

---

① ④ 荒草:《革命的前一幕（书评）》,《中央日报》(南京),1934年11月8日。
② 冯宗英:《读〈革命前的一幕〉后感》,《大美晚报》(上海),1940年7月16日。
③ 据吴宓日记1928年1月5日、2月5日所示:"5—6陈铨来，以所著小说《梦苹》二册请为审阅";"晚7—8陈铨来，为介绍其所撰小说《梦苹》售登《国闻周报》事。"参见吴宓:《吴宓日记》(第4集),北京:生活·读书·新知三联书店,1998年,第5、19页。后《国闻周报》登载了陈铨翻译的苏联小说《可可糖》，吴宓介绍《梦苹》到新月书店。1928年留美前，陈铨将《天问》书稿携至上海，徐志摩、饶孟侃阅后大为惊叹，遂改出《天问》。《梦苹》1934年作为"良友文学丛书"第12种出版，并改名为《革命的前一幕》，1945年再版时又改名《无名英雄》。
⑤ 何籁（茅盾）:《"革命"与"恋爱"的公式》,《文学》(上海),第4卷第1期,1935年1月1日。

留美学生生活,可以当留美外史来读。这些作品以幽默诙谐的笔调,生动描绘了这类特殊人群在异邦他国的交游聚会、情感爱恋、思想言行等日常生活,尤对种种怪异现象和不良习气,多有嘲讽讥刺,既有批判,也有反思。彼等在国势不振之际,远涉重洋,担负着民族的希望和国家的未来,本应埋首苦读,研求学问,学得本领,但在陈铨的笔下,他们多数胸无大志,或是在都市灯红酒绿中放浪形骸,无所用心,或是在男女感情的旋涡中,徘徊周旋,争风吃醋,或是热衷争名夺利,徒耗精力,丑态百出。

长篇小说《冲突》(1929)反映的是留美学生的爱情悲剧。在芝加哥求学的陈云舫爱上了同学刘翠华,但事实上他出国前已经结婚,因而深陷于情感与理智、传统与现代的激烈的心理矛盾中,不能自拔。他一边受恋爱神圣、婚姻自由等新观念的诱惑,一边又念叨着故乡"生我劬劳"的寡母和命运悲苦的发妻,在被获知真相的刘翠华拒绝后,神志混乱,至于癫狂崩溃。后几经挫折,甚至与情敌大打出手,好容易冲破传统藩篱,与刘翠华走到一起,最终在举行婚礼时,却上演了枪响人亡的惨剧。故事发生的背景在美国,三人同归于尽的血案又发生在教堂里,这极具象征意味的桥段和场景,暗示了中国传统观念、婚俗制度与西方个性解放、自由思想之间难以调和的"冲突"。

陈铨留德生活丰富多彩,并亲历德国在艰难的境地中,民族情绪极度膨胀、全面法西斯化的过程。但当时忙于学习,文学创作未取得更大的进展和突破,回国后,他以在德国的切身经历为题材,陆续写了一批纪实性极强的小说。

《政变》(1935)、《免职》(1937)等皆以第一人称"陈先生"(克尔大学中国留学生)视角,真实记载了纳粹上台后,法西斯分子侵入大学校园,破坏教育,极端分子横行无忌,肆意迫害犹太人的社会现实。前者描述了希特勒当选总理当天,克尔城中共产党"怒目横眉",社会民主党"摇头叹息",而得势的国社党员则"兴高采烈",游街庆贺,唱歌跳舞,酗酒寻衅[①];后者叙述的是克尔大学海拉满教授因先祖是犹太人,

---

① 陈铨:《政变》,《文学时代》(上海),创刊号,1936年11月15日。

而被右翼分子攻击,终被解职,而教授与妻小为不让对方忧虑伤心而试图互相隐瞒,真切表现了纳粹对犹太人迫害和受害者的相濡以沫。小说中所写海拉满教授为了不耽误"我"的博士考试,委托其他教授代为办理的情节,则是陈铨在克尔大学的真实经历。

最值得关注的是小长篇《死灰》①。该著以1930年代初德国经济大萧条为背景,写的是一段凄凉哀婉的跨国爱情故事,是陈铨最为特别、也是最用情的一部作品。说它特别是指该作偏离了陈铨小说一贯讲求谋篇布局和叙事技巧的风格,只信笔描写了中国留德学生萧华亭从克尔到柏林,与德国女友冷荇从相聚相依到惨淡诀别几个场景,即戛然而止,没有曲折起伏的叙事单元,也没有贯穿性的核心情节,甚至连人物形象都模糊不清。有论者认为《死灰》是"陈铨小说第一次提到尼采之处,成为他由人性探索趋于权力意志论的民族性探索的转折点"②,但事实上此后他忙于教学和研究,文学创作处于间歇期,论者所言"民族性探索"的作品系指抗战中创作的长篇《狂飙》,而这已是几年后的作品,不可同日而语。

《死灰》蕴含着深刻的悲剧意味和丰富的精神内涵。其一,小说饱含深情地描摹了华亭和冷荇相聚相恋、缠绵悱恻,到无奈分别的爱情悲剧。小说中不止一次写到两人讨论冷荇到中国的可能性:"我们两人性情真相合,只可惜她不是中国人","我想我们两人中间,有一个鬼,所以总是没有办法","我们中间,总是有一层隔绝,我想这是一个鬼"③。这暗示了:种族的差异、国家的界限和文化的隔阂,无法逾越。

其二,《死灰》以一个中国留德学生的视角,从侧面再现了1930年代初纳粹德国动荡不安、危机四伏的社会状况。冷荇因工厂停工失业,生活陷入窘境,她的朋友安丽也靠领取微薄的救济款为生,而为供养情

---

① 《死灰》写于1934年,部分章节曾以《死灰》《烦闷》为题作为短篇小说发表于《大公报·文艺副刊》(1934年11月7日;1935年3月10日),全篇分57节连载于1935年4月16日至6月12日《大公报·小公园》,1935年10月由大公报社出版部出单行本。
② 杨义:《中国现代小说史》(第二卷)(中),北京:人民文学出版社,1988年,第518页。
③ 陈铨:《死灰》,第122、127页。

人竟出卖身体,最终被骗,几近绝望。冷荇的邻居洛亚芒是个种族主义者和纳粹分子,参加过第一次世界大战("一战"是德国陷入窘境的直接原因之一),虽然他也是失业工人,只是为了生计加入国社党冲锋队,却满脑子狂想着"让我们德国民族起来,领袖一切",形象地反映德国纳粹主义的深刻的历史渊源和广泛的社会基础。《死灰》以作者切身的经历和体验,通过这几个小人物的命运,描摹了希特勒初掌大权时,德国百业凋敝,民众无以为生,民族情绪膨胀,纳粹分子大肆迫害共产党和犹太人,真实表现了当时德国的社会危机和纳粹主义兴起的时代背景,具有很高的历史认识价值。

其三,《死灰》以陈铨的现实遭际和情感经历为基础,在真实与虚构之间,有意无意间创造出一种互文性文本空间,真诚袒露了作者一段难以释怀的人生旅程和感情经历。小说取"死灰"为题,当为陈铨不忍回视、肝肠寸断的绝望心境的写照。首先,《死灰》是一个多声部的叙事结构,由"自序"、正文和"华亭跋语"构成,三部分互相参照,清楚表明了小说强烈的自传色彩。主人公萧华亭的身份经历、爱好交游、精神气质等诸多方面都与现实中的陈铨高度重合。其次,小说在平静的叙述中涌动着喷薄欲出的情感热度,无论是抒写主人公强烈的爱国情怀和对德国民族爱恨交织的复杂情绪,还是摹写华亭与冷荇缱绻缠绵、不忍分别的动人场景,皆质直无饰,真切感人。最后,《死灰》中始终弥漫凝结着躁乱不安、迷惘落魄的灰暗情绪和末世气息,真切反映陈铨的身世之感和家国之痛,尤其是那段特殊背景下的跨国恋情,给他留下了不堪回首的痛苦经历和刻骨铭心的人生体验,"精神和身体都感觉最大的疲倦"[1]。小说在序跋交代了柏林分别之后,冷荇改嫁他人,华亭在迷狂绝望中病亡的悲情结局。这可能是陈铨欲以这样一种决绝的方式,作别逝去的青春和迷茫的人生,从而迈向新的生活。1945年,《死灰》再版时改题为"再见,冷荇"[2],这可能是历经十年的人世沧桑,陈铨已能坦然面对那段情深意浓、浪漫温馨,又注定天涯永诀、凄凉伤感的

---

[1] 陈铨:《死灰·华亭跋语》。
[2] 《再见,冷荇》1945年由大东书局(重庆)出版,1946年又出上海版。

恋情。

陈铨的自传性小说,隐约浮现的是其成长过程中的人事心迹和生活剪影。时空跨度从少年到成年,从四川小县城到德国,在真实与虚构,情感与理性,理想与现实,决绝与新生之间,呈示了一个青年知识分子成长的生活史、情感史和心灵史,并营造了一种浓郁的抒情性的艺术空间。

二、史诗传奇

巴蜀大地自古文人辈出,现代川籍作家也不少,但陈铨往往不在考察之列,杨义曾将陈铨与李劼人、沙汀、艾芜、周文等同归为"四川乡土作家群",但又说这样"未免削足适履"①,因为其"思想取向和审美个性"是"出于新月派和京派之间"。事实上,《天问》(1928)、《彷徨中的冷静》(1935)诸篇,虽以传奇故事结构全篇,但皆以川南特有的地域风情与近代以来巴蜀大地风云变幻的历史为叙事背景,二者水乳交融,缺一不可,不仅具有浓郁地方文化氛围,还带有史诗意味。

《天问》完成于1928年,同年由新月书店出版,是陈铨出版的第一部长篇小说,小说一经面世,吴宓、顾仲彝、罗皑岚等均著文予以高度评价,据说徐志摩曾一口气读完了手稿,大为赞叹。陈铨也正是凭借此作而"一鸣惊人"②,为文坛所关注,并获得"擅长篇"美誉。《天问》通过紧张曲折的传奇故事的叙述和人物悲剧命运的书写,熔社会历史演变、个人命运遭际和人性奥秘探寻于一炉,既有现实主义的真实性和历史感,也有夸张奇崛的浪漫主义色彩,同时还带有形而上的哲思意味,确实不同凡俗。

首先,《天问》讲述的是一个充满传奇色彩的悲剧故事。主人公林云章出身微贱,却文武双全,但不幸父母双亡,只得到城中药店当学徒,暗恋上老板女儿慧林,但慧林早与表哥陈鹏运互相爱慕,云章因此陷入

---

① 杨义:《中国现代小说史》(第二卷),第512页。
② 《天问》(出版预告),《新月》(上海),第1卷第9号,1928年11月10日。

痛苦中不能自拔,后又惹上官司,亡命他乡。三年后他当上旅长,带兵驻防富顺,却发现慧林已嫁给了表哥,于是苦心积虑,派人暗害了鹏运,并骗娶慧林为妻。得偿所愿的林云章婚后心灰意懒,又在军阀争斗中失势,地位不保,更兼杀人阴谋败露,遭人逼迫勒索,绝望中向病入膏肓的慧林袒露了自己的罪恶,拔剑自刎。

其次,陈铨将故事发生地放在自己的故乡富顺,描摹了这个川南小城和江滩乡场特有的风俗民情和自然风光,展现了富有地方色彩和乡土意蕴的画面。富顺地域广阔,物产丰富,自古产井盐,富庶一方,交通便利,商贾往来,沱江绕城而过,山清水秀,人杰地灵。小说充满温情的笔触表现了一个游子浓浓的乡情:

> 富顺县城固然不能算很大的城市,然而城内决不能说萧条,一四七赶西门,二五八赶后街,三六九赶东街,除逢十的日子,每天都有场期,乡里的人,一个个都担起米豆麦布各种的东西来卖。白花的猫儿,在麻布袋里露出一个头来,太阳射着,把眼睛闭起,只剩丝丝一线。红冠子,绿尾巴的雄鸡,捆住两脚,倒挂在秤上。讲价钱的声音,叫卖的声音,朋友招呼的声音,鸡声、猫声,哄哄地嚷成一片。
>
> 这样热闹的空气,已经常常令人忘记了兵匪的痛苦,更加上富顺城又是著名风景幽美的地方。一个小小的城里,居然有三山两湖。
>
> 顶高的要算第一山,西湖、少湖慵卧在它的左右;马瑙山围绕在它的后方;同心塔、翠屏山、桂子山胪列在它的当前,它像一位精神矍铄的老人,挺然矗立。上山不上数十步,就可以看见青苍的石碑,碑上刻得有斗大的"第一山"三字。"第一山"两个字来得真不近,他们从巫山第一峰飞到富顺,富顺人自己添了一个"山"字……[①]

再次,小说以强烈的批判讽刺的笔调和人道主义情怀,叙述了从辛

[①] 陈铨:《天问》(上),上海:新月书店,1928年,第25—27页。

亥革命、护国战争到"打滇娃"①的军阀纷争给富顺百姓带来的深重灾难和痛苦折磨,折射出时代变迁和历史演进的峻烈残酷、云谲波诡。近代以来,四川军阀派系林立,战乱不断,兵匪肆虐,巧取豪夺,百姓饱受兵燹灾厄之痛,过着朝不保夕、牛马不如的生活。小说中写道:

  第二批的北洋兵果然不久到富顺了。换用军票,敲竹杠,抢打骂拉夫强奸,都一幕幕地演过。不过这一天稍微有点不同,开鞋铺的老张是隔柜台一刺刀穿心刺死的。不是打死的!
……
  "打滇娃"的运动一起,四川就继续两年多的战争,彼此互有胜负,谁也不能胜谁。不过无论哪一方胜,哪一方面败,结果都是一样。败的军队要撤退时,照例是大抢一次,把"团总公"找去押起,强迫"开拔费"十万元。打胜的军队,刚进城照例也要大抢一次,把"团总公"押起,强迫筹"犒劳费"十万元,你来抢一次,我来抢一次,你来十万元,我来十万元,结果"滇娃"还是没有打走,"川耗子"还是没有打输。……
  残杀了两年多,不知道死了多少人,倾了多少家,破了多少产,谢天谢地,居然把"滇娃"打出川了。……从前的土匪头,无赖子,穷光蛋,现在一个个都当连长营长团长旅长了。②

这样的历史背景和现实环境正是林云章传奇人生和悲剧命运发生的土壤,其大起大落的人生,不单是想象虚构的传奇,也是个人命运与战乱时代激烈碰撞的结果,他既是沾满鲜血的混世魔王,同时也是受害者,其悲剧人生既是人性毁灭的个人悲剧,也是一个混乱时代的真实写照。

《天问》故事情节大开大阖、跌宕起伏,既有超脱现实的浪漫传奇

---

① 前者指蔡锷等人在云南发起的讨伐袁世凯的战争,后者指其后川、滇军阀为争夺地盘而引发的持续两年多的战争,川人称之为"川人治川"的"打滇娃"战争。可参见隗瀛涛主编:《四川近代史稿》,成都:四川人民出版社,1990年版,第780—791,801—808页。
② 陈铨:《天问》(上),第199—200,231—233页。

色彩,又深具现实主义的历史感和真实性,在传奇中见证了历史,在历史中书写了传奇,表明了陈铨"有意识的追求'史诗'和'编年史'的效果"①。吴宓曾评论道,"此书虽写鹏运慧林云章等数人数家之事,而实以民国元年至十二年之四川省富顺县为全书之背景(setting)","而中国政治世界潮流之大变迁,亦隐隐然淡淡焉现于其后方"②,可谓深得其义。

从叙事结构看,《天问》中交织着两个三角恋情故事,一个平淡无奇,以人物的因病死亡结束,一个则以惊心动魄的阴谋暗杀收场。但小说的叙事主旨既不在言情,也不局限于传奇本身,而是执着于死亡叙述,抒写了作者独特的悲剧美学,从而凸显其现代意识。这使得《天问》在叙事伦理上区别于通俗文学,又迥异于五四启蒙文学传统,而独具特色。

首先,小说通过主人公的奋斗史、发家史和罪恶史,探索了人性中"天真与虚伪的冲突,情爱与罪恶的对垒和仁慈与残暴的搏斗"③的复杂性。林云章从孤苦无依的学徒到在刀口求人生的军阀,有偶然的因素,但也是张扬个人意志、为达目的不择手段的自我选择。为了"醇酒宝剑美人"的理想,他从一个处逆境而不失志的进取青年,摇身变为乱世枭雄,为了一己私欲,他隐忍演戏,借刀杀人,卸磨杀驴,再变为一个不顾一切的阴险家,最终时背运蹇、丑行败露,将自己推向人生绝望和心理崩溃的境地。林云章大起大落的短暂一生,不仅反映一个兵匪横行的疯狂时代,同时也烛照了欲望膨胀的可怕、人性堕落的丑恶和人生绝望的可悲。

其次,小说中主要人物均以失败和死亡而告终,通篇笼罩着悲凉荒诞的命运感和绝望虚无的末世气息,无论是罪有应得的邪恶之徒,还是温良驯顺的无辜者,无不沉沦于死亡阴影和人生无常的宿命中。林云

---

① 潘显一:《陈铨及其创作》,《四川大学学报》(哲社版),1993年第2期。
② 余生(吴宓):《评陈铨〈天问〉》,《大公报·文学副刊》(天津),第46期,1928年11月19日。
③ 《天问》(出版预告)。

章费尽周折得到美人之时,也是其走向末路的开始;陈鹏运是一个本分青年,最终惨遭乱刀而死;慧林心地善良,与世无争却遭人算计,丈夫被害,族人欺负,病危之际得知热心人竟是杀夫元凶,只得哀叹天道不公。此外,万队长、陈鹏运的前妻、无赖何三,以及饱受战乱之苦的普通百姓,无不如是。在死亡叙述中寄寓着作者对生命存在与人生宿命的哲理反思,荡漾弥散的正是陈铨后来有深入研究的叔本华的意志哲学和悲剧美学。

叔本华认为,世界的本源是"意志",人类无法遏止意志的永恒欲求和盲目冲动,"欲求和挣扎是人的全部本质,完全可以和不能解除的口渴相比拟",一切生命"在本质上即是痛苦",人生无非是"在痛苦和无聊之间像钟摆一样的来回摆动着"①,而作为"文艺的最高峰"的悲剧,在于表现"人生可怕的一面为目的","演出人类难以形容的痛苦、悲伤,演出邪恶的胜利,嘲笑着人的偶然性的统治,演出正直、无辜的人们不可挽救的失陷",从而"暗示着宇宙和人生的本来性质",即"意志和它自己的矛盾斗争"②。

陈铨曾自述道:"一九二八年,当我提笔写我的第二部长篇小说《天问》的时候","思想方面,间接也传播叔本华的主张。单是《天问》的题名,就带不少悲观主义色彩。至于婚姻问题的见解,也根据叔本华的意见。③ 林云章无法控制自己的意志,从规矩的学徒沦为魔鬼,凤愿得逞后的"不过如此"的慨叹,与最终阴谋败露的悲观沉沦直至自戕而亡,形象地演绎了意志恒在、欲壑难填、痛苦永在的悲观主义哲学。林云章这样的生命强者,都免不了机关算尽的宿命,其他人更是只能在乱世中作徒劳无望的挣扎,痛苦的煎熬和死亡的悲剧是人生的必然也是最后的归宿,正如慧林的悲叹:"人生总是痛苦的,失意固然苦痛,得意也未尝不苦痛。全世界的人类,都是可怜虫!"④

---

① [德]叔本华著,石冲白等译:《作为意志和表象的世界》,北京:商务印书馆,1982年版,第25,177,425—427页。
② [德]叔本华:《作为意志和表象的世界》,第350页。
③ 陈铨:《叔本华生平及其学说·序》,重庆:独立出版社,1942年。
④ 陈铨:《天问》(下),第211页。

1930年，陈铨开始创作长篇小说《彷徨中的冷静》（下称"《冷静》"），1933年9月在德国海德堡最终完成这部三十万字的巨构。小说同样以四川富顺为背景，只是故事发生时间推前至辛亥革命前夕，可以说是《天问》的"前传"。但在艺术探索，尤其是悲剧美学上，《冷静》与《天问》则大有异趣。

《冷静》架构庞大，线索众多，居于中心地位的叙事结构是富顺百龙场团总少爷王德华与三个蕙质兰心、但又个性各异的女孩之间的日常俗事和感情波澜。王德华是成都高等学堂学生，眼看同学纷纷加入革命党，他却不知所措，意气消沉，在辍学归乡途中，与失意隐士张八胡的独生女张落霞偶遇，并相识相恋；德华青梅竹马的表妹采苹极力撮合二人的好事，另一个女孩刘云衣受父亲影响，热衷革命，规劝德华要振作起来，劝他入革命党，但德华并无兴趣，甘愿隐身于乱世之中。在新旧激烈冲突的时代风雨中，不仅连革命党被捕下狱，连张八胡父女等无辜者也遭人构陷，最终他们皆死在暴虐者的疯狂屠刀之下，王德华只能偷偷掩埋恋人的尸骨，依旧彷徨迷惘于无地，躲在自己的狭小空间里，等待新世界（辛亥革命）到来。

《冷静》明显借鉴《红楼梦》的手法，精心描写了几个青年男女之间的情感纠葛，欲展示的是辛亥革命前夕，川南江滩乡场世态百变的历史画卷，描摹时代激变与转型时期的残酷现实、社会心理和人物命运。小说在广阔的背景下，展示了两种势力、两种人物的无情对垒：德华优柔寡断，诚朴善良，落霞恬淡自守，采苹热情开朗，云衣持重有胆识，柳莲青热血固执，张八胡豪爽义气，王团练急公好义；他们的对立面则是丑陋不堪的末世统治者及其帮凶，如昏聩无能的赫知县、贪婪世故的张师爷、跋扈歹毒的陈跛公、霸道阴狠的周师爷等。作者有意将人性的美好与善良置于革命将至的时代潮流中，遭受惨烈无情的碾轧摧残，以此来表现时代的悲剧。

《冷静》完成于德国，凝结着作者的家国情怀、故土之思，几乎调动了他对故乡的所有记忆，小说中不仅有大量地方民俗风景的描写，并多次铺写游离于主要情节之外的历史故事和神话传说。正如批评者所言,"大大小小不关紧要的穿插太多","使故事的骨干软弱,演进呆滞","像在写江湖奇侠传"①。事实上,陈铨就是要在险滩秀色、掌故传说中,演绎革命涌动中各式人物的悲剧命运,反映带有川南浓郁地方风味的历史图景和百味人生,大佛岩、贞烈仙姑、鬼故事、大破蛮军等民间传奇故事,以及王三娘、陈跛公、赫知县等或风趣或丑恶的行迹,正是构成地方色彩和乡土气息的基本元素。

《冷静》的叙事旨趣与《天问》迥然有别。后者是以主人公林云章的堕落和罪恶为核心情节,民国初年四川军阀混战、民不聊生的社会现实,只是叙事背景;《冷静》着力描摹广阔的社会图卷,不仅是人物活动的场景,也是推动情节发展和主宰人物命运的不可或缺的要素。陈铨有意识地通过革命风雨欲来前两种力量的残酷对抗,在时代的变迁和潮流的涌动中,成功再现了革命前夕,从知事师爷、恶霸讼师、妓女老鸨,到乡绅隐士、团练乡党、革命者、青年子弟等各阶层人物的世态百状,描摹出一个行将灭亡时代的丑陋龌龊和残暴血腥。

《冷静》的悲剧美学来源于德国戏剧家赫伯尔的启示(参见前章),小说中人物没有林云章那样张扬起伏的人生,无论是消极的隐逸者、主动的革命者,还是其他芸芸众生,他们在无情的历史意志中只是渺小的存在,主宰他们悲欢离合、生死寂灭的是无法抵挡的社会遽变——一个没落垂死的王朝最后的疯狂、丑恶、窳败,而他们的悲剧则映射了"历史演进"和"时代精神"的不可阻挡。从某种意义上说,《冷静》是陈铨借文学作品向悲剧家赫伯尔致敬。

三、小说论

陈铨的小说家之路比较特别。一是起点高。清华学校时期,开始创作即专攻长篇小说,并写出了比较成熟的作品(《革命的前一幕》)。二是小说创作主要在学生时代,作品大抵在紧张学习的间隙中完成,写

---

① 黄照:《读〈彷徨中的冷静〉》,《文学季刊》(北平),第2卷第3期,1935年6月16日。

作时有断续。三是文学创作与文学研究同时进行,两者互相影响,有促进,也有干扰。四是从创作准备看,其直接的经验和灵感的来源是中国古代章回体小说和西洋文学,新文学则是间接的潜移默化的影响。

这些因素造成了陈铨的小说创作具有阶段性和不稳定性,这不仅指文学观念、创作心理等有变化,还指创作的环境和时间的投入的不同也会表现在作品上。是以,作整体评估归纳,往往会顾此失彼。事实上,若对陈铨的人生经历不了解的话,不易进入其文学世界。杨义曾说陈铨"一出手就显得狂狷、桀骜、骚动而不同凡俗"[1],这大概是指在中国现代文学的版图中,很难给他找到一个恰当的归属,这也是其独特性所在。统观之,陈铨的长篇小说创作有以下值得关注的地方。

首先,陈铨认为,文学的本质是表达抒写情感的艺术,写出真实的人生体验就是好的文学。他说:"人们的情感,其起伏上下,真挚动人,为人人所同具,实在没有什么高下深浅的分别。人们的生活,其变迁不测,为人人所必经,更没有什么离奇平庸的区分。就是人们的情感,人们的生活,能质直仿佛的写出来,已经狠可供我们狠不竭的宝藏了","我喜欢想象高远的文学作品,但是我更喜欢叙人情的作品。庸夫愚妇之怨欢离合,其情愫之深沉恳挚,决不减于才子佳人;贩夫走卒之日常经验,其遭际之变幻不测,亦不减于英雄豪杰。"[2]

陈铨前期五部长篇小说,主题意蕴、风格特色等皆因时而异,不断变化。《革命的前一幕》写爱情与理想,轻盈空灵。此篇之后,开始执着于写悲剧和死亡。《天问》写人性善恶,奇崛深邃;《冲突》表现传统与现代的激烈冲突,悲悯无奈;《彷徨中的冷静》写新旧交替时代中的蝼蚁众生,婉约凝重;《死灰》表现刻骨铭心的情感经历,浓烈沉郁。在这些死亡叙述中,表现了人性、命运、青春、时代等不同的悲剧内涵,风格迥异,各有特色。

客观地说,这些作品皆为未刻意宣扬某种文学之外的思想观念,大抵皆为"为艺术而艺术"之作,但研究者常常将陈铨前期小说与尼采学

---

[1] 杨义:《中国现代小说史》(第二卷),第523页。
[2] 陈铨:《海滨日记》,1924年7月24日。

说,乃至抗战时期的一些文化观点联系起来,显然是过分敏感而牵强附会了。不止一个研究者认为林云章有尼采"超人"的影子,但实际上二者并无什么关联,《冲突》中所谓"冲突"哲学也并非什么哲学,即使是《死灰》中提到阅读尼采,也并无何种特别深意。

事实上,将钻研中西文学,乃至哲学的经历体会写进作品中,是陈铨小说创作的一个常见的现象,除了尼采(《死灰》),其作品中或明或暗反映的中西文学意象(作家、作品、观念等),还包括济慈(《革命的前一幕》)、叔本华(《天问》)、赫伯尔(《彷徨中的冷静》)、歌德(《浮士德游中国记》)以及《红楼梦》(《冲突》)等①。

陈铨小说题材虽然只有两类,却有特殊的认识意义和历史价值。《天问》《彷徨中的冷静》等乡土小说,以个人命运悲剧见证时代的变迁,用人道主义的笔触描摹了近代以来四川的惨烈历史情景,堪称史诗。《冲突》《死灰》等自叙传小说,则以亲身体验,表现了(清华)留学生这一极为特殊的群体在异域他乡的人生剪影、心路历程和种种情状,"随手拈来,皆甚真切,身历其境者当知其适合而无误"②,尤其是他的留德题材的小说,以中国人的眼光,反映纳粹德国的社会现实,在中国现代文学史上极为罕见。

其次,在手法技巧上,陈铨小说有几点值得注意。其一,其长篇小说大处讲求结构谋篇,小处注重人物、情节的设置与照应,宏观概括与微观刻画错落有致,从容紧凑,层次分明。《革命的前一幕》以杭州、北平两个场景展开故事,最后两条线合二为一,简明流畅;《冲突》以陈云舫的内心矛盾结构全篇,前情后事,一气贯通;《彷徨中的冷静》以"时代精神"为主题,采用横切面铺叙,情节时间只历时数月,节奏舒缓相间,着力反映时代风云对个人命运的冲击;《死灰》采用的是散文化叙

---

① 《天问》《彷徨中的冷静》的悲剧观念分别来自叔本华和赫伯尔,已如前述。济慈的影响是指《革命的前一幕》,小说中写道:"济慈说'美即是真,真即是美':真是千古不磨之论。人世间的千转万变,沧海桑田,无处不增人伤感,唯任此身陶醉于美的世界中,然后别有天地,其乐无穷。只有美中才有真快活,只有美才有真意义。"陈铨:《革命的前一幕》,第77—78页。

② 余生(吴宓):《评陈铨〈冲突〉》,《大公报·文学副刊》,第126期,1930年6月9日。

事方式,没有刻意的结构安排,没有集中的事件,只以浓烈的情绪串联全篇,着力表现自我体验。

《天问》结构最为考究。小说共60节,每30节构成一个大的叙事单元。前8节渐次交代人物关系和环境背景,第9节"戒指事件"发生,情节突变,一气写到林云章带兵驻守富顺;31节一下又由舒缓而紧张,写云章阳奉阴违、阴谋杀人、终娶慧林再到罪行败露等一系列连续紧张的变故,最终以悲剧收场。如时人所论:"你看他自开卷云章爱慧林起,曲曲折折,经过了许多悲欢离合,一步紧似一步,一幕深似一幕,直到云章拔剑自刎为止,前后照应,线索分明。"①与宏观架构相适应,小说着意于人物的安排、前后的照应,达到"全篇没一处无用的情节,没一个闲人,没一章不重要的描写,几乎全与主要的人物有紧密的关联"②。以小人物何三为例,他既是推动情节发展的行动元素(偷戒指者、杀人凶手,决定着主人公的命运),同时这个人物形象本身(流氓无赖)也具有意义(反映市井民间的粗鄙场景)。

其二,小说是叙事的艺术,而注重故事的生动性、趣味性和可读性,在陈铨的小说观念中占有重要地位。他曾说:"实际上的人生和小说上的人生是不一样的,因为实际上的人生多半没有趣味,但是在小说里边,如果写的事情没有趣味,那么一本小说只好拿来塞字纸篓。"③《革命的前一幕》前15节以凌华与梦苹相识相恋为中心,主要写两人之间情感的起伏,熨帖细致,后15节则波澜骤起,以"误会"为中心。凌华出国前曾与衡山讨论爱情,欲言又止,没有告诉与梦苹的关系,衡山在不知情中爱上了梦苹。梦苹本欲告诉凌华与衡山的相识,但初次通信没说,以后也无从提起,及至衡山因救梦苹而受伤,矛盾纠葛愈加复杂,凌华回国后对梦苹产生误会,衡山求爱又遭遇尴尬,直到最后才真相大白。每个情节链环环相扣,直到矛盾解决,既出人意料,又合情合理。

《天问》不仅有引人入胜的传奇故事,还以其叙事旨趣的先锋性、

---

① 顾仲彝:《评四本长篇小说》,《新月》,第1卷第10号,1928年12月10日。
② 溜子(罗皑岚):《评陈铨〈天问〉》,《文艺杂志》(上海),第1卷第2期,1931年4月30日。
③ 陈铨:《经验与小说》,《独立评论》(北平),第219号,1936年9月20日。

悲剧意识的探索性和哲理思考的深刻性,彰显其现代性和异质性。即使不以情节取胜的《彷徨中的冷静》,叙事也是起伏有致:贯穿全篇的核心情节是"营救",本来在王德华父子的疏通下,柳莲青已被释放,但他却吃醋赌气,竟然跑去自投罗网,于是峰回路转,又有了新一轮的营救,而随着革命将至,情节也渐入高潮,一方面是革命者准备起事,统治者疯狂镇压,另一方面,小说中隐伏的张八胡得罪陈跛三而被陷害的线索浮出水面,最后不仅营救柳莲青失败,刘华廷父女、张八胡父女全被捕入狱,德华找赫知县说理,也被抓起来,待德华放出来时,其他人全都被当作革命党屠杀。

其三,陈铨善于使用景物描写、细节暗示以及象征隐喻等多样化的艺术技巧,或从宏观视野,或从局部细节,来营造氛围,烘托主题。《革命的前一幕》以西湖与北京不同风貌,来隐喻人物的选择和故事的结局;《天问》的题名本身就暗示了"无奈问天"的悲剧意味;《彷徨中的冷静》中大佛岩和沱江险滩的自然环境的描写贯穿全篇,构成整体性的象征结构,隐喻暗示了时代的死亡和新生;《冲突》《死灰》等小说的题名本身就隐喻了小说的主题和精神内涵。

陈铨还往往以特定意象和细节暗示人物命运和情节发展。如《天问》中"胜利之神,好像在向他招手,向他微笑"在小说反复出现 8 次,每次都暗示着情节的逆转,频率越高,气氛愈紧张,无赖何三将要谋杀陈鹏运时,惨淡阴森的环境描写则预示将有重大变故的发生[①]。《彷徨中的冷静》中贞烈仙姑的托梦修庙故事,既是影射乱世现实,又暗示了人物的悲剧结局,而铺写了七月十五日("鬼节")张八胡醉酒而归以及德华落霞的约会,也是为悲剧结局作伏笔。尤其是小说第 19 节的卦辞和梦境的描写,对人物的性格、命运有深刻寓意,这无疑受到《红楼梦》中"草蛇灰线,伏脉千里"的布局安排与人物判词的隐喻手法的启示。

---

① 小说中写道:"阴沉沉的天气,虽然是初冬,已经有点寒冷。西湖中的水,静静的,没有一点生气。第一山头的红墙,也黯然无色。松毛山突入湖中,虽然松林还是青的,已经没有前一阵青得可爱了。移时暮霭苍凉,黑夜渐次笼罩了大地。天上没有半点月色,也没有半颗星。"陈铨:《天问》(下),第 67 页。

其四，陈铨小说语言洗练流利，生动自然，既脱净文言之风，又少有五四新文学语言的欧化腔，是非常纯熟的白话语言，口语化之外，略带一点川味和幽默诙谐，自成特点——写景状物，精微细致；人物对话，力求绘声摹色，刻意求真，主要人物略带学生腔，倒是带有地方色彩的市井人物，更见传神；叙述议论，一气呵成，简繁有致，粗中有细，气韵贯注，只是有时略嫌枝蔓。吴宓曾评价《天问》"文笔简练，虽系白话，毫无费辞，而且凝练而迅疾，真合叙事之文。至重要关头，则字字句句皆是表现事实与动作，无冗词，无软语，无泛议，无弱态"，并"推想作者当日著作之时，必非有意作文，但想象力强，而精神凝聚，每写一章或数章，一气写下，至极迅速，方有至此。"①此论可作陈铨小说整体语言特色解。

陈铨长篇小说始终处于流变状态，未能形成比较稳定的风格，这与其创作的间歇性有一定关系。虽然从《革命的前一幕》到《死灰》均保持了较高的水准，但没有获得长足的进步和更大的发展，不足之处也很明显。

其一，人物的定型化。陈铨小说人物带有强制性和先验性，缺乏性格变化，对人物具体的深度刻画（如心理描写）不够，未能触及人物的灵魂深处，有些作品带有一些学生气，语言"往往不与人物相称"②，生活气息和现实感有时显得不足。宝林、陈鹏运、陈云舫、王德华皆犹豫彷徨，抑郁质型；衡山、云章、柳莲青一类，躁动不安，带点神经质；梦苹、慧林、落霞皆为理想化的女性，恬淡矜持，与世无争。倒是一些着墨不多的市井流氓，泼皮无赖，赌棍老鸨等带有地域色彩的次要人物，落笔绘神，开口闻声，特色鲜明，如何三、"夹舌子"先生、陈跛公、王三娘等。

其二，陈铨小说穿插着不少有关时事人生、哲学艺术、国家民族等议论，以及游离于情节之外的成分，有时作者还直接越过叙述者和隐含作者，跳出情节之外，成为"元叙事"③（如《天问》写作者游览西湖的情

---

① 余生（吴宓）：《评陈铨〈天问〉》。
② 溜子（罗皑岚）：《评陈铨〈天问〉》。
③ 元叙事也叫元虚构、元小说，指作家自暴小说的虚构过程，产生间离效果，接受者因之明白小说就是虚构，不能把小说当作现实，虚构在小说中也就获得了本体性意义。如《天问》第46节写道："六年以前，作者曾经同几位朋友到西湖去登南高峰。"以游览杭州西湖游历情形来比拟小说中所述情境。

节),造成了文本内外界限模糊,一定程度上破坏了小说结构上的完整性。其中《彷徨中的冷静》尤为突出,如小说中不惜让情节时间停止,用近80页的文字大讲孙仲清"大破蛮军"的故事,为"一个讽刺费了如此多的篇幅"①,确实取舍失当。

需要补充的是,1941年,陈铨在昆明完成了最后一部长篇——《狂飙》。他曾夫子自道,该篇意在表现"从个人的'狂飙'达到民族的'狂飙'","也就是怎么样从五四运动的个人主义,转变到现阶段的民族主义最主要的关键。"②此作才是陈铨真正的想通过文学作品,来表现自己的政治思想和文化理念,因而概念化的倾向十分明显,未能在艺术上有新的突破,尤其是小说以孙中山的三民主义为正统,并认蒋介石为国家领袖,虽在彼时是客观事实,但也难免被诟病。值得一提的是,《狂飙》中大量引述了外媒外电报道,并结合文学想象,真切地反映了惨绝人寰的民族悲剧——"南京大屠杀",揭露和控诉了日本侵略者残暴的兽性和滔天的罪恶,是最早以此为题材的作品之一,这无疑具有时代的意义。

此外,1946—1948年间,陈铨在上海还发表了《玛丽与露茜》《旅伴》《订婚》《一句话》《玉苹》《腊梅》《电话》《婚变》《支票》《丽姝》《风波》等数十个短篇小说,这些篇章皆大抵反映了抗战胜利后,职员、秘书、教师、交际明星等小知识分子阶层,从职场遭遇、家庭生活到人际交往、世事变迁的社会百态和时代剪影,与早年所写短篇类似,大多可能是他现实经历的艺术表现。

吴宓曾说:"作短篇小说易,作长篇小说难,此尽人而知者也。盖长篇小说非有绝大智慧、绝大才力、绝大经验、绝大学问不能从事,而尤非有绝大闲暇不能完功。"较之短篇小说,新文学初期,长篇小说理论和实践均不发达。吴宓意外贡献了少有的理论建构。在《评杨振声〈玉君〉》等文章中,他极有见地地阐释了长篇小说的形态、结构、情节、叙事、内涵以及创作准备等众多要素,并认为中国小说的"发达"的途

---

① 常风:《弃余集》,北京:艺文社,1944年,第102—106页。
② 陈铨:《编辑漫谈》,《民族文学》(重庆),第1卷第1期,1943年7月7日。

径是:"技术法程须取资于西洋,而书中之材料感情,要必为真正中国人所具有,合兹两美,乃可大成。"①吴宓的这些理论阐述对于现代长篇小说发展的意义有待考定,但无疑对入室弟子陈铨有重要启发意义,而他也以创作实绩回应了老师的理论诉求。

1922年,出版了两部长篇小说《冲积期化石》(张资平)、《一叶》(王统照),这是中国现代长篇小说的开端,其后陆续有《芝兰与茉莉》(顾一樵,1923)、《玉君》(杨振声,1924)、《洄浪》(秦心丁,1924)、《旅途》(张闻天,1925)、《飞絮》(张资平,1926)、《英兰的一生》(孙梦雷,1927)等,但无论是篇幅还是质地,都是很难让人信服的长篇。新文学作家抛开了章回体的传统经验,无论是师鉴西洋小说,还是创制新体,都还需时日,长篇小说的确是新文学的瓶颈。据陈思广统计,到1928年已出版新体长篇小说近40部,但绝大多数籍籍无名。而文学史家在追溯现代长篇小说发展史时,一般会提及张资平、张闻天、杨振声、老舍、叶圣陶等人的开创之功,只是没有人会提到陈铨,这大概是一个疏漏或偏见。

在笔者看来,陈铨以其创作实绩贡献于新文学草创期结构谨严、情节生动和富有意蕴的长篇小说,具有不可忽略的文学史意义。《天问》是真正的文质相称的新体长篇小说,顾仲彝在比较倪贻德《残夜》、洪灵菲《转变》等小说时,独推崇《天问》为"最满意"小说②,罗皑岚称《天问》"替中国新小说杀出一条新的血路"③,有苛评的常风也承认《天问》给我们证实了这些技巧与写法是值得学习的:同时给我们的新小说开辟了一条可以走的新途径"④。1929年朱自清在清华大学首开"中国新文学研究"课程,在"分论"之"长篇小说"中,为"陈铨的作品"特列一节,与"老舍与沈从文""巴金的作品""茅盾"等并列予以介绍。

---

① 参见吴宓:《评杨振声〈玉君〉》,《学衡》,第39期,1925年3月。
② 顾仲彝:《评四本长篇小说》。
③ 溜子(罗皑岚):《评陈铨〈天问〉》。
④ 常风认为《天问》正是成功借鉴了"我们自己的古董作家"(施耐庵、曹雪芹等)的"技巧和手法",而令人"欣喜和赞赏"。参见常风:《弃余集》,第91—92页。

陈铨从古典文学抒情传统出发,浸濡西洋文学正宗,对文学怀有虔敬态度,独立思考,刻苦钻研,不为文学时潮所俯仰,不刻意宣扬某种理念,是真正的为艺术而艺术派。其融合传统章回小说和西洋小说技法于一体,不仅在长篇小说的文体、结构方面有先导意义,其每部小说都体现出不同的艺术追求和审美风格。《冲突》《彷徨中的冷静》《死灰》等无论是篇章结构,技巧语言,还是思想内容,审美意蕴,都称得上是现代文学中的优秀之作。司马长风仅凭《革命的前一幕》就宣称陈铨"文字轻妙,结构匀称,在笔法和意境上都自称一格,有大家风范"[1]。这当然不能令人信服,也屡遭人诟病,但综合考量,凭他"实在怀有一种善于写长篇的天才"[2],"大家风范"则是当之无愧的评价。

陈铨小说一直没有得到应有的关注和合理的评价,或许有以下原因。首先陈铨从事文学活动于五四新文学落潮之际,很快又出国留学,与文坛少有联系,不被关注情理之中。其次,陈铨与新文学主潮"主流"落落寡合,既非启蒙文学派,亦非"革命文学"派,始终是一个文坛的独行客。再次,在陈铨文学之路上,提携他的恩师吴宓是被新文学主流所批判和鄙弃的保守落后者,也因之与声名不济的"学衡派"有某种联系,这或许也是其小说受冷落被忽视的重要原因之一。最重要的可能还是受牵累于"战国派"的标签,陈铨小说终至湮没无闻。

四、身份的焦虑

1936年,陈铨再次表达了研究和创作之间的困扰和矛盾:"提起研究二字,更令我头痛,因为我以前想出国学文学,只想去学一点能够帮助我创作的技术,然而结果出去六年,所学的乃是同我初衷相反的文学科学。这一种科学工作,六年来尽日磨炼,欧美大学进了七八个,博士学位也骗到手了。然而我创作的生机,好像也断丧尽了","诗人生活,

---

[1] 司马长风著:《中国新文学史》(中卷),香港:昭明出版社,1978年,第58页。
[2] 偶笔:《陈铨著〈彷徨中的冷静〉》《书评》,《出版周刊》(上海),新190号,1936年7月18日。

恐怕要寿终正寝了"。①

创作与研究之间的张力和矛盾,在中国现代作家中有一定的普遍性,但大多数人会随着年龄、环境、职业等主客观条件的变化,或主动或被动地换位调整,有所取舍、有所偏重。出身(或进入)学院者,往往由文学而学术,作家身份渐渐退隐,学者身份凸显,如闻一多、朱自清、施蛰存等,而沈从文、老舍等出身作家,虽进入(过)学院,但还是以创作为主业,至于胡适、鲁迅、郭沫若、茅盾等亦有发展变化、此起彼伏的过程。但陈铨的情况不唯如此,他同时还对哲学亦有浓厚的兴趣。

研究和创作、文学与哲学,各有领域。一般说来,研究重资料的收集、整理、编排、分析、阐释,以探寻规律和知识为鹄的;文学讲感兴直觉,以审美为追求;而作为一切科学之科学的哲学,则以逻辑思辨为方法,探求形而上问题。陈铨对此有清醒的认识,曾不止一次对此作过比较分析:"批评与创作,性质根本两样","批评的目标,在建设原则,原则是普遍的",而创作"却在描写个性,个性都是特别的",前者需要"科学的头脑",后者则需要"艺术的性格",这是"人性里边两种不同的本事","要把两样工作做好,我们需要两样性质的人"②;诗人"只想求表现",思想家"只想求意义","表现是具体的,意义是抽象的",所以,"一个长于思想的人,往往不适宜于做诗人,一个长于艺术的人,往往不适宜于做思想家"③。

当然,同时从事不同形式的智力活动,不是不可以,但也分主次轻重。理论上说,知识面愈宽,对创作或研究可能会更有利,但问题在于陈铨三者平均用力,而且每一个领域并非泛泛而谈,而是全面出击,深耕细掘。在文学研究上,他不仅研究中国古典文学,也研究西洋文学;不仅研究英语文学,还研究德语文学,甚至古希腊文学;不仅研究小说,还研究戏剧和诗歌;不仅研究比较文学,还译介西洋文学。在哲学上,他不仅对德国古典唯心主义哲学和叔本华的意志哲学、悲观主义颇为

---

① 陈铨:《我的生活与研究》。
② 陈铨:《批评与创作》,《文学时代》(上海),1936年第4期。
③ 陈铨:《赫伯尔玛利亚悲剧序诗解》。

关注,更对尼采的生命哲学投以极大的热忱。

学生时代是打基础阶段,陈铨凭借超群的禀赋和刻苦努力,并无多大冲突。自1934年回国到抗战爆发几年间,他在多个专题研究均展现出相当的实力,成果丰硕,绝非浅尝辄止,但也潜伏着不易调和的深层矛盾。首先,1930年代中国现代大学制度基本确立,学术分工已相对明确,通博之外,还需有自己的专业领地,陈铨在清华大学主要教授德文,而在"专"上难以取舍,或者说他一直不甘心放弃当一个作家的初衷和梦想;其次,同时从事不同形式的智力活动,不仅分散精力,而且在几种思维方式之间切换调校,很难把握。此外,陈铨还有强烈的济世热情,不断升级的民族危机和动荡的生活,使他不能心无旁骛地沉潜。

抗战中,陈铨的大量作品中,往往将文学与哲学、学术研究与现实关怀、理论建构与救亡热情,不分轩轾地裹挟在一起,你中有我,我中有你。事实上,他的一些作品和观点引起争议,与此有很大的关系。究其原因,这固然有客观因素,如辗转迁离,生活不稳定,参考资料缺乏,从事文化救亡等,更与他自身潜伏的危机有很大关系。虽然陈铨在抗战中也取得了不俗的成绩,更尽了一个知识分子的责任担当,但要分门别类,剥离核算出其在文学、学术以及在文化抗战上的贡献和意义,实在有些棘手。

1936年,陈铨曾写道:"现在因为做了教授,要维持教授的地位,仍然不能不勉强继续做文学科学的工作",并定下了这样的学术研究计划:一、"一部歌德的评传";二、"一部尼采的评传";三、"一部大规模的德国文学史"①。但是罪恶的侵略战争破坏了一切,不仅这三部计划中的著作皆遗憾地杳无踪影,从某种意义上说,也彻底改变了一个本可取得更大学术成就的学者的人生走向和最终命运。

---

① 陈铨:《我的生活与研究》。

第五章　西南联大

1937年7月，卢沟桥事变发生，抗日战争全面爆发。战争给中国人民带来了巨大灾难，改变了中国的历史进程，也改变了很多人的命运。八年中，陈铨前五年追随清华大学，一路从长沙临时大学到昆明西南联大，后三年在重庆谋职，在战争中饱受颠沛穷困之苦，甚至数度历险。在民族罹难的危急时刻，陈铨坚持一个知识分子的良知、操守和职责，并因"战国派"和话剧《野玫瑰》声名鹊起，也引起了极大的争议。

一、逃离北平

1937年7月8日上午，日本人炮轰宛平城，三十里外的清华园已经能听到枪炮声，人们逐渐明白了大事不好。7月14日，吴宓忧心忡忡地写道：

> 阅报，知战局危迫，大祸将临。今后或则（一）华北沦亡，身为奴辱。或则（二）战争破坏，玉石俱焚。我一生之盛时佳期，今已完毕。此期亦不可谓不长久，然初未得所享受，婚姻恋爱，事事违心，寂寞愤郁，痛苦已极。回计一生，宁非辜负？今后或自杀，或为僧，或抗节，或就义，无论若何结果，终留无穷之悔恨……思及此，但有自杀，别无他途。①

7月17日，蒋介石在江西庐山对受邀参加"国是谈话会"的各方代

---

① 吴宓：《吴宓日记》（六），第168页。

表,发表了可能是其一生中最重要的一次演讲。其中说道:

> 如果卢沟桥可以受人压迫强占,那么我们百年故都,北方政治文化的中心与军事重镇北平,就要变成沈阳第二!今日的北平,若果变成昔日的沈阳,今日的冀察,亦将成为昔日的东四省。北平若可变成沈阳,南京又何尝不会变成北平!所以卢沟桥事变的推演,是关系中国国家整个的问题,此事能否结束,就是最后关头的境界。

并提出了和平解决中日争端的四项条件,"豪壮沉痛"地说了一段著名的话:

> 我们希望和平,而不求苟安;准备应战,而决不求战。我们知道全国应战以后之局势,就只有牺牲到底,无丝毫侥幸求免之理。如果战端一开,那就是地无分南北,年无分老幼,无论何人,皆有守土抗战之责,皆应抱定牺牲一切之决心。

当然,我们事后知道,早有预谋的日本人无视中国政府的诉求,罔顾中国民众日积月累的强烈的反日情绪,得寸进尺,变本加厉,局势不断恶化。7月28日,国军奉命撤退,平津沦陷,华北危急!

据曾参加庐山谈话会的浦薛凤[①]称,7月27日,他们已知战事不可避免,必须撤离北平。第二天,中日军队在沙河激战,不断传来的枪炮声和轰鸣掠过的敌机,闻之令人胆战心惊,甚至有炮弹落到清华大学图书馆的后面。是夜,清华园里家家都在"通宵整装",很多人一夜无眠,第二天晨曦未开,天色昏蒙,校园内已一片忙碌慌乱,学生们或骑车或雇人力车,将大包小包行李运往城中,教师也纷纷用汽车将书籍什物、家眷妻小送入城中[②]。

此时,清华大学门口已有日本兵持枪把守,甚至还有在校内穿梭往来的,但还准许师生出入。7月30日,部分教职工又回到清华园搬运

[①] 浦薛凤(1900—1997),字逖生,江苏常熟人,清华学校1921届毕业留美生,1925年获哈佛大学政治学硕士,时任清华大学政治系教授。
[②] 浦薛凤:《浦薛凤回忆录》(中),第8页。

东西。8月15日,第二次回来搬送书物的吴宓写道:"晚饭后6—7散步校园,风景不殊,然运动场之跑圈中,及其他院落,已蔓草丛生。诸宿舍则扃闭,几无人迹。"①大家心里都明白,日本人随时会侵占学校,清华园也危在旦夕,时日无多。

陈铨也在喧扰混乱中,打点行装,携家带口,搬到了宣武门内南沟沿市(今佟麟阁路)的表哥林伯遵家。此时城内也不太平,日本人白天尚能维持表面的纪律,但一经入夜或偏僻地点,暴虐者的本性暴露,"昏暮敲门,或爬屋而入,强索妇女",报馆也被日寇占领,各大报纸虽名称依旧,但"只登同盟社电讯,其余则只字不提",消息甚不通畅。城里郊外,偷盗抢劫时有发生,一时传言四起,人心惶惶,北平已非久留之地②。高等学府更是在劫难逃,早为日本人所嫉恨的南开大学,在狂轰滥炸、劫掠焚烧下,已毁于一旦,北大、清华随后也被日寇强占,作为马厩和医院。

教育是国家之本,民族危亡关头,更是复兴崛起的希望所在。平津沦陷后,国民政府教育部随即决定在"适当地点""筹设临时大学",以迁移沦陷区的高校,"使抗敌期中战区内优良师资不至无处效力,各校学生不至失学,并为非常时期训练各种专门人才以应国家需要"③。8月28日,清华大学校长梅贻琦收到教育部的"密谕":"指定张委员伯苓、梅委员贻琦、蒋委员梦麟为长沙临时大学筹备委员会常务委员。杨委员振声为长沙临时大学筹备委员会秘书主任。"④与此同时,清华大学已改设"平校保管委员会",通知教师和学生及时撤离北平,尽快南下,学校将在长沙开办临时大学。

眼见不少同事熟人离开了北平,陈铨也迅速作出了逃离北平的决断。虽然孩子太小,光还才出生四个多月,光群也才一岁多,但形势越

---

① 吴宓:《吴宓日记》(六),第197页。
② 浦薛凤:《浦薛凤回忆录》(中),第21—22页。
③ 《教育部设立临时大学计划纲要草案》(1937年8月),北京大学、清华大学、南开大学、云南师范大学编:《国立西南联合大学史料》(一),昆明:云南教育出版社,1998年,第53页。
④ 《教育部关于任命长沙临时大学负责人的密谕(1937年8月28日)》,《国立西南联合大学史料》(一),第54页。

来越严峻,顾不了那么多了。京沪线早就中断了,只能从天津乘船到烟台或青岛,然后再设法转乘火车或轮船南下。9月2日下午,陈铨来到二道桥造访贺麟,告知第二天他们全家将赶赴天津,并将数百本中外文书籍托付给老友。这些书是他多年来省吃俭用收藏的安身立命的宝贝,日本人搜查严格,根本无法携带。陈铨在贺家还遇到了吴宓,两人都劝老师也应尽快出逃,吴宓还有些犹豫不决①。

9月3日,陈铨与表哥林伯遵道别,一家四口,加上侄儿和厨师老表一行人,带上简单行李,挤上了到天津的火车。一度中断的平津线已恢复通行,但日本兵设岗盘查,不免让人有些提心吊胆,好在一路还算顺利。在天津俄租界等待几天后,一家人又登上了英国太古公司的"盛京号"轮船,两天后到青岛,再乘火车由胶济铁路到济南,又从济南上火车到达郑州,经许昌、信阳,到达武汉,脱离虎口之地。

一路上几十天,也出了点小意外。比较清楚的是两件事情。一是在北平到天津的火车上,有日本兵拿出糖果以示"友好",引诱已会蹒跚走路的陈光群,正当他伸出小手去拿,却被妈妈轻轻拉住,似乎明白了什么的小光群,仍不时瞟着那诱人的糖果。二是还在襁褓中的陈光还,身体较弱,旅途中患上百日咳,发热惊悸,持续不断地咳嗽。好在有惊无险,一家人总算安全逃出来了。

武汉三镇暂时还未受到战争太大的影响,只是随着逃难者越来越多,比往昔更加热闹喧嚷,而不断传来的坏消息,提醒人们战争的阴霾迫在眼前。三年前,陈铨正是从此地出发,踌躇满志地东游北上,而今竟以这种方式再次回到武汉,不免有一种今夕何夕之感。何去何从是必须面对的问题,好在同事同学间联络紧密,消息畅通,暂时安定以后,陈铨急忙铺纸提笔,修书告知北平的朋友们,述一路之惊险经历。10月2日,仍滞留北平的吴宓访贺麟未遇,却得知贺麟接到陈铨的信函,"日内急欲南行"②。

此时,长沙临时大学还在筹备中,开学日期尚未确定,一旦开课,一

---

① 吴宓:《吴宓日记》(六),第206页。
② 吴宓:《吴宓日记》(六),第224页。

家人如何安顿是个很大的问题。陈铨与妻子邓昭常反复商议,决定先回四川,再图谋划。于是他们乘船到重庆,先到了邓昭常的娘家——江津白沙镇。邓家长亲早已收到信函,两年过去了,见女儿女婿和两个小外孙就在眼前,自是欢喜。

在白沙住定下来,光还的咳嗽病渐渐好转,陈铨与妻子商定一起回富顺一趟。此行的目的一是要将侄儿和老表送回老家,二是要探望父亲,拜祭母亲。1937年4月,母亲吴氏在富顺病亡,陈铨接到消息,伤心难过不已,但路途遥远,又正好孩子出生,未及回乡奔丧。夫妇俩于是将光还留在了江津,带上光群,顺江而上,经泸州回到富顺,待再次回到江津时,长沙临时大学已开学在即,陈铨遂告别妻儿,独自赶往长沙。

二、长沙临时大学

据陈岱孙回忆,"抗战爆发两年多以前,鉴于华北情况紧迫,战事恐终不免",清华大学停建了原拟建在清华园内的教学大楼,将50万元经费,在湘江西岸岳麓山下购置了地皮,并动工修建教室、实验室和宿舍。1936年冬,清华又将一批图书、仪器等运往武汉暂存,以备不时之需。有此基础,庐山谈话时,教育当局即与梅贻琦等校长相商,决定将清华、北大、南开一并迁至长沙,共同组建临时大学。[①]

可是战争来得太快,长沙的校舍需半年才能彻底完工,还不能投入使用,必须另觅校舍。在湖南教育厅厅长朱经农的协调下,临时大学租下了基督教会在湖南圣经学校(长沙市韭菜园),以及南岳市的圣经学校的暑期分校(衡山)校舍。前者作为法、理、工学院和临大本部的校舍,后者作为文学院的校舍(所谓"南岳分校")。

1937年11月1日,长沙临时大学正式上课,三校合计学生1500余人[②],其中清华大学有教职员80余人,学生600多人,为三校最多。陈

[①] 陈岱孙:《西南联大校舍的沧桑》,《陈岱孙遗稿和文稿拾零》,北京:北京大学出版社,2005年,第91—92页。
[②] 长沙临时大学1937年10月8日正式报到,25日开学,注册选课,11月1日正式上课。

铨是最早一批到达长沙的教授之一。根据学校的工作安排,陈铨所授课程为理工专业的德文公共课,故未去两百里外的文学院——南岳分校。

长沙每天都不断有来自各地的学生到此报到,除了原属三校的学生外,还有不少插班生或旁听生。国难当头,同仇敌忾,学生青春热血,不少人干脆放下书本,直接走上抗日前线。文化抗战是极为重要的抗日力量,而寓教于乐的戏剧艺术则一举成为最为喜闻乐见的抗日宣传方式。于是,在高小文、邵曾敩、李象森、王乃樑等学生的组织下,很快成立"长沙临时大学话剧团",从事慰问募捐等戏剧演出活动,并演出了《放下你的鞭子》《最后一计》等抗日宣传短剧[①]。清华的学生知道陈铨精研戏剧,在北平时还一起排演过话剧,遂向他发出了邀请。妻儿不在身边,平日课不多,陈铨爽快答应了,还担任了"临大剧团"的名誉团长,并在此后几年,一直与学生们一起,共同开展抗日演剧活动。

陈铨带领学生排练演出的第一个戏,是老同学阳翰笙的四幕话剧《前夜》。该剧写的是抗战之初大学生与汉奸斗争的故事,着力表现了全民抗战"前夜"的涌动,情节紧张曲折,兼备伦理冲突、情爱纠葛、间谍破坏、正义伸张等多种桥段,塑造了一个以民族大义为重、有勇有谋的女主角白青虹形象。《前夜》是抗战中最受欢迎的剧目之一,也是抗日谍战剧的先导,曾在武汉、长沙、桂林、昆明、上海、香港等地多次演出,陈铨也从中获取了不少创作灵感。

1937年底,《前夜》应邀作为"慰劳伤兵"公演,"效果甚佳",很受欢迎。在长沙青年会的演出,陈铨是现场导演,戏剧家董每戡曾有这样的记载:

> 省垣方面是寂静得很,幸有临时大学的剧团冲破了沉寂,在民众俱乐部上演《暴风雨的前夜》,这就是阳翰笙作的《前夜》改编本,成绩很好,后来又在青年会大礼堂为慰劳负伤将士演了一场。

[①] 参见:《陈铨档案》(南京大学档案馆);邵曾阳、高小文:《临大话剧团在长沙》,载崔国良主编:《南开话剧史料丛编·编演纪事卷》,天津:南开大学出版社,2009年,第279—280页。

> 接着国立戏剧学校出演四个独幕剧,虽然他们是专门学戏剧的,成绩却不及抗战剧团,而且也不及临大剧团。①

《前夜》之后,他又与学生着手排练筹演尤兢(于伶)的谍战剧《夜光杯》,但却因临时大学要迁往昆明而未能演出。

随着淞沪会战失利,上海、苏州、南京、杭州等地相继陷落,日军向内地步步逼进,长沙也已不安全。11月24日下午,日军毫无征兆地对长沙发起了惨无人道的空袭,造成二百多人死亡,伤者无数。投弹的中心即在圣经学院(临时大学校舍)东边不远处的火车站,附近的"交通旅馆"正在举行一场婚礼,"所有新郎新妇及主婚证婚以及男女老少亲朋宾友,无一幸免"②。此后四天长沙上空皆发出空袭警报,刺耳的警铃声中,大街小巷满是颦首蹙额、奔走躲避的市民,战争的阴霾、死亡的威胁笼罩长沙。临时大学虽未受到直接损失,但师生们已难以继续安心上课,再次搬迁摆上了日程。

关于临时大学迁移的地点,颇有一番踌躇和纷扰。学校当局开始有迁往湘西、桂林等地的动议,各地政府也积极表态,愿意鼎力相助。梅贻琦、叶公超等决策者还曾亲往桂林考察,但发现很难找到合适的校舍,又考虑到战局的变化,湘桂恐怕也并非安全之地,最终大多数人认为边陲之地昆明最适合。初议之后,由蒋梦麟到汉口向教育当局汇报相商迁校事宜。1938年1月10日,新任教育部次长、临大电机系教授顾毓琇从汉口回到长沙,带来学校将要迁往昆明的消息,并说这是前一日蒋梦麟谒见蒋介石时所作决定。四天后(14日),蒋梦麟从汉口返回长沙,临时大学常委会最终作出了学校迁往昆明的"决议"③。

《决议》对迁移事作了总体安排:教职员路费津贴每人65元,学生每人20元;教职员3月25日前在昆明校址报到;在广州、香港、海防等沿途各地设办事处,以协助相关事宜;聘定学校行政人员、各院院长;等等。1

---

① 董每戡:《最近的长沙剧坛》,原载1938年5月15日《戏剧新闻》(武汉),引自陈寿楠等编:《董每戡集》(第五卷),长沙:岳麓书社,2011年,第109页。
② 浦薛凤:《浦薛凤回忆录》(中),第48页。
③ 郑天挺:《郑天挺西南联大日记》(上),北京:中华书局,2018年,第5—6页。

月 22 日,临大当局正式发出迁校"布告",称"凡学生志愿专心学习而成绩合格者,得按规定手续,请求许可证,随往新址,笃志学问","不去昆明而欲至国防机关工作者,本校当竭力介绍,以成其志"云云①。

临大迁滇并非一帆风顺。据说消息传出后,时任湖南省主席张治中在临时大学的演讲中,曾"大骂迁校,极尽讥诮"②。1 月 27 日,陈铨写信告诉父亲,长沙"最近有数次警报",所幸"日本飞机未来",而"学校昨已正式宣布搬往昆明,但今日闻又有波折,因教育部长陈立夫,认为搬家太早,且学生不愿坐车。故学生当局,又添一种新困难,但无论如何,搬家势在必行,数日后当见分晓也"③。

经临时大学教务会议商议,决定还是按原计划进行,并推举梅贻琦携带呈文,飞往汉口报告教育当局,接洽迁移事宜。尽管部分学生"对于迁滇颇有持反对意见者,尤以四年级及本省学生为甚,但学校既已决定大政方针,当然按照原定计划实行"④。而最终各方接纳了学校意见,师生遂组成了多个"旅行团",再次踏上征程。长沙临时大学仅历时三个月,即宣告结束。所谓"万里长征,辞却了五朝宫阙,暂驻足衡山湘水,又成离别"⑤。

三、西南联大

长沙临时大学迁往昆明主要有两条路线,一是著名的"湘黔滇旅行团"——闻一多、曾昭抡、李继侗、袁复礼、黄钰生、吴征镒等十一名教授以及学生共三百余人,在黄师岳等军官的带领下,长途跋涉四十余天,行程三千五百里,徒步至昆明;二是在学校的统筹下,师生们自发组成旅行团,自粤汉铁路南下广州,再由香港乘船至越南海防,经滇越铁

---

① 清华大学校史研究室:《清华大学史料选编》(第三卷,下),北京:清华大学出版社,1994年,第 108—109 页。
② 浦薛凤:《浦薛凤回忆录》(中),第 61 页.
③ 1938 年 1 月 27 日。
④ 1938 年 2 月 2 日。
⑤ 《西南联大校歌》。

路往北到昆明。此外,还有陈岱孙、朱自清、冯友兰等著名教授结伴而行,坐汽车先到桂林,经南宁、凭祥,出镇南关到越南,再乘火车到昆明,如此安排,系因广西当局曾对临大迁桂表示极大热诚,他们要向广西省政府致谢和解释。

迁滇之前,陈铨接到了时在广州军分区(省公署)任职的同学向理润的信函,告知至广州的一段铁路线,曾遭到敌人的猛烈空袭,比较危险。陈铨开始曾想与学生一道徒步到昆明,甚至想到"步行甚辛苦,但想必极有兴趣",大概是担心其时曾"胃病复发,继以着凉,头痛心难"的身体状况,考虑再三,还是决定"乘火车至广州,再由广州乘船至安南入云南"的迁移路线①。

经浦薛凤、施嘉炀、王化成等与交通部门接洽,师生们顺利地租到了火车车厢。1938年1月26日,第一批人组成的"旅行团"已经先行一步了。陈铨本来计划第二批(2月2日)动身,但护照还未办下来,走不了。十天后,他牵头组织一个六十人的"旅行团"并担任团长,吴宓及文学院数位女生亦在其中。12日下午,一行人赶到长沙火车站,但所租车厢被押车军警所占。陈铨与之再三交涉,对方始让出部分铺位,又与同事王秉厚等人"扼守车门,强阻其他旅客上车",嘈杂混乱中众人终于挤上了车。陈铨曾这样描述到广州的旅程:

> 计行三日四夜,始达广州,沿途幸未遇日机轰炸。方火车距广州八十里时,天已将明,又值车道被来车机器损坏阻滞,同车者均惊慌异常,因恐天明日机必来也。无何天明,人人均担惊受怕,盖路旁车站,到处皆炸弹深坑,及倒塌房屋,尤令人心紧。此一小时半,最感恐慌。幸神天默佑,浓雾忽起,太阳不见,火车安抵广州。中心之喜可知也。②

2月17日一早,已接获消息的向理润,来到陈铨入住的酒店,老朋友相见自是欣喜不已。早餐后,向理润领着陈铨登上了随行的汽车,参

---

① 1938年1月27日;2月2日。
② 1938年2月18日。

观了黄花岗烈士墓、中山大学、岭南大学等广州有名的遗迹景点和大学校园。羊城2月"花明柳媚","颇值人留恋",但业已不太平,日本飞机一天里来了两次,但广州已有防空准备,敌机"均为高射炮所阻射,未入市面上空,炮声隆隆,震地惊天。广州市民则见惯不惊,虽目睹日机盘旋,亦不逃避"①。

两天后,陈铨告别了向理润,登上到九龙的货运火车,深夜到达目的地。广九铁路系此时中国运送军火的要道,日机每天必来轰炸,中方则派工人随时修复,是以晚间也照常通车。因为长沙办理的法国护照还未寄到,陈铨只好在香港耐心等待。2月22日,终于搭上到越南的法国邮船,再经三日污脏拥挤的三等"统舱"之颠簸,25日抵达越南海防,继之乘火车北上,28日晚到了昆明,整个行程正好半个月。

初到昆明,陈铨被安排在学校所租的迤西会馆(拓东路)中,与北大的老朋友钱思亮等三人共住一室。房子小,人又多,陈设简单,连写信都不甚方便。刚到昆明时还水土不服,腹泻多日,时时感到空气压迫,呼吸不畅。一个月后,才渐渐适应,但"然此间天气仍不能十分习惯,呼吸常感困难,且天气太暖,常周身软弱,疲倦思睡"②。生活上也不是很方便,昆明陋僻之地,人烟不密,居民穷苦,商业萧条,店铺居然只接收一元面值的"中央币"(法币),五元十元的都不要。

更令人发愁的还是临时大学悬而未定的混沌局面。1938年1月底,师生从长沙陆续动身,但到约定时日,教师才到了一半,步行的师生才到湘黔边界,至4月下旬,各路师生才陆续赶到昆明。1938年4月2日,教育部发来电报,批准临时大学更名为"国立西南联合大学"。5月1日,联大终于在昆明、蒙自两处正式开学,过程也是颇费周折。

首先是校舍一时难以解决,师生只得焦急等待。甫至昆明,陈铨就听说临大"地点尚未找定,因未有如许空屋。又闻或将再迁蒙自"。接下来近一个月中,关于校址的事,几经反复,先是闻学校"决定迁蒙自,因该处有法国房舍甚多,可以免建筑之费"。几天后,又说"学校本已

---

① 1938年2月18日。
② 1938年3月28日。

决定全体迁蒙自,昨日又闻蒙自地方太小,对于理工科设备非常不便,故大概理工留昆明,文法暂迁蒙自"①。浦薛凤曾写道:

> (1938年)二月底三月初,闻临大因昆明无校址可觅,拟搬到蒙自。曾在公超处见蒋梦麟一电:"昆明校舍无着,工料两难,建筑需时,蒙自海关银行等处闲置,房屋相连,可容就百人,据视察报告,气候花木均佳,堪作校址。"故一度宣传全校迁蒙自。极合众意……后来又听说理工到蒙自,文法留昆明之说。但不久则接电谓理工决在昆明,文法则搬蒙自。出尔反尔,莫名其妙。②

如此情形,引发了教授们对学校当局决策行事颇有微词。事实上,国难期间,一再迁校,疲于奔劳,更何况在无校舍、无设备、无图书的情况下,白手起家办大学,谈何容易。尽管在云南当局以及社会各界大力襄助下,联大租下多处会馆和当地学校的房舍,但还是不敷使用。3月下旬,校方最终决定文法学院迁到蒙自,理工学院留在昆明。只是后来中央航空学校要在蒙自开办分校,联大所占的校舍必须让出,暑假中文法学院又迁到了昆明。

待到校址既定,一切按部就班。陈铨因继续教授理工学院的德文,留在了昆明,而未去蒙自。4月10日,他函告父亲:

> 校中教授,大部分均已来昆明,文法学院教授则已赴蒙自。学生从海道来者,第一批八十余人,昨已抵蒙自,在本周内全体五百余人,均可来齐。步行学生三百余人,昨已由贵阳出发,不久当亦可到昆明。云南省政府现拨农业学校、工业学校、昆华师范三校各一部分,作为临大理学院教职员、学生宿舍及教室,工学院则在全蜀会馆与迤西会馆。现各处均已派人修理,一二周内即可住定。③

正式开学的时候,陈铨已与同事从迤西会馆搬至昆明西门外的昆华师范学校,西南联大亦渐渐步入正轨。

---

① 1938年2月19日,3月10、14、28日。
② 浦薛凤:《浦薛凤回忆录》(中),第75—76页。
③ 1938年4月10日。

四、穷困·空袭

西南联大是中国现代教育史无可复制的传奇,体现了中华民族不甘屈服的民族精神。诚如学生们所言:"国难在激励着人们,我们对于日人最有效的答复就是拿工作的成绩来给他们看"[①],"每个人已看清楚自己的命运,也就是国家的命运,他们不再颓唐,在艰难的来日,他们将咬紧牙齿,坚定意志,从此负起抗战建国的责任"[②]。

当然,联大师生还需"在苦难中折磨成长",除了校舍,另一个大困难是"穷"。随着战争的深入,昆明外来人口众多,市面畸形繁荣,急剧的通货膨胀,商人贪利,物价"如直升机般飞涨"[③],不仅学生们"吃饭难",营养不良,面有菜色,教授们同样度日艰难,叫苦不迭,到1940年"月薪顶高的不过能买昆明的三四石米,低的则一石米都不能买到"[④]。

对陈铨来说更难,自回国后,父母兄弟几乎完全依赖他,巨大的经济压力将他压得喘不过气来。自到长沙后,为节省川资,陈铨一直未及回探妻小,尤其是次子光还体弱多病,一岁多还不会走路,更让他时时悬念,但也没有好办法。战争期间,按时往家汇款已很难了,为解老父愁苦难堪,他还得想办法偿还稀里糊涂、数目不菲的债务。陈铨多次大吐苦水,告诫警醒家中兄弟子侄,不能心存侥幸一味依赖,应想方设法,自食其力,可又于心不忍,怕伤了老父亲的心。

与穷困潦倒相伴的还有死亡的威胁。西南联大当初未接纳湖南和广西政府的盛意邀请,最终迁往昆明,考虑的是云南地处偏远,相对安全,兼有滇越铁路通往境外,但敌人魔爪还是伸到了昆明,这就是史家谓之的"无差别轰炸"[⑤]。陈铨多次亲历空袭,深受其害。1938年2月,

---

[①④] 查良铮:《抗战以来的西南联大》,《教育杂志》(重庆),1940年第31卷第1期。
[②] 徐志鸿:《国立西南联大在昆明》,《大风》(香港),第15期,1938年7月25日。
[③] 柳无忌:《烽火中讲学双城记》,《柳无忌散文选》,北京:中国友谊出版社,1984年,第110页。
[⑤] 即不分军事目标和平民目标的战略空袭。参见张宪文主编,张瑾、唐润明、邓平编著:《日本侵华图志第14卷:无差别轰炸》,济南:山东画报出版社,2015年,第2—4页。

日军首次空袭陪都重庆,5月底开始连续对广州狂轰滥炸十几天,造成万人死亡的惨剧。随着战争的深入,东南沿海陆续沦陷,滇越铁路几乎是中国对外交通的唯一渠道,外来援助、进口物资,尤其是军火必须经滇越铁路转运,更兼昆明还有不少迁来的政府机构和大学,势必成为敌寇针对的目标,劫数难逃。

1938年6月下旬,昆明市政当局已在作防空部署,敌机要来轰炸的传闻一时喧嚣。两周后,昆明发布第一次疏散令,要求学校机构往城外疏散,百姓闻之,也陆续迁往乡下。9月上旬,风声越来越紧,政府再次发布命令,要求"公务人员,先行疏散,外籍居民来滇者亦须散住各县,不准勾留省垣"。9月21日,市政当局发出第一次空袭警报,只是当天大雨滂沱,敌机未来,但市民已惶恐不安,"纷纷认真疏散,轿车、船马,无一不陡然涨价"①。陈铨描述道:

> 今晨九时,昆明忽有警报。男出外至树林中暂避,二小时后,警报方解除。据云,日本飞机已来附近,但未侵入昆明上空。此为昆明第一次空袭警报。同时城中毫无防空设备,故一般人民非常恐慌。政府已下令疏散人口,中小学将一律迁至外县。男校住所城郊,有警报时,可以往山地躲避,故尚比较安全。②

自此春城再无宁日,"跑警报"成了整个城市的噩梦和人民生活的一部分。9月25日,临近的省会城市贵阳遭到空袭,消息传来,昆明人心惶惶,风声鹤唳。陈铨是这样描述的:"昨日晨时十时,忽见街上人民,纷纷出城,一时军警林立。我等以为有空袭,亦随众窜至山地躲避。至十二时回家,始知因贵州被炸,本地人民闻息,遂仓皇趋避。经此两度虚惊,一般人心动摇,纷纷迁往乡下及外县。昆明中等学校,已实行迁移。"③事后得知,这是"航校省府中人,传出敌机迫近消息",而市民则"闻风走避,街铺尽关,路途拥挤",甚至"传有小孩遭践踏而死"④。

---

① 《浦薛凤回忆录》(中),第131页。
② 1938年9月21日。
③ 1938年9月27日。
④ 《浦薛凤回忆录》(中),第132页。

两天后，昆明首遭空袭。

1938年9月28日上午，九架敌机在昆明大西门、小西门以西，潘家湾、小西门苗圃及凤翥街一带，投弹100余枚，造成轻伤60人，重伤173人，死亡190人的惨剧。联大所租昆华师范就在这一区域，有人遭受了重大损失。当天空袭警报响起，陈铨与同住在教授宿舍的同事浦薛凤相偕逃往郊外，两人皆留下记录文字，个中细节毫微毕现，可谓惊险万分。

据浦薛凤所记，当日上午八时四十分，骤然"汽笛长鸣"。闻警报声，他与陈铨等三名同事立刻从宿舍奔出，慌乱中结伴从学校后门逃出，只见"走奔者络绎于途，天上飞机已轧轧作响"。三人迅速穿过"街道房屋"，狂奔至城外公路西侧"坟墓错杂"之"荒野"。浦氏觉得"满目皆是避袭人士，恐前行反无些微掩护"，故在离公路一里处的"高堤旁两坟墩间"侧伏隐蔽，陈铨则与另一同事继续西行往山间深处。

当此时，亦有昆明航空学校的教练机升空盘旋，唯"皆孤孤单单，来来往往，并不成队"。随即传来刺耳的"紧急警报"声，而"震人耳鼓"的轰鸣声则"愈听愈大，愈迫愈近"，刹那间，"赫然一大队排成人字阵之银灰色"敌机，"侧竖自上向下，自西向东"飞窜过来，"数秒钟后，即闻劈拍连珠之机枪声"，"枪声甫起，即闻一阵轰隆隆轰炸声，倏又归于沉寂"。未几，远处传来了"机枪及轰炸声"，"瞬息又静"，抬头只见"东南角上，黑烟尘土，高缭天空"。至十一时半，警报解除，"一霎时，荒坟野草堆中，万头攒动，均振衣拍灰而起"[①]。

回到城中，大家始知昆华师范中弹二十余枚，死伤多人，损失惨重，"联大所租赁的三座楼中，南北两楼各直接中弹"。幸运的是，未外出躲避的金岳霖、皮名举、刘晋年等七名教授竟毫发无伤。浦薛凤卧室的房门"已成两片，室内灰尘厚积，棋子之圆匣之两匣盖，均飞地上，窗上铁键已断，天花板亦落一二块，肥皂两块如投泥土"[②]。陈铨宿舍更是

---

① 《浦薛凤回忆录》（中），第132—134页。
② 《浦薛凤回忆录》（中），第135页；陈岱孙：《回忆金岳霖先生》，《陈岱孙遗稿和文稿拾零》，第25页。

正中一弹,断壁残垣,狼藉一片。是夜,一干师生在瓦砾残垣中收拾残破,灰头土脸地搬至往西稍远的昆华农业学校。

当晚,惊魂未定的陈铨提笔给父亲写了一封短信报平安:

> 本日十时,日机九架来袭昆明。在师范学校投弹十余枚,男住房全塌,东西损坏三分之一。幸男闻警报时即逃出,幸免于难。学生死二人,工人死二人,厨子死一人,教员死一人,其余尚有数人受伤。男现暂移农校居住。此处距城稍远。今日疲殆不堪,以后再详。①

一周后,陈铨又较为详细地叙述了惊险一幕:

> 上星期三,日机来炸昆明,总计投弹约百枚,在昆华师范约廿余枚。学校死校工二人,厨役一人,教官一人,学生二人,又有学生一腿炸断,入院后二日方死。学校附近城墙边,平民死者,七十余人,伤者亦数十人。男所住房屋,中二弹,砖瓦全脱,工人二即死于屋侧。教官死甚惨,尸体分裂成数块。伤心惨目,莫此为甚。有七教授炸时未出屋,屋前后均投弹,屋中窗户门均坏,然均得保全性命。
>
> 男闻警报时,即逃往山上,伏坟地间,飞机从头上经过,心惊胆裂,旋闻机枪炸弹声音,俨若在侧者。男屋中砖瓦坏栋,积数尺,但被褥尚完好,皮箱什□震坏,里面重要物件犹存。蚊帐则有数十小孔,一角压破。至于温水瓶,茶壶等物,早已不知去向。父亲与我之一对联,一中堂,悬挂壁间,亦荡然无存。衣服亦失掉一部分,箱子压烂,被单撕破一床。书籍失破七十余册。总计损失,约七八十元。生命保全,即已万幸,区区损失,不足计也。自念事变以来,一危于北平,再危于长沙,三危于广州,合昆明此次计之,已四次死里逃生,然以此次为最险,因炸弹正落男之寝室。②

---

① 1938年9月28日。
② 1938年10月5日。

空袭次日,警报又起,所幸敌机未到,而市民则又一番惶乱奔走,纷纷逃往外地。受此一劫,联大亦有动迁大理之议,后因多数教授反对而作罢,因为大家认为"昆明有空军保护,日机来袭,因崇山峻岭,极不容易,故来的次数必不甚多,只要学校能多挖防空壕,即无甚关系","唯教授之有家眷者,住在城中,颇为危险,将来必须设法疏散至外县或乡下"①。后来,闻一多、沈从文、冯至、金岳霖、梁思成等居留昆明的学者教授果然都避居乡间。而陈铨则随众暂居于稍远一点的昆华农业学校,非万不得已,一般不进城。

昆明首遭轰炸伤亡惨重,地方当局从中吸取教训,一方面加强宣传教育,另一方面加紧防备,筑挖防空壕堑,并从情报组织、信息发布、信号标识等建立起较为规范的防空措施,虽效果明显,但还是防不胜防。1939年4月8日,昆明遭受第二次空袭轰炸,目标是巫家坝机场,连带殃及附近村庄,造成二十余人伤亡。陈铨曾记录道:

> 昨日日机来袭昆明,共十八架,投弹均在航空学校附近,城中及学校,均无损伤。敌机两架被击落。警报发时,我等均趋避郊外防空壕内,飞机声及高射炮机关(枪)声均清晰可闻,唯炸弹声则距离甚(远),未得闻见。今日十二时前一刻,又来警报,但敌机未来。执笔作此书时,正躲空袭归来也。②

1940年5月9日,日机第三次空袭昆明,目标仍是巫家坝机场。

自此昆明空袭日渐频繁。据官方统计,1938年至1943年五年时间,昆明共遭37次空袭,其中尤以1941年为甚,有近20次之多,陈铨亲身经历空袭有20余次。1944年以后,我方防空加强,尤其是有美国十四航空队协助攻防,兼日寇战线太长,战力减损,"敌机袭昆较少以至停止了空袭,人民才有喘息之日"③。

---

① 1938年10月10日。
② 1939年4月9日。按:括号内字为引者据文意补加。
③ 参见谢洁吾遗稿、谢得宜整理:《抗战时期敌机袭昆伤亡简记》,《昆明文史资料选辑》(第七辑),第138—141页。

五、《祖国》

战争背景下，流离辗转、穷困潦倒、空袭威胁对每个国人都是如此，但个人的应对方式和体验境遇却不尽相同。陈铨曾回忆联大的生活："中间空袭的威胁，和生活的穷苦，真是不堪回首。我对于德国文学哲学的专门研究，因为离开北平的时候，日军搜查甚严，一千多本西文书籍全部抛弃，无法继续学者的工作。但是恶劣的环境，并没有压迫下我努力的精神。"①

昆明几年间（1938—1942），陈铨主要的文化活动和著述成果包括以下四方面：一、教学活动；二、为昆明和重庆的报纸杂志写各类文章，如《云南日报》《中央日报》《民国日报》《战国策》《军事与政治》等；三、创作《花瓶》《蓝蝴蝶》《浮士德游中国记》《狂飙》等小说、《黄鹤楼》《野玫瑰》《金指环》等剧本以及《叔本华生平及其思想》等著作。四、带领联大学生排演《祖国》《黄鹤楼》《野玫瑰》等抗日"国防剧"。

西南联大近五年间是陈铨一生中的荣光时期，他参与组织的几次大型话剧公演，均获得了极好的社会反响，他也因此享誉昆明，声名远播，一举成为抗战中不可忽略的戏剧家，还被推选为1940年度西南联大"教授评议会"九名成员之一。但话剧《野玫瑰》和"战国派"却渐起争议，为他后半生的遭遇埋下了种子。

甫至昆明，陈铨就应邀加入了当地剧团的活动，除了被有名的"金马剧社"聘为"名誉顾问"，还被云南大学学生社团"时事研究会"邀为导演，帮助他们排演他自己的独幕剧《王铁生》。主事学生曾回忆道："由于我们缺乏演剧的经验，先是请联大的教授陈铨做导演"，并排演了多次②。1938年8月中旬，该剧在云南大学大礼堂上演，反响很好。陈铨在家信中写道："近周来云大学生排演男编之独幕剧《王铁生》，由

---

① 陈铨：《我的戏剧学习经验》。
② 赵建中：《云南大学时事研究会》，载《云南文史资料选辑第五十三辑：内迁院校在云南》，昆明：云南人民出版社，1998年，第340页。

我亲自指导,故非常忙碌。前日起公演四天,成绩极好,观众均非常满意。"①

1938年11月,陈铨导演的《暴风雨之前夕》《春风秋雨》两剧,在联大举办"劝募寒衣游艺会"期间上演,颇受各界好评②。从陈铨家书中亦可见一斑:"近十余日,联大学生为募寒衣捐,表演新剧,男任导演,故非常忙碌。现已公演完毕,凡四晚,每晚观者达千余人,可得洋二三千元,对前方将士,略可一助。"③小试牛刀,初获成功,学生深受鼓舞。1939年1月13日,在高小文等学生的组织下,"西南联合大学话剧团"("联大剧团")宣告成立,陈铨继续被聘为"名誉团长"④。

剧团成立时,已在排练陈铨改编自《古城的怒吼》的四幕剧《祖国》⑤,并拟公演"替前线将士,募集鞋袜"。这是联大剧团在昆明的首次亮相,不仅学生努力,几位教授也倾力支持。闻一多自请担任舞台设计,"排戏的时候他总是亲自莅场指示一切",孙毓棠也欣然允诺相助,请妻子凤子担纲主演,并"在演员的动作与表情方面给我们许多宝贵的指示与删改",同学生们一起,"总是十二点的深夜才回家去"⑥。陈铨作为"名誉团长"和编剧导演,自是"忙碌异常"⑦。

1939年2月18日(除夕夜),联大师生精心打造的《祖国》在光华街云瑞中学大礼堂上演⑧。演出当天,《益世报》整版刊出"联大剧团公演祖国专页",主创人员孙毓棠、凤子、汪雨等各撰文介绍筹演排练、演员舞台、角色体验等情形,联大剧团以集体名义对各界的帮助和支持致以谢忱。陈铨则从剧本、导演、演员三方面介绍了筹演过程,尤对闻一

---

① 1938年8月4日,1938年8月14日。
② 参见:《劝募寒衣:联大今日出演暴风雨之前夕,六九两日出演春风秋雨,七十两日表演舞蹈音乐》,《云南民国日报》(昆明),1938年11月5日;《联大成立剧团》,《益世报》(昆明),1939年1月15日。
③ 1938年11月10日。
④ 《联大成立剧团》,《益世报》,1939年1月15日。
⑤ 《古城的怒吼》是马彦祥据法国19世纪剧作家Victorien Sardou(1831—1908)的 *Patrie*(《祖国》)改编。
⑥ 《致谢赞助本团的人们》,《益世报》,1939年2月18日。
⑦ 1939年2月28日。
⑧ 《祖国》演出广告,《云南民国日报》,1939年2月17日。

多、孙毓棠的专业水准、工作热情予以高度评价,并说从凤子饰演的主角佩玉,到张定华的婢女小云、高小文的警察厅长等"小的角色",都经过"细心的选择"和认真的打磨①。

《祖国》的公演获得巨大成功,场场爆满,每次不到开演时间,"座票"全部售罄,"甚至有些要求'站看'的"②。昆明各报好评如潮,一致认为舞台"简单而美丽",演员表演"深刻",而"严肃悲壮"的思想内容"深深刺激着安乐里的人们",启示他们要"共同站在抗日的旗帜下,为祖国的独立而奋斗"。总之,"全剧精采百出,观众情绪紧张",演出"美满"③,而未及观演者则"来函纷请续演",于是又续演了三天④。据陈铨事后所言:"此次公演,继续八日,共演九场,每场观众均拥挤不堪。各方面批评,均非常之好。共收入国币二千五百余元,除开销外,可捐出约一千数百元。"⑤

《祖国》反响空前,一时成为昆明的中心话题,连"重庆的报纸也登出了《祖国》上演的消息和通讯,上海的画报也刊出了《祖国》的剧照和介绍文章"⑥。如《展望》画刊登了陈铨、闻一多、凤子、孙毓棠,以及演职人员、演出剧照等15幅照片,同时还用中英文配发了情节梗概、剧团介绍、演出台词等。其中写道:

> 西南大学剧团近在昆明公演国防剧《祖国》(原名《古城的怒吼》),由陈铨教授导演,出演人员,为前上海复旦大学封禾子(凤子)女士领衔演出,全体演员均能平均发展,成绩极为美满。该剧要旨描写故都沦陷后之种种,青年人在奋发中图进发,革命战士吴

---

① 陈铨:《联大剧团重演祖国的经过》,《益世报》,1939年2月18日。
② 丁伯骕:《关于〈祖国〉的续演》,《云南日报》,1939年2月24日。
③ 参见:《〈祖国〉昨晚上演,成绩甚佳,金马已公演,业联正在排演》,《云南日报》,1939年2月19日;南江:《联大剧团〈祖国〉美满演出,全剧精采百出,观众情绪紧张》,《益世报》,1939年2月19日;夏江:《伟大的祖国,凤子确实是成功了!》,《朝报》,1939年2月19日;心丁:《致联大剧团一封公开信——观〈祖国〉演出后》,《云南日报》,1939年2月20日;俞德刚:《看了〈祖国〉以后》,《云南日报》,1939年2月24日。
④ 《西南联大剧团续演祖国启事》,《朝报》,1939年2月22日。
⑤ 1939年2月28日。
⑥ 张定华:《昆明抗日救亡运动中的"联大剧团"》,载云南省社会科学院编辑发行:《云南现代史料丛刊》(第五辑),1985年,第56页。

伯藻先生埋头工作不遗余力,然碍于吴妻佩玉之阻梗,终成功亏一篑。末幕英勇战士吴伯藻以被捕牺牲闻矣,全剧描写家庭冲突,抗战热情,悲壮牺牲,绯色恋爱,错综交互,变幻紧张,最后目的,则在明白指示个人对祖国之责任,造意不可谓不深也。①

沪上《剧场艺术》也对联大剧团、《祖国》的公演,尤其是上海方面所熟悉的凤子的表现予以重点介绍②。

六、《黄鹤楼》

《祖国》的火爆也激发了昆明各界演出话剧的热情和潜力,开启了春城抗日演剧活动的兴盛。1939年以前,当地较活跃的只有云南省"民众教育馆"的"金马剧团"和昆华艺术师范学校的"艺师剧团"。据时人称,两剧团虽"都有优越的成绩",但只"激起了一点微波",直到《祖国》的成功演出,才"初步奠定了昆明剧运的基础",并"从此激起了昆明剧运的浪潮"③。

《祖国》公演后的四个月内,昆明共举行了《夜光杯》《中国万岁》《凤凰城》《流寇队长》等"十二次"较大规模的戏剧公演④。到7月中旬,曹禺应邀来到春城,春城剧人联合排练演出了其新作《原野》和《黑字二十八》,曹禺、凤子、孙毓棠、陈豫源等名家大腕皆粉墨登场,共演出33场;10月,为庆祝第一届戏剧节,昆明剧界又举行了联合公演;12月,中央电影摄影厂到昆明取外景,所属"中电剧团",以"铁一般的阵容"(如魏鹤龄、施超、白杨、钱千里等)公演了《群魔乱舞》《塞上风云》两剧。正是在各剧团竞争公演中,将昆明剧运推向"鼎盛"⑤。时人称:

---

① 《〈祖国〉在昆明上演》,《展望》(上海),第5期,1939年5月1日。
② 高原:《昆明剧坛动态》,《剧场艺术》(上海),第7期,1939年5月20日。
③ 如"青年剧团"(青年会)、"业联剧团"、"益世剧团"、"叙昆铁路剧团"、"国防剧社"、"青年剧团"(三青团云支部)、"云大剧团"、"同济剧团"、"儿童剧团"、"大鹏剧社"等十几个剧团。参见林洛:《昆明剧运的成长与衰落》,《华商报》(香港),1941年5月24日。
④ 李朴园:《在昆明看到的几次演出》,《剧场艺术》(上海),第10期,1939年8月20日。
⑤ 林洛:《昆明剧运的成长与衰落》。

"一九三九年的昆明剧坛,已呈现着活跃和突击的姿态而不是过去那样沉寂了。每个热忱戏剧工作者的'热'和'力',向着这后方的每个阶层,每个角落挺进着!他们站在全民族团结的阵线上在尽他们最大的任务!"①

《祖国》因缘际会,成为昆明剧坛"呈现相当蓬勃气概"之"嚆矢"②,陈铨与联大剧团一时享誉昆明。此后高小文、汪雨、刘雷、劳元干、陈誉等核心成员在春城剧界崭露头角,很多演出的幕后台前,都活跃着他们的身影。而与"纯洁、热情、可爱"的学生朝夕过从中,陈铨不仅感染了年轻人的青春热血,也激发了创作戏剧的信心。

《王铁生》演出后,陈铨曾向父亲报告:"联大同事有去观者,回时亦极表称赞。此方证明男尚有创造戏剧能力也";"《王铁生》公演凡四日,成绩极佳,惜阿父不在此,不能见男之成功也"③。《祖国》公演后,又欣喜地告诉老父:"自上次公演祖国获得成功后,我在昆明,颇享相当名誉,大部分人会面,均甚推重。"④西南联大校方还"鉴于抗战时期戏剧宣传之重要",特地请他"添设戏剧编演一课程"。⑤

陈铨在德国曾想从事戏剧创作而未成,大约还是语境不合,没找到灵感,抗战爆发,他终于找到了个人兴味与时代思潮的契合点。如其所言:"经过这一次的全面抗战,中国文化的新时代已经来临了,中国戏剧应当宣传这一个时代的使命。"⑥由此,陈铨开始了多幕剧的创作,他后来回忆道:

> 我敢于有勇气写出第一个剧本,不能不感谢一些朋友的启示和学生的热情……《祖国》上演的时候,从闻一多孙毓棠凤子三人

---

① 高原:《昆明剧坛动态》。
② 野丁:《孙毓棠与凤子》,载杨之华编:《文坛史料》,上海:中华日报社,1944年1月,第325页。
③ 1938年8月20日。
④ 1939年3月15日。
⑤ 查西南联大1938—1940年的"学程表",陈铨所开《现代戏剧》即是这门课程。参见:陈铨1939年1月24日家信;张思敬等主编:《国立西南联合大学史料·三·教学科研卷》,昆明:云南教育出版社,1998年,第151、178页。
⑥ 陈铨:《宣传剧的最低条件》,《中央日报》(昆明),1939年5月21日。

的活动中,我领悟许多戏剧表演的原则。而且《祖国》的剧本,经我删改过一遍。因为应时代的要求,我加写了两场。在演出的时候,我加写的两场,发生良好的反应,增加了我写作的自信力。《祖国》演完,我就开始写《黄鹤楼》,一个月之后脱稿。①

五幕剧《黄鹤楼》完成于1939年3月中旬到4月上旬间,其间陈铨多次向父亲描述了创作时的高峰状态:

近拟自编一戏剧。系描写空军某队故事,第一幕已脱稿,希望不久能将其余三幕写完。近来生活较安定,颇有心创作,此为数年以来未有之心境。算命家谓我有名无财,岂果然欤?②

学校考试完后,试卷阅毕,即从事创作一戏剧名《黄鹤楼》,共分五幕,系描写中国空军中某队故事。现已完成三幕,希望再数日能完成也。③

戏剧共五幕,已写完,长约八万字,名《黄鹤楼》,取"昔人已乘黄鹤去,此地空余黄鹤楼"之意,盖剧为悲剧,而地点又在武汉。此为我《死灰》而后之第一巨著,颇令人踌躇满志。④

剧本完成后,陈铨领着学生排练了几次,但"三位朋友"(指闻一多、孙毓棠、凤子)对这个戏兴趣不大⑤,而且"学生功课太忙","不愿演戏太荒废彼等学业",决定"暂不演出,留至暑假再说"。⑥ 这一停就是两年,学生们则纷纷去参加了其他剧团的演出,联大剧团一时沉寂,1940年2月借"响应募捐劳军献金"之际,才又公演了四幕剧《夜未央》⑦。陈铨在此期间也淡出了戏剧活动。除工作繁忙、家庭之累等原因外,主要是忙于著述。1940年4月,《战国策》杂志在昆明创刊,作为核心人物之一,陈铨此一时期的精力皆投注于此。1940年底《战国策》

---

① ⑤ 陈铨:《我的戏剧学习经验》。
② 1939年3月15日。
③ 1939年3月23日。
④ 1939年4月9日。
⑥ 1939年4月26日,5月15日,24日。
⑦ 参见:《介绍国防名剧〈夜未央〉,由联大剧团演出》,《云南民国日报》,1940年2月23日。

因故几近停刊,陈铨又开始了戏剧活动,标志性成果是《黄鹤楼》的公演与《野玫瑰》的诞生。

1941年4月,由陈铨亲自编导的五幕大型话剧《黄鹤楼》,由"青年话剧社"(1940年成立,三青团云南支团部)在昆明大戏院首演。演出从4月26日持续到4月30日,"卖座的记录,出人意外。每天票房只开一小时,一千多个座位,立刻全部售罄"①。其间,《朝报》《中央日报》《民国日报》等皆予以关注和好评:"自公演空军国防剧《黄鹤楼》以来,颇得观众好评,连日均告满座","打破了昆明剧坛数月来的沉寂",宣扬"空军英勇作战的伟绩",是"一出相当精彩的力作",是"代表了新时代的作品"②。4月29日的晚场,吴宓曾去观演,他认为饰演萨丽的演员表现"甚佳"③。时人亦多有称誉:"三十年春末,西南联大学生曾上演该校西文教授陈铨编导的《黄鹤楼》。'联大'学生沈长泰、刘雷、陈誉等工作严肃,演出成绩良好。"④

陈铨自陈受王文显"形式主义"戏剧理论的深刻影响,重视戏剧技巧、受众影响和剧场效果。《黄鹤楼》虽也契合"三一律",但该剧人物众多,情节复杂,多线交错,场景繁复,布景、服装要求高,演出耗费大,呈现于舞台,也是颇有困难。实际演出中,出场演员达21人,演出时间太长,其中一场晚八时半开演,至凌晨一时半方结束,"整整用了五个半钟头"⑤。彼时昆明通货膨胀严重,从学生到老师都穷困不堪,要筹措不菲的演出费用,谈何容易。多年以后,陈铨仍清楚记得《黄鹤楼》的"服装布景道具太花钱"⑥。有鉴于此,学生们要求他"再写一个人物较少,布景简单的剧本"⑦。于是《野玫瑰》诞生了。

---

① 陈铨:《我的戏剧学习经验》。
② 参见:《话剧〈黄鹤楼〉观众颇踊跃》,《云南日报》,1941年4月29日;培:《关于〈黄鹤楼〉——演员及其他》,《朝报》,1941年5月2日;南:《看了〈黄鹤楼〉以后》,《朝报》,1941年5月2日。
③ 吴宓:《吴宓日记》(八),北京:生活·读书·新知三联书店,1998年,第79—80页。
④ 方今:《话剧在中国四十年来发展概述》,《青年戏剧通讯》(重庆),第16、17期合刊,1942年1月1日。
⑤ 南:《看了〈黄鹤楼〉以后》,《朝报》,1941年5月2日。
⑥⑦ 陈铨:《野玫瑰生活资料来源》,《陈铨档案》,南京大学档案馆。

七、《野玫瑰》的首演

1941年3月间,排练《黄鹤楼》时,陈铨已开始着手写《野玫瑰》,并很快完成,6月开始连载于重庆《文史杂志》。关于该剧创作和在昆明之外的演出等情况,容后再叙。首先说《野玫瑰》在昆明的两次重要公演。

1941年8月3日至8日,《野玫瑰》由"国民剧社"首演于昆明大戏院。演出组织者"国民剧社"社长翟国瑾曾撰长文《忆一次多灾多难的话剧演出》,详细叙述了从剧社成立、筹划演出,到"争夺"剧本、延聘演员、筹募经费,再到租用剧场、临场换角、发放"荣誉券",以及遭人"打闷棍"、为演出负债等许多幕后台前的生动而鲜活细节。如从陈铨处获得《野玫瑰》剧本及演出权一事,文中写道:

> 陈教授的《野玫瑰》此时才完成初稿,还没有定稿,而且青年剧团的汪雨,以及另外的一个剧团,也已向陈教授洽商在先了。要想取得这一剧本,势非采取特殊手段不可。经设计委员会数次商讨之后,乃采取人海战术,大家一齐涌至陈教授寓所,请他将剧本手稿拿出来给大家瞧瞧。然后又在乱哄哄的局面中,乘其无备,由一位同学将剧本揣起来,先行告别,余下的人再陆续散去。写文章的人,大都有点迷糊,直到我们已经赶写了油印本,前去通知他时,他才知道自己的作品已经"出版"了……于是便决定将此剧交由我们演出。

如翟氏所言,《野玫瑰》"演员阵容、剧本主题及故事路线,都已达到最好的水准",布景"富丽堂皇"、道具"豪华优美",也是"第一流的",台词"高雅风趣",演出"极为成功",甚至于演至最后一场,观众一反常态地不减反增[1]。当时的文献,不仅印证了翟国瑾的说法,也补充了其他诸多细节。

---

[1] 翟国瑾所述比较客观,如联大剧团成员间的意气之争、汪灼峰顶替姚念华等,皆能与其他文献互证。但也有一些偏差,如《野玫瑰》首演日期实际为8月3日,而非8月2日。参见翟国瑾:《忆一次多灾多难的话剧演出》,载董蕭总编辑:《学府纪闻:国立西南联合大学》,台北:南京出版有限公司,1981年。

首演日(8月3日),《民国日报》《云南日报》等报都刊载了演出消息:"国民剧社为募债公演《野玫瑰》,各情已志本报,先该剧已排演纯熟,今(三)晚起在昆明大戏院正式上演,闻演员方面,略有更动,原饰曼丽之姚念华女士,因事未能演出,改由汪灼峰女士饰演云。"①演出始终,各报又陆续作跟踪报道,略举几例:

  省党部国民剧社,昨(三)晚在昆明大戏院开始公演陈铨教授并作四幕间谍剧《野玫瑰》,剧情紧张,各演员均剧坛名选,演出谨严□人,观众拥挤,咸□赞誉云。②

  国民剧社公演之野玫瑰,虽经连日阴雨,观众仍极踊跃,昨晚尤甚,全部剧情,紧张剧烈,充满爱国之民族意识,加以演员阵容之整齐,导演之成功,布景之清雅,足使观众有百看不厌之感,逼真之表情,博得观众热烈之掌声,闻今明两日仍继续云。③

  《野玫瑰》昨为第四日演出,成绩益见精彩,演员俱达炉火纯青之境,剧情曲折紧张,观众亟欲一睹为快,购票者之踊跃,为历来所未有,面向隅者尚属不少,今日本为最后一场,顷悉该社为应各界函约,拟于八日续演一天,以谢雅意云。④

  国民剧社公演《野玫瑰》一剧,原定于昨日结束,顷因各界函请续演,决于今晚做最后一次演出,该剧提倡民族思想及为国牺牲之精神,意识正确,适合时代要求,第四幕夏艳华计杀汉奸一段,惊险离奇,引人入胜,不唯提高观众爱国情绪,兼可灌输间谍智识,诚为不可多得之佳作,今晚为最后机会,未观者幸勿错过云。⑤

---

① 《〈野玫瑰〉今晚正式上演 在昆明大戏院》,《云南民国日报》,1941年8月3日。同日《云南日报》《朝报》消息标题分别为《〈野玫瑰〉今晚上演》《野玫瑰今晚起献演》。
② 《〈野玫瑰〉昨晚公演,观众踊跃》,《云南民国日报》,1941年8月4日。
③ 《〈野玫瑰〉演出成绩颇佳,今明继续上演》,《云南民国日报》,1941年8月6日。同日《云南日报》有题为《野玫瑰:观众极为踊跃,继续上演两日》消息。
④ 《〈野玫瑰〉续演一日》,《云南日报》,1941年8月7日。
⑤ 《募债公演:野玫瑰最后一日,权与死明晚上演》,《云南民国日报》,1941年8月8日。同日《云南日报》有题为《野玫瑰最后演出》消息,《中央日报》演出广告中有"应各界要求,续演一天""最后一天,切勿错过"等语,并刊登了《国民剧社为续演野玫瑰事启》,称"已请得青年剧社及昆明大戏院同意,将《权与死》延后一天",《野玫瑰》继续上演。

国民剧社为募债上演《野玫瑰》,昨为最后一日,情形更为热烈,此次上演成绩极佳,博得各方好评不少,闻各项收支账目,现正由负责人赶造,即将分别函呈募债总队,抗敌后援会即省执委会审核,购荣誉券人士芳名,亦将予以公布云。①

演出期间,有论者撰文评述道:《野玫瑰》一改陈铨"过去作风","以严整紧张之姿态出现",全剧以沦陷的北平为背景,"描写我作特务工作之青年志士,惊心动魄与敌伪斗争之情形",②夏艳华等人为了中华民族,从事"最困难最危险"的工作,他们不顾自身名誉和"牺牲性命的精神",令人"顶礼崇拜",而"时代的弃儿""极端的个人主义者"大汉奸王立民,在"民族主义的怒潮"下的失败命运,正象征了"中华民族的时代精神,已经踏入了一个新阶段"③。

事实上,《野玫瑰》昆明首演时,在演出水平、观众反应以及剧作的思想内容、主题倾向和人物形象等方面,不仅没有发生过任何争议,而且一致予以肯定,至于翟国瑾所言的"多灾多难",指的是演出组织过程中发生的波折。此与昆明剧运的渐显颓势以及联大剧坛内部分化的大环境有关。

昆明剧运在1939年达到鼎盛,但到1941年已显出颓势。按知情人所述,除了演员流动性大、导演缺乏、经费舞台等限制外,"致命伤还是昆明戏剧界的不能合作","散漫的劣根性还不能铲除","地方剧团歧视外来的剧团",尤其是皖南事变后,国共矛盾公开化,这些隐患"随着政治变动而加深","剧团内部也是四分五裂,甚至在一个团体之内也有着很多摩擦"④。1940年,"戏剧工作相当活跃,人多,剧团多,可是热闹了一阵,便又沉寂下来",连本地剧坛代表人物陈豫源和王旦东"都已改行",他们所主持"巡回演剧队""金马剧社"的团员也"多已星散"。⑤

---

① 《〈野玫瑰〉昨结束,〈权与死〉今上演》,《云南民国日报》,1941年8月9日。同日《中央日报》《朝报》的消息标题皆为《〈野玫瑰〉昨圆满结束》,《云南日报》为《野玫瑰结束》。
② 《关于野玫瑰》,《朝报》,1941年7月29日。
③ 唐培源:《野玫瑰的特点》,《朝报》,1941年8月6日。
④ 林洛:《昆明剧运的成长与衰落》。
⑤ 凤子:《昆明剧坛小景——追忆〈娜拉〉前后及其他》,《华商报》,1941年8月23日。

而纯业余性质的联大剧团,参与者多出于个人爱好,本就组织松散,约束性差,分歧矛盾在所难免。

1940年夏天,联大有多个剧团先后举行过公演①,虽演职人员互有交叉,但不同剧团的诞生,自事出有因。如国民剧社就是青年剧社发生矛盾而分化出来的。起因是原"青年剧社"(1940年成立)的成员贺蕴章、翟国瑾、高小文、唐培源等人,与社长汪雨发生龃龉,一气之下,另立山头,成立国民剧社,以示对抗。其实,这两个剧团支持者分别是三青团云南支部和云南省党部。嫌隙既生,也顾不得"党""团"本属一家了。于是,在"国民剧社"拿到了《野玫瑰》的首演权后,"青年剧社"也不甘示弱,在汪雨的带领下,积极筹备,准备同档期上演《权与死》(据易卜生《海妲》改编),并暗施"手段",大有一争高下之意。最终"国民剧社"又略施小计,租下了昆明大戏院,成功抢先公演了《野玫瑰》②。

同学生们有密切合作的演员凤子,曾规劝道:"我但祝望着两个戏工作顺利,不要因一个人的意气用事而遭受挫折。非职业剧团里不免有些人发发少爷小姐的脾气,说起来是幼稚而可笑的。但在目前的戏剧运动的进展,尚有待于这些朋友努力去拨动,即使有些小挫折,本着干而不是玩戏的目标去干的话,总可干出一点成绩来。"③事实上,两剧的导演均为孙毓棠,而姜桂侬、李文伟、劳元干等人还先后在两剧中担纲主要演员。这些事实表明,《野玫瑰》首演,两剧团之争纯属"哥们儿""一时意见不合"的逗意斗气,暗暗较劲,并非如某些回忆者所述,凡提到《野玫瑰》,总不离进步与落后、先进与反动的论调。

《野玫瑰》的第一批读者中有闻一多、孙毓棠、凤子、吴宓等人,他们的观点值得重视。据陈雄岳所记,陈铨曾告之曰:"闻一多对《野玫瑰》提有意见,提得很好。闻说他宁愿一块白玉有微瑕,不愿一块无瑕的石头。"④陈铨后来也写道:"脱稿以后,闻一多先生颇加称许。他认

---

① 分别是青年剧社的《前夜》、联大戏剧研究社的《阿Q正传》和联大剧团的《雷雨》。
② 参见翟国瑾:《忆一次多灾多难的话剧演出》。
③ 凤子:《昆明剧坛小景——追忆〈娜拉〉前后及其他》,《华商报》,1941年8月23日。
④ 陈雄岳:《与家兄陈铨相处时的回忆》。

为还有一些缺点,但是他说:'一块有瑕的白玉总比一块普通石头好。'他特别指出第三幕结尾一段最好。这当然给我不少的鼓励。"①说明闻一多对《野玫瑰》有很好评价,而孙毓棠作为导演本身就表明了态度。

1941年7月,凤子曾回到昆明演出《傀儡家庭》,她在"看完《野玫瑰》原本,觉得有许多戏可作,但是她不适宜于演夏艳华那样的角色"②。8月,已到香港的凤子遗憾地写道:"我匆忙地走了,未能看到《海妲》和《野玫瑰》演出,很是怅然。"③至于吴宓也认为《野玫瑰》剧本"甚佳",还曾邀约朋友一起观看演出④,并与贺麟一起将《野玫瑰》推荐至教育部"学术审议会",与曹禺的《北京人》同时获得三等奖⑤,由此闹出风波,此系后话。这些行家里手皆未曾提及剧作有何问题,说明了后来的大批判意在言外,与剧本并无关系。但是《野玫瑰》在昆明的再次演出的确发生了所谓争议。

八、再演与争议

1942年2月,中国军队从滇西进入缅甸,协同英国军队对日作战,云南由大后方成了战争的最前线。前方将士浴血沙场,后方各界也以多种方式作后援。5月,联大学生自治会会同联大剧团,决定在昆明举行"劳军公演",选中的剧本是《野玫瑰》,并由陈铨亲自担任导演。但在筹演过程中风波骤起,起因是从重庆传出《野玫瑰》"有毒"的说法,传到了昆明。

1942年5月22日,昆明《中央日报》载:"联大学生自治会近以我军在滇缅一带,英勇作战,特邀同'联大剧团',举行劳军公演,闻剧本业已选定,现正赶排中,不日即将在昆明大戏院演出云。"⑥随后各报连续又发布了相关消息:"剧本已定为陈铨教授之名著《野玫瑰》","导演

---

①② 陈铨:《我的戏剧学习经验》。
③ 凤子:《昆明剧坛小景——追忆〈娜拉〉前后及其他》。
④ 吴宓:《吴宓日记》(八),北京:生活·读书·新知三联书店,1998年,第143—144页。
⑤ 陈铨在《我的戏剧学习经验》(1947)、《〈野玫瑰〉上演的前后》(手稿,1969)皆提及此事。
⑥ 《联大学生将举行劳军公演,不日即可演出》,《中央日报》,1942年5月22日。

一职亦由陈铨教授担任",演出日期定为5月30日至6月2日;5月26日,联大剧团知照新闻界,宣布除了晚场外,还要在首演日加演日场,为留居春城的军人专演一场,表示敬慰;27日各代理点开始预售戏票。①

此次演出注定不顺利。5月23日,"昆明大戏院"意外发生火灾,剧院设施尽毁②,只好临时将演出地点改在了"西南大戏院"。24日,《云南日报》刊载了重庆剧人联名"致函全国戏剧界抗敌协会,要求转函教育部请予撤销"《野玫瑰》获奖的消息,并引述道:"此剧在写作技巧方面,既未臻成熟之境,而在思想内容方面,尤多曲解人生哲理。有为汉奸叛逆制造理论根据之嫌,如此包含毒素之作品,则不仅对于当前学术思想无功勋,且与抗战建国宣传政策相远,危害匪浅。同人等就戏剧工作者之立场,本诸良心,深以此剧之得奖为耻。"③重庆的一幕在昆明重又上演:

> 本市剧界五十余人,以陈铨先生所著《野玫瑰》剧本,内容欠妥,并有为汉奸伪组织辩护之嫌,前经重庆戏剧界二百余人联名抗议,请求教部撤销获奖原案,教部陈部长已允当予考虑,今该剧又在昆明上演,彼等以教部正在进行考虑之中,在未有结果之前,似不宜再行公演,以免影响人心,特联名发出响应渝剧人之宣言,请求教部收回得奖功命,并吁请本市戏剧审查当局,饬令缓演,候命再夺,以利剧运前途、抗战前途云。④

只是云南图书杂志审查处处长陈保泰态度鲜明,认为《野玫瑰》"意识正确,剧情生动,且经教部嘉奖在案,自应准予演出。即有申请饬令缓演者,亦将不予照准"⑤。经过一番闹腾,兼女主角又"突患急症

---

① 参见:《昆明剧讯》,《中央日报》,1942年5月25日;《联大学生自治会举办劳军公演,今日茶会新闻界》,《云南民国日报》,1942年5月26日;《联大劳军话剧公演〈野玫瑰〉,近日始售票》,《中央日报》,1942年5月27日;《联大学生定期劳军公演,今日起托冠生园等售票,上演首场欢迎荣誉军人》,《云南民国日报》,1942年5月27日。
② 《昆明大戏院,今晨发生火警,全院精华悉付一炬》,《中央日报》,1942年5月23日。
③ 《陈铨〈野玫瑰〉得奖被控,剧人二百余提抗议》,《云南日报》,1942年5月24日。
④ 《〈野玫瑰〉明日上演,本市剧人亦抗议》,《云南日报》,1942年6月3日。同日《朝报》也有《昆明剧人反对演野玫瑰》的报道。
⑤ 《联大学生自治会劳军公演,今日起演〈野玫瑰〉》,《中央日报》,1942年6月4日。

不克登台"①,演出日期往后推迟了两天。6月4日下午,剧团首先为"荣誉军人"专门演出了一场,晚七时半,"劳军公演"正式开演。

在此期间,有人循着"有毒"的论调和逻辑,对《野玫瑰》展开了批判。所谓论调,是指摘王立民形象涉嫌美化汉奸,所谓逻辑,则是指把剧本内容和陈铨的"哲学思想"裹挟在一起,深文周纳。西涯说道,"表面看来,王立民是个出卖民族利益的汉奸,夏艳华是为民族战斗的志士",但作者却"摆了个迷魂阵",并未"痛贬前者,褒扬后者",而是"捉引观众同情于'英雄'王立民'悲壮'的命运",夏艳华只是个"无是非,无善恶""空洞渺茫"的形象。作者不过借《野玫瑰》阐发了尼采的"生存意志""权力意志""英雄崇拜"等"高贵理论"②。范启新则说,《野玫瑰》"把观众捉来葫芦里闷个'混溃的痛快'","创造了一个悲剧英雄王立民——这个英雄的一生事迹充满了冲突,危机,纠葛,这确实是一部好戏,能够受人欢迎","确切起了恐怖怜悯之情",但这个"英雄"却是个"出卖国家民族、公共利益的汉奸","预期的效果便适得其反",反而"成为于敌有利的宣传品",影响"恶劣"③。

当时也有论者反批评道:反对者的"两个原因"("技术未臻成熟之境""把汉奸写得太厉害"),皆"不成为理由",并认为该剧"组织完密,个性鲜明,幽默蕴藉,对话明亮",无疑是优秀的抗日国防剧。至于对王立民形象的解读,更是"故意诬蔑":

> 汉奸嘴里话,当然不能作为作者自己的话。假如断章取义,那么只要写汉奸的作者,都是汉奸,岂不笑话?我看作者对于汉奸王立民,是一种诛心的笔法。旁的汉奸,只贪图金钱势力。王立民却自己有一套人生观——就是极端个人主义。陈铨教授素来是反对极端个人主义,赞成民族主义的,所以在《野玫瑰》里,藉王立民表现这种极端个人主义的流弊。而第二幕中间立民和曼丽对话,曼

---

① 《联大演剧,延期举行》,《朝报》,1942年5月30日。
② 西涯:《〈野玫瑰〉内容的检讨》,《朝报》,1942年5月27日、28日连载。
③ 范启新:《〈野玫瑰〉的失败在那里?》,《朝报》,1942年6月4日、5日连载。

丽把他问得哑口无言。第四幕立民死前,艳华指出他的"理想主义,是建设在动摇的基础上面"。作者的意思,何等明显。

而对于批判者拿尼采做文章,作者也作了公允有力的反驳:"有人以为陈铨教授,介绍了尼采,所以他的戏剧是不纯正的,这又不对,尼采的介绍是一回事,戏剧是一回事。介绍尽管介绍,批判尽管批判,我们对于西洋思想都应该介绍,假如我们不压迫思想的话,而且现在联大洪谦、冯至两教授,都开得有尼采的课程,难道他们都坏吗?"①

借公演之际,主创人员也在《〈野玫瑰〉演出特刊》撰文,予以回应。陈铨解释了表现"战争,爱情,道德"的创作命意,并指出王立民"极端个人主义"是"错误的思想";而饰王立民的汪雨则无比愤慨地写道:"为了王立民这个性格,引起一般戴着颜色眼镜去看一切的所谓'剧人'们的'控诉',说作者袒护王立民,为汉奸制造理论根据,故说《野玫瑰》含有毒素,自命为'剧人'而对剧本的歪曲,何能竟至于此!""断章取义地来分析剧本不是故意歪曲即是无知";饰刘云樵的雨田(刘雷)则说:"这是个雅俗共赏的间谍剧,情节曲折动人,对汉奸丑恶有一极深刻的穿插,不但使观众明了了间谍工作者的伟大,且于汉奸终于得到报应而死的时候,感到正义胜利的快意",至于"对剧本的控告","不过是少数人的意见"②。这些解释符合实情。

劳军公演结束后,由高小文(队长)、李文伟、彭邦桢、张遵骧、郎蕙仙等人组成的劳军剧团,一路颠沛于滇缅公路,为沿线将士演出,而《野玫瑰》作为演出剧目之一,"沿途大受武装同志的欢迎"③。此后至抗战胜利后,《野玫瑰》在昆明,以及大理、曲靖、昭通等云南的其他地方还有多次演出。

1942年3月,在昆明西郊的黄土坡义村,陈铨与刘雷、汪雨、陈誉、唐培源等学生朝夕过从,切磋相商,改编完成了他在昆明西南联大的最

---

① 宸:《〈野玫瑰〉内容再度的检讨》,《朝报》,1942年6月5日。
② 卜少夫:《〈野玫瑰〉自辩》,《新蜀报》(重庆),1942年7月2日。
③ 参见陈铨:《我的戏剧学习经验》;彭邦桢:《参加"戏剧巡回演出队"的片断回忆》,《江津文史资料》(第5辑),第72—73页。

后之作《金指环》。当年暑假,陈铨告别了春城,也永远离开了学习、工作整整十二年的清华。而围绕《野玫瑰》的旷日持久的风波才刚刚开始。

第六章 "战 国 派"

1940年4月,陈铨与林同济、何永佶、沈从文等在昆明创办半月刊《战国策》,至次年7月出17期后停刊;1941年12月,林同济又在重庆《大公报》主编报中周刊《战国》,至1942年7月出31期后停刊,这就是"战国派"(也称"战国策派")的由来。

"战国派"一度被视为"法西斯主义"派别,长期作为反动和逆流载入史册。时过境迁,"战国派"们尚力崇武的文化主张和抗战救亡的爱国情怀,渐渐被学界所认知、理解和同情。只是既往研究往往以两个刊物为中心,作横切面的定点考察,以点带面,难免以偏概全,更有被遮蔽的史实。

一、历史语境与"战国派"的诞生

全面抗战爆发,院校机构纷纷内迁,边陲云南意外成为理想的地方。1938年初,举国瞩目的西南联大全部迁到昆明,而本土的云南大学也得以网罗了不少人才,获得迅速发展。国难当头,大学与地方精诚合作,各尽所能,共御外侮。一批国中顶尖学者文人云集春城,而访游聚会,纵论世事,结社办刊,著文立说,既是雅兴,更为救亡,昆明文化界是以热闹繁荣,一举成为大后方学术文化中心之一。

如时论所言,"上层知识分子"通常是"政治智慧的来源和政治决策的发动者",或是"政权的掌握者",或是"对现存政治一种有意识的制裁力",国难当头,更应以"一言兴邦"的能力,成为上达执政、下通民众的"桥梁"和"社会的活力"①。作为在野的"上层知识分子",大学教授们以自己的专长,阐发真见,指明方向,为抗战贡献智力支持和舆论力量,义不容辞。

到达昆明伊始,西南联大、云南大学等高校的教授们,就开始在《云南日报》《民国日报》《中央日报》《朝报》《益世报》《战时知识》等当地报章杂志,以及《新动向》《今日评论》②等教授们自己创办的舆论高地,发表了大量文章,这些言论代表了学者教授们国难期间的研究心得、思想动态,以及对国运时势的密切关注。至于"战国派"诞生的标志——《战国策》的创刊则稍晚一些。要从林同济说起。

抗战爆发后,南开大学被日寇的炮火炸毁,林同济即应邀受聘云南大学,1937年9月就到了昆明。林同济健谈广交,热情好客,待联大迁来,重逢一批清华同学,家中常常高朋满座,陈铨曾在家信中说林同济"常请男至其家吃饭"③,吴宓也几次记载教授们在林家聚宴言欢的情形。1938年4月,林同济与陈铨、王赣愚、贺麟、朱驭欧等同学同事相商,拟在《云南日报》办一个副刊,最终却创办一个专门刊物——《新动向》。

《新动向》实际是《战国策》的前奏,盖因不仅其作者多为大学教授,而且集稿和主编是林同济和陈铨④,沈从文也在该刊发表了《谈保守》《给青年朋友》等文章。只是《新动向》隶属云南省党部的云南日报社,不是他们自己的刊物,诸人撰文也渐少,并于1940年1月发布启

---

① 《上层知识分子的责任》(社论),《大公报》(重庆),1940年5月10日。
② 《今日评论》(周刊),1939年1月1日创刊,发起人和负责人为钱端升,社员约五十人,多为西南联大教授。创刊时由社员每人每月负担十元,编辑与作者群基本上是同一批人,如朱自清、伍啟元、王迅中、潘光旦、叶公超、沈从文、雷海宗、王化成、陈岱孙、张忠绂、罗隆基、王赣愚等。沈从文也曾说"先数期由个人出钱,后来是其他方面",该刊出至1941年4月13日第5卷第14期,因核心人物钱端升退出而停办。有论者认为《今日评论》为"战国派"刊物之一,并不为实。参见:《昆明市刊物调查表》,《云南党务》(昆明),创刊号,1939年7月1日;沈从文:《沈从文自传》,《沈从文全集》(第27卷),太原:北岳文艺出版社,2002年,第149页;伍啟元:《抗战期间的教学生涯》,《传记文学》(台北),第65卷第6期,1994年12月号;朱自清:《朱自清全集》(第10卷),南京:江苏教育出版社,1998年。
③ 1938年5月16日。
④ 陈铨在家书中说道:"云南大学文法学院林同济拟约男及其他教授十余人,在《云南日报》共办一副刊,每星期出版一次,名'动向周刊',由男主编,下月十号左右可以出版";"刊物已筹备就绪,定六月一日出版,取名'新动向旬刊',已集多数有名学者执笔,将来必有精彩。男现在正写发刊辞,说明意旨"。1938年4月25日,5月16日。

事,宣布停刊①。其时,清华校友何永佶应邀到昆明,交流往返中,大家又有办刊的动议,最终由何永佶游说上峰缪云台,筹来了印刷经费,办成了《战国策》,"战国派"由此诞生。

林同济、何永佶、陈铨诸人从来没有自认为何种派别或团体,实际上也没有一个"派"应有的组织、制度、纲领等要素。其称谓在当时先后有两个:一是记者范长江据《战国策》名之为"战国策派"(1941);二是《战国策》停刊后,林同济从1941年12月开始,在重庆《大公报》主编《战国》副刊,汉夫、欧阳凡海等左派文人据此称之为"战国派"(也可记作"'战国'派"或"《战国》派")。后世论者一般称"战国策派"或"战国派",无论哪种称谓,皆是因刊得名。

《战国策》一经创刊,即在昆明引起关注,据"云南图书杂志审查委员会"的报告称:此刊"负责人"是林同济,"内容以大政治相标榜(彼帮新创名词),谓现时代为战国时代之重演,非提倡有力的大政治不足以抗战图存,执笔者多为大学教授,阅者以大学生为多,每期刊五百份","销路颇佳"②,并很快受到"国内思想文化界"的"重视"。1940年11月,记者范长江到昆明时曾专访《战国策》同人,写下报道《昆明教授群中的一支"战国策派"之思想》(下称"范文")。

范文提供不少重要情况,是"战国派"最早和最重要的文献。首先,在"《战国策》同人"专为范长江举行的"晚餐会"上,"主人"有林同济、何永佶、雷海宗、沈从文、陈铨、洪思齐、徐敦璋等7人,陪客为两名同行(民国日报社长杨秀峰和新蜀报记者方刚);其次,较为详细描叙了聚会间诸君子的言论,并第一次称之为"战国策派";再次,林同济、何永佶是刊物的"实际负责人"③,7名"主人"中除徐敦璋外④,皆为

---

① 《新动向暂行停刊启事》,《新动向》,第3卷第7、8期合刊,1940年1月15日。
② 《云南省图书杂志审查处报告(廿九年一到五月)》,全宗号:1106-003-01149-005,云南省档案馆。
③ 长江(范长江):《昆明教授群中的一支"战国策派"之思想》,《开明日报》(长沙),1941年1月9日。此文其他报刊亦有转载,如1941年1月22日上海《中美日报》(题为《战国策作家会谈记》)。
④ 徐敦璋,字元奉,四川垫江人,1926年毕业于清华学校,同年留学威斯康辛大学,1931年获政治学博士,曾到瑞士国际法研究院研究国际法,抗战前任教于四川大学法学院。1937年8月至1938年1月受聘云南大学文法学院教授、院长。

《战国策》的主要作者,当然也是"战国派"的核心人物。

但在范长江采访后不久,《战国策》就发生了问题,此后至1941年7月,仅断续出了三期,停刊的主要原因是与出资方缪云台发生了分歧和矛盾。事实上《战国策》第18期已经编好,但因无钱印刷而作罢。心有不甘的林同济在王芸生的支持下,才有了后续《大公报·战国》。合计两刊,共发文140余篇,最多的是林同济(36篇),以下依次为何永佶(32篇)、陈铨(21篇)、沈从文(9篇)、雷海宗(7篇)、洪绂(7篇),其余作者皆2篇以下①。此与"战国派"核心人物是对应的。

所谓"核心成员"本不是问题,但往往被复杂化,研究者为了方便,删繁就简,以致各家界定的"核心成员"还不统一。最典型的就是沈从文本人和研究者多否认其与"战国派"的关系,但其实事实清楚②,1940年5月,香港《大公报》所载出版消息,还特别提到"名作家沈从文等,近在昆明创办《战国策》半月刊"③。在笔者看来,"战国派"是历史遗留概念,范长江是为了方便而名之;在左派文人那里,很大程度上专指林同济、陈铨、雷海宗等少数人。

范文还描述这样一个情况,当林同济、雷海宗侃侃而谈斯宾格勒的"历史形态学"和中国历史阶段划分等时,其他"同人"赶忙加以说明解释:

> 这时,沈从文教授、洪思齐教授、何永佶教授皆发表声明,关于这种形而上学的问题,并不是他们有一致的意见,林雷两先生的刚才这些看法,只是他们个人的思想,不是《战国策》全体一致的立场。洪教授特别指明,除了"大政治"一点外,《战国策》同人没有

---

① 《战国策》载文104篇,作者有何永佶、林同济、陈铨、沈从文、雷海宗、洪绂、王迅中、贺麟、陈碧笙、费孝通、沈来秋、朱光潜、曹卣、曾昭抡、童嶲、陈雪屏、陶云逵、林良桐、冯至、王季高、孙毓棠等22位。此外,还有郭世堂、周国楹、龙普生、沈粥煮、蒋廷黻等5封读者来信,以及格言、警句、随感等补白。《大公报·战国》出31期,发文36篇,新加入的作者有吴宓、E.R.、沙学浚、王赣愚、谷春帆、黄钰生、梁宗岱、冯友兰8位。
② 参见拙文:《和而不同 殊途同归——沈从文与"战国派"的来龙去脉》,《学术探索》,2010年第5期。
③ 《出版消息·〈战国策〉》,《大公报》(香港),1940年5月12日。

共同的意见。……

临别时,他们还再三说:"我们大家没有完全统一的意见,写文章也没有事先讨论过,编辑不过收收稿子,并无一定不变的编辑方针。"①

显而易见,"战国派"诸君不仅没有派别意识,而且特别强调个人立场。事实上,无论是《战国策》,还是《战国》副刊,所论极为广泛,涉及多个学科领域,只是一个公共话语空间,若作整齐划一的归纳定位,则缺乏实证,空泛而片面。要言之,所谓"战国派"只是一个以刊物为中心,以个人立言为原则的自由作者群。唯有在此前提下去考察,方能接近事实和本相。

"战国派"诸君聚合一处,有两个重要渊源,一是多出身清华,要么曾是学生,要么是教师;二是林同济在其中发挥了纽带作用,如沈来秋、陶云逵、费孝通、陈碧笙皆为其云南大学同事,陈铨、贺麟等系清华同学。沈从文位列其中,也不奇怪,他与陈铨早就相识,而且从《新动向》到《战国策》,他皆有参与。

二、前"战国派"

"战国派"核心人物林同济、何永佶、陈铨、雷海宗皆为1920年代清华学校毕业的留洋博士,洪绂也是留洋博士,抗战前执教于清华大学。至于吴宓、曾昭抡、童嶲、王季高、贺麟、黄钰生、王赣愚、王迅中、孙毓棠、费孝通等撰文者则同样出身清华。拉尔夫·林顿曾说:"如果几个人对某一特殊形势的反应相同,那么一定要在这些人的共同经验上找原因。"②明白这种渊源,无疑有助于深入理解之。

林同济(1906—1980),福建闽侯人,1911年入北京崇德中学,1922年考入清华学校,插入丙寅级。林同济在清华期间擅英文演说,曾参与

---

① 长江:《昆明教授群中的一支"战国策派"之思想》。
② [美]拉尔夫·林顿著,于闽海等译:《人格的文化背景》,桂林:广西师范大学出版社,2007年,第16页。

政治研究会、经济调查会、仁友会、弘毅学会等团体。学生时代,林同济多次亲历参与爱国运动(1925年曾与陈铨等共同编辑《五卅痛史》),立志求得真学,报效国家,以"恨不十年读书"为人生信条[①]。1926年8月赴美留学,入密歇根大学(University of Michigan, Ann Arbor),1929年转学伯克利加州大学(University of California, Berkeley),1930、1933年获政治学硕士、博士。1934年回国,任教南开大学政治系,直到抗战爆发。

留学初期,林同济曾"打定主意,做个书呆",力学苦读[②],同时也密切关注国内动荡的时局,已开始从国际大格局中思考中国的问题。1926年9月,他在海外闻知"万县惨案",极为愤慨,认为"大英帝国"日渐式微,"忧惶之际,举措失宜,铤而走险,遂出强力威吓之下策",欣喜于"南政府对付列强之硬手段",亟望废除不平等条约,对北伐革命寄寓了很大希望,热切期待国家统一。[③]

1930年,林同济完成硕士论文《日本对东三省之铁路侵略》。该文以东三省的铁路发展为切入点,以翔实之英文资料,由历史到现实,从中日、日俄、日美等多重国际关系中,揭露日本人"苦心经营"东北铁路,"乃步步与政治活动相寻,经济活动即是政治活动之本身",本质是妄图"灭亡满蒙"、占领东北的"最新毒手段"[④]。果不其然,第二年即发生九一八事变,东北全境沦陷,日本人开始了长达十四年的殖民统治。

林同济的成长历程非常清晰,如果说陈铨的救国热情与专业方向稍远的话,那么他则将志业抱负与所学专业紧密地结合在一起。其选择东北问题作为考察对象,既是学术研究,也是学术救国的切实体现[⑤],此后

---

① 《清华年报 1925—1926》,清华学校出版物,1926年,第63页。
② 《林同济君来信》,《弘毅》,第1卷第4期,1926年11月。
③ 林同济:《留美通信》,《弘毅》,第1卷第5期,1926年12月。"万县惨案"即1926年9月5日,英国军舰炮轰四川万县县城,屠杀中国军民的事件,也称"九·五惨案"。
④ 林同济:《日本对东三省之铁路侵略——东北之死机》,上海华通书局,1930年,《序言》。
⑤ 林同济写道:"飘荡欲淹的中国,有如逆水行舟,不进则退,穷究到底,我们若求保东北河山,最后胜利,绝不在空腔的呐喊,亦不在外交的争执,乃全在实际的努力与真象的创造。数十年来内讧外患之国家,生气销磨殆尽;对四疆屏障,几漠不关心,而所恃以壮我边色,固我主权者,乃在数十百万无衣无食号哭出关之灾民! 此最可值我青年们深思之一点。"参见林同济:《日本对东三省之铁路侵略——东北之死机》,《序言》。

所撰《中国史上的东北》《中俄的黑龙江边界问题(1850—1860)》《李鸿章的朝鲜政策》《明初的满洲国国防》《明代的东北商务》等中英文论著,也多与东北和边疆问题有关。

在视为"告急书"的《日本对东三省之铁路侵略》中,林同济不仅忧心忡忡地提醒国人"危机已迫","绝不容再事踌躇,徘徊路左","不可不兼程急趋",还提出了一个重要问题——边疆意识①。1934年又在《独立评论》撰文,专门讨论了这个问题。他认为中国人的传统思维中,缺乏边疆概念,而在历史遽变中,必须"放弃唯我独尊的心理所产生的'轻视边疆'的幻想",涵育国人"'亲边疆'的国史观"和"积极国家生命观",刻不容缓,只有如此才能"熔化国民的思想,激动国民的精神"②。

林同济从世界格局中考察中国问题,对东北的历史和现实问题的专门研究,对国家疆界(教育)的反省和呼吁,热切期待中华民族发愤图强,强大自我,巩固国防,实现驱除外侮、民族复兴的理想,业已形成。此外,抗战前他早已关注斯宾格勒的学说,熟读其经典作品③,并明确提出"世界政治只是'力'的比赛"的观点。"战国派"前后,林同济除了发挥"文化摄像法",鼓吹"战国时代重演"说,研究中国抗战现实问题,还对中国传统文化和因袭的官僚政制有进一步的反思批判。

雷海宗(1902—1962),字伯伦,河北省永清人。1917年进北京崇德中学,与林同济中学同校两年,1919年考入清华学校,1922年留学芝加哥大学,攻读历史和哲学。雷海宗个性内敛,学生时代以刻苦用功著称,同学曾戏称:"雷君在芝专门历史,曾得两次荣誉褒奖及一次成绩奖金。闻君曰:'埋头读书,不干外事',人见之莫不曰,今之古人也。"④雷海宗在美期间曾但任《留美学生季报》编辑,并发表《强权即公理说》《"五卅"的功臣》等时论,从中可以窥其早期思想之一斑。

---

① 林同济:《日本对东三省之铁路侵略——东北之死机》,第189—191页。
② 林同济:《边疆问题与历史教育》,《独立评论》,第127号,1934年11月18日。
③ 林同济为斯宾格勒的《生死关头》写过书评,并论及《西方的没落》。
④ 《同学会新闻》,《清华周刊》,第337期,1925年2月27日。按:"芝"指芝加哥(大学),"闻君"指闻一多。

《"五卅"的功臣》写于五卅惨案发生后,所谓"功臣"系反语,既指西方列强(文中喻为"神虎""虎子"),又指中国统治集团("母老虎""纸老虎")。文章强烈批判了"纸老虎"北洋政府,以及为虎作伥的文人官吏、雅人酸士,最终指向罪魁祸首——西方列强①。此文思路奇崛,颇为滞涩,但要旨非常清楚,即帝国主义的侵略造成了中国混乱不堪的现实,阻遏了中国的发展,他们是中国最主要的敌人,"五四""五卅"等事件的根由全在于此,沉痛中蕴蓄着深沉的爱国情怀。

《强权即公理说》则从柏拉图和《旧约》起论,证明公理并非客观存在,而是由"武力产生",是"强有力"者把自己的"意志"变成了公理,法律和舆论也都是"强有力的阶级所创造出来的空气",总之,"任何理想,都是强权所造成","强权即公理,这是古今不变的真理,将来也不会变的"。是以,国家富强不能靠口号,更不能靠外人,只有强大自我,"强有力的人——特别是强有力的国家——处处亨通,凡事可作,有力去保护他们公理的人才配谈公理"②。雷海宗愤愤不平地论证这一颇有争议的政治哲学观点,显然与中国近现代惨痛的历史和自己的切身体会有关。

1927年,雷海宗以论文《杜尔阁的政治思想》在芝加哥大学获哲学博士学位,同年回国,先后任教于中央大学、金陵女子大学、武汉大学,1932年返清华大学历史系任教。抗战前,雷海宗发表了不少论文、译作、书评和大量时评,并从中国历史研究中,冥思苦索,认为中国文化的病根在"无兵",及至抗战,他又结合现实作进一步发挥。

何永佶(1902—?),又作何永吉,字贯衡,广东番禺人。1916年考入清华,在校期间表现活跃,同样擅英文演讲。1918年与冀朝鼎、施滉、徐永煐、梅汝璈等组织"修业团"(后改为唯真学会),并出版会刊《修业杂志》。1924年初,与同学施滉、徐永煐在广州拜谒过孙中山③,同年赴美留学,初入毕鲁埃大学(Beloit College),1926年入哈佛大学,

---

① 雷海宗:《"五卅"的功臣》,《留美学生季报》(上海),第11卷第3号,1927年1月20日。
② 雷海宗:《强权即公理说》,《留美学生季报》第11卷第1号,1926年3月20日。
③ 参见何永吉:《在广州之半月》,《清华周刊》,第304期,1924年3月7日。

后获政治学博士学位。

何永佶在清华学校整整待了八年,交游广泛,热心公事,留美期间,《清华周刊》多次刊载其通信,抒写其对清华的深厚感情和远大抱负。他曾写道:"佶虽远托异国而心常系于清华,以在此八年清华宛如生母,唯有旦夕祝其发展,成一完美大学,与世界之柏林牛津剑桥哈佛抗衡,则吾侪将来之所以为国努力者,为不虚矣。"[①]何永佶对文学也很有兴趣,曾创造"牠"以对应英文"it",发表《王成陶》等文学作品,1940年还将曹禺的《日出》翻译成英文[②],他在《战国策》发表了不少以希腊神话为题材的小品文,也是由来有自。

何永佶约在1930年前后回国,初任教于北京大学,兼任北平政治学会秘书,1932年参加李顿调查团(Lytton Commission)任秘书(中文翻译),1933年8月,曾随胡适赴加拿大参加第五届国际太平洋学会会议。1934年10月回到广州执教中山大学,此后也在岭南大学、襄勤大学等大学兼职。曾发表《提倡第六伦道德》(1932)、《今日中国的两线希望》(1933)、《中日问题最后解决之途径》(1935)、《英美关系及远东问题》(1935)等文。1935年商务印书馆出版其英文著作 *The Origin of Parliamentary Sovereignty or "Mixed" Monarchy*(《欧洲宪政溯源》),此著得到哈佛大学教授麦克伊尔万和伦敦大学拉斯基教授的指导,可能系其博士论文。

抗战爆发后,何永佶供职多处,1938年曾代表国民政府交通部到缅甸考察滇缅公路建设,与印缅战场的中、英、美军方高层有广泛接触,稍后到香港任职《中华时报》,撰写时评,1940年初到昆明,受聘云南"经济委员会"专门委员,一度任缪云台的私人秘书,同时也兼任云南大学教授,1943年11月到重庆中央政治学校任教。此后数年间,他在多种报刊发表大量时评,交游广泛,曾任"第一次高等考试再试典试委员"(1943),并参与民主党派"民主促进会"的活动。抗战胜利前夕,应清华校友孙立人的邀请,何永佶到广州任新一军军部参议,"负责编写英文新一军印缅

[①] 参见何永佶:《皮鲁埃(Beloit)通信》,《清华周刊》,第332期,1924年12月26日。
[②] 曹禺原著,何永佶英译:《日出》(*The Sunrise*),上海:商务印书馆,1940年。

战史"①,1948年成书为《中国在印缅战场的作用》(The Big Circle: China's Role in the Burma Campaigns),并在美国纽约出版②。

何永佶才气纵横,是1940年代著名政论家,对国际问题和宪政问题尤有研究。结集的有《为中国谋国际和平》《为中国谋政治进步》《宪法平议》《中国在戥盘上》。1947年赴美考察,1949年离开大陆到马来西亚(新加坡),1956年参加筹建南洋大学,发表《汉字内含关于中国之数事》(1955)、《乘风纪游》(1956)等作品。1956年11月,他以华侨身份,带领新加坡各界代表一行人,到大陆参观访问,主动申请并留在大陆工作,先后任职中国国际贸易促进委员会、对外经贸学院,后不知所终。

陈铨、林同济、何永佶、雷海宗等清华校友彼此熟悉,有相似成长经验和求学经历,又皆学贯中西,业有专攻,见过世面,更满怀救世报国热情,尤其是作为学界新锐,从青年时期到抗战前,目睹国家屡屡受挫于列强,一步一步深陷泥潭。虽然大家专业不同,阐发的角度各异,但皆大抵认为,在生死存亡关头,唯有一致对外,依靠强大的武力和巩固的国防,才能匡救中华民族的灾难和危机。

三、"历史形态学"

众所周知,雷海宗的史学研究,深受德国历史学家奥斯瓦尔德·斯宾格勒(Oswald Spengler,1880—1936)的影响。一战结束后,斯宾格勒出版了名著《西方的没落》前两卷,该著架构庞大,卷帙浩繁,文笔艰晦,创立了"综括世界历史之全部"史学理论——"历史形态学"③,传颂一时,也褒贬不一。

斯宾格勒认为,历史是"过去的一种有秩序的表述",是"感受形式

---

① 王伯惠:《孙立人学长率领清华和西南联大校友驰骋在印缅战场》,王伯惠、宁大年编:《中国驻印军印缅抗战(下)》,北京:团结出版社,2009年,第142页。
② 参见 Ho-Yungchi. The Big Circle: China's Role in the Burma Campaigns, New York, Exposition Press,1948.
③ 《斯宾格勒西土沉沦论述评》,《大公报·文学副刊》,第6期,1928年2月13日。

的能力的表现",但人们所知仅是"形式",而非"内在生命的镜像",旧有历史分期和叙述框架,无法认识"局部世界的真正地位,无法判定它的相对的重要性,尤其是无法估计它的方向",也不能明了"人类在通史中的真正地位"。为了解决这个问题,他借鉴生物学概念,创造所谓"历史形态学":

> 每一种文化都以原始的力量从母土中勃兴起来,并在其整个大生命周期中和那母土紧密联系在一起;每一种文化都把它的材料、它的人类印在自身的意象内;每一种文化都有自己的观念,自己的激情,自己的生命、意志和情感,乃至自己的死亡。……从盛开又到衰老。……每一文化自身的自我表现都有各种新的可能性,从发生到成熟,再到衰落,永不复返。

历史学家则需要从文化"有机体"内部,逐一考察"某一文化的所有方面的表现形式内在地结合起来的形态学的关系",方能认识历史的真谛[1]。这就是所谓"历史形态学"(也称"文化形态史观")。

英国著名历史学家汤因比(Arnold Joseph Toynbee,1889—1975),继承并发展斯宾格勒的理论。代之斯氏的"文化",他用的"文明",并构建所谓"挑战"与"应战"的理论,阐释人类文明的起源、生长、衰落与嬗变的过程,同样试图回答西方文明的前途命运。"两位性情和思想大相异趣的历史学家竟然不约而同地得到相似的结论","使循环理论在当代学术界大放异彩"[2],而中国也在他们的考察范畴,故而深深吸引了不少中国学人(如王光祈、吴宓、张荫麟等),更引起了雷海宗和林同济极大的兴味。林曾说道:

> 历史形态学或统相学是利用一种综合比较方法来认识各个文化体系的"模式"或"形态"的学问。各个文化体系的模式,有其

---

[1] [德]奥斯瓦尔德·斯宾格勒著,吴琼译:《西方的没落》(第一卷),上海:三联书店,2006年,第一章"导言"部分。
[2] 邓世安编译:《西方文化的诊断者——史宾格勒》,台北:允晨文化实业股份有限公司,1982年,第179页。

异,亦有其同。我们研究,应于异中求同,同中求异。斯宾格勒曾应用这方法写出他的《西方的没落》的杰作。最近英国史豪托因比的《历史研究》一巨著(二十一个文化体系的研究)也是这方法的另一应用的结果。①

抗战前雷海宗已在大学课堂讲过斯宾格勒,翻译过汤因比的篇章,并运用于中国历史的研究实践中。他认为:"历史就是变化,研究历史就为的是明了变化的情形。若不分期,就无从说明变化的真相",而"上古、中古、近代"等传统分法已经过时,于是他提出了中国历史"两大周"的著名概念:

> 第一周,由最初至西元三八三年的淝水之战,大致是纯粹的华夏民族创造文化的时期,外来的血统与文化没有重要的地位。第一周的中国可称为古典的中国。第二周,由西元三八三年至今日,是北方各种胡族屡次入侵,印度的佛教深刻的影响中国文化的时期。无论在血统上或文化上,都起了大的变化。第二周的中国已不是当初纯华夏民族的古典中国,而是一个胡汉混合、梵华同化的新中国,一个综合的中国。虽然无论在民族血统或文化意识上,都可以说中国的个性并没有丧失,外来的成分却占很重要的地位。②

而"第一周"又分为"封建时代""春秋时代""战国时代""帝国时代和帝国衰亡与古典文化没落时代",即古代文化的产生、发展、没落的过程。

但雷海宗并未随斯宾格勒亦步亦趋,而是有主观发挥。他认为中国"第一周"文化虽受到冲击,但没有照旧例灭亡,而是形成了"第二周"新文化,直到近代"西化东渐","才受了绝大的冲动",赓续千年的旧制"开始动摇",正面临"总崩溃的时代",但是"如何结束,结束的方式如何,何时结束,现在还很难说",谁也不能肯定或否定"我们是否还

---

① 程国勋记,林同济讲:《民族主义与二十世纪——一个历史形态的看法》,《大公报·战国》,第29期,1942年6月17日。
② 雷海宗:《断代问题与中国历史分期》,《社会科学》(北平),第2卷第1期,1936年10月。

有一个第三周的希望"。① 其言外之意是历史形态学可以启示我们,从历史的经验教训中,有可能找到应对之路,创造"第三周"文化,烛照民族的未来之路。

抗战爆发后,雷海宗越来越期待这种可能性:"中国文化前后有过两周,其他文化都只有一周,绝无第二周,都是一衰而不能复振。这一点是我们大可自豪于天地间的",现在是"病根太深"的"第二周"文化的晚期了,非经"刀兵水火的洗礼",不能荡涤"肮脏污浊",抗日战争则为新文化的孕育提供了契机。他满怀憧憬地写道:

> 今日的中国文化是第二周和第三周的中间时代。新旧交替,时代当然混乱;外患乘机侵来,当然更增加我们的痛苦。但处在太平盛世,消极地去度坐享其成的生活,岂不是一种太无价值、太无趣味的权利?反之,生逢二千年来所未有的乱世,身经四千年来所仅见的外患,担起拨乱反正、抗敌复国、变旧创新的重任——那是何等难得的机会! 何等伟大的权利! 何等光荣的使命!②

抗战前雷海宗的理论体系已基本构建完成,"战国派"时期所撰《中外的春秋时代》《独具两周的中国文化——形态史学的看法》③等篇,则结合时局的发展,作了一些补充阐释。比如他细分了文化从产生到消亡的五个时代:"封建时代""贵族国家时代""帝国主义时代""大一统时代""政治破裂与文化消亡的末世"④,具体分析了埃及、希腊罗马、欧西三种文化⑤。至于《张伯伦与楚怀王》《战国时代的怨女旷夫》《历史警觉性的时限》诸篇则是极具感性色彩的史学散文。

---

① 雷海宗:《断代问题与中国历史分期》,《社会科学》(北平),第2卷第1期,1936年10月。
② 雷海宗:《中国文化与中国的兵》,长沙:商务印书馆,1940年,第222页。按:该著的"下篇",包括《总论——抗战建国中的中国》,《此次抗战在历史上的地位》(原载1938年2月13日汉口《扫荡报》,《建国——在望的第三周文化》,均作于1938年。
③ 分别载《战国策》第15、16合期,1941年元旦;《大公报·战国》,第14期,1942年3月4日。
④ 雷海宗:《历史的形态——文化历程的讨论》,《大公报·战国》,第10期,1942年2月4日。
⑤ 雷海宗:《三个文化体系的形态——埃及·希腊罗马·欧西》,《大公报·战国》,第13期,1942年2月25日。

事实上,雷海宗不唯有发挥,而且其接受和阐释有变化——抗战前他以历史形态学研究中国历史,抗战时期,则以期从世界文化的兴亡演变中探索未来,如他给学生的留言:"前不见古人,历史可以复活古人;后不见来者,历史可以预示来者。"①又说,"中国文化的第二周诚然是人类历史上的一个奇迹","既有第二周,也就可有第三周",并坚信"相信我们此时代与今后几代的中华儿女必能建起第三周的中国文化"②。

雷海宗既严谨又"浪漫",作为学贯中西的学者,他是"超级冷静的"③,作为关心国家前途、民族命运的爱国主义者,则充满着理想主义色彩,时时刻刻不忘从历史研究中预言未来,热切期待着中国传统文化,在抗战血火中重获新生。

四、"战国时代的重演"

我们必须了解时代的意义。

民族的命运,只有两条路可走:不是了解时代,猛力推进,做个时代的主人翁,便是茫无了解,抑或了解而不彻底,结果乃徘徊、妥协、失机,而流为时代的牺牲品。

现时代的意义是什么呢?干脆又干脆,曰在"战"的一个字。如果我们运用比较历史家的眼光来占测这个赫赫当头的时代,他们不禁要投龟决卦而呼道:这时期是又一度"战国时代"的来临!④

引文是林同济的名文《战国时代的重演》的开头部分,"战国派"最有名的观点"战国时代重演"即出自于此。此说形象地反映了1940年前后国际时局和中国的抗战形势:德国法西斯在欧洲纵横捭阖,横行无

---

① 参见何兆武:《缅怀雷先生》,南开大学历史学院编:《雷海宗与二十世纪中国史学——雷海宗先生百年诞辰纪念文集》,北京:中华书局,2005年,第62页。
② 雷海宗:《独具两周的中国文化——形态史学的看法》,《大公报·战国》,第14期,1942年3月4日。
③ 西南联大除夕副刊主编:《联大八年》,昆明:西南联大学生出版社,1946年,第170页。
④ 林同济:《战国时代的重演》,《战国策》,第1期,1940年4月1日。又载上海版《战国策》(1941年1月15日,一月号)和《大公报》(1941年1月28日),文字有改动。

忌,英法败乱,苏联自保,大洋一端的美国则犹豫彷徨,举棋不定;中国抗战更是如履薄冰,战场上节节败退,失地丢城,更随着汪伪政权的成立和滇缅公路(战时唯一对外通道)遭到封锁,抗战士气大受挫折,的确处在非战即亡或沦为奴隶的"战国时代"。

林同济如此见解,早几年已见雏形。1937年5月,他曾说道:现代世界政治是"一种空前的'力的文明'的产品",是"力的比赛,战的局面",一个民族若不能成为"角色",便只能沦为"牺牲品"[①]。抗战初期,再次重申"现代世界是一个大政治世界",是"一个激烈竞争的世界","这个竞争的根据,最主要的是'力',不是所谓'法'与'德'","是国力与国力的竞争"[②]。到了1940年,更有了现实依据,再加上其极具感染力的话语风格,是以"战国时代重演"广为流播,名噪一时。此文增改后,又重刊于重庆《大公报》,贵阳、香港、西安等地的报刊皆有转载。

"战国时代重演"一说不仅颇为契合中国的时局,也引入了斯宾格勒的学说。斯氏曾以中国的"战国时代",例证欧洲大陆的文化冲突:

> 巨大冲突的时期开始了,我们自己今天正处于这个时期。这是从拿破仑主义到恺撒主义的过渡,是一个普遍的演化阶段,它至少延续两个世纪之久,而且可以看出在一切文化中都有这个阶段。中国人把它叫作"战国时期"。[③]

雷海宗曾对"战国时代"一词颇有关注[④],林同济则援引了斯宾格勒的理论,结合中国抗战现实,回应并发挥了雷海宗的观点。

林同济认为,埃及、印度、中国、希腊罗马、欧美等"自成体系"的文化,都要经过三大阶段:"封建阶段""列国阶段""大一统帝国阶段",

---

① 《林同济教授讲:世界政治的认识》,《益世报》(天津),1937年6月11—13日连载。
② 林同济:《大政治时代的伦理——一个关于忠孝问题的讨论》,《今论衡》(武昌),第1卷第5期,1938年6月15日。
③ [德]奥斯瓦尔德·斯宾格勒著,齐世荣等译:《西方的没落》,北京:商务印书馆,1963年,第648页。
④ 雷海宗认为,"战国时代"是"第一周"文化的第三个阶段,"'战国'一词的来源,不甚清楚。司马迁已用此名,可见最晚到汉武帝时已经流行","很可能,在秦并六国之先,已有人感觉当时战争太多太烈,而称它为'战国'",应是"当时人自定的"。"战国时代"群雄并起,社会遽变,当兵不再是贵族的权利,而是"全体人民的义务","所有的战争都是以尽量屠杀为手段,以夺取土地为目的的拼命决斗",是"中国历史上唯一全体人民参战的时代"。参见雷海宗:《断代问题与中国历史分期》。

每种文化虽是"独一无二"的,但却"表现出若干根本形态",是以"历史会重演"。"封建阶段"是上下分明的等级结构,待其腐化堕落,经过社会革命,进入诸强争霸的"列国阶段",列国阶段"个性焕发",百家争鸣,最终一强胜出,又形成大一统,这是历史和时代的宿命和必然。而时下欧美正在"表演战国阶段",中国处在这个全球性"战国时代",必须认清历史趋势,而"过去文化的历程可以给我们以警告,但不能决定我们的前途",我们的"古老文化"是否可以获得新生,"要靠我们的眼光,更要靠我们的勇气与力行"。① 而中华文化能否在生死歧路的"战国时代"获得新生,完全在于我们如何选择和怎样应对。

基于此,林同济认为,日本人的侵略"是强侵弱的程序中一大幕,它自始就充满了奸灭的决心的",我们只有"抗战到底","没有第二途",因为"奸灭战是无和可言的"。他厉言斥责卖国汉奸和徒抱幻想者:"汪精卫所称'天下无不和之战',对取胜战,可说的通,应用到这次日本对我的奸灭战,便是妖言误国。"②他告诫国人"不能战的国家不能存在","'战'与'国'两字必须是我们此后一切思维与行动的中心目标",唯有如此,才有生机③。要言之,敌欲亡我,我欲求生,起而抗争是唯一选择,皮之不存,毛将焉附,讨论"左""右"毫无意义。这就是林同济从"文化形态史观"得到的启示,也是"战国时代重演"的宗义所在。

众所周知,斯宾格勒最为人诟病的是"历史循环论"。既然一种文化如生物体般生长寂灭,新旧文化的产生与消亡,必是一个循环往复的过程,斯氏甚至绘制出时间表和路线图。早在1930年代,叶无法即批评道,文化的萌生既是开端,也是迈向灭亡的第一步,"沉沦"就是常态和法则,"历史变为毫无意义的东西","文化也是毫无基础的价值了",而这与事实不符④。斯宾格勒将历史学自然科学化,以"历史形态学"

---

① 林同济:《从战国重演到形态历史观》,《大公报·战国》,第 1 期,1941 年 12 月 3 日。
② 林同济:《战国时代的重演》。
③ 林同济:《战国时代的重演》,《大公报》,1941 年 1 月 28 日。引文部分是林同济修改时新加文字。
④ 叶无法:《文化与文明》,上海:黎明书局,1930 年,第 37—38 页。

取代了"历史本身",并建立了"一般规律",自称"根据科学的原则预测未来"①,无疑过于教条僵化。是以,《西方的没落》曾被鄙以"历史的占星术""邪恶的预言书"。

既然"历史形态学"有明显漏失,为什么仍为国人所心仪而关注呢?大概每代人都有不同的接受心理,对最早的王光祈等人来说,是身处德国的一种流行的文化读物,而对吴宓、张荫麟等来说,可能是一种文化自信和心理安慰(中国文化也在斯宾格勒的考察视野),而雷海宗、林同济则视为一种启示当下、瞻望未来的新思路和新方法,也正是在这一点上,两人心有戚戚,互为知己。

尽管雷海宗尽量克制情绪,力求保持学者的冷静和理性,但其爱国情怀却涌动隐现于文字之间,浓郁而深沉;林同济则要猖急张扬得多,《战国时代的重演》一文由昆明传到重庆、贵阳、桂林、上海、香港等地,成为传播一时的名文,他们也被冠以"战国派"而声名远扬。

五、"大政治"

"战国派"令人侧目的是"战国时代重演""英雄崇拜"等口号式名词和概念,但他们本身却强调务实精神。洪思齐明确地说,只有"大政治"是"战国派"诸君唯一的"共同意见"。所谓"大政治",首见于林同济撰《战国策》发刊词:

> 本社同人,鉴于国势危殆,非提倡及研讨战国时代之"大政治"(high politics)无以自存自强。而"大政治"例循"唯实政治"(Realpolitik)及"尚力政治"(Power Politics)。"大政治"而发生作用,端赖实际政治之阐发,与乎"力"之组织,"力"之驯服,"力"之运用。本刊如一"交响曲"(Symphony)以"大政治"为"力母题"(Leitmotif),抱定非红非白,非左非右,民族至上,国家至上之主旨,向吾国在世界大政治角逐中取得胜利之途迈进。此中一切政

---

① [英]科林伍德著,何兆武等译:《历史的观念》,北京:商务印书馆,1997年,第259页。

论及其他文艺哲学作品,要不离此旨。①

这清楚地表明了《战国策》的宗旨:一是其言论旨在救亡图存;二是以"民族至上、国家至上"为立论原则,立场中正;三是内容和形式不拘一格。

洪思齐在专文《释大政治》中,有更为清晰的解释:

> 大政治这个名词是《战国策》里几个朋友创的。它的涵义并不是一望而知的,但是没有更妥当的名词,所以就创了它。"大"约意思不过表示它是超派别,超阶级,超省域,是以国为单位,世界为舞台的斗争政治。

既然以"国为单位",那么国家利益就是唯一原则,"一切幼稚的善恶观念必须打破",战争和外交的目的"求国家之生存与发展",二者互相促进,而武力则是"维护安全"的根本保证,要求得生存,必须改换"传统的政治意识",只有以"大政治(High Politics)"的思维考量应对现实问题,中国才有活路②。

何永佶在《论大政治》中,作了进一步阐释。他有一个妙喻:

> 譬之一条金鱼:当其在金鱼缸时,"优哉游哉",只为天下是一个"信义和平"的世界,那里面没有鲨鲸鼋鳖而只有青草白石的金鱼缸,也的确是这样的世界那条金鱼在这安乐窝的金鱼缸里住了几千年,忽然被抛入大海,那里有的是海虎、海豹、海狮、海貔、海豺、海蛇、海蝎,个个垂涎它金色的美,"象以齿而焚身",这条金鱼也许就因自己的美丽而遭不测。把"中国"二字代替"金鱼",就可知我们的处境之危。③

何氏认为,中国百年来一直就是这种鼠目寸光的"金鱼缸政治",没有充分认识我们的境遇与世界政治军事的动态息息相关,始终没搞明白

---

① 《本刊启事(代发刊词)》,《战国策》,第 2 期,1940 年 4 月 15 日。
② 洪思齐:《释大政治》,《战国策》,第 10 期,1940 年 8 月 15 日。
③ 何永佶:《论大政治》,《战国策》,第 2 期,1940 年 4 月 15 日。

近代以来"苦心经营"的种种强国美梦,皆化为泡影的根本原因,在于"几千里外国际政治巨流之源"。抗日战争同样应置于错综复杂的国际形势中,去观察理解和谋划应对,而一个国家就是"有机体",必须以外部变化为风向标,再从内部调整改变,这样才能适应大环境,如孙中山为中国革命而"联俄",其意在以之钳制日本,所以国父是"有大政治意识的政治家"①。而林同济则有一个更通俗直接的说法:"能够为国家做一桩事业,销敛洋人的威风,或进而由洋人的手中取而代之,便是大政治。"②

综合各家之言,"大政治"的基本内涵是:一、抗日战争是世界"战国时代"的一部分,应从大格局认清中国的抗战危局;二、要赢得抗战,谋得民族生存,必须集中一切力量,一致对外;三、不能依赖别人,徒作和平梦想,更不能妥协退让,必须强大自身武力和国力;四、国与国之间没有是非,只有利益的制衡,外交只是手段,战斗力和战争才是根本。

所谓"大"者,在具体层面指只要事关"抗战建国",不论巨细,无所不包。综合研判《战国策》《大公报·战国》29位作者,140余篇长短文章,主要有三大方面内容。一是宏观理论建构。包括林同济、雷海宗援引发挥的文化形态史观和陈铨宣扬的英雄史观,以及"战国时代重演""英雄崇拜"、尼采学说等具体观点。此为"战国派"最具理论色彩,也是最有争议的言论。二是文化批判与文学研究。主要是对中国古代的吏制兵制、官僚阶层和国民性等传统政制、文化的批判反思,并期以他山之石(如普鲁士文化、古希腊精神、现代公民观念等),重建新的民族精神。这是"战国派"关注的焦点,也是最具价值的思考。三是时局研究和时事评论。重点在剖析国际间政治、军事、外交等风云变幻的前因后果,及其与中国抗战的密切关联,此类言论多就事论事,重客观理性分析,具有资政意味。

"战国派"所论三大领域,虽然并非泾渭分明,但也可大致分门别

---

① 何永佶:《论大政治》。
② 同济:《千山万岭我归来》,《战国策》,第13期,1940年10月1日。

类。洪思齐曾说,林同济、雷海宗等"爱用望远镜"看待问题,他们几个(按:指洪思齐、何永佶、沈从文等)更"喜欢用显微镜","对于形而下的实际问题感到兴趣"①,即是指这一特点。以此检视"战国派"评价史,可以发现历史形态学、英雄史观等宏观理论,当时和后来都是被集中关注和言说的对象,而"战国派"多数人皆论及的文化问题,1990年代以来,逐渐被研究者所发现和重视,但"显微镜"下的具体问题的讨论,多遮蔽不表。不妨再作一个详细统计(见下表)。

姓名 (笔名)	篇数	文章分类(据内容大致划分) A 宏观理论阐述为主,B 时事研究和评论为主,C 文化、文学为主
林同济 (郭岱西、岱西、潜初、疾风、星客、望仓、公孙震等)	36	A.《战国时代的重演》《本刊启事(代发刊词)》《第三期中国学术思潮——新阶段的展望》《廿年来中国思想的转变》《从战国重演到形态历史观》《民族主义与二十世纪——一个历史形态的看法》 B.《学生运动的末路》《花旗外交》《此后天下,此后中国!——附带着几条刍议》《再为印度问题进一言》 C.《中国人之所以为中国人》《力》《隐逸风与山水画》《中西人风格的比较——爸爸与情哥》《萨拉图斯达——寄给中国青年》《雨》《中饱与中国社会》《千山万岭我归来》《鬼谷残经》《厌看对配式的艺术》《知与力》《士的蜕变——文化再造中的核心问题》《柯伯尼宇宙观——欧洲人的精神》《寄语中国艺术人》《阿物,超我,与中国文化》《大夫士与士大夫——国史上的两种人格型》《嫉恶如仇——战士式的人生观》《演化与进化》《论文人》《鬼谷纵横谈》(4篇)《偶见》(3篇)
何永佶 (永佶、尹及、仃口、吉人、二水、丁泽等)	31	A.《政治观——外向与内向》《论大政治》《从大政治看中国宪政》《论均势》 B.《反对与反叛——答联大某生》《留得青山在!——"工人无祖国"吗?》《欧战与中国》《东击与西击》《希特拉如何攻英?》《所谓中国"外交路线"》《龙虎门》《君子外交——动口不动手》《希特拉与朱元璋》《谈妇女》《希特拉的外交》《论国力政治》《美国应立刻宣战》 C.《蜚腾之死(希腊神话之一)》《两件法宝(仿希腊神话)》《偷天火者》《这个好!(仿希腊神话2)》《富与贵》《敢问死?——希腊的答复》《行行复行行》《死与爱——希腊对"死"的另一种答复》《中西人格又一比较——"活着"和"天召"》《"小狄"的故事》《"摆脱尔"(仿希腊神话4)》《"非得以"——希腊对于死的又一答复》《阿比灵山的革命》《智慧女神的智慧——仿希腊神话》

---

① 长江:《昆明教授群中的一支"战国策派"之思想》。

续表

姓名（笔名）	篇数	文章分类（据内容大致划分） A 宏观理论阐述为主，B 时事研究和评论为主，C 文化、文学为主
陈铨 （唐密）	21	A.《论英雄崇拜》《再论英雄崇拜》 B.《政治理想与理想政治》《指环与正义》《德国民族的性格和思想》 C.《浮士德的精神》《叔本华的贡献》《寂寞的易卜生》《尼采的思想》《尼采心目中的女性》《尼采的政治思想》《尼采的道德观念》《狂飙时代的德国文学》《狂飙时代的席勒》《尼采的无神论》《文学批评新动向》《欧洲文学的四个阶段》《民族文学运动》《民族文学运动的意义》《法与力》《狂飙时代的歌德》
沈从文 （上官碧）	9	B.《谈家庭》 C.《烛虚》（2篇）《白话文问题——过去当前和未来检视》《读〈英雄崇拜〉》《续废邮存底》《新的文学运动与新的文学观》《对作家和文运一点感想——新废邮存底七》《小说作者与读者》
雷海宗	7	A.《历史的形态——文化历程的讨论》《三个文化体系的形态——埃及·希腊罗马·欧西》《独具两周的中国文化——形态史学的看法》 B.《张伯伦与楚怀王》《战国时代的怨女旷夫》 C.《历史警觉性的时限》《中外的春秋时代》
洪绂 （思齐）	7	A.《释大政治》 B.《挪威争夺战——地势与战略》《地略与国策：意大利》《如果希特勒战胜——》《法兰西何以有今日》《苏联之谜》《苏联的巴尔干政策》
沈来秋 （粥煮）	3	B.《国防经济的新潮》《国防经济力的分析》 C.《提倡做人的新态度》（来信）
贺麟	2	C.《五伦观念的新检讨》《英雄崇拜与人格教育》
王迅中	2	B.《日本军部与元老重臣》《日本参战吗？》
陈碧笙	2	B.《敌人的新攻势》《滇缅关系鸟瞰》
费孝通	2	B.《消遣经济》《娱乐？工作？》
陶云逵	2	C.《力人——一个人格型的讨论》《从全体看文化》
曹卣	1	C.《镜子——记一次被人遗忘了的空袭》
朱光潜	1	C.《流行文学三弊》
童寯	1	B.《中国建筑之特点》
曾昭抡	1	B.《现代战争中的武器》
陈雪屏	1	C.《唯我观的剖析》
林良桐	1	B.《民主政治与战国时代》
冯至	1	C.《一个对于时代的批评》
王季高	1	B.《现实主义——从张伯伦到罗斯福》
孙毓棠	1	B.《战国时代的农业与农民》
吴宓	1	C.《改造民族精神之管见》

续表

姓名（笔名）	篇数	文章分类（据内容大致划分） A 宏观理论阐述为主，B 时事研究和评论为主，C 文化、文学为主
E.R.	1	C.《我看中国人》
沙学浚	1	B.《地位价值——一个国防地理的讨论》
王赣愚	1	B.《关于我们战时的行政》
冯友兰	1	C.《义与利》
谷春帆	1	A.《广"战国"议》
黄钰生	1	C.《偶语》
梁宗岱	1	C.《文艺的欣赏和批评》
郭世堂	1	B.《读者信箱》（何永佶回复）
周国楹 龙普生	1	B.《读者信箱》（何永佶回复）
蒋廷黻	1	C.《改革生活方式》（来信）
总计		144 篇

从表中可见，"战国派"144 篇长短（包括来信）文章，以阐述宏观理论为主的有 17 篇（12%）；以中国国情和抗战时势研究为主的文章 45 篇（31%）；关涉文学、文化、历史和国民精神有 82 篇（57%）。以上归类和统计可能不完全贴合，但比例不会有太大问题。于此可见，"战国派"诸君所思所虑在四个字——抗战建国。

大体而言，"战国时代重演""大政治""唯实政治"等理论建构，以及关于国情时局的具体问题的剖析研判、发展趋势和应对策略，皆围绕"抗战"立论，谈及最多的传统文化与国民性则以"建国"为鹄的，前者是迫在眉睫的救亡，后者关乎民族国家的未来。林同济、雷海宗侧重于以"文化形态学"方法，建构宏观理论，再从历史中寻找规律，预判局势，期以找到应对办法，文学家陈铨和沈从文更多讨论的是文学和文化，何永佶、洪思齐则多阐发分析即时变化的时局动态和具体事件。以何永佶、洪思齐为例——

何永佶关注研究世界政治多年，积淀深厚，洞察力敏锐。《从大政治看中国宪政》《欧战与中国》《东击与西击》《希特拉如何攻英》《希特拉的外交》《龙虎门》等文，一一剖析了中国的宪政与外交、欧战与中国，希特勒如何迅速制胜，美国与世界的关系，行文畅达平易，深入浅出，多有精彩之见。如《君子外交——动口不动手》详细考察了美国对华政策的历史，提醒当政者不能盲目假定美国会"尽力援华"，而是要主动作为以获取美援①，而《美国应立刻宣战》则不客气地批评美国应放弃"小政治"思维，立刻对轴心国宣战，指出只有战争才能避免可能的危机，并预言"美国终有一日须与轴心国家宣战，早一点好过迟一点"②。此预言果然应验，所以何永佶后来颇为自得地写道："此文作后一年多，美国始被珍珠港一炸弹迫上参战。"③

洪绂（1906—1988），福建闽侯人，1925年毕业于福建协和大学物理系，1928年公费留学法国里昂中法大学，专攻经济地理，曾师从著名地理学家马东（E. de Martonne），1934年获博士学位，又到巴黎大学政治学院攻读外交学，其博士论文《茶叶地理学》出版后受到欧洲学界关注。作为地理学学者，洪思齐的《挪威争夺战——地势与地略》《地略与国策：意大利》等文，以彼时风行欧美的"地缘政治学"（Geopolitics）④新方法来研究国际战局和战争，令人耳目一新。《如果希特勒战胜——》《法兰西何以有今日》《苏联之谜》《苏联的巴尔干政策》等文，则详细梳理解析德、苏、英、法等国，如何在复杂的局面下，经过一番纵横捭阖，制衡博弈，最终促成了"外交史上的奇迹"——《苏德互不侵犯条约》（1939年8月）的签订，并对欧洲未来时局的可能走向作了前瞻。

此外，如王迅中的日本研究，沈来秋的"国防经济"研究，陈碧笙、王季高、曾昭抡等，也皆就具体问题作详细分析和深入阐发。此类文章系国情国策的现实研究，重在实用意义和科学价值，也是撰文者的意图所在——瞬息变化的世界局势从何而来，发展趋向，中国何去何从，采取何种策略和应对方式，以避免危机，求得生存和发展。在彼时语境中，这些言论多为中性客观的研究，一般不指涉价值判断，即如对武力

---

① 何永佶：《君子外交——动口不动手》，《战国策》，第11期，1940年9月1日。
② 何永佶：《美国应立刻宣战》，《战国策》，第14期，1940年12月1日。
③ 何永佶：《为中国谋国际和平》，上海：商务印书馆，1946年，第23页。
④ 地缘政治学（Geopolitics）是"关于国际政治中地理位置对各国政治相互关系如何影响的分析研究。地缘政治理论家们指出某些因素对决定国策的重要性，诸如：获得自然疆界，通往海上重要通道，据有战略要地等等。……在第一次和第二次大战之间，此说流行于中欧，第二次世界大战间传遍全球。"参见《不列颠百科全书》（国际中文版第7卷），北京：中国大百科全书出版社，1999年，第58、59页。

和强权的标举,系指应对中国抗战危局的实际需要,而并非鼓吹战争。

这些精通外文、学有专门、崭露头角的学界新进的"战国派"诸君,才气纵横,见多识广,彼此交流碰撞频繁,所论闳中肆外,宏观微析,鞭辟入里,锐气逼人,踔厉奋发。诚如沈来秋所言:"连读贵刊十余期,兴奋无量。丁兹国际纷争之局,一切演变纵横错杂,我们每觉目迷五色,不易寻到线索。自贵刊揭橥大政治的目标之后,复从地理及许多普遍的事例里,寻出演绎式的共同原因,俾使读者可以举一反三,有左右逢源之乐,因此反映到各国内政外交上的种种问题,也就不难迎刃而解,提出对策。"①

从实际影响看,"战国派"在抗战最艰难、最危险的时刻,帮助人们认清国际风云的微妙变化及其缘由,提醒、告诫、鼓励了国人要依靠自身努力,用武力抵御强敌,实现抗战建国,无疑起到了振奋人心、提振士气的积极意义。最具舆论影响力的《大公报》谓之以"崭新作风"而"异军突起"②,并接纳他们开办副刊,也说明心有戚戚者不乏其人,并非印象中的人人鄙之。而除了国统区外,"战国派"还曾在上海产生了积极的影响。1941年初,由林同济的美籍妻子黛南(Adeline Gray)策划,在上海发行了3期《战国策》,所刊文章系选自昆明版《战国策》(1—10期),是所谓"上海版"。沪上读者认为林同济、陈铨、沈从文等人的著述,"有内容有骨子",不仅"有独到的见解","而且颇切此时此地的现实需要","语重心长,读之可令人坚定信心"③,"为孤岛人士不可多得之精神食粮"④。

六、文化反思

"战国派"们关注的另一个重点是中国文化和国民性问题。他们

---

① 《提倡做人的新态度》(读者来信),《战国策》,第15、16合期,1941年元旦。按:"读者"署名沈粥煮,即沈来秋,粥煮为其笔名。
② 《战国策》广告,见《大公报》(重庆),1940年8月3日、6日、8日,9月5—7日。
③ 飞鲸:《〈战国策〉——有内容有骨子的书》,《大美晚报》(上海),1941年2月5日。
④ 上海版《战国策》"发行人"为林同济的妻子Adeline Gray,报称其为"美国女记者",参见:《介绍〈战国策〉》,《大美晚报》(上海),1941年2月24日。

一再声称抗战不仅是御敌求存,也可以借此来荡污涤垢,"在表面损失的背后,隐藏着莫大的好处",殷切希望通过抗战一洗传统文化的糟粕,建立理想的民族文化和国民精神。

首先,他们反思并批判了中国传统政制及其所滋生的文化病象。雷海宗认为,"无兵的文化"是"中国的永久问题",因为"无兵",就不能"自立自主",命运总操于他人之手①。自秦以来,士大夫和流氓成为社会主流,前者素喜"结党""清谈",乱世中则做"汉奸",后者无才无识,也难成事②,是以历朝历代要么被外族统治,要么忍受外侮,"中国二千年来社会上下各方面的卑鄙黑暗恐怕都是畸形发展的文德的产物。偏重文德使人文弱,文弱的个人与文弱的社会难以有坦白光明的风度,只知使用心计;虚伪、欺诈,不彻底的空气支配一切、使一切都无办法。中国兵制的破裂与整个文化的不健全其实是同一件事"。③ 他最担心的是近代以来,西洋携武力和文化"两种强力","并于一身而向中国进攻,中国是否能够支持"④。

雷海宗的构想是重建"真君子"精神。所谓"真君子"是指"文武兼顾"、集"行政与战争"于一身的士族阶层,他们"刚毅不屈,慷慨悲壮,光明磊落",以当兵为荣誉,而非文弱虚伪、心术不正的"士君子""伪君子"。他尖锐地批评了"今日的知识阶级"虽受过新教育,但"只限于西洋的文教,西洋的尚武精神并未学得","仍照旧是伪君子","同样的没有临难不苟的气魄。后方的情形一旦略为和缓,大家就又从事鸡虫之争;一个弹炸就又惊得都作鸟兽散。这是如何可耻的行径!"所以"伪君子"必须铲除,引领者"必须都是文武兼备,名副其实的真君子",唯有如此,"传

---

① 雷海宗:《中国的兵》,《社会科学》(北京),第1卷第1期,1935年10月。
② 雷海宗:《无兵的文化》,《社会科学》(单行本),第1卷第4期,1936年7月。
③ 雷海宗:《中国的兵》。
④ 雷海宗认为历史上武力侵略中国的是"五胡",文化势力的入侵是"印度中亚"的佛教文化,但其入侵时,"中国民族的自信力并未丧失",最终"五胡"被汉化,佛教为旧文化所吸收,以中国文化胜利而告终,并且完成了"二周"的演变,文化主体仍在,但近代以来西洋的侵略则是两方面的,更兼之"今日民族的自信力已经丧失殆尽,对传统中国的一切都根本发生怀疑","麻木不仁"和"盲目崇外"都于事无补,这是最可怕的。参见雷海宗:《无兵的文化》。

统社会的虚伪污浊"才能洗清①,"第三周"文化才有可能产生。

林同济的批评和反思集中在"官僚阶层"("士大夫")。所谓"官僚传统"是指"整个结构之运用的精神,表现的作风,以及无形中崇尚的价值,追求的目的",也即官吏们的作为行事、精神风尚和人生理想②。林同济认为,传统政治文化有三个亟待改进的风气:重私德轻公德(孝先忠后)的公民伦理、"猎取功名"的人生理念和"容忍苟安"的国民习气,而这些弊病又集中体现在"士大夫"身上,深植于整个官僚体系中,形成根深蒂固的传统③。其根本特点是"中饱",彼等上为政府(皇权专制),下达民众,专事利用这种"中间地位",攫取私利,中饱私囊。战国以下,中国政制就是这"中间人""畸形发展"、无限膨胀的时代,官僚制度与专制皇权、家族制度和商侩社层沆瀣一气,形成"'妾妇'的派头""'任用私人'的习惯"和"'贪污舞弊'的风气"④,皇权毒、文人毒、宗法毒、钱神毒等四种"毒质"深入骨髓,而"关键的关键"就是要"彻底改良"这个"中饱"的"官僚传统"⑤。

在《大夫士与士大夫》《士的蜕变》等文章中,林同济反复阐明"士"的堕落腐化是文化败象的症候,是"文化再造中的一个基本问题"。按照他的解释,这个蜕变过程就是从"大夫士"到"士大夫",前者是文武兼备的"君子",后者是腐儒官僚⑥;前者文韬武略,是能"忠敬勇死"的"刚道的人格型",后者多钻营"投桃、报李、拍马、捧场","排挤,造谣,掠功,嫁祸"等"宦术",一切皆"作态""作假",专事于"假公济私的勾当","刚道的人格"蜕化为"柔道的人格"。所以,一定要"反数千年的旧道而由宦术到技术"⑦。更进一步,林同济把矛头指向"皇权",

---

① 雷海宗:《君子与伪君子——一个史的观察》,《今日评论》(昆明),第 1 卷第 4 期,1939 年 1 月 22 日。
②⑤ 林同济:《论官僚传统——一个史的看法》,《大公报》(重庆),1943 年 1 月 17 日。
③ 林同济:《大政治时代的伦理——一个关于忠孝问题的讨论》。
④ 林同济:《中饱与中国社会》,《战国策》,第 12 期,1940 年 9 月 15 日。
⑥ 林同济:《大夫士与士大夫——国史上的两种人格型》,《大公报·战国》,第 17 期,1942 年 3 月 25 日。
⑦ 林同济:《士的蜕变——文化再造中的核心问题》,《大公报·战国》,第 4 期,1941 年 12 月 24 日。

批评朱元璋"以民族解放始,以蹂躏国人终",是"历史症结的集大成"者,一代枭雄沦为"传统历史的奴役",成就了"家天下",致使整个民族都"成为奴才",贻害后世,这是"真正的悲剧"①。

雷、林的重构中国文化的思路都是从批判官僚政制、"士"的堕落开始,最终指向当下腐败的官僚吏制和知识阶层,这也是"战国派"共同指向。如何永佶同样指陈中国政治的"病源"就在于"富"与"贵"结合的传统意识和行为实践②,与西人相比,中国人缺乏"使命(Mission)"和"天召(Call)"观念,只求苟且"活着",职位不是作为一种职业(Career),而是作为"功名",关心的"to be",而不是"to do":

> 无怪我们忌谈政治,寄情诗酒,小品文,效嵇康阮籍的狂放,以图"苟存性命于乱世"。流风所致,一套中国的人生哲学,成了如何品茶,如何栽花,如何烹鱼,如何酿酒,如何欣赏女人小脚的美之老奸巨猾(old rogue)的宇宙观!我们所谓头等作家也居然拿了这一套向外宣传,获了不少外汇放在荷包里!③

如林同济所言,中国人看似"孔孟的面孔",灵魂深处是"老庄的灵魂",没有西方自由精神中所包含的公民意识和责任感,只沉溺于自己的"无为"世界④。而这些隐逸狂放的避世者,尚能有个人的清高,至于那些"不负责;怕事;无创造;专事模仿;因循;随便;怕得罪人;不敢当面说亮话,却鬼鬼祟祟,背地做工夫"者⑤,就更不必说了。总之,整个知识阶层完全"官僚化,文人化,乡愿化,阿Q化"了⑥。这种"人格的

---

① 林同济:《卷头语》,载吴晗编著:《从僧钵到皇权》,重庆:在创出版社,1944年。
② 何永佶:《富与贵》,《战国策》,第4期,1940年5月15日。
③ 尹及(何永佶):《中西人风格又一比较——"活着"和"天召"》,《战国策》,第8期,1940年7月25日。
④ 岱西(林同济):《中国人之所以为中国人》,《隐逸风与山水画》,分别载《战国策》,第1、4期,1940年4月1日,5月15日。需要辨别的是林同济对中国传统人格(道家内核)中缺乏社会意识和公共精神是怀疑批判的,但他对道家的"梯阿尼刹式"(即尼采的"酒神精神"Dionysus)的崇尚自由超逸的浪漫主义的艺术精神却很是心仪,如李白诗歌和张旭书法。
⑤ 陶云逵:《力人——一个人格型的讨论》,《战国策》,第13期,1940年10月1日。
⑥ 林同济:《嫉恶如仇——战士式的人生观》,《大公报·战国》,第19期,1942年4月8日。

鬼魅化""幽暗的漫布"皆在"文化的堕落",并已至病入膏肓了,"非全部开刀不可"①。

有鉴于此,他们推出"力""力人""兵"等名称不同、实质相近的概念,来代表理想的文化精神,并以期一改怯懦猥琐、明哲保身、萎靡苟且的国民性。其中林同济对中国传统文化、国民性格的历史反思和现实批判,从体裁、内容到文风,皆深受鲁迅杂文的影响,陶云逵所倡"主人道德"的"力人",除借鉴了尼采的道德论,则别有文化人类学和生物遗传学等科学理论背景②,何永佶从希腊神话的勇敢无羁、挑战权威的英雄人物得到启示③,沈从文则不厌其烦地一再宣扬五四的科学民主精神,至于陈铨则期以德意志文化精神为师鉴,后文再论。有研究者曾指出,"战国派"是中国近代史上的"尚力思潮"之一脉,是对儒家中庸哲学的"超越",表现了近代以来,国人对"生命力量的执着追求"④,此言甚是。

七、大批判

"战国派"引发的争议,最早发生在昆明。《战国策》创刊伊始,沈从文即撰长文对陈铨的"英雄崇拜"论提出质疑,其后西南联大政治系学生陈志竞办《荡寇志》⑤(1940年9月创刊),站在自由民主思想立场,对"大政治"、英雄崇拜、尼采论说、女性问题等言论有不客气的批评嘲讽(见后章)。

1941年初,《战国策》逐渐引起了各方的注意,并招致大批判,主要的舆论场在陪都重庆。此中一个极为重要的细节——1940年12月15

---

① 参见188页注⑤、注⑥。
② 参见陶云逵:《力人——一个人格型的讨论》。
③ 参见尹及(何永佶):《萤腾之死(希腊神话之一)》,《战国策》,第1期,1940年4月1日;尹及(何永佶):《偷天火者》,《战国策》,第2期,1940年4月15日;尹及(何永佶):《敢问死?——希腊的答复》,《战国策》,第5期,1940年6月1日。
④ 郭国灿:《近代尚力思潮述论》,《二十一世纪》(香港),1992年第6期。
⑤ 何兆武曾说:"有一份叫《荡寇志》的杂志,专门批《战国策》。"参见何兆武口述,文靖撰写:《上学记》,北京:生活·读书·新知三联书店,2006年,第152页。

日,《大公报》刊登了林同济的《第三期学术思潮的展望》,立时引起左翼高度关注。五天后,重庆文化界在"中苏文化协会"举行座谈会,到会者有郭沫若、沈钧儒、张申府、邹韬奋、张友渔、侯外庐、徐仲航、胡绳、潘梓年、徐冰等30余人,多为左翼文人和中间派人士。

此次座谈会集中对《第三期学术思潮的展望》展开讨论和批评。郭沫若首先指责林同济"将科学与辩证法分割与对立之不当","着重分析该文之形而上学,玄学之根源",认为"唯物辩证法非但未否认科学,且极注重科学材料及方法",而"林氏论新文化第三期之航空姿态","如从过高处鸟瞰,难免不茫无所见",如此方法"将使中国学术倒退"。随后叶兆南、侯外庐等人也循着郭沫若的话锋,指出"必须揭破似是而非,混淆真伪之思想体系","对故意歪曲,模糊真理之理论,必须加以严厉之批判"。

胡绳的发言同样针对"违背整个思想潮流发展之文化倒退","指出必须加强及扩大文化学术运动之范围,培养向上的健康的民主的科学精神,反对独裁盲从迷信退步"。郭沫若又补充道:"科学精神之培养,不仅要广泛深入,并须使其高度发展,不论为政为学抑或高教人员,均须备具透彻之求真无我的科学精神"。郭沫若的"插话",表明讨论不仅是针对林同济,还指向了"战国派"以及其他大学教授们[1]。

侯外庐曾回忆道:"当时我们这些同志,个个都把唯心主义哲学家冯友兰、贺麟视为对立面,每次聚会,一碰头就谈冯友兰、贺麟,分析他们的政治动向,研究他们的每一篇文章",并提到《战国策》"对我党态度不友好"[2]。不论他说的是否包括此次座谈会,但此后左翼文化界的确对林同济、陈铨、雷海宗等人展开了批判。也就是说,学界耆宿郭沫若为批判"战国派"不仅作了开头,营造了舆论,并定下了基调。

1941年1月1日,茅盾在《大公报》发文,认为"战国派"犯了"时代错误",直指"战国时代"的判断以及思想方法,与中国实际相脱节,歪

---

[1] 参见:《渝文化界座谈会 讨论学术研究自由》,《新华日报》,1940年12月21日;《渝文化界座谈会 讨论文化之进步问题》,《大公报》,1940年12月21日。
[2] 侯外庐:《韧的追求》,北京:生活·读书·新知三联书店,1985年,第122—123页。

曲了抗战是中国"自卫的求解放自由"的根本性质①。胡绳则在《读书月报》撰长文,指斥"战国派"是一股"反理性主义的逆流"②。桂林的左翼刊物《野草》更是连续揭载多篇杂文,对"战国派"(尤其是沈从文、陈铨)嘻笑怒骂,极尽讽刺,多有攻讦。

有意思的是,舆论界翘楚《大公报》似乎有意让这些持不同意见者展开自由讨论。1941年1月底,《大公报》连载了林同济的《战国时代的重演》,随后发表了不同见解的文章,如中央大学教授罗梦册的《不是"战国时代的重演",而是人类解放时代之来临》、柳凝杰的《论所谓"战国时代重演"及所谓"人类解放时代之来临"》③。这些批评文章就"战国时代重演"和中国抗日战争的性质多有辨析,有质疑批评,也有认同,但没有贴标签戴帽子。

1942年1月,同样出身清华的章汉夫(谢启泰),一锤定音,指斥"战国派""言论的实质","是一派法西斯主义的,反民主为虎作伥与谋反的谬论"④。正值"整风运动"的延安方面也痛斥"战国派"与"提倡复古"的"孔学会",都是大后方的"文化逆流和政治逆流"⑤,并在《解放日报》刊出长篇檄文《〈战国〉不应作法西斯主义的宣传》⑥。从此,"法西斯主义"成为"战国派"头上难以摆脱的达摩克利斯之剑,而自由讨论和学理辨析也升级为挞伐声讨。再加上左翼文化界对陈铨话剧《野玫瑰》的批判,"战国派"的性质已经初步确定:一、鼓吹尼采哲学,宣传法西斯主义;二、文学创作上(主要是陈铨)制造汉奸理论。

检视历史,大批判有两个重要背景。一是左翼文化界的批判,发生于国共矛盾公开化之际("皖南事变"为标志),虽然彼此间有意识形态

---

① 茅盾:《"时代错误"》,《大公报》(重庆),1941年1月1日。
② 胡绳:《论反理性主义的逆流》,《读书月报》(重庆),第2卷第10期,1941年1月1日。
③ 参见罗梦册:《不是"战国时代的重演",而是人类解放时代之来临》,《大公报》,1941年3月25、27日连载;柳凝杰:《论所谓"战国时代重演"及所谓"人类解放时代之来临"》,《大公报》,1941年4月15—17日连载。
④ 汉夫:《"战国"派的法西斯主义实质》,《群众》(重庆),第7卷第1期,1942年1月25日。
⑤ 《大后方的文化逆流》(社论),《解放日报》,1942年5月17日。
⑥ 参见李心清:《〈战国〉不应作法西斯主义的宣传》,《解放日报》,1942年6月9—11日连载。

上的根本矛盾和尖锐对立,但也不无以此为话题,影射和对抗执政当局的策略性考虑。二是国际战局和中国抗战形势已发生突变。1941年6月苏德开战,12月"太平洋战争"爆发,美国卷入大战,国际反法西斯战线建立,中国危局有所缓解,"法西斯主义"已是同盟国的公敌,并成为抗日大后方的舆论主潮,"战国派"在劫难逃。连当局媒体也毫不客气地对斯宾格勒、尼采的学说展开批判,认为"中国有中国历史的真实性,中国还有三民主义的历史哲学,如果中国言论界剽窃外国人的言论来解释或论断中国的事实,根本出发点已不健全,而其影响也是有危险的"①,而尼采哲学更是"毁灭人性"的学说和侵略者的理论"根源"②。这些不谓不严厉的批评,针对的正是雷海宗、林同济、陈铨诸人。

考察"战国派"遭到批判的缘由,主要在以下几端:一是其宏观理论和某些具体观点的确有玄学色彩,如斯宾格勒的学说;二是有推崇德国,隐隐反对民主、主张极权的倾向,暗合国民党一党专政、领袖独裁的政制;三是彼等舍我其谁,四面出击,得罪多方;四是"战国派"虽然没有刻意针对左翼的意思,但双方却有意识形态上的对抗,很自然地"被左派认为是为国民党出谋划策"③。

从文献看,哪种势力批判"战国派",具体指向若何是比较清楚的。首先,左翼主要针对以下几点:一是林同济、雷海宗的历史形态学方法论,以及"战国时代重演"论;二是陈铨的唯心主义英雄史观、英雄崇拜说、尼采论,及其话剧《野玫瑰》;三是沈从文反对作家从政,反对文学功利化、政治化的观点,尤其是其话里话外对左翼文学的排斥,但对他的批判不计在"战国派"名下;四是洪思齐、沙学浚等介绍的"地略政治学"。

其次,"战国派"大肆宣扬德国文化、推崇希特勒作风,连自由派文人学者也多有不满,如沈从文、罗梦册等。此外,可能还有不少腹诽者,如陈源曾向胡适(1941年8月)抱怨道:"国内有一部分人士倾

---

① 谢庆垚:《论形态历史学》,《中央日报》(重庆),1943年3月8日。
② 《毁灭人性的三种学说》(社论),《中央日报》(重庆),1944年7月27日。
③ 贾植芳:《不能忘却的纪念:我的朋友们》,上海:上海文化出版社,2001年,第148页。

向于德国,现在更明显。少年政治学者如何永佶、林同济之流,在昆明办有一个刊物,名《战国策》,提倡'力的政治',崇拜德国式的思想。大部分人的信念,都很动摇。他们不想想,德国胜与日本胜,有什么分别?"①

再次,对"战国派"某些明显有偏颇的观点的批评。如何永佶称男女平等只在"生物性",女性的自由"在丈夫的自由里,真正的个人职业是在婚姻里"云云②;陈铨在短论《论新文学》中称,处在战国时代,中国新文学一定要表现新时代精神的"十一个理想",否则"必须要摧毁",这些"理想"强调国家统一、民族至上,摒弃个人,鼓吹"战斗""战士""征服""服从"③,不免耸人听闻,"容易联想起正在争霸欧洲的德意法西斯国家宣传的理念",是以遭到欧阳采薇的辛辣嘲讽和批评④。

最后,"战国派"文风犀利,放言无忌,对当局的官僚阶层、行政机关、工作作风,以及知识分子、学生运动、外交政策、宪政问题、文化风气、传统文化、妇女教育等皆有尖锐批评,难免遭关联者的反感嫌恶。如林同济《学生运动的末路》等文,颇多责难学生运动的政治化,显然不讨青年(学生)的好;何永佶在诸多篇章中,对政府的外交政策、宪政实施等多有批评,陈铨《浮士德游中国记》(小说)对当下世相多有讥讽,自为当政者所不满。是以《战国策》送审时,有些篇章被云南图书杂志审查委员会"饬正修改",或"全文查扣",不准发表。《战国策》最终因无钱印刷而停刊⑤。

---

① 中国社会科学院近代史中华民国史组编:《胡适来往书信选》(中),中华书局,1979年,第482页。
② 参见尹及(何永佶):《谈妇女》,《战国策》,第11期,1940年9月1日。
③ 陈铨:《论新文学》,《今日评论》,第4卷第12期,1940年9月22日。
④ 李金凤:《战国策派考论》,新北市:花木兰文化事业有限公司,2017,第62页。
⑤ "云南图书杂志审查委员会"或按月或按季度,报呈"中央图书杂志审查委员会"的《工作报告》,具体内容包括"文化界动态""言论动向""杂志登记表""删扣杂志稿件一览表""杂志原稿送审一览表"等,其中记载《战国策》被查扣的文章有《安分守己》《被骗的少女》(此两篇作者不详),以及《浮士德游中国》(陈铨)、《猪肉文化》(费孝通)、《吏治重于民治》(朱驭欧)等8篇,"饬正修改"的有《花旗外交》(林同济)、《从大政治看宪政》(何永佶)等3篇。参见:《云南图书杂志审查委员会工作报告》,全宗号:1106-003-01149-005,云南省档案馆。

"战国派"左右不容、四面不讨好,但如前所言,他们却谁也不觉得自己是一个所谓的"派",除陈铨回应了对"英雄崇拜"说的批评,没有人以集体名义公开应答外界的质疑和批评。这也补充说明了所谓"战国派",只是一个以刊物为中心,以个人立言为原则的自由作者群。随着《战国》副刊停办,刊物诸作者从此风流云散,但众口铄金,"战国派"被打上了耻辱烙印,延续了几十年。

　　综上所论,基于史实和文献,"战国派"其实只是一个自由作者群,他们对抗战现实的理性分析,无非是告诫国人,虎狼入室,唯有以暴制暴,方可生存。无论是林同济的"战为中心"说,陈铨的只有"指环"才有"正义"说,雷海宗倡言的恢复"兵"的文化说,以及何永佶、洪思齐等人对诸多问题的研究,都是基于防卫的爱国主义和民族意识的救亡之论。

　　从根本上说,这是人类宿命——民族主义所赐。我们知道,狭隘民族主义制造了和制造着许多令人不安的事件,但是事实上,民族国家至今仍是处理国际事务,维持均势的有效标杆,业已"变成世界秩序的一个基本原则"①。就文化主张而言,"战国派"的核心在于道德的重建,所谓君子、贵士传统、超人、神话英雄、力人等,归根结底还是在个人公德和私德的完善,也就是国民性的改造。他们首先指陈的是知识分子,这表明他们社会改造的路线和理想是从"上层知识分子"开始的改良主义,而不是激进的暴力革命。

　　有论者认为:"从尼采的'超人'到'战国策派'的'战士'、'力人',都具有自觉的反理性、反民主的内涵;他们的有机论、战争论等等,都与法西斯主义有情绪上和观念上的相通。"②这虽有道理,但还是将其所论三个方面割裂开来,过分强调其"政治思想"的一面,而对文化论、道德论没有给予足够的重视,也忽视了"战国派"诸人作为文化人的浪漫

---

① [英]哈里特·斯万主编,郑良勇等译:《大师讲述历史中的20个大问题》,北京:民主与建设出版社,2005年,第108页。
② 单世联:《"西方的没落"与中国的希望——"战国策派"的设计》,载孙周兴等主编:《德意志思想评论》(第二卷),上海:同济大学出版社,2004年,第447页。

精神和理想主义气质。如论者所言,他们不过是"遵循着从19世纪末到20世纪上半叶中国知识分子的一贯做法,他们的爱国精神和政治责任感也是现代知识分子优秀品质的体现"①。

---

① 黄敏兰著:《学术救国——知识分子历史观与中国政治》,郑州:河南人民出版社,1998年,第262页。

第七章　尼采的魅影

陈铨是"战国派"中的"多面手",既是学者,又是作家,既写小说,又从事戏剧的编演活动,既研究文学,又研究哲学,同时还是编刊办报的行家里手,从《新动向》到《战国策》,再到《民族文学》,他都是关键人物,遭到左翼文化界重点针对的也是他。统观之,陈铨引起争议的言论主要是两方面:一是鼓吹尼采学说,被批为法西斯主义;二是宣扬英雄史观和"英雄崇拜",有主张极权,反对民主的倾向。虽然陈铨某些表述不无可商榷之处,但其实他自己的逻辑很清楚,还需一一辨析。

一、尼采:从德国到中国

陈铨对尼采学说的接受、传播和阐发,其实是一个有选择、有变化的过程。留德期间,陈铨曾论及并批评过尼采;回国后随着研究的深入,又从学理的高度,建构了作为哲学家、诗人的启蒙者尼采形象;抗战时期,其尼采论说主体性意识加强,凸显作为"超人""战士"的尼采形象,意在以之为借镜,激励国人自立自强,救亡图存,带有现实功利性。陈铨笔下尼采形象的变化,表明其阐释重点和价值取向发生了变化,这还需从尼采在中国传播的背景中去考量。

20世纪初,经梁启超、王国维等介绍,尼采渐为国人所知,其后五十年,尼采学说在中国的传播历经两个热潮期——五四新文化运动时期与抗战期间。虽然尼采还是那个尼采,但无论是中国还是世界,都发生了重大变化,而后世对中国这两股"尼采热"有迥然不同的评价,总的趋向是肯定前者,否定后者。

论者认为,新文化运动中,鲁迅、陈独秀、谢无量、胡适、沈雁冰、李大钊、李石岑等人引介尼采学说,并以之作为反对传统、破除偶像,创造新文化、启蒙大众的思想武器,意义是积极的、建设性的。抗战期间,以陈铨为代表的尼采阐释当时就被批为"中了权力意志的流毒"的"反理性主义逆流",其实质是鼓吹强权、颂扬战争、肆意侵略的法西斯主义,①1949年后再遭批判。1980年代人们依然批判其以"尼采学说中最危险、最反动的部分"作为依据,"反对人民,坚持倒退,抵制党所领导的群众运动",为蒋政权寻找依据、制造舆论,以"维护和巩固法西斯帝国主义、封建统治"。②

1990年代后有所改变,学界多认为"战国派"固然崇拜尼采,但接受尼采思想不等于"接受了法西斯思想"③,进而发现陈铨等人"作为有社会责任的文人学者,在国家面临外敌入侵、岌岌可危的时候,借用尼采积极进取的人生态度,来探讨民族振兴的问题,批判不利于抗战的慵惰习气,也不失为一种有价值的探讨"④。但仍有人认为,彼等将尼采哲学"改造"成了"反对平等和民主,主张英雄崇拜和战争的法西斯主义"⑤,本质上与"法西斯蒂"并无"区别"⑥,甚至"联想"到"对强盗日本的赞美"⑦。

21世纪以来的最新研究成果则认为,无论是当年的大批判,还是

---

① 参见胡绳:《论反理性主义的逆流》,《读书月报》(重庆),第2卷第10期,1941年1月1日;汉夫:《"战国派"的法西斯实质》,《群众》(重庆),第7卷第1期,1942年1月25日;李心清:《〈战国〉不应作法西斯主义的宣传》,《解放日报》(延安),1942年6月9—11日连载;曹和仁:《权力意志的流毒》,《文化杂志》(重庆),第2卷第5号,1942年7月25日。
② 乐黛云:《尼采与中国现代文学》,《北京大学学报》,1980年第3期。吕希晨的《评战国策派的唯意志哲学》(《学习与探索》1986年第5期)、蒙树宏的《战国派及其和尼采思想的关系》(《思想战线》1988年第1期)等文以及其他著作,也持大致相近的观点。
③ 邵伯周:《中国现代文学思潮研究》,上海:学林出版社,1993年,第655页。
④ 丁晓萍、温儒敏:《"战国策派"的文化反思与重建构想(代前言)》,温儒敏、丁晓萍编:《时代之波——战国策派文化论著辑要》,北京:中国广播电视出版社,1995年。
⑤ 王元明:《20世纪尼采哲学在中国的盛衰》,《南开学报》(哲学社会科学版),1999年第1期。
⑥ 闵抗生:《二十世纪尼采在中国的传播》,《新文学史料》,2001年第4期。
⑦ 金惠敏、薛晓源:《尼采与中国的现代性》,《文艺研究》,2000年第6期。

"新时期"以来的种种否定,都源于"政治"上的定性,而非谨严的学术考察①,并肯定陈铨的本意在"借助尼采学说来确立国人'内心的新精神'",以期"推动新一轮思想启蒙","与鲁迅早年提倡'立人'、陈独秀强调'伦理的觉悟'等主张乃是一脉相承的"②。如此评价已接近本相,但其间仍需进一步拓展视野、再作考量。

首先,无论是批判还是肯定,论者都是集中于抗战期间的考察,对陈铨之前的尼采论说关注和重视不够。事实上,陈铨 1920 年代就已接触意志哲学,第一次论及尼采是在 1931 年,1930 年代多次谈到尼采,翻译过尼采的篇章,并写有多篇研究文章。也就是说,陈铨从接触尼采,到译述、研究、传播尼采学说,再到抗战时期大张旗鼓的宣扬,有一个过程,而且是一个变化的过程。其次,1940 年代陈铨的尼采论遭到大批判,虽有自身因素,更有值得探讨的其他原因,如时代背景、理论来源和现实原因等,以及陈铨本人又是如何认识尼采与法西斯主义之间的关系。有必要从尼采在中国接受的语境中,作历时性考察。

二、错位的语境:启蒙者尼采与极端者尼采

中国第一波"尼采热"是五四新文化运动时期。事实上,当时欧洲舆论多认为尼采应为"大战的爆发负责任"③,尽管中国文化界也留意于此,如蔡元培就谈到尼采的"强权主义"为"德国贵族的政府所利用",高唱"德意志超越一切",终演成"军国主义",给世界带来了巨大灾难④,但是这无碍一代"新文化"人对尼采的满腔热忱。

因为传播者瞩意的是尼采"发为奋迅激烈之辞,大声疾呼,以自暴

---

① 成海鹰、成芳:《唯意志哲学在中国》,北京:首都师范大学出版社,2001 年,第 185—197 页。
② 黄怀军:《陈铨与尼采》,《中国文学研究》,2009 年第 1 期。
③ [美]彼得斯著,张念东、凌素心译:《尼采兄妹:一个德国悲剧》,北京:中央编译出版社,2000 年,第 290 页。
④ 蔡元培:《欧战与哲学》,《新青年》(北京),第 5 卷第 5 号,1918 年 10 月 15 日。

其志,而不顾人之是非","其言足以厉颓俗"①,能"救济"国人"乏进取之勇气""少创造之能力""卑屈""懦性"之"顺盲"习气②,其"倡言超人哲学,鼓吹英雄主义,赞美力之享受,高唱人格之权威,宣传战争之福音,而欲导现代文明于新理想主义之域","颇能起衰振弊","尤足以鼓舞青年之精神,奋发国民之勇气"。③ 总之,尼采是"一片奇异的'山水',一夜的风雨,启发我们,警醒我们"④,而可能存在的危险,往往被忽略或淡化,甚至为之辩护道:"宗教之徒,愿谨之士,牖于偷安之习,伪善之说,浸染既深,罔自解脱,一闻尼杰之名,辄以危险思想目之,而利其堙没弗彰,斯实最可痛惜者也。"⑤

简言之,"为我所用"的实用主义立场是当时国人接受传播外来思想的基本态度,尼采学说乃是一种"改良生活,求得真理"的"工具","挑了些合用的来用,把不合用的丢了,甚至于忘却,也不妨"⑥。无论是作为思想解放、启迪民智的他山之石,还是作为重估传统、再造文明的思想方法,抑或是一种学术思想,尼采其人其说受到了普遍的肯定,鲁迅、陈独秀、胡适、郭沫若、郁达夫、沈雁冰等一代文化巨子,都曾在尼采那里驻足流连,沉思吟味,或述或译,甚至也或多或少濡染了几分"超人"气息。

陈铨同样在中国启蒙语境中遭遇尼采。清华时期,可能已初步接触尼采,但那时他最感兴趣的是尼采的导师叔本华,而深入研读尼采,并发生浓厚兴趣是在德国。前文已及,陈铨在克尔大学选习了克洛那教授有关尼采的课程,此后,其学术兴味、个性气质,乃至人生命运均与尼采结下难解的因缘纠葛。

陈铨首次论涉尼采也是在德国。令人意外的是,其笔下的尼采,既

---

① 谢无量:《德国大哲学者尼采之略传及学说》,《大中华》(上海),第 1 卷第 7 期,1915 年 7 月 20 日。
② 李石岑:《尼采思想之批判》,《民铎杂志》(上海),第 2 卷第 1 号(尼采号),1920 年 8 月 15 日。
③ 守常:《介绍哲人尼杰 Friedrich Wilhelm Nietzsche》,《晨钟报》(北京),1916 年 8 月 22 日。
④ 冯至:《谈读尼采(一封信)》,《今日评论》(昆明),第 1 卷第 7 期,1939 年 2 月 12 日。
⑤ 守常:《介绍哲人尼杰 Friedrich Wilhelm Nietzsche》。
⑥ 雁冰:《尼采的学说》(续),《学生杂志》(上海),第 7 卷第 4 号,1920 年 4 月 5 日。

不是中国新文化运动中的启蒙者形象,也不是抗战时期他极力推扬的鼓吹权力意志、充满"超人""力量"的战士,而是认为宣扬"超人主义"的尼采,叛离了德国古典哲学传统,是一个无视启蒙理性精神的"极端"的个人主义者。1931 年 10 月,陈铨在柏林大学参加黑格尔研讨会后,在寄示国内的报道中第一次谈及尼采:

> 叔本华的悲观主义盛行一时,唯物主义渐次盛兴了,马克思打番天印了,达尔文的物竞天择家传户唱了,基督教的势力,渐次站不住脚,尼采第一次发现欧洲的无神论,转而创造鼓吹提倡他"超人"的宗教了。……
>
> 欧洲的大战,正如一声霹雳,万窍齐开。由叔本华的悲观主义,加上达尔文物竞天择的学说成功的尼采超人主义的流弊渐次发现,同时唯理主义,物质万能,科学万能的学说,也不能满足一般人心灵上的要求……①

在《中德文学研究》中,陈铨再次论及尼采。他认为,19 世纪 30 年代以来,"德国精神转了一个大弯:工业技术的势力,一天天地澎涨,世界也失掉了它的神秘,合理主义,帝国主义,资本主义,成了绝对的伟大",导致人类欲望极度膨胀,这与中国传统天人合一的哲学理念相谬,中国文化在德国的影响也日渐式微。最终"征服的胜利,换去他内心的本质。人类失掉控制他自己出产的能力,他自己变成了技术的奴隶。他的感觉变成机械,他失掉生命的全体。自然的破坏,就是人类自己精神的破坏。结果这一种进步,把人生弄得肤浅,最后演出空前未有的悲剧——世界大战",而尼采就是这一社会潮流和思想倾向的代表:

> 尼采说:上帝已经死了。但是世界的开展,同时也就是人类的隔绝。人类失掉了他自己内心与全部外界的关系,只剩下了孤独的自己。这一种隔绝,结果就养成了极端的个人主义,因为人类在很短的时间里能够驾驭自然界许多的事情,他相信他可以完全征

---

① 陈铨:《国际赫格尔联合会第二届大会》,《国闻周报》(天津),第 8 卷第 49 期,1931 年 12 月 14 日。

服自然界,所以个人自尊自大的心理,也愈来愈高,从这一方面来说尼采的超人,就是极端的代表。①

无论是为了介绍黑格尔哲学在欧洲"中兴"背景,还是解释中国传统文化在德国失去关注的原因,陈铨都是把尼采哲学作为反面证据——"超人主义"是欧洲现代文明危机的产物与非理性主义思潮的极端代表,也是德意志文化畸变与民族主义情绪狂躁不安的表现。这表明身处德国文化语境中,陈铨是站在以康德、黑格尔为代表的德国古典哲学的立场,散发的正是启蒙运动以来的理性主义色彩和人文主义光辉。

事实上,陈铨此时对尼采的认知也是基于流行俗见的一般感知的印象,如把尼采哲学与"世界大战"联系起来,正是当时欧洲人普遍的看法。甚至有些观点也不成立,如认为超人哲学是叔本华哲学和达尔文主义结合的产物。这也说明彼时陈铨大概尚未及对尼采作细细考察和专门研究。

三、启蒙语境:文化哲学家和人生哲学家尼采

如果说留德时期还只是印象式的评点,那么1934年回国后的三年间,则是陈铨深入尼采研究的第一个爆发期。除了在论文和小说中多次论及尼采,他还译述了尼采的《查拉图斯特拉如是说》等作品,写有长文《从叔本华到尼采》、书评《尼采与近代历史教育》以及《寂寞之尼采》等文,并有《尼采评传》的写作计划,一举成为中国一流的尼采专家。随着语境的变化和研读的深入,尼采形象发生了变化,那个"极端"的尼采隐而不表,而是塑造了一个启蒙者的尼采形象。

首先,在一些零散论及尼采的篇章中,陈铨建构了文化哲学家和人生哲学家,同时也是超一流诗人的尼采形象。陈铨认为,近代以来,科学进步,工业发达,物质主义嚣张一时,导致人类动物化、机械化,灵魂

---

① 陈铨:《中德文学研究》,第192—194页。

空虚,尊严尽失,而尼采痛恨这种"只有物质,没有精神,丑恶无聊的文化",揭示了现代人的精神危机和文化歧途,并把"哲学上的注重人的趋势","演到极端","成功了他的超人主义"①,从而开创了"新文化,新宗教,新人生观",但尼采为"人类之尊严"而"声嘶力竭",却"未获解人","转为疯狂,终身寂寞"②。

陈铨很有见地地指出,尼采打破传统哲学理性思辨和逻辑推理的学究气,并极高评价了尼采作为超逸的诗人的气质:

> 尼采用的方法,不是干枯艰深死无生气的逻辑,乃是充满了诗意,充满了情感,充满了神秘性的教训……我们研究尼采的哲学……同研究旁的哲学家不同,在这里没有清楚的条理,没有逐步的证明,完全要在字里行间,去心领神会。但是尼采的文章,艰难在这个地方,美丽也在这个地方。尼采不单是第一流的思想家,同时又是第一流的诗人。他的文章在世界文学史上,也要占很高的位置。③

陈铨还翻译了尼采"令人增无穷之勇气"的《秋》(*Der Herbst*)、《松树与雷》(*Pinie und Blitz*)、《敌人手中》(*Unten Feind inden*)等三首短诗④。

1936年,陈铨在《清华学报》推出第一篇正式尼采专论《从叔本华到尼采》。这篇三万言长文,围绕尼采最关心的"人生"问题,立足于尼采哲学形而上的意义,详细阐述了叔本华的意志哲学和悲观主义对尼采的影响,以及尼采哲学的发展脉络、形成过程和精神内涵。陈铨认为,尼采对叔本华的"接受"和"超越",就是战胜"消极颓废悲观主义",回归早期"积极努力的悲观主义"的过程。尼采初期不满于弥漫

---

① [德]尼采著,陈铨译:《萨亚屠师贾的序言》,《政治评论》(南京),第120号,1934年9月20日。按:"萨亚屠师贾"即Zarathustra,通译为"查拉图斯特拉"。在另一文中,陈铨再次谈到尼采看到了"工业化的结果,基督教的崩溃,人类自由意志的减少",而"超人主义"把"人类的尊严"提高到"登峰造极"的地位。参见陈铨:《Feng(冯至), *Die Analogie von Natur und Geist als Stilprinzip in Nvalis' Dichtung*》(书评),《清华学报》,第11卷第1期,1936年1月。
② 陈铨:《赫伯尔之悲剧观念》,《珞珈月刊》(武汉),第1卷第5期,1934年3月。
③ [德]尼采著,陈铨译:《萨亚屠师贾的序言》。
④ 陈铨:《寂寞之尼采》,《华北日报·哲学周刊》,第6期,1934年5月24日。

于欧洲文化中"不求进步"的"乐观主义",接受了叔本华悲观论,但推翻了"肤浅无聊的乐观主义"后,看到了可怕的后果,"大家清楚看见人生的本来面目",也可能"失掉对人生的勇气",深陷"颓废悲观"之中,乃至"根本抛弃人生"。尼采不能容忍这种"实际的悲观主义",并继续向前探寻,经过"赞成""过渡""反对"三个阶段,一步一步超越了"艺术""上帝""科学"和"道德"的藩篱,最终彻底"摆脱了叔本华的悲观主义",抵达了人生的"归宿"和通向"光明"的"唯一方法",即"要求力量的意志",并"悬挂了他的新目标"——"不断地工作,不断地努力,有勇气去承受一切,克服一切,痛苦越多,他人格表现越伟大"的"超人"。在陈铨看来,超人哲学不仅是尼采思想的完成和巅峰,也回答了人类一个永恒的疑问:"人生有没有意义,是不是值得过活。"①

在长篇书评《尼采与近代历史教育》中,陈铨详细介绍了尼采长篇论文《历史对于人生的利弊》主要观点(该文是"中国学界最早讨论尼采历史观的专文"②)。尼采认为,"人所以成为人,就在于他首先在思考、比较、区分和结论之中压抑了历史的因素,并以凭借古为今用的能力让一种清晰而突然的光亮射穿这些迷雾",而现代人失去了批判能力,沉沦于"过量的历史"中,使"历史"远离了现实人生,损害了"生命的可塑力",必须以"非历史""超历史"的态度来疗治"历史的弊病和过量的历史"。③ 换言之,历史往往会成为禁锢阻遏发展的障碍,人类必须反思与超越历史,方可进步。

在陈铨看来,不仅尼采的"文化哲学"和"人生哲学"可以给中国"文化的创造"以直接的启示意义,其"历史教育"更能作为"最好的借镜"。在西洋思想大量涌入之际,启发国人不辜负时代的召唤,抓住机遇,迎接挑战,以"重新估定一切价值"的批判精神,从古今中外一切腐朽僵化、束缚生命的"有害"的历史习俗和文化传统中解脱出来,培养

---

① 陈铨:《从叔本华到尼采》,《清华学报》,第 11 卷第 2 期,1936 年 4 月。
② 黄怀军:《陈铨与尼采》。
③ [德]尼采著,陈涛等译:《历史的用途和滥用》,上海:上海人民出版社,2000 年,第 5,34,90—91 页。

"打破一切推翻一切""建设创造一切的勇气"。①

综合看来,1930年代陈铨从学术的高度和理论的深度,把尼采学说的传播从五四时期象征性的标语、口号式的呐喊,推向系统化、理论化的纵深发展的新阶段。《从叔本华到尼采》紧扣悲观主义、意志哲学、权力意志、力量、轮回、超人等尼采思想演变过程中的重要概念,从西方哲学发展的历史脉络中勾勒出尼采思想的来龙去脉,思路清晰,说理透辟,引证严密,文风谨严。而《尼采与近代历史教育》则从理论的源头,把新文化运动中、也是尼采最为响亮的宣言——"重估一切价值",落在了实处。

在这里,陈铨承接了前辈们对启蒙者尼采的形象构建。只是与前贤们由"立人"到"立国"的切近目标相比,他首先强调的是尼采哲学形而上的普遍意义,先"体"而后"用",但最终的价值取向与前贤们并无二致,也同样期望以尼采学说为文化参照,给中国文化的更新和民族精神的重造,带来有益的启示。

四、抗战语境:战士尼采

抗战爆发后,陈铨的尼采研究一度中断,三年后才又在《战国策》《今日评论》等刊,连续发表了《尼采的思想》《尼采心目中的女性》《尼采的政治思想》《尼采的道德观念》《尼采的无神论》《尼采与红楼梦》等系列文章,迎来了其尼采研究的第二个爆发期,但同时也引起极大争议,并遭到左翼文化界的批判。

首先,陈铨依然立足于尼采学说中"文化"与"人生",几乎对尼采所有重要名词、俗语、概念,以及一些颇遭非议的观点等,都进行了逐一解释,进一步从学理上作深入研讨,细化了此前未及展开的具体问题。

在总论《尼采的思想》中,陈铨详细考察了尼采从"艺术时期""科学时期"到"超人时期"的思想演变过程,认为"超人"就是"理想的人

---

① 陈铨:《尼采与近代历史教育》。

物""人类的领袖""社会上的改革家"和"勇敢的战士"①,是尼采"苦心孤诣"寻求的"新理想":

  他的超人,要肯定地接受人生;抱乐观主义;有积极的精神,充分发展他生命的力量;伸张他权力的意志;不受传统观念的束缚;他聪明,他知道怎样支配人类世界,打开崭新的局面;也(他)喜欢战争,时时刻刻他都是一员勇敢的战士;他没有死亡的恐惧,因为他能够战胜死亡;他是整个人类生命的象征,他是世界文化进步的标志。②

  《尼采心目中的女性》等分论性的文章,则对尼采一些颇有争议的观点,给予了同情之理解和独到合理的解释。陈铨认为,尼采初期受叔本华影响,"对女人发表了许多可怕的议论",但在实际生活中,并不像叔本华那样憎恨女人,有"追求女性的热情",对她们"还是很尊重"。至于"你到女人那儿去吗?不要忘记你的鞭子"等极端之论,虽不无"偏激",但他"分别男女的不同,划定双方的责任,也不失为一种有价值的见解"③。对于尼采无情攻击怜悯、同情、友爱等传统美德,名之为"奴隶道德",陈铨认为尼采"反对传统道德规律,最大的原因,就是它违反自然,压迫生命的活力",人类若想"创造更美满的人生",应该"建立一种更新的道德",所以尼采推出了他的"主人道德"④。而对于尼采令人震骇的"上帝死了"的宣言,陈铨则溯源考述了自文艺复兴以来,欧洲文化和哲学中一直有"人类"暗暗与"上帝"较劲的"潮流",实际上,"从笛卡儿起,上帝已经一部分一部分的死掉了",尼采不过是为了"人类的尊严",第一位"正式宣布上帝全部死掉"的最勇敢的战士⑤。

  其次,陈铨所有的尼采论都不离抗战救亡这一时代主潮,带有强烈的主体色彩和现实针对性,充分发挥了尼采哲学在战时的文化启示和

---

① 陈铨:《尼采的思想》,《战国策》,第7期,1940年7月10日。
② 陈铨:《尼采与红楼梦》,《当代评论》(昆明),第1卷第20期,1941年11月17日。
③ 陈铨:《尼采心目中的女性》,《战国策》,第8期,1940年7月25日。
④ 陈铨:《尼采的道德观念》,《战国策》,第12期,1940年9月15日。
⑤ 陈铨:《尼采的无神论》,《战国策》,第15、16合期,1941年元旦。

精神鼓动的积极意义,表现出浓郁的爱国情怀和救亡的迫切心情。

在陈铨看来,日本侵略者就是要消灭我们的意志,把我们变成奴隶,生存的险境逼迫着我们首先要求得"生存意志",而尼采的"权力意志"和"主人道德"则指明了方向和道路。他写道:

> 照叔本华的哲学,生存是人类最强烈的意志,照尼采的哲学,权力总是需要意志。为着权力意志,人类尽可以抛弃他生存意志。而且人类之所以伟大,生命之所以有意义,也就在人类有摆脱生存意志的勇气,简单来说,就是要有不怕死的精神。一个民族,完全受生存意志的支配,甚至奴颜婢膝,忍耻偷生,不能摆脱死亡的恐惧、牺牲一切,以求光荣的生存,这样的民族,根本没有生存在世界上的资格。①

民族危亡之际,如果人人"抛弃人生,逃卸责任,奴隶牛马的生活,转瞬就要降临,假如全民族不即刻消亡,生命沉重的担子,行将如何负担?"而尼采哲学"是否还有意义,就要看我们是否有鉴别的能力,更要看我们愿意做奴隶,还是愿意做主人,愿意做猴子,还是愿意做人类"②。毫无疑问,应摒弃"传统的'奴隶道德'","接受尼采的'主人道德',来作我们民族人格锻炼的目标"③。

在两篇《红楼梦》研究文章中,陈铨则以叔本华与尼采的思想,来观照两种截然不同的人生态度,认为尼采高扬"生命的力量","绝对乐观绝对肯定的人生态度",烛照了叔本华、曹雪芹悲观退隐,逃避现实的消极思想。所以"根据叔本华来看红楼梦,我们只觉得曹雪芹的'是',根据尼采来看红楼梦,我们就可以觉得曹雪芹的'非'"。而在民族罹难、国家危亡之际,"到底采取曹雪芹的态度,还是尼采的态度",就是"社会文化上最严重最迫切的问题"。他的回答是:"文化必须要进步,人类必须要超过,这是六十年以前,尼采对世界人类的呼声。对于现代的中华民族,这一种呼声太有意义了。尼采的思想固然有许多

---

①② 陈铨:《尼采的政治思想》,《战国策》,第9期,1940年8月5日。
③ 陈铨:《尼采的道德观念》。

偏激的地方,他积极的精神,却是我们对症的良药。"①

总的来说,陈铨"战国派"时期的尼采论最明显的特征是融学术阐释、现实批判和文化反思于一体,把强烈的自我意识灌注其中,突出尼采的超人哲学和权力意志论在抗战建国、民族复兴中的现实意义。通俗地说,陈铨认为,在敌人兵临城下、屠刀在握之际,中华民族别无选择,必须要有"力量""意志",成为勇敢的战士,打败侵略者,并在战争中荡涤民族文化之弊病,创造新时代的民族精神,真正做自己的主人。

陈铨曾说,尼采"用全副的精神,全副的力量"与"悲观主义"作战②,而他则以这样的姿态参加到文化抗战之中。事实上,抗战期间,陈铨的其他作品(如戏剧、小说)也一样不离抗战救亡这一旨归。我们知道,其强烈的爱国情怀和心忧天下的担当意识,并非一时心血来潮,而是自学生时代以来一贯如此。

无可否认,陈铨抗战中的尼采论说的学理性有所退化,个人发挥的成分有所增加。究其原因,一是现实条件(如参考书缺乏、生活不稳定等)不允许从事严谨的学术研究;二是在民族生死关头,热血冲动,学术研究与现实关怀、救亡热情,往往纠缠在一起,尼采的学说和自己的想法,难分轩轾,从而也留下被诟病的空间。

五、尼采学说与法西斯主义

综上所述,陈铨对尼采的接受与传播已较为清楚了,但还有一个绕不过去的坎:如何认识抗战期间左翼对陈铨尼采论的批判?陈铨的尼采阐释是否是为了宣传法西斯主义?从某种程度上说,左翼批判陈铨和尼采只是表面性的,其实质针对的是与二者有瓜葛的法西斯主义。这一复杂的历史问题,需要细细分辨。

---

① 陈铨:《尼采与红楼梦》。
② 陈铨:《从叔本华到尼采》。

第一,尼采学说本身的特点。众所周知,尼采不是系统哲学家,其"整体思想并未形成",而是以"人生"立论,从"文化"入手,把"愈来愈尖锐的问题""推进在其各个思想阶段中","借飞跃入自身的真实性来探寻存在的激情"①。换言之,作为"善于强行转变的天才",尼采那些石破天惊的警世之说并非靠思辨和推理得来的结论,而是"凭他的天才和直觉"②,与生命、存在、历史、自我的"迎面""搏斗"中,"无理"地直接宣谕,并寓于天马行空、捉摸不定的隐喻象征的话语中。③

因此,接受者的经验、态度、选择、理解,往往决定着尼采学说的面貌,左右着尼采的形象,所谓"理解取决于理解者的本性"④,从而造成了解释尼采的动态性和多样性。事实上,每一个具体的、历史的解释者,都可以在尼采那里翻检挪用,各取所需。尼采是哲学家、思想家、美学家、诗人,也是疯子、进化论者、种族主义者、后现代主义者……当然也可以是陈铨解释的那些形象。再加上尼采本身"有许多东西"是显而易见的"自大狂"⑤。尼采学说的这一特质,无疑给阐释者提供了可发挥的空间。

第二,尼采学说和法西斯主义的关系。尼采生前寂寞,死后30年,其学说被纳粹德国"断章取义"地"据为己有",成为法西斯主义的理论来源,被希特勒、墨索里尼等纳粹分子、政治狂人顶礼膜拜。尼采的妹妹伊·福斯特-尼采在其中扮演了关键角色。这位沙文主义者不惜"以自己的意愿编辑伪造了一向被人当作尼采主要哲学著作"的《权力意志》,为希特勒德国"全面采纳尼采思想'铺平了道路'"。⑥ 如冯至所言,"在德国被人引用最多而最滥"的就是尼采,"一部分被人'拿

---

① [德]卡尔·雅斯贝尔斯著,鲁路译:《尼采——其人其说》,北京:社会科学出版社,2001年,第12页。
② 陈铨:《尼采的政治思想》。
③ [奥]斯蒂芬·茨威格著:《与恶魔搏斗——荷尔德林、克莱斯特、尼采》,斯蒂芬·茨威格著,黄明嘉译:《六大师》,桂林:漓江出版社,1998年,第325页。
④ 《尼采——其人其说》,第17页。
⑤ [英]罗素著,马元德译:《西方哲学史》(下),北京:商务印书馆,1976年,第319页。
⑥ 参见[德]尼采著,张念东、凌素心译:《权力意志》,北京:商务印书馆,1996年,《译者说明》,第3—7页;周红:《尼采的形象是怎样被歪曲的》,《读书》,1986年第11期。

去',一部分被人'污毁',而整个的尼采遭到了'冒渎'"①。当然并不是说尼采毫无责任,因为他毕竟开启了"释放破坏之力的潘多拉之盒",其观念一经"庸俗化",可能引人走向危险的歧途。②两次世界大战中,舆论普遍认为尼采负有不可推卸的责任,正如尼采所预言:"我知道自己的命运。总有一天,我的名字将会和那些对可怕事物的回忆连在一起。"③尽管"谁也不能找出尼采的思想与希特勒的纳粹主义有什么直接关系"④,但这段孽缘终使尼采声名受到牵累,批判尼采就有了合法性。

第三,抗战期间,左翼文化界批判法西斯主义的现实原因与理论来源。首先与苏联有关。众所周知,在欧洲,法西斯主义与共产主义不共戴天,作为国际支部的中共有责任和义务批判法西斯及其"理论来源"尼采哲学。事实上,战前左翼已开始译介苏联批判尼采与法西斯的相关著述,并以之作为理论与方法分析中国的情况,抗战期间也是如此。

其次,现实上更有批判的必要性和合法性。1942年初国际反法西斯同盟形成,作为"盟国"之一,中国向德宣战,法西斯主义在中国已是人人得而诛之的公敌,不仅与之势同水火的左翼一直口诛笔伐,国民党官媒也斥责尼采哲学"毁灭人性",并呼吁盟国"要防止这种不健全理论的流行"⑤。

再次,左翼批判法西斯更有自身利益的考虑。史家研究表明,南京国民政府"最密切、最富成果的对外关系"就是"纳粹德国",对德宣战很大程度上是外交上的需要,"希望借此来博取盟国的援助"⑥,并不像

---

① 冯至:《谈读尼采(一封信)》,《今日评论》(昆明),第1卷第7期,1939年2月12日。孙伏园当时也说:"尼采的超人论,推到极端,再加以有意无意的误解,在德国,便成了上次大战的裴伦哈特的好战论,和这次纳粹主义的侵略论。"参见孙伏园:《鲁迅先生逝世五周年杂感二则》,《鲁迅回忆录》(专著,上册),北京:北京出版社,1999年,第153页。
② 参见:《尼采兄妹:一个德国悲剧》,导言,第4页。
③ 《瞧,这个人》,第107页。
④ 贺麟:《纳粹毁灭与德国文化》,《文化与人生》,上海:商务印书馆,1947年,第89页。
⑤ 《毁灭人性的三种学说》(社论),《中央日报》(重庆),1944年7月27日。
⑥ [美]柯伟林著,陈谦平等译:《蒋介石政府与纳粹德国》,北京:中国青年出版社,1994年,第302—304页。

左翼那样与之势不两立。左翼不得不防止在加入盟国、抗战危局有所缓解后,当局对处于弱势的自己痛下杀手。顺势而动批判法西斯,可以获取更多同情,从而营造一个更有利的舆论环境和生存空间。一方面引导舆论和争取话语权的有效举措,另一方面,也达到影射当局和警示文化界之意,避开了与当局正面的话语冲突,并一定程度上阻滞了中间力量肆无忌惮的偏向蒋政权。

第四,陈铨自己究竟如何认识尼采与法西斯主义及其之间的关系。批判者多纠缠于尼采与德国法西斯的关系,实际上陈铨有清晰分辨。首先,他指出尼采只忠实于对人生的探究,不屈从于任何势力,为的是"找寻世界文化的错误","整个欧洲的文化,全世界的将来"才是"盘旋于尼采脑中的问题",其目的"不是替德国民族作宣传,乃是阐明人类文化进步的真理"。① 其次,陈铨认为,两次世界大战中被德国侵略政府窃据、包装、利用的尼采,都是对尼采的歪曲:

> 从前的普鲁士主义和现在的国社主义,他们都认为德国民族,是世界上最优秀的民族,所以他们有统治世界的权利,而且世界非在德国民族领导下,不能达到和平进步。这一种思想,好像是尼采,实际上并不是尼采。②

再次,陈铨指出,希特勒的纳粹主义与德国民族文化精神是两码事,前者必须消灭,后者则不无启发性。他说:"谈现代德国史,我们必须维持一种纯客观的态度。希特勒的侵略主义必须打倒,必须指斥,但18世纪以来,普鲁士政治家如何把德国民族化分为合,化弱为强,化无能为光荣,整个过程中,大有可资我们借镜之处的。"③最后,如前所述,陈铨对法西斯主义的危害,有亲身的感受和直观的认识,亲历亲见希特勒对犹太人和异见者的迫害,并殃及他的好几位老师和他自己,何谈对法西斯主义的赞赏?

---

① 参见陈铨:《尼采的道德观念》《尼采的政治思想》。
② 陈铨:《尼采的道德观念》。《瞧,这个人》中随处可见尼采对德国政治、文化、历史的嘲弄。
③ 唐密(陈铨):《法与力》,《大公报·战国》,第26期,1942年5月27日。

第五,陈铨自己的"问题"所在。陈铨对尼采学说的基本态度是,虽然有"许多偏激的地方",而且是"危险的",其"积极的精神,却是我们对症的良药"。① 但在法西斯猖狂世界之际,他逆势而动,不合时宜地宣扬与之纠缠不清的尼采学说,遭批判已是必然。作为学者,他没有把尼采学说一分为二,详加辨析,并发表了一些让人难以接受的观点(其实很多是转述尼采的观点②)。当然,在陈铨看来,尼采的"极端""偏激""危险"已是无须言明的共识,也无暇去字斟句酌,故而留下了遭人误解和诟病的空间。

对左翼来说,陈铨是不是真正的敌人,尼采是否一定要批判,未必有那么重要,他们更不是要讨论尼采的是非得失;重要的是,法西斯主义一定要批判,并可以此为话语平台和舆论战场,隔山打牛,最终指向真正的敌人——以国民党当局为代表的"中国的法西斯主义"。而陈铨在很大程度上不过是可以借力的棋子。

事实上,批判者的深文周纳也是在有意无意间完成的,只是到1949年后,陈铨还被增补了一项"罪名":为国民党的独裁统治制造舆论、寻找依据,于是顺理成章地被钉上了历史的耻辱柱。最终造成了多年以来,人们习惯于把五四时期和新时期"尼采热"相提并论,而把陈铨等人的尼采论与宣传法西斯等同视之,并成为一种根深蒂固的历史记忆和"影响的焦虑"。最后,连陈铨爱国主义的初衷和文化救亡的本意,也被一并抹杀。这是陈铨悲剧的最可悲之处。

综上所述,一方面,在十余年的尼采研究中,陈铨全面阐释了尼采哲学的理论来源、演变过程、具体形态和精神内涵,完整地向国人介绍和传播了尼采学说,后来结集的《从叔本华到尼采》是"中国仅有的一部广泛而深入地分析这两位哲学家的思想的专著"③,学术贡献毋庸置

---

① 参见陈铨:《尼采的思想》《尼采与红楼梦》。
② 如尼采曾说:"在一些变成懦弱可鄙的民族,假如他们真正要想继续生存,可以用战争来作一种补救的方法。民族的肺病和个人的肺病一样,准许一种残暴的医治方法。"陈铨也说:"一个国家,一个民族,到了腐败堕落的时候,往往经过一次战争,倒可以消除积弊,发扬光大起来。"参见陈铨:《尼采的政治思想》。
③ 殷克琪著,洪天富译:《尼采与中国现代文学》,南京:南京大学出版社,2000年,第34页。

疑。另一方面,由于话语环境和接受对象的不同,陈铨的阐释重点和价值取向也不同,其对尼采的形象构建和意义的生发是一个有选择的、变化的过程:德国语境中的极端者,中国启蒙语境中的诗人和启蒙者,抗战语境中的超人和战士。

检讨尼采的中国传播史,我们发现,很长时间有一个让人难以置信的共识——人人皆有收益,唯独陈铨中了尼采的"毒",并传播了"毒"。在笔者看来,不是陈铨误读了尼采,而是陈铨一再被误读。事实上,他不仅对尼采学说有精深研习,而且对尼采的生平行迹、个性气质熟稔于胸,并知人论世地勾画出了那个既孤独高傲、敏感偏激,又惊世骇俗、发人深省,集天使与魔鬼于一身、真实而鲜活的尼采,只不过我们只习惯听闻尼采魅影中的陈铨,而没有看到他笔下的尼采[①]。当然,最不好辨析的还是陈铨与尼采学说有关的"英雄崇拜"论。

六、英雄史观与英雄崇拜

英雄与英雄崇拜现象源远流长,历来引起了无数人的兴味和论议。五四新文化运动后,科学民主观念渐成知识界主流,反对英雄(崇拜)者居多,如此敏感话题,极易"引起误会,招致反对"[②]。英雄与英雄崇拜本身又是一个带有主观性的模糊概念,本来就不易说清楚。陈铨为何在抗战时期提出这一似是而非的话题,实在耐人寻味。

神话是人类文明的滥觞,大凡一个民族或一种宗教皆有自己的神话故事和英雄传说,英雄与英雄崇拜随之产生,并作为一种无时不在的社会现象和集体无意识,成为人类历史的一部分。19世纪英国作家托马斯·卡莱尔(Thomas Carlyle,1795—1881)将之单独作论,以宏阔的视野和酣畅的语言缕述了西方世界六种英雄们的伟大事迹,并提出他

[①] 1977年,台湾学者金耀基重刊"特别珍爱"旧文《寂寞的哲人尼采》,并说道:"显然我是主要地通过林同济与陈士榕(按:应系陈铨之误)二位先生的文字而了解尼采的。"该文明显受陈铨《从叔本华到尼采》的影响。参见金耀基:《中国现代化与知识分子》,台北:言心出版社,1977年,第179—192页。

[②] 贺麟:《英雄崇拜与人格教育》,《战国策》,第17期,1941年7月20日。

的著名观点:

> 世界历史就是人类在这个世界上所取得的种种成就的历史,实质上也就是在世界上活动的伟人的历史。他们是民众的领袖,而且是伟大的领袖,凡是一切普通人殚精竭虑要做或想要得到的一切事物都由他们去规范和塑造……整个世界的历史就是伟人的历史。①

中国历史上虽有"夫草之精秀者为英,兽之特群者为雄。是故聪明秀出谓之英,胆力过人谓之雄","一人之身兼有英雄,乃能役英与雄"之说,俗谚中也有"时势造英雄""英雄造时势""乱世出英雄""不以成败论英雄"等说法。民国以后,卡莱尔的学说传到中国,引起关注,梁启超甚至还引述了卡莱尔的名言:"谓世界之历史,即英雄之传记,殆无不可也。"②但总的说来,尚停留在世俗认知的印象直觉层面。陈铨的独特之处在于,他一开始就从认识论上把"英雄崇拜"上升到历史哲学层面。在《论英雄崇拜》《再论英雄崇拜》等文章中,他系统阐述了英雄崇拜说的两个层进的内涵:英雄史观、英雄崇拜以及为何提倡。

在陈铨看来,英雄崇拜"有一个深远的根据,这一根据,乃是一种历史观"——"英雄史观",并对此作了逻辑严谨的论证。首先,关于历史进程的推动力量,历来的两种说法:"物质"说("物是一切历史的成因")与"人"说("人是一切历史的成因")皆有缺点。陈铨从叔本华"意志为世界本源"的唯心主义认识论出发,推演出"意志"才是"人类精神活动的根基"和"人类一切行为的中心",它决定着"人类一切动作思想反应",并"创造了人类全部的历史"。是以,意志"才是历史演进的中心",历史学家"最重要的工作",在于"说明人类在某种物质条件之下,他怎样凭藉他伟大的意志,去解决一切的困难,他们努力的过程,到底是怎么样一种进展的情况"。

---

① [英]托马斯·卡莱尔著:《论英雄、英雄崇拜和历史上的英雄业绩》,周祖达译,北京:商务印书馆,2005年,第1页。
② 梁启超:《英雄与时势》,《饮冰室文集(乙亥集)》(下),上海:广智书局,1902年,第21页。

其次,既然意志推动了历史,那么起作用是多数人还是少数人的意志呢?"最巧妙的说明"是"时势造英雄,英雄造时势",但又分主次轻重。陈铨认为,群众意志是"时势"产生的基础,虽很重要,但"英雄的意志更重要,因为有了它,才能够鼓励群众,发展他们的意志"。若时势已备,英雄不出,群众认不清方向,历史就会"停滞和紊乱";反之,英雄应时而生,"凭他们的聪明才力,事先认清时代的需要,唤醒群众的意志,组织他们,领导他们","创造时势",从而"展开历史的新局面",因此,"英雄是群众意志的代表,也是唤醒群众意志的先知"。其结论为:"人类意志是历史演化的中心,英雄是人类意志的中心,只有站在这一立场,我们才能够了解历史的现象。"①

再者,既然英雄在历史中的地位如此,理所当然,"英雄是受人崇拜的,是应当受人崇拜的"。陈铨认为,"崇拜的心理"的产生有两个原因。其一,从心理学上看,"英雄崇拜"源于人类"惊异的情绪"。创造伟业的英雄具有"不可预料""不可解"的神秘性,其"不可思议的魔力"让人不由得"相信他们,惊美他们,服从他们,崇拜他们"。其二,从美学上看,英雄崇拜"也起源于人类审美的本能"。"英雄是伟大的","凡是伟大的对象,都是一种美",欣赏英雄、崇拜英雄的情绪随之产生。进一步,他反复强调,英雄崇拜与"奴隶服从""阿谀逢迎"外表相似,实则判然有别,前者"发源于高尚纯洁的情操",只有"高尚纯洁""人格光明"者,才能如欣赏艺术美感一样,不带"丝毫利害的观念","惊异英雄特殊的力量","欣赏英雄壮美的表现",追随英雄。

陈铨的整套理论看似复杂,实则来源清楚,有章可循。首先,其概念、观点等均来自卡莱尔。他写道:"十九世纪初年,英国文学家卡奈尔,受了德国思想影响,写了一本《英雄与英雄崇拜》",并说"卡奈尔基本的观念,还是由于天才主义出发","天才是民众的灵魂,是群众的救星",他们是"战场上的武人,骑白马的拿破仑"②,是"宗教文学各方面

---

① 陈铨:《论英雄崇拜》,《战国策》,第4期,1940年5月15日;陈铨:《指环与正义》,《大公报·战国》,第3期,1941年12月17日。
② 陈铨:《德国民族的性格和思想》,《战国策》,第4期,1940年6月25日。

的天才",也可以是"美术哲学科学各方面""创造领导"的"天才"①。

其次,意志哲学为英雄史观的逻辑论证提供了方法论。叔本华认为无处不在、生生不灭的意志是世界的本源,尼采说为了更高级的人生和文化,必须求得权力意志,跨越人类"索道",到达超人境界。陈铨把二者杂糅整合,推出意志推动历史的唯心主义史观。在具体论述中,他从"意志"起论,有限地祛除了叔本华、尼采的非理性色彩,在强调群众的"意志"的前提下,突出英雄的"意志"在历史中的关键性意义。

再次,在具体阐释英雄的内涵及其与群众的关系时,除了卡莱尔之外,陈铨还借镜并发挥了叔本华的天才论和尼采的历史论,而在论述英雄崇拜何以产生时,则又引入了康德的美学观点。叔本华、尼采曾写道:

> 一个天才具有双份的才智,一份是为他自己准备的并服务于意志,另一份是为世界准备的⋯⋯天才的伟大之心,纵使在千万之众中也难以觅见一颗,它是照耀人类、启蒙人心的灯塔。假如没有天才,人类将会在险象环生、云雾弥漫的无垠海洋中迷失方向,失去自身。②

> 感谢历史允许这样一群人存在,他们的生活组成了叔本华所谈到的"天才共和国"。一个巨人穿过时间的荒原向另一个巨人呼唤,这种崇高的精神谈话在继续,而未被那些在他们之间爬来爬去的、放任喧闹的侏儒们所打断。历史的任务就是在两者之间做调停人,甚至提供产生出伟大人物的动力和力量。人类的目标最后只能在他的最高榜样之中实现。③

---

① 陈铨:《论英雄崇拜》。
② [德]叔本华著,范进等译:《叔本华论说文集》,北京:商务印书馆,1999年,第395、400页。
③ [德]尼采著,陈涛等译校:《历史的用途和滥用》,上海:上海人民出版社,2000年,第77页。陈铨曾转述过尼采论述:"真正理想的世界,不是袖手旁观可以达到的,是要牺牲一切才可以奋斗出来。不要无知的群众,要伟大的个人,才可以担当这一个严重的责任。他们只是振作精神,快乐地向前迈进,让那些千万的侏儒,在地下爬着走。历史的工作,就是要传达这一个使命,供给动机和力量来产生这样的伟人,人类整个的目的,就是为着要产生这样的人物。⋯⋯我们不要一切减少人类活泼力、创造力的历史,我们要伟人,我们要人生!"参见陈铨:《尼采与近代历史教育》。

陈铨如影随形:"人类生存的意志,是平等的,所以他们生存的权利,应当平等,但是人类的智力,是不平等的,所以他们担任的工作,不应当平等。人类社会无论任何方面的事业,创造领导,都只靠少数的天才,他们是群众的救星,他们是宇宙伟大的现象。"①若没有英雄,"人类世界,就会永远停止在兽的状态"②。不同的是,尼采认为"庸众"根本不值一提,历史只是伟大人物和超越人生的平台,而陈铨则认为群众是"时势"的基础,英雄对历史的发展更具有决定性意义。

综上所论,陈铨对英雄史观和英雄崇拜的理论建构和具体阐释,其实是糅合化用、嫁接拼贴了卡莱尔、叔本华、尼采、康德等人的学说,源流关系很清楚,个人的发现很少。相对而言,英雄史观的论证自成体系,较为严密,而英雄崇拜则以感性发挥为主。而英雄史观的形成,一方面与陈铨对德国文化,尤其叔本华、尼采的意志哲学的推崇有关,另一方面,也与其成长过程、求学经历等个人经验密不可分。

七、英雄史观如何形成

"天才"是抗战时期陈铨使用最频繁的一个词语和意象,无论是论尼采、叔本华、易卜生、歌德、席勒,还是对德国狂飙运动的解释、"民族文学"的理论建构,皆是如此,长篇文论《文学批评的新动向》的核心思想就是呼唤时代的文学天才。按陈铨自己说法:"天才就是英雄。"③因而其论天才就是论英雄。

陈铨的"天才"情结由来已久。从富顺的"神童",到吴宓当面许为"天才",以及同侪的激赏,显然给他极大的心理暗示。在早期的文章中,陈铨就喜欢用"天才"一词:"有天才之诗人";"有绝顶天才的文人";"他有这样的天才";"杜甫的诗,一面天才很高,一面学力又很深厚";"但是许多诗人,没有超逸的天才";"大部分天才向旁发展";"吴君之天才";等等。

①③ 陈铨:《论英雄崇拜》。
② 陈铨:《再论英雄崇拜》,《大公报·战国》第21期,1942年4月22日。

保罗·康纳顿认为,"个人记忆""定位在并且涉及个人的过去","这些记忆申述在我们的自我描述中扮演了突出角色,因为我们过去的历史是自我观的重要根源;我们的自我知识、我们对自己性格和潜力的观念,在很大程度上取决于看待自己行为的方式",个人则通过这种记忆,"获知有关他们自己过去历史的事实以及他们自己的身份"[1]。希尔斯也认为,"个人关于其自身的形象由其记忆的沉淀所构成","只有把他过去的信仰和过去的经历保存在记忆中,个性的稳定才是可能的","他的自我认同意识在一定程度上是他现在对其过去的认识"[2]。

由是观之,从幼时开始,"天才"已逐渐成为陈铨认识世界、自我认同和人生实践的标准,并在意识、潜意识中发酵滋长,进而影响到他对历史和人世的认识。1924年,陈铨在日记中抄录了写给同学信中的一段话:

> 历史最重要的部分,莫过于名人列传,因为中国素来是专制政治,一个时代的治乱,多半只关系几个人心理的变迁,换言之,就是中国的历史,大部分是中国少数英雄豪杰造成的。我们现在最好读《史记》《前汉书》《后汉书》《三国志》廿四史中著名人物的列传,对于一个时代情形,一定可以知其大概。[3]

令人难以置信,英雄史观竟有如此清晰的表述。十几年以后,他未必还记得这事,但写作《论英雄崇拜》时又下意识地信手拈来了"天才"记忆:

> 一部廿四史,里面的记载,大部分都是民族的英雄;诗歌小说戏剧的主人翁,也多半是济困扶危的剑侠,出口成章的天才;至于民间的传说,宗教的对象,往往把许多历史上的英雄,抬高到天神的地位。中国的历史演义,毫无疑义地是以英雄为中心。[4]

---

[1] [美]保罗·康纳顿著,纳日碧力戈译:《社会如何记忆》,上海:上海人民出版社,2000年,第19—20页。
[2] [美]E.希尔斯著,傅铿、吕乐译:《论传统》,上海:上海人民出版社,1991年,第67—68页。
[3] 陈铨:《海滨日记》,1924年7月27日。
[4] 陈铨:《论英雄崇拜》。

显而易见,陈铨的天才情结和英雄史观在学生时代已初具雏形,但这种读史阅世的感性认识,还需有一个从模糊到清晰、从碎片到整体、从直觉上升到理论的过程和契机。陈铨深研德国文学和哲学,通晓各家如何理解"天才",最终让他找到了构建理论的方式。那么,抗战时期,陈铨究竟为何提倡英雄崇拜呢?按照他自己的行文逻辑,其目的在于批评国人,尤其是知识分子("士大夫阶级")不能"英雄崇拜",在外敌入侵的民族危机下,这种倾向是很危险的。

在陈铨看来,"中国今日士大夫阶级,无人格,无信仰,虚伪矫诈","满口的自由独立,满肚的奸诈邪淫","抗战以来,中国的武人,在前线都有可歌可泣的功烈,中国的文官,却在后方极尽颓废贪婪的能事"。他认为如此"流弊"的根由不仅在传统,更在于"五四运动以来个人主义的变态发达":"中国士大夫阶级"本已腐败透心,对英雄领袖"不是反叛,就是谄佞",五四运动则"进一步使中国士大夫阶级更加腐败",彼等不是明目张胆地拾撷"新名词","作反叛嫉妒自私颓废的工具",就是"阿谀逢迎奴隶服从",作"冒牌英雄崇拜"以"自私自利"。

陈铨的结论是,"经过二十年反对英雄崇拜的近代教育,经过千百年传统的腐化陶养,造成了中国今日士大夫阶级的末路",而"中国目前最切急的问题"就是:"怎样改变教育方针,怎么打破中国士大夫阶级腐化的风气,怎么样发扬中国民族潜在的精神,怎样养成英雄崇拜的风气。"①

虽然英雄崇拜说与雷海宗的"无兵的文化"论、林同济的从"大夫士"到"士大夫"蜕变论、贺麟的"五伦观念的新检讨"、沈从文的"反对作家从政"论等皆是对传统文化和国民性的批判反思,同样也期以在抗战建国中建立新的民族文化和国民精神,但陈铨的理论究竟不同,尤其对五四的否定让人难以接受,如贺麟所言:"尤其不能令人同意的,就是他似乎认为英雄崇拜和民治主义是相反的。"②这也是其遭到批评的根本原因。

---

① 陈铨:《论英雄崇拜》。
② 贺麟:《英雄崇拜与人格教育》。

八、"英雄崇拜"之争

"英雄崇拜"之争首先起于"战国派"内部。1940年4月,《论英雄崇拜》一经发表,沈从文立即撰文反对,贺麟后来又撰《英雄崇拜与人格教育》加入讨论。1941年后,伴随着外界对"战国派"的质疑和批判,英雄崇拜引发的争论也更加激烈,其要者有三。

首先,以沈从文为代表的自由主义者,从维护"德先生""赛先生"的五四传统出发,反对英雄崇拜。他列举事实,指出陈铨的一些说法与"时代""事实""情理""不相合",难以"自圆其说","本意很好,唯似有所弊,实容易被妄人引为张本,增加糊涂"。但问题的关键不在于这些"与事实相去实在太远"易于辨别的常识(如陈铨说抗战中士兵浴血奋战得益于英雄崇拜),争论的焦点是对五四自由民主观念和科学精神的看法,本质是当下和未来的中国应选择何种路径——即各自不同的济世"药方"。沈从文认为中国的"改造运动","离不了制度化和专家化"以及"新公民道德的培养",必须依靠"真正的民主政治"和"科学精神的发扬广大"。所以,尽管在救亡声中,他一再强调"启蒙"的必要性,反对"英雄崇拜"[①]。

接着沈从文批评英雄崇拜的是联大学生。在《谈谈英雄崇拜》中,作者首先寻章摘句加以冷嘲热讽,批评陈铨把"'民主自由'与'个人主义'混为一谈",又说"英雄"乃"群众和社会的成就","绝无'神秘'之可有,更无'迷信''拜倒'之必要","推动历史,创造历史的始终是群众",而关键则同样在于对五四的评价:

> 陈先生的真正"伟大",真正"英雄"是在于打倒整个德谟克拉西和赛因斯精神的建设性和进步性,是在于推翻和否定打破传统,进取光明的全部轰轰烈烈的五四运动的历史价值……中国士大夫的没落决不自五四始,五四运动的意义只是加速中国腐化阶级的

---

① 沈从文:《读〈英雄崇拜〉》,《战国策》,第5期,1940年6月1日。

彻底崩溃消灭而已,故士大夫阶级之没落不足为五四之罪,"英雄崇拜"更与"五四"风马牛不相及。①

沈从文、单戈士之所以即刻撰文批评,未必尽在"英雄崇拜"本身,而是陈铨骇人听闻地根本否定了五四精神和历史贡献,根本否定新文化运动以来知识界的主流"主义"——以民主观念和科学精神为核心的五四传统。

其次,左翼从历史唯物主义和阶级斗争学说立场,集中批判了陈铨的唯心主义英雄史观。在他们看来,"社会的存在决定他们的意识"是历史的"铁则","一切过去的历史,都是人类生活实践与革命战斗的现实活动的一贯的发展过程","取决于社会生存的物质条件的发展","取决于各种不同的人群为着在物质资料生产和分配方面的作用与地位而进行的斗争"。所谓英雄创造历史,不过是因袭尼采、"倒为因果"的谬论。英雄"离开了一定的社会物质条件","离开了群众,违反了群众的要求,违反了时代的需要",只会"碌碌无为,一筹莫展",成为人民"唾弃"的"渣滓"。人类意识是社会实践的产物,"历史不是意识创造出来的",更不是"英雄的年谱"。因而"不是英雄创造历史,而是历史创造英雄","不是英雄创造人民,而是人民创造英雄并推进历史"。② "英雄主义""实质上不过是法西斯疯子的人生观"③。《〈战国〉不应作法西斯主义的宣传》同样首先亮明"历史唯物主义者"立场,严厉批驳了陈铨的"反动的唯心史观"是在"向历史唯物主义挑战",其实质是"作法西斯主义的宣传"。④

再次,与上述两类皆关涉"主义"之争不同,贺麟、朱光潜等学者则从历史、文化、道德等角度,客观地讨论了英雄崇拜现象本身,并多有精彩之论。在贺麟看来,英雄是"真善美"的实现者和"永恒价值"的代表

---

① 单戈士:《谈谈英雄崇拜》,《荡寇志》(昆明),第 1 期,1940 年 9 月 15 日。
② 子斋:《从尼采主义谈到英雄崇拜与优生学》;金炀:《英雄·群众·意识与历史》,《时代中国》(赣县),第 6 卷第 2 期,1942 年 8 月 1 日。
③ 沈志远:《几种流行的人生观(中):宿命论和英雄主义》,《青年知识》(香港),第 5 号,1941 年 9 月 3 日。
④ 李心清:《〈战国〉不应作法西斯主义的宣传》,《解放日报》(延安),1942 年 6 月 9—11 日。

者,是"使人类理想价值具体化的人",英雄崇拜则是"追效"英雄伟大的人格,这是自古以来客观存在的"普遍的必然的心理事实"。因而,英雄崇拜"不是政治范围的实用的行为",而是"增进学术文化和发展人格方面的事",其"精义"在于"精神与精神的交契,人格与人格的感召"的文化传承和道德涵养①。

朱光潜同样认为,虽然反对英雄崇拜者认为其"阻碍独立自由","与德谟克拉西精神根本不相容",但实际上英雄崇拜"到现在还很普遍而且深固"。朱对英雄内涵的阐释与贺麟很接近:英雄就是"抽象的人生理想所实现的具体事例",是人们"羡慕而仿效"的对象,"崇拜英雄就是崇拜他所特有的道德价值",它是"人性中最高贵的虔敬心"的体现。英雄崇拜首先是"道德的","同时也是超道德的"。所谓"超道德的",就是"美感的",面对伟大英雄,油然而生"美学家所说的'超高雄伟之感'(sense of the sublime)",有如"惊奇赞叹"高山大海、狂风暴雨之"崇高雄伟"之美。所以崇拜英雄"是好善也是审美"②(同样是康德"审美"说)。

有意思的是,在争论浪潮中,学者范存忠再次发表了十年前的书评,并再次重申:人们尽可指责,乃至反对卡莱尔的学说,但《英雄与英雄崇拜》本身则是一部"充满着热情""回肠荡气"的"文学名著",始终是"青年人的烦闷,中年人的消沉,老年人的颓唐"的一剂疗药,并引述了歌德的"定论":卡莱尔始终是一种很重要的"精神力量"③。作为卡莱尔的拥趸,范存忠大概是担心争议导致世人对这部经典名著产生误解。

值得注意的是,贺麟、朱光潜、范存忠、陈铨等四人的论述与引证多有契合重叠之处④,大有英雄所见略同的意味,这显然与四人深厚的西

---

① 贺麟:《英雄崇拜与人格教育》。
② 朱光潜:《论英雄崇拜》,《中央周刊》(重庆),第5卷第10期,1942年10月15日。
③ 范存忠:《卡莱尔的〈英雄与英雄崇拜〉》,《时与潮文艺》(重庆),第2卷第1期,1943年9月15日。
④ 如卡莱尔的英雄论、托尔斯泰的名言("英雄只是贴在历史上的标签,他们的姓名只是历史事件的款识")、康德的美学观点,以及西谚"没有人是他仆从的英雄"等。

学涵养有关。只是他们各有侧重，如贺朱二人皆认为英雄崇拜属于道德修养、人格教育范畴，而范存忠则是为了鼎力推崇卡莱尔的真诚之心、雄健笔力与《英雄与英雄崇拜》的文学价值。唯有陈铨向前迈了一大步，力辩英雄崇拜不单是道德问题，"同时也是一个最迫切的政治问题"①。

九、以德为师

陈铨遭到大肆批判的不唯英雄崇拜说，但对其他严厉的挞伐声讨，乃至曲解诬蔑，他未予理会，唯独撰《再论英雄崇拜》回应了外界对英雄崇拜说的非议，一再坚持己见，并甘冒天下之大不韪，否定五四精神。究竟是何种理路，让他如此坚执？

如前所述，英雄崇拜论争，实为"主义"之争和"路线"之争，但又因背景各异而内外有别。具体而言，左派认为中国革命的性质是阶级斗争，他们的目标是通过革命，建成苏俄式的社会主义国家，其唯物主义立场与唯心主义史观水火不容，是为针锋相对的意识形态之争。陈铨也毫不隐晦："根据唯物史观，来批评我对于历史的看法"，"的确抓住了这个问题的核心"。②沈从文、陈铨虽皆或隐或显地排拒苏俄式的革命路线③，但后者又坚持认为，在"自由主义最倒霉的时代"，沈从文们"没有注意时代的变迁，整个民族所处危险的局面"④，一心欲以所谓民主作为立国之基，期以建成英美式的国家，根本行不通，唯有以民族主义作为立国之本，而德国在欧洲的成功经验，正是我们师法借镜的

---

①② 陈铨：《再论英雄崇拜》，《大公报·战国》，第21期，1942年4月22日。
③ 沈从文说："另外一种貌作有思想有眼光的活动分子，在另外一个观点上做白日梦，以为我们中国还必须流血革命，成为社会主义国家即有办法，其天真邻于糊涂。"陈铨则在小说中借人物之口表达了自己对中共革命的看法："我把全世界的人也分成两个阶级，就是中国人和外国人。照我的眼光看，全中国的人都是被压迫的阶级，怎么样把中国人解放出来，这是最要紧的事情。"又说："他不赞成共产党的阶级斗争，但是他坚决主张，国内的人民，贫富应当均等。"参见沈从文：《读〈英雄崇拜〉》；陈铨：《狂飙》，重庆：正中书局，1942年，第115—116，430页。
④ 陈铨：《柏拉图的文艺政策》，《文化先锋》（重庆），第1卷第20期，1943年1月20日。

范本。

在陈铨看来,自柏拉图、亚里士多德以来,西方就有两种政治思想,其一为"个体主义",其二为"集团主义",在现代则演变为两种政治制度:以个人自由为核心的民主政治和以民族主义为核心的集权政治,前者以英美为典型,后者以德国为代表。① 所谓"民主""独裁"只是"建筑在民众的基础上"不同的政制而已,两者的区别"不在对民众的爱护不爱护",而是"政权的使用"方式不同。② 而我们只知其一,不知其二,对"英美传统派而外的思想实在是太隔膜了",不知道"这个问题后边,隐藏着欧洲数千年另外一派思想界的潮流"③。

如前所述,在陈铨眼中,近代以来的中国与德国在欧洲的境遇,何其相似,但德国人凭借"理想""准确""好战"的国民性格与"国家至上,民族至上""反对民治主义""英雄崇拜"的民族思想,迅速崛起、完成统一,并在"一战"后的逆境中奋起,直至当下在欧洲所向披靡④。这不是中国最好的榜样吗?基于此,陈铨认为,同样作为落后国家,五四先驱"没有认清时代",误"把战国时代认为春秋时代","把集体主义时代,认为个人主义时代","把非理智主义时代,为理智主义时代"。尽管是"同样的目的",但"所走的路线"却与狂飙运动"背道而驰",竟"反对民族主义,专谈世界主义",乃至"全国上下,精力涣散,意志力量,不能集中",只能狼狈不堪地疲于应付外来侵略⑤。

陈铨甚至认为中国百弊丛生,屡陷于民族危机中,即源自这个"二十年前的错误":

> 民族意识不能增强,国防心理未能建设,对内则斗争消耗国力,对外则痴心依赖他人,思之伤心,言之发指!这样沉痛的教训,这样明白的事实,日日诵读先哲的遗书,始终不能改变这些人顽固

---

① 陈铨:《柏拉图的文艺政策》,《文化先锋》(重庆),第1卷第20期,1943年1月20日。
② 陈铨:《政治问题的基本条件》,《东方杂志》(重庆),第38卷第1号,1941年1月1日。
③④ 陈铨:《德国民族的性格和思想》。
⑤ 陈铨:《狂飙运动与五四运动》,《当代评论》(重庆),第3卷第18期,1943年4月18日。

的头脑。思想界中毒如此,得不令人悔恨交集!①

至于"自由""民主"等交口相传、炫目好听的"名词",不仅难以实行,更不能"帮助我们救亡图存",而如何评价五四并非关键,若不明白"第一的要求是民族自由,不是个人自由,是全体解放,不是个人解放","今后的局面愈来愈艰苦"。因而需要新的"觉悟"和"人生观",而"德国的狂飙运动"与"民族主义"就是"指南针"②。

事实上,提倡以德为师("特别称赞德国")不单是陈铨个人,也是《战国策》杂志的明显标识。林同济说:"我们认为欧洲文化,日尔曼文化才是主流。过去我们介绍西方文化,多偏于英、美文化,所以我们用介绍德国文化来补救这缺点。"③一向被认为是自由主义代表人物的何永佶也说:"二十年来中国的思想先进,以英美的留学生居多(我自己也在内),他们心目中的西洋思想,只是英美思想,他们介绍的也大半是英美思想,而不知除英美者外,尚有其他思想,其他事实。"④"战国派"诸人如此见解,不仅引起了左翼的不满,也同样引起英美派的注意。如论者所言:"陈铨与沈从文'英雄崇拜'说之论争,甚至整个与'战国策派'相关的议论,都被视为是德国与英美等国所代表的思想流派之争,国家主义与个人主义之争。"⑤

当然,陈铨诸人歆慕德国作风,与法西斯彼时正横行欧陆,"自由"国家狼狈不堪不无关系⑥,但他们并非,更毫无必要为法西斯主义作宣传,其目的也主要不在理论提倡,而侧重于对国际局势和中国抗战形势的研究和判断,并试图找到拯溺民族危亡的应对策略。事实上,自保尚不及,何谈侵略他人,无非是求民族生存,不致亡国灭种。

事实上,陈铨抗战中对德国民族特性和希特勒的研判,深刻准确,

---

① 陈铨:《二十年前的错误》,《民族文学》(重庆),第1卷第3期,1943年9月7日。
② 陈铨:《狂飙运动与五四运动》。
③ 长江:《昆明教授群中的一支"战国策派"之思想》。
④ 何永佶:《欧战与中国》,《战国策》,第6期,1940年6月25日。
⑤ 冯启宏:《战国策派之研究》,高雄:高雄复文出版社,2000年,第165页。
⑥ 如在《德国民族的性格和思想》中,陈铨写道:"这一两年中间,德国并奥国,亡捷克,分波兰,侵瑞典,降丹麦,借道比荷,败联军,趋巴黎,轰轰烈烈,举世震惊。"

极有见地。在他看来,德国"有史以来根深蒂固的思想"是"国与国之间,没有是非,只有强权;民族的自私,是应当的;战争是不可避免的",其"对外发展坚强的意志"并非只是希特勒的一厢情愿。而张伯伦、罗斯福、斯大林都不知道"在希特勒以前,有千百个德国思想家,同希特勒是一样的思想,在希特勒背后,有千万的德国青年战士",其他国家若要"保持自己的生命自由",不赶紧采取"新的态度,新的手段,新的精神","是决没有侥幸的"①。

无独有偶,同时代的德国作家路德维希也同样认为:"希特勒的出现,并不仅仅是由于机遇,而确实是一种德国现象。"②陈铨的预言也果然应验,不仅英法节节败退,苏联也一度陷入困境。当然,他对德国的态度并非世人想当然的一边倒,实际上也是充满着爱怨交织的复杂情感,他崇仰的是俾斯麦,而不是希特勒。抗战中,他援例德国,意在提倡民族主义,兼中德间并无直接的军事冲突,他无意也没有专门讨论纳粹主义。

综上所述,陈铨从"意志"起论,从英雄史观到英雄崇拜,进而否定五四传统,将哲学、史学、美学、心理学、道德等领域的思想、概念、现象,以及个人的成长经历、现实感悟等,强行扭合烩杂在一起,一路曲曲弯弯,最终则是指向知识分子的道德批判和文化批判,并期以通过反思传统(包括五四),重建新的民族文化和国民精神,并且还开出了具体"丹方"——师法借镜德国在欧洲崛起的铁血经验,崇武尚力,培育以国家为中心的民族精神和集体主义观念,建立强大的集权政府,唯有如此,中华民族在列强环伺的"战国时代"才能生存发展下去。

无可否认,"战国派"时期的陈铨文风猖急躁进,话语逻辑也不够严谨。虽然他孜孜以求抗战建国的正确道路,但在复杂的文化背景下,英雄崇拜说很容易望文生义地被解释成迎合当局,为当局的极权统治和领袖独裁造势张目,也确有官媒声援鼓吹重新认识"英雄主义"的价

---

① 陈铨:《德国民族的性格和思想》。
② [德]艾米尔·路德维希著,杨成绪等译:《德国人——一个具有双重历史的国家》,北京:生活·读书·新知三联书店,1991年,"作者原序"。

值,"祛除""责难和鄙夷"英雄的"有毒的思想",以"培植英雄！塑造英雄！提倡英雄主义！建立英雄崇拜"①。

事实上,陈铨1940年代的所有著述言论,皆归宗于提倡民族主义和爱国思想,一切为抗战救亡这一要旨。

---

① 陶百川:《英雄主义的再认识》,《中央周刊》,第4卷第49期,1942年7月16日;何友恪:《论英雄和英雄主义》,《中央周刊》,第5卷第16期,1942年11月26日。

第八章 戏 剧 家

陈铨从小喜欢看戏听曲,在清华时接触现代话剧,留德时精研西洋戏剧,但集中从事戏剧编演活动,则始于抗战爆发后。1938年到1943年间,他共编有《黄鹤楼》《野玫瑰》《金指环》《无情女》《蓝蝴蝶》等五部多幕剧,以及电影剧本《断臂女郎》和《王铁生》《衣橱》《婚后》等独幕剧作。此外,陈铨还写了不少戏剧理论文章(1943年结集为《戏剧与人生》),但《野玫瑰》引起了一场轩然大波,成为陈铨名留历史的醒目标志,其来龙去脉值得探究。

一、抗日谍战剧

陈铨戏剧,特点极其鲜明。其一,皆以抗战为题材,通过谍战传奇故事,表现一切为抗战的民族意识和献身精神;其二,往往通过刻意的戏剧动作和人物的逾常行为寄寓对"理想主义和浪漫精神"的艺术追求;其三,其剧作结构严谨,适合演出,"剧场性"强,并善于通过多种艺术手法,营造诗情画意的舞台空间。

(一)情节主题:表现"时代精神"的抗战传奇

受赫伯尔影响,陈铨认为悲剧和悲剧人物"必须要有时代的意义"[①]。从《黄鹤楼》到《蓝蝴蝶》无一例外皆表现的是全民抗战的"时

---

① 陈铨:《悲剧英雄与悲剧精神》,《大公报》(重庆),1942年10月25日。

代精神"。至于如何表现,他曾说:"意大利诗人但丁,分析文学最合宜的题材,永远能够引起人类兴趣的是:战争,爱情,道德。"①其剧作大抵围绕着这些要素,在展现抗战救亡的时代主潮的同时,穿插着男女的情感纠葛,并把道德批判意旨和理想精神,寓于戏剧冲突和情节结构中。

首先,陈铨剧作多反映间谍特工等特殊人群的抗日斗争事迹,在传奇中力求凸显时代感和现实性。第一部多幕剧《黄鹤楼》以台儿庄战役为背景,以空军将士为主要表现对象,剧中无耻汉奸的通敌行径和宵小文人的可悲心态与视死如归的空军战士形成鲜明对比,以抗日英雄的前赴后继、英勇无畏的献身精神反衬出无耻汉奸的可悲下场,全剧洋溢着饱满的爱国热情和乐观精神。

名剧《野玫瑰》写"天字十五号"女特工夏艳华,不惜以身事伪,长期隐伏,在关键时刻,设计杀死警察厅长,逼戕标榜"权力意志"的大汉奸,最终率领同党成功脱险。《无情女》也是写智勇双全的女特工除奸事功——樊秀云以歌女为掩护,在沦陷区周旋于敌伪与日本人之间,先是除掉汉奸王则宣,继又假日本人击毙伪警察厅长,最后诛杀日本高级顾问川田,把游击队所需药品运出城。据西洋剧本"放手改编"的《金指环》着力刻画的尚玉琴同样是有胆有识的女性形象,大敌当前,她以勇气和生命换取了两位陷于感情旋涡中的将官并肩作战。《蓝蝴蝶》则把锄奸故事的时间、地点挪到了1939年的上海租界,完成任务的是法官和特工。

陈铨为数不多的独幕剧同样是抗战主题。《王铁生》写地方士绅夏三爷和"团练长"王铁生积极动员乡民,组织"自卫军",阻击来犯的日寇,表现各阶层人民"执干戈以卫社稷"的抗战豪情,展现了一幅全民抗战图。《衣橱》寓褒贬于形象之中,写在面对敌人的嚣张气焰和危险处境时,通过懦弱怕事的丈夫和勇敢机智的妻子的对比,回答在遭受压迫和侵略时应该选择的态度②。其唯一电影剧本《断臂女郎》则以蒙太奇手法,写女学生婉容从柔弱女子摇身变为横戈马上、威震四方的抗

---

① 卜少夫:《〈野玫瑰〉自辩》,《新蜀报》(重庆),1942年7月2日。
② 陈铨:《衣橱》,《军事与政治》(重庆),第1卷第4期,1941年7月7日。

日女英雄的传奇故事。

其次,陈铨的剧作情节曲折生动,充满悬念机变,尤善表现机智无畏的特工卧底,深入龙潭虎穴,建立奇功。《野玫瑰》无疑是其中代表,全剧7个角色中竟有3个人是间谍,再加上大起大落的情节、机智流利的对话,以及接头暗号、窃听器、密码纸币、"天字十五号"等辨识度高的意象,的确吸引受众。追求故事性、传奇性,注重演出效果,既与陈铨的文学理念和戏剧观念有关,也受到了当时风行的"间谍剧"的影响,而善于编织生动故事,也延续陈铨小说创作的特色和优长。实际上,《野玫瑰》风靡一时与引人入胜的剧情有极大的关系,而诸如《金指环》《蓝蝴蝶》等剧本也都有扣人心弦的戏剧性桥段,即如只有一个场景的独幕剧《衣橱》也一波三折,高潮迭起。

第三,陈铨戏剧的人物塑造和戏剧表现的特点是,把主要人物(多为女性)置于个人感情纠葛和民族国家利益的矛盾冲突之中,通过人物的自我选择和主动行为,表现牺牲个人利益为民族大义的无悔选择。陈铨不仅赋予主人公以非凡的勇气智慧和奉献精神,而且特别表现了她们以理制欲、以民族利益压抑个人情感的心灵创伤。夏艳华、樊秀云等皆为了民族国家,忍辱负重,"抛弃"恋人,剧中她们都是以与昔日情人会面的方式出场,直接把人物置于个人私情与民族国家的冲突中。

陈铨曾说:"真正成功的个性人物,我们能够明白清楚地认识他,但是又不能'完全'明白清楚地认识他,人类是复杂的,愈是伟大的人物,心境愈不简单。戏剧家要写出一半让我们懂,还要在字里行间隐含一半让我们想。"[①]他很用心表达人物内心的隐秘世界,其女主角凌厉张扬的外表下,皆潜藏着热烈的情感。如在刘云樵看来,夏艳华是贪图享乐的无情女子,语多鄙夷讥讽,而夏艳华却只能隐藏压抑儿女情长;樊秀云对旧情人同样是冷热无常,不知所云,剧中她抚琴唱情歌的戏剧动作,表现了其内心的无奈和感伤。这些真切人性的表现和心理活动的开掘,正是陈铨的着意之笔。

---

① 陈铨:《戏剧的深浅问题》,《军事与政治》(重庆),第3卷第5期,1942年11月30日。

第四,陈铨戏剧在歌颂为民族国家的献身精神的同时,多通过人物形象的对照,寄寓着道德批判的主旨。他摒弃了人物塑造的简单化、模式化,往往在个人与民族、个人道德与国家伦理的矛盾旋涡中,用力于人物心灵现实的刻画。其中争议最大也最有特点的莫过于王立民形象,其原型系"民国十大汉奸"之一的王克敏。此剧创作的最初动机是在昆明听说大汉奸王克敏的女儿王尊侗逃出北平,登报声明脱离父女关系的消息[①],陈铨据此写了一个短篇小说《花瓶》,1941年又创作了《野玫瑰》。而对于王立民这种不同寻常的大汉奸,陈铨显然不满足于一般性、脸谱化的丑化和批判,而是试图寻绎这种特殊人物堕落的深层的心理动机。

王立民首先是个有强烈"意志"的政治人,为了权力欲甘当败类,罔顾民族大义,他自诩道:"我有铁一般的意志,我要赤手空拳,自己打出一个天下来",并宣称自己"内心是诚恳的","永不向命运低头",即使"遗臭万年"也在所不惜。女儿批评他是背叛"民族国家"的"极端的个人主义者",他反辩为"国家是抽象的,个人才是具体的"。王立民时而称不管儿女的事,时而又劝促女儿出国,远离是非,他清楚自己的下场,但又不愿放弃个人利益。正是在这层层矛盾中,表现这个巨奸的复杂心态,其暴死象征着汉奸的可悲结局,而他临终想见女儿的闪念,也是人性的真切写照。

客观地说,王立民形象塑造得非常成功,反映了陈铨对这类大汉奸的心理和灵魂的想象和审视,而对于所谓"美化汉奸"的诬蔑,陈铨曾有清楚合理的解释:

《野玫瑰》就是想把三种题材,联合表现出来。在战争方面,正的有艳华,王安,刘云樵。反的有王立民和警察厅长。在爱情方面,有艳华曼丽云樵的三角关系,然而艳华的爱情,虽然还不少留

[①] 据报载,1938年暑假中,王克敏的第四个女儿王尊侗从北平出走,8月到香港,宣布与汉奸父亲脱离父女关系,后辗转桂林、昆明等地,一时颇有反响。参见:《傀儡王克敏之女王尊侗不愿作汉奸的女儿,毅然出走与乃父断绝关系,已由港赴桂准备为国努力》,《东南日报》(金华),1938年9月6日;陈贻荪:《王尊侗等》,《东南日报》,1940年1月25日。

恋,早已为着国家民族而牺牲。在道德方面,王立民所抱的极端个人主义,是错误的思想。所以曼丽问得他山穷水尽,艳华再指出他的理想主义是建筑在动摇的基础上面。假如作者能够在这三种题材之上,表现出中国新时代的精神,不引起任何的误解与事实的歪曲,就心满意足了。①

如此解释非常贴合剧本本身塑造人物的逻辑,更与陈铨一向抨击"极端的个人主义"、宣扬民族主义和国家观念的思想认识高度一致。

陈铨的戏剧活动从理论走向实践,体现了鲜明的时代感,充溢着浓烈的民族意识和救亡热情。戏剧家胡绍轩曾说:"陈铨在抗战戏剧《野玫瑰》中强调'国家民族利益'和'民族意识'何错之有?而今不是仍然在颂扬爱国主义精神吗?"②而所谓"为汉奸制造舆论""有毒"等说法,完全是莫须有的欲加之罪。

(二)艺术追求:"理想主义与浪漫精神"

陈铨剧作被公认具有浪漫主义色彩,他曾自我标示《金指环》《蓝蝴蝶》为"浪漫悲剧",其显著的特征是刻意以人物逾常的行为,表现超越世俗人生,渴望心灵自由的理想主义精神。这种倾向显然与陈铨的德国文学修养,尤其是德国浪漫派文学和狂飙文学的影响密切相关,但其间的渊源关系却比较复杂。

首先说德国浪漫派的影响。18世纪的浪漫主义运动是"西方意识领域里最伟大的一次转折",其起源"不在英国,不在法国,而是在德国"③,德意志的落后尤其是其"受伤的民族情绪和可怕的民族屈辱",使浪漫派作家们对启蒙理性精神失去了信任,转而寻求向内的世界,在哲学思辨、追慕古风、宗教神秘中寻找精神的慰藉和理想的彼岸,"深沉、内向、含蓄而又富有厚重的内在激情,表现出一种沉重得像背负着

---

① 卜少夫:《〈野玫瑰〉自辩》。
② 胡绍轩:《现代文坛追思录》,重庆:重庆出版社,2000年,第87页。
③ [英]以赛亚·伯林著,亨利·哈代编,吕梁等译:《浪漫主义的根源》,南京:译林出版社,2008年,第10、13页。

十字架的沉郁气质"①。陈铨则试图通过戏剧艺术的形式,将德意志浪漫派向内的形而上气质移植到中国语境。

陈铨认为,德国浪漫派文学的核心理念就是"理想主义精神",其实质是对"真善美无限的追求",诺瓦利斯的小说《奥夫特尔丁根》(*Heinrich von Ofterdingen*)中的"青花"意象则是"理想主义"最好的象征物。它"若远若近,忽隐忽现,永远追求,永远不能到手",世界是无穷的,追求也是无限的,"以有限的力量,作无限的追求,所以人类的理想,隔现实始终是遥远的",而"理想主义的精神"烛照了人类的灵性和崇高②。他说道:"我最近两个剧本《金指环》和《蓝蝴蝶》,都标名为'浪漫悲剧',是有深意的。剧中主要人物,为了一个崇高的理想,真善美的任何一方面,愿意牺牲一切,甚于生命,亦所不惜。我认为摆脱这一种物质主义的浪漫精神,是中国现代人最需要的。我们目前政治、社会、教育上种种不良的现象,都要这一个精神来拯救。"③

但事实上,陈铨的理论诉求和创作实践之间,存在着一定的疏离和断裂。要言之,他将"青花"理想皆具体化为了为民族国家的献身精神,从而稀释冲淡了其普遍性意义。在陈铨的剧作中,民族意识始终是难以超越的最高境界,个人情感往往沦为英雄形象的作料,一切都可以有条件地放弃,唯有民族国家是不变和最后的归依。夏艳华、樊秀云等都是牺牲了个人投身于抗战的集体事业中,在个人情感与民族意识之间的选择干脆利落。这种情形在《金指环》《蓝蝴蝶》中表现得尤为典型。

《金指环》系根据梅特林克三幕剧《莫纳·瓦娜》(*Mona Vanna*)改编。原作中基多不相信瓦娜,坚持要杀死普林齐瓦勒,并非不相信妻子的忠诚和情敌的诚意,只是他无法克服人性的弱点——嫉妒和偏执。但在陈铨改写中,民族大义则轻易化解了人性宿命,冤家对头成为抗敌盟友。瓦娜有担当有勇气,却参不透人类的本性,而有民族

---

① 刘小枫:《诗化哲学——德国浪漫美学传统》,济南:山东文艺出版社,1986年,第12—13页。
②③ 陈铨:《青花——理想主义和浪漫精神》,《国风》(重庆),1943年4月16日。

国家概念为指引,尚玉琴就想得非常清楚,也早就作好了牺牲的准备,以促成情敌之间的联合①。实际上陈铨只是借用了梅特林克的故事框架,表达的是自己的思想观念,难怪他说虽是"改编",其实是"自行放手写出","中间因袭的成分,和创造的成分,很难分辨,也无暇分辨"②。

《蓝蝴蝶》中的女主角婉君不甘于世俗生活,一心要"摆脱人生枷锁",渴望"灵魂的自由",但只有在除掉汉奸,照料好为"国家服务"的丈夫(完成使命),才去追寻神秘的"蓝蝴蝶"的召唤。陈铨自己解释说:"《蓝蝴蝶》剧中的人物,大部分都是理想的人物,在感情和道德的激烈冲突之中,他们精神上痛苦万状。这一种痛苦,在一般物质主义和实用主义者看来,也许是多余的,然而人格的高下,时代的升降,民族的兴废,也就看大多数领导社会的人,是否愿意牺牲一切,争取这一点多余。"③但正是急于表达观念,戏剧冲突反而流于空洞的说教,不能令人信服,尤其是剧中婉君受虚幻的"蓝蝴蝶"的暗示自杀身亡,实在缺乏必要的情节铺垫、感情蕴蓄和社会基础。是以曾有读者颇为不解和不满,撰文质问作者婉君为什么一定要自杀④。

事实上,陈铨的戏剧创作更多地受到德国狂飙文学,尤其是席勒的启发。如其所言,狂飙运动是德国民族意识觉醒和创造民族新文化的伟大运动,"不但对于德国文学,产生了解放创造庞大的力量,它对德国的思想政治社会宗教各方面,都有深刻的影响",一举奠定了德国文化和民族精神。⑤ 比之于"世界诗人"歌德,陈铨的戏剧受"民族诗人"席勒的影响更明显,这不仅因为席勒是"使德国民族自己认识自己运动中的急先锋",是"固定德国文学"的"奠基者",更在于席勒是"伟大

---

① 第二幕结束时,当刘志明准备与尚玉琴一同前往归德城的时候,剧中写道:"玉琴:(看金指环。)金指环!金指环!现在民族的命运,个人的命运,都交给你了!"参见陈铨:《金指环》(三幕浪漫悲剧),重庆:天地出版社,1943年,第90页。
② 陈铨:《〈金指环〉后记》。
③ 陈铨:《〈蓝蝴蝶〉的思想背景》,《中央日报》(重庆),1943年4月22日。
④ 群帆:《敬质〈蓝蝴蝶〉作者:婉君为什么要自杀?》,《新疆日报》(迪化),1944年5月31日。
⑤ 陈铨:《狂飙时代的德国文学》,《战国策》,第13期,1940年10月1日。

戏剧家",作品更多表现了"地方性"和"民族精神"①。不仅在表现"民族精神"方面,陈铨的"浪漫悲剧"一词也是来自席勒的启发②。

综上所述,陈铨着力表现的所谓"青花"精神,在中国的语境中,终究有些隔膜,不免淮橘为枳,缥缈无根。当然,这种探索也不无价值,陈铨曾说:"狂飙运动中间启示的人生观,对于数千年受儒家传统哲学支配的中华民族,更需要选择采纳,来培养我们民族的活力,进取的精神,感情的生活,理想的追求。"③其剧作一定程度上张扬了"感情就是一切"、精神力量无限的狂飙精神,并期以用德意志文化的形而上的浪漫气息,来裨补中国文化传统中以理制欲,很少关注形而上的精神层面的偏颇。

(三)戏剧结构:诗情画意的抒情空间

一切为抗战的工具化意识是抗战文学的主潮,戏剧以其空间上的现场性和双向交流的互动性,成为最风行的文学体裁。从创作主体看,存在两种对立统一的创作理念——"剧本意识"与"剧场意识",前者注重文学性和可读性,后者则多考虑戏剧作为一种综合性的舞台表现艺术,讲求实操性和剧场性,陈铨则力求在两者之间取得平衡。

陈铨曾说:"经过这一次的全面抗战,中国文化的新时代已经来临了,中国戏剧应当宣传这一时代的使命,但是这一个使命,代表中国旧文化的戏剧,没有资格来宣传,因为无论从内容方面或者形式方面,它都不能担当这一个伟大的责任",这个"责任"就是发挥戏剧作为一种表演艺术的优势,尽到宣传鼓动的意义。但他认为,即使是为了"宣传",也应该达到三个"最低条件":"戏剧里面要有人生","戏剧里面要有结构","戏剧演出要有受过严格训练的演员"④。陈铨的这种重视

---

① 陈铨:《席勒在德国文学史上的地位》,《大公报·文艺副刊》(天津),第 123 期,1934 年 11 月 28 日。
② 席勒的《玛利亚·斯图亚特》《奥尔良的姑娘》等剧以及雨果的《欧那尼》皆标示为"浪漫悲剧"。
③ 陈铨:《浮士德的精神》。
④ 陈铨:《宣传剧的最低条件》。

技巧和舞台的戏剧观念,源于正统西洋戏剧的专业训练,也是其对戏剧艺术的基本认识。

在陈铨看来,"戏剧之所以为戏剧,最要紧的就是结构。结构是戏剧的灵魂,没有它,戏剧很难引起观众的兴趣,就算能够引起,也很难维持到底",其目的是"用经济的手段,巧妙的方法,来把握观众,不让他们有一点松懈的机会",而结构不仅指人物设置、场景安排和故事展开,更是一种综合的"极严密的组织方式","好像取一根绳子,打了许多结,愈打愈多,多到不能再多的时候,又把它一个个重新解开。打结和解结,就是戏剧的结构","绳子"就是"戏剧的中心",这个"中心"就是形成高潮的核心戏剧"动作"。重视结构无疑抓住了戏剧的关键环节:戏剧"冲突"性和舞台的"动作"性,因为"舞台只有这样大,时间只有那样长,每一个人说话的机会只有那样多①。因为理论上的自觉意识,所以他的剧作皆结构谨严,张弛有度,也正是戏剧形式中,收获了"理想主义和浪漫精神"。

首先,陈铨剧作从取名到正文,大抵皆有幽雅精致、富象征性的意象。《野玫瑰》本是歌德的名篇,原诗中"鲜艳""美丽"的玫瑰,被"轻狂"少年摘下而"发出哀声和叹息",略带感伤气息。剧中"野玫瑰"夏艳华则是集野性和忧郁气质于一身,减退了歌德意象中哀怨色彩,这一意象与剧中穿插的"家玫瑰""野玫瑰"故事,不仅暗示了人物关系,表现了人物的内心世界,同时也营造了浪漫抒情的氛围。"无情女"系出自济慈名作《无情的女郎》,济慈诗中的惑人的妖女是真正的"无情",颇似希腊神话中的"塞壬的女妖",而陈铨的"无情女"则是一个对个人"无情"、对民族国家充满感情的"有情女"。"蓝蝴蝶"既受"青花"意象的启示,也融合中国的"庄公梦蝶"寓言和"化蝶"的美丽爱情传说,成为浪漫爱情和理想人生的象征。

《金指环》与原作最大区别之一就是陈铨创造的"金指环"。它让人首先想到的是象征武力的"指环"。柏拉图用"金戒指"喻指人的自

---

① 陈铨:《戏剧的结构》,《文化先锋》(重庆),第 1 卷第 16 期,1942 年 12 月 15 日。

私本性①,陈铨则以之来象征英雄的献身精神。"金指环"在戏剧结构、人物塑造中有重要意义。尚玉琴决定勇闯敌营时,故意向丈夫展示了有毒的指环,做好了以死明志的决心,但却被误认为是"献媚她的新欢"②,并留下悬念。第二幕中尚玉琴见到"寇首"刘志明,由此交代了她与小银匠刘志明青梅竹马的关系,幕落时尚玉琴凝视指环,又留下悬念。第三幕,尚玉琴吞下指环中的毒药,促成旧情人和丈夫的合力抗战,戒指的象征意蕴由个人情感升华到民族伦理的高度。小小指环贯穿全剧,的确具有不同凡俗的戏剧效果。

色彩斑斓、意味隽永的意象是陈铨剧作的一大特色,据说当时流传着颇为形象的对句:"蓝蝴蝶插野玫瑰,无情女戴金指环。"从个人心理记忆看,这些戏剧意象的选择也饶有趣味。《野玫瑰》《无情的女郎》以及诺瓦利斯的"青花"等,都是陈铨求学时期反复琢磨的文学经典,已化为其艺术修养的一部分。这也从一个侧面反映出陈铨前后思想意识和文学观念的一致性和连续性。

其次,陈铨的戏剧语言有哲理化、诗意化的特点。如樊秀云喋喋不休地告诉沙玉清,为了新情人而抛弃他,沙早已气愤难忍,甚至观众也难以忍受絮叨,最后才交代这个她为之献身、"又穷又病"的"情人",原来是"五千年历史的结晶体""四万万五千万人的化身"——"中华民族";王立民的语言则形象演绎了尼采的哲学,虽曾遭诟病,但这本身不过是刻画人物的戏剧手法,表现得很自然,也是很成功的。陈铨剧中的人物语言还带有抒情的动作性,如夏艳华、樊秀云与旧情人见面时的语言,表现她们既眷恋又怅惘的无奈心理,尚玉琴决意告别丈夫闯敌营的对话,则表现了涌动激烈的内心冲突。实际上,陈铨戏剧创作态度严肃,用心之笔比比皆是,人们往往囿于成见,轻易忽视了其艺术表现力和创造性。

再次,陈铨剧中多穿插寓言故事和抒情诗,来烘托人物和情境,并

---

① 参见[古希腊]柏拉图著,郭斌和等译:《理想国》,北京:商务印书馆,1986年,第46—48页。
② 陈铨:《金指环》,第53—54页。

营造了诗情画意的舞台效果。《野玫瑰》中小和尚的故事,《金指环》中由戒指引出的爱情往事,《蓝蝴蝶》中蓝蝴蝶传说,都充满了浪漫情调。《蓝蝴蝶》等剧中情致深婉的抒情诗(歌曲)的穿插则更见韵味。《蓝蝴蝶·序词》本身就是可以独立成章的诗歌,尤其是《无情女》中穿插了三首风格迥异,各具情韵的歌词,与剧情发展和人物塑造有精妙配合。《再见》一首表现樊秀云与不得不与情人别离的忧伤,为独唱调,情致哀婉:

> 再见!心爱的人儿,再见!/你休让眉尖儿紧急地皱,/你休让泪珠儿阵阵地流。/我知道你满怀的真诚,/离别后是如何难受!/过去你就让她过去罢,/莫把旧恨新愁留住在心头。……
>
> 再见!心爱的人儿,再见!/你看,花儿正在开,/你听,鸟儿正在唱。/忽然一阵狂飙,/掀起来翻天的波浪。/等到风平浪静,/花在哪里?鸟在何方?/人生离不了凄凉,/我们何苦尽悲伤?/再见!心爱的人儿,再见!/我们何苦尽悲伤?

《饮歌》衬托众人戏弄敌寇、合力除暴、纵情欢饮的喜悦,歌曲跳脱快爽,诙谐纯朴,自然轻快,寓意深入浅出,而剧末的《锄奸歌》歌词节奏急促,韵律铿锵,表现了手刃敌人、大获胜利后的豪情:

> ……来,来,来,/我的同志们!/磨快钢刀,/振起精神,/杀走狗,/除汉奸,/扫荡凶横的敌人!/打倒凶横的日本!

陈铨戏剧的形式风格和语言特色,受西洋戏剧以及中国传统文化多方面影响,其诗化语言,尤受席勒《莫西拿的未婚妻》的影响。《蓝蝴蝶》《金指环》中的歌曲穿插即是从席勒这部仿古之作得到灵感,两剧出单行本时,还附有黎锦晖、张少甫等音乐家谱写的乐曲与和声,而尝试将音乐融入现代话剧中,无疑是其创新的努力。尤其是《无情女》中三首不同风格的诗歌与情节结构、戏剧冲突的融为一体,无论剧本的文学性、生动性、抒情性,还是剧场的操作性和良好的接受效果,都堪称抗战戏剧中的杰作。

穿越历史迷雾,可以发现陈铨戏剧充分考量了受众心理和接受效果,追求故事情节的生动性、传奇性与民族意识、英雄气概合而为一的效果,虽留有一些不足,实际上也是抗战戏剧的重要收获之一。陈铨五部多幕剧作,部部精彩,尤其是《野玫瑰》《金指环》《无情女》三部作品,不仅具有极高的文学审美价值,在剧场意识的考量、戏剧形式的创新与浪漫主义特色的表现上,都无愧于文学的时代精神和艺术的永恒魅力。

二、"《野玫瑰》风波"

1942年3月,在陪都重庆的"雾季公演"中,《野玫瑰》轰动一时,但随后即遭到批判,从"隐藏着战国派的毒素",到"欺骗"观众的"糖衣毒药",再到"制造"和"散播"汉奸理论[1],甚至直到1980年代为之略作辩护,还会遭到严厉的指责。1990年代以来,学界一般认为剧本或有可商榷之处,但事件本身折射的是国共之间的文化与政治斗争,但仍有人坚持认为《野玫瑰》的"思想""是错误的","不是什么香花"[2]。作为抗战文化史上最著名的公案之一,"《野玫瑰》风波"可谓一言难尽。吊诡的是,一部所谓"有毒"的剧,为什么在抗日大后方一演再演?到底发生了什么?

(一)重庆公演与风波起源

1942年3月5日到20日,《野玫瑰》在重庆新建的"抗建堂"公演,连演16场,场场满座,轰动山城。此次演出系由"留渝剧人"自行组织[3],领

---

[1] 参见颜翰彤:《读〈野玫瑰〉》,《新华日报》(重庆),1942年3月23日;方纪:《糖衣毒药——〈野玫瑰〉观后》,《时事新报》(重庆),1942年4月8、11、14日连载;谷虹:《有毒的〈野玫瑰〉》,《现代文艺》(永安),第5卷第3期,1942年6月25日。颜文侧重把《野玫瑰》与"战国派"绑定在一起批判,方文意在"启发"受众认识夏艳华的"惨无人性",而"英雄"汉奸王立民值得"同情",谷文则直接宣判《野玫瑰》"制造"和"散播"汉奸理论。而此后批判的论调都脱胎于这三篇文章。

[2] 张颖:《有关话剧〈野玫瑰〉——抗战中的一桩公案》,《百年潮》,2002年第9期。

[3] 参见1942年3月5日《大公报》和《新华日报》。

头人是演员施超,是以后来被戏称为"'打野鸡'捞钱"①。演出结束后,施超还给当时在昆明的陈铨写了一封信,称"未能事先征求""意见"(指演出权)就演了他的戏,表示"很抱歉",并寄去"上演税"一千元,说以后有新剧本可交给他来组织演出②。此次演出不仅反响空前,在经济上也收获颇丰,令穷困潦倒的剧人很兴奋,并准备还要旧地再演③,可惜未能如愿,一场旷日持久的风波却由此开始。

剧人刘念渠化名颜翰彤在《新华日报》撰文率先发难,称《野玫瑰》思想意识上"隐藏着'战国派'的毒素",并对写作技巧也多有指责④。而《新蜀报》的剧评则较为详细评述了《野玫瑰》的主题、情节和人物,肯定其"人物简单",线索"清晰明朗","像侦探小说",是以"获得许多好评",虽也批评了王立民形象不免"喧宾夺主",并牵扯上陈铨的"英雄崇拜"观点,但立论还比较客观公允⑤。

随着争论渐起,重演一事出了问题,报称有演员"自动不肯上台"⑥,并有"因该剧内容发生问题,当局已予禁演"的消息传出⑦,重演计划不了了之。随后《时事新报》连载了檄文《糖衣毒药——〈野玫瑰〉观后》,称《野玫瑰》隐藏着"战国派"的"毒素",而接下来的获奖,使事情更加复杂。

1941 年底,吴宓与贺麟联名将《野玫瑰》推荐至教育部,参加学术评奖。1942 年 4 月 18 日结果公布,《野玫瑰》获三等奖⑧。消息一出,"进步剧人"立即行动,石凌鹤牵头起草了一份"反对《野玫瑰》得奖的抗议书,签名者百余人,要求'剧协'出面向教育部交涉","撤销嘉奖"⑨。

① 欧阳乔治:《成都剧坛展望》,《新华日报》,1943 年 1 月 14 日。
② 陈铨:《〈野玫瑰〉上演的前后》,1969 年 1 月 18—19 日,手稿。
③ 《三言两语》,《时事新报》(重庆),1942 年 4 月 3 日。
④ 颜翰彤:《读〈野玫瑰〉》。
⑤ 汇南:《野玫瑰》(剧评),《新蜀报》(重庆),1942 年 3 月 29 日。
⑥ 消息见 1942 年 4 月 3 日重庆《时事新报》。
⑦ 《文化动态》,《时事新报》(重庆),1942 年 4 月 2 日。
⑧ 《学术审议会决定得奖著作》,《中央日报》(重庆),1942 年 4 月 18 日。
⑨ 潘子农:《〈野玫瑰〉事件》,范国华等编:《抗战电影回顾(重庆)》,重庆市文化局等印,1985 年,第 69—70 页;潘子农:《舞台银幕六十年——潘子农回忆录》,南京:江苏古籍出版社,1994 年,第 279 页。

《新蜀报》一改原先平正立场,也刊文表示强烈不满,指责《野玫瑰》"为汉奸残杀爱国志士的罪行作辩护","写作技巧"上也不足为"模楷"①。

5月14日,延安《解放日报》报道了重庆剧人抗议的消息:

> 教育部学术审议委员会前曾决定奖励学术著作多种,内有西南联大教授陈铨所著剧本《野玫瑰》,亦在得奖之列,戏剧界同人对此颇有异议,已有二百余人联名致函全国戏剧界抗敌协会,要求专函教育部请予撤销,该函中有谓:"查此剧在写作技巧方面,既未臻成熟之境,而在思想内容方面,尤多曲解人生哲理。有为汉奸叛逆制造理论根据之嫌,如此包含毒素之作品,则不仅对于当前学术思想无助勋,且与抗战建国宣传政策相远,危害非浅。同人等就戏剧工作者之立场,本诸良心,深以此剧之得奖为耻,抗战剧运正待开展,岂容有此欠妥之措施……"云云。②

5月16日,"中央文化运动委员会"主任张道藩、"中央图书杂志审委会"主任潘公展,联合在重庆曹家庵招待戏剧界人士,教育部部长陈立夫也出席茶会。夏衍、陈白尘、吴祖光、沈浮、张骏祥、应云卫、陈鲤庭、白杨、张瑞芳等应邀到场。张道藩、陈立夫针对与会者的抗议和不满,解释《野玫瑰》获奖是"教授评议会""投票"的结果,不过"聊示提倡",并非认为"最好",潘公展则为《野玫瑰》作了辩解,并指责《屈原》不应"鼓吹爆炸",与会的部分左翼作家对解释并不满意,茶话会草草收场③。经历一系列风波后,重庆剧人抗议一事不胫而走,昆明、桂林、永安等地相继出现了声讨文章,《野玫瑰》"有毒"的舆论也蔓延开来。

---

① 潘子农:《〈野玫瑰〉可奖乎?——龙套外篇之六》,《新蜀报》(重庆),1942年5月6日。
② 《剧界人士认〈野玫瑰〉含有毒素,函请教育部撤销嘉奖案》,《解放日报》(延安),1942年5月14日。
③ 记者:《"戏剧界茶会"速写》,《时事新报》(重庆),1942年5月20日。陈白尘回忆说,针对潘公展扬《野玫瑰》而贬《屈原》,"故意敲响杯盘,以示抗议",同参加此次"茶会"的潘子农也有类似的回忆。参见陈白尘:《对人世的告别》,北京:生活·读书·新知三联书店,1997年,第762页;潘子农:《〈野玫瑰〉事件》。

(二)抵制与竞演

《野玫瑰》遭左翼的批判、抵制和抗议以及延安《解放日报》多次关注此事①,表明了争论背后隐现的是国共两党在文化领域的明争暗斗,以至于有研究者说:"抗议,演出,抗议,演出,几成为《野玫瑰》演出过程中的一个固定的模式。"②实际上并没有这么夸张,但也确有抗议和批评的声音,除了前述昆明的第二次演出,还有桂林、辰溪等地的演出。

1942年12月,桂林中学决定上演《野玫瑰》,据称"该校一部分同学得悉,曾提出非正式抗议,未得结果"③,而演出前已有舆论批评《野玫瑰》"太同情汉奸","有害抗战","意识是错误的,技巧是生硬的","是没有灵魂的躯壳"④。上演之后,左翼刊物《野草》立刻登文予以批判,嘲谑演员和观众"纯真得可爱",而对观演者所言"一点毒都没有"的现象,作者"深深的感到一点悲哀",慨叹他们的"教养和社会经验还不够",还不能理解剧中所隐藏的"超人"精神和"权力意志伸张"⑤。

1944年秋,湖南沅陵的湘雅医学院学生上演《野玫瑰》时,也遭到质疑和批判。当事人回忆称:

> 一九四四年暮春时节,湖南辰溪一个比较重要的宣传单位准备排演陈铨的《野玫瑰》。这是一个为抗日时期的汉奸开脱罪行、美化丑恶的剧本,曾经在当时的陪都重庆和桂林、西安、昆明等地受到革命进步人士的口诛笔伐,大有四川人讲的味道:"过街的耗子,人人喊打!"当时张毓后同志已就任沅陵《力报》资料室主任。他得知这个消息后,就和我、任莨、艾从、杨周、周丰等人商量,由我

---

① 《野玫瑰》在重庆遭抗议抵制后,《解放日报》多次发消息关注,声称"《野玫瑰》现在后方仍到处上演","后方现在仍有很多地方在上演着"。参见:《〈野玫瑰〉一剧仍在后方上演》;江布:《〈屈原〉与〈野玫瑰〉》,《解放日报》(延安),1942年6月28日、7月5日。
② 李岚:《〈野玫瑰〉论争试探》,《中山大学学报论丛》,2000年第3期。
③ 《各省零讯》,《新华日报》(重庆),1942年12月21日。
④ 见《小春秋三日刊》,1942年12月17日。转引自徐曼:《剪灯碎语之二》,《野草》(桂林),第5卷第2期,1943年1月1日。
⑤ 余士根:《指环的贬值》,《野草》,第5卷第3期,1943年3月1日。

出面以编辑部名义召开一次座谈会,对《野玫瑰》剧本进行剖析评议,着重指出它借剧中人之口,含蓄而委婉地表达充当汉奸是无可奈何的事,实则为当时的中华民族中的少数败类的卖国行径涂上一层保护色。这种作品,比鸩酒厉害千百倍。座谈会由毓后主持,用了三个小时,极其详尽的剥开了《野玫瑰》的画皮,从剧本主题、人物、对话到场景等无不条分缕析,鞭辟入里。①

据称在甘肃的石曼和福建建阳的许甫如其时都曾对上演《野玫瑰》表示抗议,并在壁报撰文斥之为"抗战中的汉奸文学"②,而时为中共诏安支委许沙洛则记得"诏安县巡回歌咏戏剧队"拒演"一时甚嚣尘上的话剧《野玫瑰》",因为其"有意宣扬投降妥协的汉奸思想"③。虽不知详细底里,但在这些地方肯定演出过《野玫瑰》。

批评和抗议,可能给《野玫瑰》的演出和传播带来消极影响,但客观上也起到了广告宣传的作用。如陈铨所言:"各地城市,学校,公共机关的业余剧团纷纷上演。尽管反对的人,大声疾呼,批评它意识不正确,肆情痛骂,然而仍然不断有团体在上演。倒是感谢这些作反宣传的人,他们引起了多数人的注意。"④此言不虚,各地上演《野玫瑰》的热情之高,着实令人匪夷所思。

仅从可查证的当时文献看,四川、贵州、内蒙古、新疆、西康、陕西、河南、湖南、湖北、江西、江苏、浙江、广东、广西、青海、宁夏、福建、安徽、海南等国统区所有省份都曾上演,而未记载的演出应该还有很多。演出的机构团体以各地抗日宣传队、"三青团"剧团以及大中学校的师生为主,演出的名目有宣传抗日、节日汇演、筹募善款等,不一而足(见下表)。

---

① 周子厚:《一瓣心香吊忠魂——记我与张毓后的交往》,中共黄平县党史办:《黄平革命风云录》,1988年,第378—379页。
② 石曼:《我所知道的〈野玫瑰〉》,《重庆文化史料》,1992年第3期;许甫如:《为民主呼喊的"太白文艺社"》,见夏泉主编:《凝聚暨南精神——媒体暨南精选》,广州:广东人民出版社,2006年,第259页。
③ 许沙洛:《抗日救亡运动在诏安——纪念抗日战争五十年》,《诏安文史资料》(第8辑),1987年,第6页。
④ 陈铨:《我的戏剧学习经验》。

《野玫瑰》演出（1942—1944 年）统计一览表

演出时间	演出地点	演出团体	演出场次	演出名义	资料来源
1942.7	乐山等四川省各地	峨嵋四川大学暑期宣传团	多次	抗日宣传	《中央日报·扫荡报联合版》
1942.8.17～21	甘肃兰州	驻兰州空军部队	5	捐募滑翔机献金游艺大会	《甘肃民国日报》《西北日报》
1942.10.27～11.5	贵阳省党部大剧场	三青团贵州青年戏剧社	10	劝募滑翔机基金	《中央日报》（贵阳版）
1942.8.29～31；9.5～6	江西赣州	五十年代剧团	5	国家总动员宣传周	《民国日报》（赣州）
1941.9.12～18	西安西大街民众俱乐部	陕西省文化运动委员会	7	募集赈济豫陕灾款	《西京日报》《西北文化日报》
1942.11.12	陕西武功	青年团武功农学院支部	1	青年团周年纪念活动	《西京日报》
1942.11	陕西宝鸡等地	教育部西北公路线社教部	多次	劳军公演	《西京日报》
1942.12.19	重庆北碚民众会场	教育部实验剧队	1	文化劳军运动	《中央日报·扫荡报联合版》
1943.1.15	福建南平	培英女子学校	1	校庆纪念活动	《福建日报》（南平）
1943.1.9～10	四川成都	私立南薰中学	2	同学会游艺活动	《燕京新闻》（成都）
1943.2.17～25	贵阳市贵州省党部大剧场	三青团贵州青年戏剧社	10	文化劳军运动	《中央日报》（贵阳版）
1943.3.23～26	广东韶关西线大厦	自力剧团	4	剧团活动	《中山日报》（韶关）
1943.4	甘肃兰州	教育部西北社教工作队	多次	抗日宣传	《甘肃民国日报》（兰州）
1943.4.16～19	西安市黎明剧场	陕西盐务局新生活剧团	4	为豫陕灾区募捐	《西北文化日报》（西安）
1943.5.6	福建南平	未知	未知	未知	《东南日报》（南平）
1943.7.1	甘肃兰州青年团大礼堂	甘肃"女师"剧团	1	募集妇女工作队基金	《西北日报》（兰州）
1943.9.3～6	安徽屯溪	东南业余剧团	4	筹募婴儿保育员基金	《徽州日报》（屯溪）
1943.9.4～9	迪化"汉文会"俱乐部	新疆女子学院	5	空军节献机运动	《新疆日报》

续表

演出时间	演出地点	演出团体	演出场次	演出名义	资料来源
1943.9.27	广西南宁女子中学体育场	南宁女子中学	1	学校庆祝活动	《南宁民国日报》（南宁）
1943.9—10	西康省康定	西康民众教育馆	未知	庆祝省府大厦落成	《西康民国日报》（康定）
1943.10.31	广东新昌	新昌中学青年剧社	1	献金购机活动	《南华报》（台山）
1943.11.11~28	重庆"抗建堂"	中国万岁剧团	21	募集文化教育基金	《大公报》《中央日报》（重庆）
1944.1.2	重庆军事委员会大礼堂	未知	2	盟国军官代表招待会	《中央日报》（贵阳）
1944.2.1	青海省政府大礼堂（西宁）	湟川中学话剧团	1	抗日宣传	《青海民国日报》（西宁）
1944.3.2~4	迪化"汉文会俱乐部"	新疆女子学院	3	献机运动募捐	《新疆日报》（迪化）
1944.5	贵州郎岱县	郎岱妇女运动委员会	多次	国耻纪念活动	《贵州日报》（贵阳）
1944.5.26~27	安徽青阳县	青阳中学"青中剧团"	2	党部邀请	《徽州日报》（屯溪）
1944.8.1~3	西宁联谊剧场	某军宣传队暨宁夏省社教团	3	抗日宣传	《宁夏民国日报》（新宁）
1944.9.14~21	西安南院门三山戏院	西京市业余剧人	8	剧团活动	《西京日报》（西安）
1944.12.23~26	云南大理省立中学礼堂	国立大理师范学校话剧社	4	劳军公演	《滇西日报》（大理）
1944.12.30~1945.1.2	云南大理下关镇	国立大理师范学校话剧社	4	劳军公演	《滇西日报》（大理）

说明：具体演出场次据演出时间统计，"多次"系根据广告、报道推断；部分有演出报道、信息模糊者，以及前文提及者未纳入统计。

因为文献的散佚和视野的局限，上表中所列《野玫瑰》的演出情况，仅是1942—1944年三年间的一个粗略统计，实际应该多得多。据报载的消息和评论，上述地方演出的反响也大抵如重庆一样火爆，其中贵阳、西安、迪化等地的演出尤为热烈，还有临时增加演出场次，隔一段时间又再次演出，以及同一地方多个剧团组织、排演《野玫瑰》等情况。

而演出地的媒体也都帮助宣传、推波助澜,如贵阳的《中央日报》和迪化的《新疆日报》都曾整版刊发演出"专刊"。至于对演出的水平和剧本的评价,则以肯定和褒扬为绝对主流,而对人物形象(如王立民)和剧本本身的批评其实极少见。

(三)回忆录中的《野玫瑰》

1980年代以来的大量回忆录,与当时的报载互相印证,并进一步补充说明了《野玫瑰》的流布之广和受欢迎的程度,但令人玩味的是,《野玫瑰》"有毒"的历史记忆,则制约并影响着回忆者的叙述姿态和立场。

首先,部分当事人戴有色眼镜,以贬抑之态度回顾了观演《野玫瑰》之情形。如一直专门批判《野玫瑰》的石曼说:"我第一次接触到《野玫瑰》,是1942年冬天,在洛阳战区学生进修班的操场上,一支演技并不高明的国民党政工队演出这个四幕戏,从头到尾7个演员,却紧紧把上千的师生吸引住了。"[①]曾在四川绵竹就读的学生则回忆道:

> 绵竹中学校的师生,也演过一次话剧,是陈铨教授写的《野玫瑰》。曾在各地上演,有点名气,它代表抗战剧中出现的逆流。表面上与抗战有关,实则带有反动倾向。它鼓吹"曲线救国",夸张国民党"特工"的作用,又穿插了桃色的纠纷。剧情还是紧张诱人,吸引了不少校内外观众。[②]

时在湖南醴陵的一位"政工队员"也对上演《野玫瑰》记忆犹新:

> 《野玫瑰》是写一个女秘密工作者(即"野玫瑰")打入北平维持会长的身边,以这个大汉奸作保护伞进行隐蔽抗日活动的故事。现在看来,这个剧本有不少问题,比如对那个大汉奸就欣赏多于披露,而且爱情纠葛成了主线,对敌斗争反而降到次要位置了。在这

---

① 石曼:《我所知道的〈野玫瑰〉》。
② 吉华铨:《回忆绵竹解放前的文艺活动》,《绵竹文史资料选辑》(第11辑),1992年,第152页。

之前,我曾读过这个剧本,对它颇感兴趣,所以当柳条告诉我准备演出《野玫瑰》时,我是同意的。①

简略记载则更多。在内蒙古陕坝,"'青年剧团'除了接二连三地演陈铨的《天字第一号》《野玫瑰》和《蓝蝴蝶》。"②在四川遂宁,话剧演出"别开生面,盛极一时","演过《野玫瑰》《兰瑚蝶》《反间谍》之类由陈铨编写的宣扬特工的所谓'战斗剧'"。③在涪江某中学,"三青团分子""演出反动剧作家陈铨的剧作《野玫瑰》。"④在温州,1943年12月1日,浙江省的"新运剧团"和"第一巡回戏剧歌咏团"在"公共游艺场电影院"演出过《野玫瑰》;1944年5、6月间,"乐清星火剧团"也演出此剧。⑤无锡的江苏省立教育学院"也曾演过反动戏陈铨的《野玫瑰》"。⑥在四川岳池,"顽固分子""把美化特务的《野玫瑰》丑剧,弄到女中去演"。⑦而如这般一边回忆着《野玫瑰》的演出盛况,一边又颇有微词者,数不胜数。

其次,还有不少回忆者以平正立场,客观记录了《野玫瑰》在各地的演出情形,一些回忆也与当时文献互相印证。据各当事人回忆,在乌鲁木齐,省立女子中学1943—1944年间曾多次演出《野玫瑰》与《无情女》⑧;内蒙古杭锦后,当地"青年剧团"也上演过《野玫瑰》⑨;在陕西,

---

① 刘洁波:《忆醴陵沦陷时期政工队》,《醴陵文史》(第2辑),1985年,第84—85页。
② 刘映元:《抗日战争时期陕坝的文化宣传活动》,《内蒙古文史资料选辑》(第四辑),呼和浩特:内蒙古人民出版社,1996年,第157页。按:《天字第一号》系根据《野玫瑰》改编的电影,1946年上映。
③ 庄济华:《四十年代遂宁文体活动漫记》,《遂宁文史资料》(第3辑),1988年,第68页。
④ 刘黑枷:《歌声琴韵》,刘黑枷:《雁来红》,北京:中国文联出版公司,1987年,第71、73页。
⑤ 陈寿南:《温州进步戏剧活动纪事1919.5—1949.9》,载温州市革命文化史料征集办公室编:《温州进步戏剧史料集1919年5月—1949年9月》(上),1995年,第48、51页。
⑥ 董大光:《社桥记事——江苏省立教育学院抗战后的学生运动》,《无锡文史资料》(第25辑),1991年,第135页。
⑦ 唐文勋:《岳池县三四十年代的戏剧活动史话》,《岳池县文史资料选辑》(第5辑),1990年,第34页。
⑧ 张树荣:《抗战时期乌鲁木齐上演话剧剧目》,《乌鲁木齐文史资料》(第13辑),乌鲁木齐:新疆青少年出版社,1988年,第85页。
⑨ 内蒙古自治区杭锦后旗志编纂委员会编纂:《杭锦后旗志》,北京:中国城市经济社会出版社,1989年,第167—168页。

汉中"西北公路局社教工作团"、西北大学的"新生剧团""中国戏剧学会"等多个剧团都曾上演过《野玫瑰》,西安的"王曲剧社"甚至把《野玫瑰》当作保留节目[1];浙江遂昌,"政工队"也在当地"民众剧场",上演过《野玫瑰》[2];在福建泉州和南平,多个剧团都上演过《野玫瑰》[3];在江西宜春也"盛况空前"地上演过《野玫瑰》[4];在贵州,"青年剧队"等剧团在贵阳多次上演《野玫瑰》《蓝蝴蝶》《金指环》[5],而遵义的"血痕剧团""遵义业余剧社"同样多次上演过《野玫瑰》和《金指环》[6]。

《野玫瑰》上演最多的记载是四川省,除前已提及的重庆、岳池、遂宁等地,"76军前锋剧团"在泸县"前程大戏院公演《野玫瑰》","免费上演,每场客满"[7],长寿、苍溪等地的中学,以及业余剧团都曾演出《野玫瑰》[8]。此外,内江、江津等地也有上演的记载。

作为一部兼具通俗性、娱乐性与时代性、宣传性的谍战大戏,《野玫瑰》在同仇敌忾的抗战文化氛围中,红极一时,情理之中,在另一部分回忆者眼中,观演《野玫瑰》可谓是抗战艰苦岁月中难忘的美好回忆。

台湾著名诗人彭邦桢1942年曾参加过昆明的"戏剧巡回演出

---

[1] 纪逢春:《汉中的抗日戏剧活动》,汉中文史资料委员会编:《抗战时期的汉中》,1994年,第153、154页;纪逢春:《抗战时期的汉中话剧》,《汉中文史》(第9辑),1991年,第129—131页;易水寒:《"王曲剧社"的成立和结束》,《西安文史资料》(第8辑),1985年,第89页。
[2] 黄一峰:《战时遂昌的文化新闻事业》,《遂昌文史资料》(第2辑),1986年,第37页。
[3] 参见詹晓窗:《抗日战争时期泉州的戏剧活动》,《泉州文史资料》(第12辑),1982年,第60页;陈枚:《八年抗战泉州的文艺活动》,《泉州鲤城文史资料》(第9辑),1991年,第34、36、37页;李健:《陈铨笔下的王立民》,见徐君藩等编:《福州诗与散文选 1930—1949》,福州:海峡文艺出版社,1991年。
[4] 王德全主编:《江西省宜春市志》,海口:南海出版公司,1990年,第694页。
[5] 蓝泽众:《贵阳市四十年代的戏剧演出》,《南明文史资料选辑》(第19辑),2001年,第129—130页;林薇:《回忆四十年代贵阳的话剧活动》,贵阳市戏剧工作者协会编:《贵阳戏剧史料汇编》(第2辑),1985年,第31页。
[6] 王永康:《"遵义民众教育馆"史况》,《遵义文史资料》(第11辑),1987年,第245页。
[7] 肖尔诚:《抗战时期泸县各界新生活运动促进委员会概况》,《江阳文史资料》(第6辑),1992年,第125页。
[8] 参见殷钟岷:《解放前,长寿县城文化戏剧活动的片段》,《长寿县文史资料》(第7辑),1992年,第75页;王峻峰:《我在抗战期间的学生生活》,《苍溪文史资料》(第11辑),1995年,第127页。

队",他日后撰文回忆当年在滇缅公路劳军演出时,说得最多的就是《野玫瑰》,其中写道:

> 说起"野玫瑰",距今已有四十余年,我现在已不复记得剧中的详情和细节了。但对扮演"野玫瑰"这一女主角郎惠仙,和扮演剧中刘云樵这一男主角李文伟,在我却有强烈的印象的……此剧名"野玫瑰",而她即"野玫瑰",这就可见她在戏中令人骚动的亮相。说来她就是演这一戏中我方派在上海的地下工作人员的"天字第一号",是个敌伪的警察所长夫人。因她岂仅是演技好、台风好,就是她的一颦一笑也都很婉约动人,尤其当她演到高潮——声泪俱下的时候,她晶莹的泪水也当真会在她的眼里盈盈夺眶而出,直赢得观众为之扣紧心弦,并大呼精彩。①

几十年前的事历历在目,如数家珍,毫微毕现,可见印象之深刻。

戏剧工作者翁村抗战期间任"抗敌演剧第四队"队长,曾在湖北老河口一带从事抗战宣传演出,他的回忆几乎以《野玫瑰》为中心,所述更为详细生动:

> 1943年下半年,李宗仁长官到西安开会时,在中央军校七分校看了由名艺人戴涯导演的陈铨编写的四幕话剧《野玫瑰》,把这个剧本带回老河口,要我来导演这个剧……经过半个多月的排练,在新建的河口剧场演出时,全市轰动,场场客满。李宗仁长官来看戏,也表示满意。
>
> 《野玫瑰》演出成功,李宗仁长官就指示到均县、郧阳、草店等地公演。在均县、郧阳都演出三场。以后,驻草店的军政部卫生人员训练所又专门派车来接,邀请到该所也连演了三场……不久,又到襄阳、樊城演出,效果也蛮好。这个剧从1943年演到1944年,演出的次数是最多的。

作者甚至还清晰地记得几件饶有趣味的"野玫瑰"逸事:一是演出

---

① 彭邦桢:《参加"戏剧巡回演出队"的片断回忆》,《江津文史资料》(第5辑),第72—73页。

时本地一位画家"专门画了一张《野玫瑰》,裱好亲自送到剧场,将此画挂在台前大幕上"。二是当地一个毛巾厂在其中发现了商机,"将所生产的毛巾印上'野玫瑰'三个字,一时颇为畅销",还有人开了一家"野玫瑰餐厅"。三是一个军官对《野玫瑰》十分痴迷,不仅"连看三场,并要去剧本阅读",而且"对刘云樵这个角色特别感兴趣",并希望能出演此角,在一次演出中有演员临时退出,此君终于达成心愿①。

《野玫瑰》出自大学校园和大学教授,各大学演出自然也少不了。据任访秋回忆,1942年,河南大学(时迁在嵩县)曾多次演出《野玫瑰》,而"扮演主角的一两个女同学也名噪一时,成为当时师生谈论的中心"②。同一时间,浙江大学(遵义)的"湄潭浙大剧团"也在演,当事人回忆道:

> 为了迎接浙大全校运动会于翌年召开,剧团筹备排演话剧《野玫瑰》,导演为陈永淦,演员有郑士俊、陈永淦、詹声穗、张兆青、夏赓杰、邵英多共6人。1942年5月4日,全校运动会在湄潭举行。当晚话剧《野玫瑰》在湄江畔的大礼堂上演。舞台前新制的墨绿色幕上缀有浙大校徽飞鹰图案及"浙大剧团"四个大字。这对于演出的同学们来说自然是一种鼓励。次日晚续演该剧,除师生参加外,当地人民也纷纷前来欣赏。③

校长竺可桢亲临现场,为演出揭幕并观看演出,还在日记中写道:"七点即赴膳厅大礼堂,观浙大剧团演出之《野玫瑰》话剧。由余揭幕,观者早满座。演来颇有精彩,其中演夏艳华之女生詹声德,汉奸王立民之张兆青,厅长之陈永淦,男仆王安均不恶,唯邵英多之曼丽及秋痕之储新民则稍差。"④

1942年底,中华大学师生在一个将军的公馆里举行募捐演出《野

---

① 翁村:《艺宣队后期的话剧工作》,《老河口文史资料》(第23辑),1990年,第185—186页。
② 任访秋:《十年漂泊记》,《河南文史资料》(第28辑),1988年,第61页。
③ 华慰曾、郑士俊:《漫谈遵义时期的浙大剧团》,贵州省遵义地区地方志编纂委员会:《浙江大学在遵义》,杭州:浙江大学出版社,1990年,第711—722页。
④ 竺可桢:《竺可桢全集》(第8卷),上海:上海科技出版社,2006年,第334页。

玫瑰》,"台下座无虚席,众口称绝","不仅为学校解决了燃眉之急,使我们这些远离家乡、长期流亡在外的青年更加团结,亲如兄弟姐妹"①。1942年2月国立中正大学的"中正青年剧社"在校内上演的《野玫瑰》也是"成绩良好,誉满全校"②。

抗战胜利后,仍然有很多地方上演过《野玫瑰》,尤其是那些曾经演过的地方,演起来更是驾轻就熟。如1945年10月,重庆"抗建堂"再次上演,而昆明则在1948年7、8月间由"正风剧社"在"民众教育馆民众剧场"上演;1947年9到11月间,广西大学"青年剧团"和桂林西南商专"西南剧社"多次在桂林"艺术馆礼堂"上演,1948年6月,桂林文山中学在校内上演;在宁波,继1943年首演之后,1947年元旦由"春风剧艺社"再次演出《野玫瑰》;1947到1948年间,徐州、柳州、琼崖、内江、汕头等地也上演过。

曾经不能演甚至看不到《野玫瑰》剧本的沦陷区,则在胜利后一过上演的瘾,如战后成立的青岛"群星剧团"和"松山剧团"以及天津"南艺剧团"和"新二军政治部"都在当地上演过《野玫瑰》③,复员后的南开大学也演过,而香港、台湾等其他多个地方同样上演过。1949年后,《野玫瑰》在大陆销声匿迹,但在东南亚一带华人聚集地则有上演的记录,如1950年代菲律宾"国防剧团""少年剧团""友声剧艺社"等多个剧团都上演过④;1960到1970年代,吉隆坡和新加坡也皆上演过《野玫瑰》⑤。

此外,除了数不清的话剧演出和改编拍摄的电影《天字第一号》

---

① 张玄龄:《记在万福麟将军家中的一次筹款义演活动》,转引自马敏、汪文汉主编:《百年校史:1903—2003》,武汉:华中师范大学出版社,2003年,第158—159页。
② 参见:《校闻·中正青年剧社公演〈野玫瑰〉》,《国立中正大学校刊》(江西泰和),第3卷第10期,1943年2月16日。
③ 参见:《青岛的话剧团体》,载《山东省文化艺术志资料汇编·第十辑》,1986年,第192—194页;李邦佐:《解放前天津的话剧演出概况》,《天津文史资料选辑》(第32辑),1985年,第207页;《新兴女剧人丽波在〈野玫瑰〉中》,《星期五画报》(天津),第2期,1947年8月8日。
④ 吴文品:《菲华话剧沧桑》,菲华舞台艺术协会出版,1998年,第41、79、82、476页。
⑤ 方修:《新马文学史论集》,香港:三联书店香港分店1986年,第210页;李一平、周宁:《新加坡研究》,北京:国际文化出版公司,1996年,第351、356页。

(1946),《野玫瑰》还在一些地方以广播剧的形式播出过,甚至还被改编成传统的地方戏种①。事实上,陈铨的《金指环》《无情女》等剧也在不少地方上演过,如重庆、成都、宜宾、贵阳、西安、西宁、迪化、泉州、南平等地。

(四)批判之谜

《野玫瑰》熔谍战传奇与爱国情怀于一炉,"剧情紧凑简练",只有7个角色,场景简单易得,"颇适于一般的演出"②,有的演出甚至改名为"天字十五号"作为看点③。作为风行一时的"国防间谍剧"的典范之作,《野玫瑰》一演再演,观者如云,普通民众欢迎,闻人时贤也爱看④,若真"有毒",简直无法想象。检视该剧演出史和接受史,或可发现"批判"形成的历史轨迹和玄机奥秘。

其一,《野玫瑰》遭到左翼人士批判的背景和原因复杂而微妙。1941年皖南事变后,国共矛盾冲突公开化,左翼文艺遭种种压制,当局忽视的文化活动便成了可以利用的突破口⑤。《野玫瑰》恰在这个当口轰动陪都,大受欢迎,作者又是"战国派"的主将,这让有意"推动文运,领导文运"⑥的左翼文化界感到了压力。此外,一个业余剧人,素与剧坛无甚瓜葛的大学教授的作品竟获得政府嘉奖,也让长期专事戏剧活动,在抗战中艰难生存、不懈努力的专业剧人难以接受。所以,批判

---

① 《野玫瑰改编评戏,由花月仙领导上演》,《天津中南报》,1946年10月21日。
② 王亚明:《演出者的话》,《中央日报》(贵阳),1942年10月31日。
③ 1944年8月1—3日在宁夏西宁"联谊剧场"的演出,即改为《天字十五号》(据1944年8月1日、6日《宁夏民国日报》演出广告)。
④ 除前文所述(吴宓、竺可桢、李宗仁等),1942年前后,张治中、朱家骅、张道藩、潘公展、黄少谷、戴笠、陶希圣、印维廉、陈立夫、顾毓琇等在陪都皆观看过《野玫瑰》;1943年2月,画家徐悲鸿曾在贵阳观演,"连声叫绝,并对剧中品'铁观音'指导甚详",并说"有'百看不厌'价值";1944年1月2日,军政部长何应钦在陪都招待英、美、苏等盟国军官,宴后观《野玫瑰》"助兴",据称"剧情极得盟国战友之好评"。参见陈铨:《〈野玫瑰〉上演的前后》(手稿),1969年1月18—19日;《徐悲鸿赞美〈野玫瑰〉》,《中央日报》(贵阳),1943年2月23日;《欢宴在陪都盟国军官 何总长致祝词》,《中央日报》(重庆),1944年1月3日。
⑤ 1942年,中共南方局曾向中共中央汇报道:"由于当局之种种逼迫,过去文化活动方式已不能用","于是文化活动乃集中于当局尚未十分注意的戏剧运动,收获不少"。参见:《南方局关于文化运动工作向中央的报告》,载《南方局党史资料·文化工作》,重庆:重庆出版社,1990年,第13—14页。
⑥ 阳翰笙:《阳翰笙日记选》,成都:四川文艺出版社,1985年,第14页。

《野玫瑰》不仅是左翼对抗当局、谋求生存空间的斗争策略,也有同行嫉视和排挤的意味。

其二,同情美化汉奸是原则性的大问题,这样严重的批判定性使想为该剧辩护的人不免投鼠忌器,担心自找麻烦,如有论者认为"诽议"《野玫瑰》者是站在"另一个立场而理论的"①,但也仅点到即止。"汉奸论"的批评指责遂形成了强大的裹挟力量,李长之评论谍战影片《天字第一号》时,也顺带揶揄一番它的底本《野玫瑰》②,洪深则称《野玫瑰》表现的是"死无对证的锄奸","骨子里是因侦探的旧套子引导观众入于舞台游戏,甚至于在锄奸的帽子下,替王克敏之流的汉奸辩解",他还暗示陈铨有意隐瞒《金指环》系改编自梅特林克的剧本③。这些名家之论,乃至莫须有的指责,后来作为定论,留存于历史记忆。不仅在当时,连今日研究者也难脱成见。

其时的舆情中心在重庆,其他地方的舆论往往被忽视,如新疆迪化的雪玲对"王立民"的看法就颇有见地和代表性:

> 剧中的巨头汉奸王立敏,是代表一些包藏祸心,危害民族国家的典型人物,但由于剧作者对于王立敏的这样描写,曾引起人们毁誉的论争,但是我们认为诽谤作者对于王立敏的描写的,正是表现了批评者的肤浅。因为像那些表里如一的卖国贼,用不着怎样摘发,自然一般人一看就知道。唯有那些伪装什么"和平救国"的姿态,或假托什么"政治主张不同"的论调,而出卖国家民族的汉奸,有些不明白大意的人,很不容易看透,因而不免一时受骗,如汪精卫、王克敏等汉奸,便是用这种骗术,施行个人阴谋的。他本来做了罪大恶极的汉奸了,不但自己还不肯承认错误,偏找出一套理论来企图掩饰,这不是汉奸之尤者吗?然而尽管他照理论来掩饰,终

---

① 周可琛:《〈北京人〉与〈野玫瑰〉》,《新认识》(重庆),第6卷第1期,1942年9月15日。
② 参见李长之:《评〈天字第一号〉》,原载《北平时报·文园》,第9期,1947年1月8日,见《李长之文集》(第4卷),石家庄:河北教育出版社,2006年,第259页。
③ 《金指环》在《军事与政治》连载时,陈铨在《后记》中已清楚说明从"改编"到"创作"的过程,但出单行本时,《后记》未收录。参见洪深:《抗战十年来中国的戏剧运动与教育》,上海:中华书局,1948年,第140—141页。

难逃爱国份子之手,甚至自己的亲族戚友,也还是内心里一样地反对,下场的凄惨,真令人不可思议。像王立敏那样用巧妙的言论来掩饰他的罪行,结果下场是那样的可怜,正说明了离开了国家至上,民族至上的立场,不论所用的阴谋花样怎样高明,都没有用处。本剧由于描写的汉奸越厉害,正所以越反映出爱国份子的伟大,所以有人批评剧作者描写王立敏的地方,不晓得这正是本剧的深刻处,而且足以粉碎汉奸们的一切迷雾理论了。①

这类贴合剧本的平正之论以及演出反响,在西安、贵阳、昆明等地报刊上也有不少,却不被人注意。

其三,批判的具体指向从"汉奸"到"特务"的变化。起初主要批评《野玫瑰》"隐藏着'战国派'的毒素"以及"同情汉奸""为汉奸制造理论",同时也诟病其袭用"侦探小说""三角恋爱"的俗套②,但抗战胜利后主要批判的则是不该表现和歌颂"特务"。何其芳认为《野玫瑰》"根本用意"在于"把特务作为这个时代的'英雄'而歌颂",是"特务文学兼地主文学"③;茅盾则说"表面上与抗战'有关',而实际上则是有害的作品;这就是夸大'特工'的作用而又穿插桃色纠纷的东西",危害"不在色情作品之下"④。1950年"第一次文代会"上,代表国统区作报告的茅盾将"战国派"归为"反动文艺阵营",并说"在他们的作品中,或者把特务扮作英雄而公然歌颂,或者卖弄色情而煽扬颓风",虽没有点名,但《野玫瑰》显然是其中典型⑤。此后,虽不乏重弹"宣传汉奸思想"的调子⑥,但大多沿用了茅盾的结论,或是指责《野玫瑰》把"特务

---

① "王立敏"原剧本作"王立民"。参见雪玲:《对〈野玫瑰〉的观感》,《新疆日报》,1943年9月4日。
② 参见颜翰彤:《读〈野玫瑰〉》;方纪:《糖衣毒药——〈野玫瑰〉观后》;谷虹:《有毒的〈野玫瑰〉》。
③ 何其芳:《文艺的堕落》(1946),何其芳:《关于现实主义》,上海:新文艺出版社,1952年,第230页。
④ 茅盾:《八年来文艺工作的成果及倾向》,《文联》(重庆),第1卷第1期,1946年1月5日。
⑤ 茅盾:《在反动派压迫下斗争和发展的革命文艺》,载中华全国文学艺术工作者代表大会宣传处编:《中华全国文学艺术工作者代表大会纪念文集》,北京:新华书店,1950年,第55、57页。
⑥ 蔡仪:《中国新文学史讲话》,上海:新文艺出版社,1952年,第100页。

扮作英雄而公然加以歌颂"，或是批判不该"歌颂法西斯特务匪徒"①。内涵和焦点的变化，表明大批判主要意图不在文艺；而且当年的批判者于1949年后主导了"《野玫瑰》风波"的历史叙述，最终造成了《野玫瑰》接受史上以偏概全、人人喊打的历史印象。

其四，风波源于1942年3月的重庆公演，但一些重要史实很快被遮蔽。1942年1月，《新华日报》登载"施超、白杨等为工人服务队筹款，筹演陈铨新作'野玫瑰'"②的消息。据阳翰笙日记所示，筹演过程并不顺利，重庆剧人在"剧运""剧评"上有分歧，已起了争执，陈鲤庭因为导演《野玫瑰》受到辛汉文、陈白尘、贺孟斧、张颖的批评，阳翰笙只好从中劝导调解，并应白杨、施超、路茜的要求审读了《野玫瑰》，认为"内容空虚，没有真实的生活"，但演不演由演员"自去决定"；最终施超、路茜等参演，白杨在阳的建议下没有参加③，新人秦怡出演女一号夏艳华，导演也换成了苏怡。但是，包括是否要上演《野玫瑰》的种种争议和矛盾，在风波之后以及回忆录中隐匿不表，本与重庆公演毫无瓜葛的陈铨竟成了矛盾的另一方。事实上公演时陈铨尚在昆明，对陪都发生的事一无所知，毫不与闻，其临终绝笔对所知情况作了如下"交代"：

> 在《野玫瑰》发表和上演的前后，正是我本人非常忙碌之时。重庆的许多事情发生，我本人不在那里，那还是半年或一年之后，我有机会到重庆，才有人遇机会补告了我一些情况。这些情况不一定完全，也不一定真实，我不过听听而已。
>
> 但是有些事情，似乎是肯定的，如像"野玫瑰"的稿件是我寄到重庆《文史杂志》，在秋[天]登出来的，张骏祥发现了这篇作品，写信到昆明要求我给他第一次上演权（有人说的，白杨发现，叫他

---

① 王瑶：《中国新文学史稿》，上海：新文艺出版社，1953年，第28、239页；刘绶松：《中国新文学史初编》，北京：作家出版社，1957年，第67页；丁易：《中国现代文学史略》，北京：作家出版社，1957年，第136页。
② 《文化汇讯》，《新华日报》（重庆），1942年1月29日。
③ 阳翰笙：《阳翰笙日记选》，第15、16页。

写的,那是另外一个问题)。后来发现不能早日上演,这又写第二封信来说,必需等到"春暖花开的时候",才能上演。这种事实,尽管隔多年,在脑子里。还是清楚的。而且除此之外还有大家帮助记忆的东西。如像1942年冬天,施超从重庆写了一封信来,说是《野玫瑰》已经由他和一些戏剧工作者在重庆演出,他很抱歉,未能事先征求我的同意,但是现在上演税一千元他随信汇寄予我。他还说,有一笔余款,他已经替我作主,请演员吃饭。他希望,以后我如有新剧本,可以寄给他。这封信就完全补救了张骏祥那两封信的损失,因为剧到底还是演出来了。

《野玫瑰》不但得了上演税,而且还得过剧本奖,这个奖是伪中央教育部发给的学术奖金。贺麟在1941年夏天从重庆回来,带了许多介绍表格。据说是陈立夫要他介绍大量西南联大教授在文科方面有新作品新贡献的东西。中央教育部打算发一批奖金。贺麟填了冯友兰的《新事物》金岳霖的《道》和我的《野玫瑰》。每个作品必须由两人介绍,《野玫瑰》是由吴宓和他两人的介绍到伪中央教育部的。后来结果1942年5月我的《野玫瑰》得了重庆伪中央教育部的三等奖。①

然而某些历史叙述和个人回忆不仅带有倾向性,甚至不乏主观臆想、以讹传讹的情节。既然《野玫瑰》绕不过去,褒贬就成了"落后"和"进步"的标尺,如饰演夏艳华而一举成名的秦怡将出演《野玫瑰》当作"历史教训"②,白杨则将没有出演视为正确的选择③(忘了当时正是她与夫婿张骏祥首先看中剧本,并问陈铨要求演出权),还有人后悔"演过《野玫瑰》这样的坏戏"④。实际上,多数人都是听说"这是一个坏剧

---

① 陈铨:《〈野玫瑰〉上演的前后》。按:张骏祥(1910—1996,江苏镇江人,戏剧家、导演)1927年考入清华学校大学部西洋文学系,与陈铨同学两年,都上过王文显的戏剧课程,1934年又成为清华大学西洋文学系的同事。
② 秦怡:《跑龙套》,上海:学林出版社,1997年,第47页。
③ 白杨:《中华剧艺社二三事》,《重庆文史资料选辑》(第24辑),1985年,第193页。
④ 放明:《四十年代贵阳话剧活动鳞爪》,载《贵阳文史资料选辑》(第32辑),1991年,第121页。

本",")"才明白""有毒"①。

终于,《野玫瑰》以骇人听闻的"制造汉奸理论"的可耻骂名载入史册。作者的救亡的初衷和爱国的权利也被长期漠视和无情剥夺,一度还莫名其妙地被称为"汉奸文人"②。《野玫瑰》的艺术价值尚待进一步评估和时间的检验,但它却毫无疑问是抗战时期传播最广、演出最多,也是最受欢迎的剧目之一。

---

① 王伟:《永远忘不了抗战时期重庆的话剧》,《重庆文史资料》(第43辑),重庆:西南师范大学出版社,1995年,第189页。
② 有人曾说《天子第一号》是"根据汉奸文人陈铨的反动剧本《野玫瑰》为蓝本改编的"。参见蓝天:《谢添艺术生涯的几幅素描》(二),《大众电影》,1985年第12期。

第九章 重庆·上海

1942年,陈铨休学术年假,回到了栖居在四川白沙镇的妻儿身边。为了生计,当年秋天到重庆兼职,在陪都一待就是四年,直到抗战胜利。作为战时政治文化中心,重庆的政治格局、文化生态和工作环境,远比昆明错综复杂,陈铨带着"战国派"主将和《野玫瑰》作者的双重身份来到这个是非之地。

一、从昆明到重庆

1939年暑假中,陈铨回四川,先来到了寄居在重庆江津白沙镇的妻儿身边,然后回富顺,看望年事已高的父亲。陈铨到家正赶上富顺县在文庙举行"孔子诞辰纪念会",活动之一就是褒扬陈智府老先生"培修文庙有功"。1939年8月27日,在乐队的伴奏声中,已届八旬的陈老先生身披红绫,在文庙内的"泮池"徐步缓缓绕了一周,"观者如云,亟一时之盛"。

陈铨此时回家更让父亲感到高兴和自豪,但未曾料想,这竟是与父亲的最后一面。当年冬天,陈老先生竟撒手而去。陈铨在昆明接获噩耗,悲痛万分。想起父亲一个外乡人,在富顺支撑起一个大家庭,更想起父亲竭尽所能,支持自己在外求学,竟又不能回去守孝祭奠,不禁悲从中来,不能自已。

假期结束,陈铨思忖再三,还是决定将妻儿带在身边。1939年9月底,一家四口到了昆明。彼时邓昭常的妹妹邓昭度随夫婿杨西孟也来到了春城,姐妹亲戚相聚,自是开心。只是昆明早已物价飞涨,日子越来越艰难,教授们也同样穷困不堪,因为日常琐事,夫妻难免发生争执,邓昭常随后大病一场,数日卧床不起,"耳心雷鸣",几乎丧命,逢此劫难,陈铨"身心交倦",欲哭无泪:"此等惨剧,竟现于我之家庭,言之伤心。"①此时日寇对昆明空袭非常频繁,夫妻俩商议再三,决定还是由邓昭常带孩子回江津白沙,那里毕竟是乡间,邓家长亲友朋多,更安全方便一些。一家人再次两地分离,再次相见已是两年后。

1942年,陈铨已在清华大学执教八年,按照学校规程可带薪休学术年假一年,还可申请资助出国访学。国难期间,哪有条件更没有心境出国,陈铨也早决定利用休假多陪伺妻儿。1942年春节过后,邓昭常带着光群、光还两兄弟,在重庆登上了大卡车,翻山越岭,一路颠簸,长途跋涉,经遵义、贵阳到了昆明。看到妻儿满面灰土,狼狈不堪,陈铨又喜又惊。妻子讲到了卡车途经贵州时曾遭遇翻车,幸亏司机沉着老到,车子倒向山体一侧,他们居然毫发无损,只是光群的帽子被风吹落山崖,找不到了。闻此惊险一幕,陈铨心惊肉跳。

1942年7月中旬,陈铨将租期未到的昆明北门街的房子,留给了老师吴宓,师生还谈起联大外文系种种不能令人满意的情况。几天后,陈铨告别了昆明一干同事好友,带着妻儿,离开了昆明。一年后,假期结束,由于种种原因,尤其是考虑到生计问题,陈铨并未回到西南联大。事实上,他这一去,就再未回到清华。

回到四川后,陈铨首先在江津白沙镇享受了一段难得的清闲时光,还在此地刚创办的中央图书馆中,见到了图书馆馆长、老朋友蒋复璁。父母虽然已经去世,但四哥孩子多,度日艰难,两个弟弟还要成家立业,不可能坐视不管。陈铨的经济压力还是非常大,必须想办法多挣钱,不仅要养家,还要帮助接济兄弟们。1942秋天,他来到了重庆,此后四年一直在陪都四处兼职。

陈铨在重庆的差事,皆由向理润、张沅长等同学故交引荐介绍,也

---

① 1939年11月23日。

都与他的本行和专业有关。他在重庆第一份兼差是中国电影制片厂("中制")的"编导委员",此职位系由向理润(时任国民党中央军事委员会政治部第三厅副厅长)举荐。陈铨后来曾回忆说,是"中制"的厂长吴树勋,"请我作编导委员,我也想藉此机会,学习电影和戏剧,大胆答应"①。他的本意大概是希望在这个已有一定积累和声名的新领域,有进一步发展,但很快发现有些想当然了。

"中制"当时虽系军事委员会政治部第三厅管辖的官方机构,但厂里左翼力量强大,领导者郭沫若、阳翰笙、夏衍等在学术界、文艺界具有很高的声望,不少演员导演也是倾向于左翼或本身就是中共党员。此时正值国共矛盾公开化之时,尤其是皖南事变后,抗战初期双方精诚合作的局面已逐渐走样,左翼文化界更受到了执政当局的种种限制和严厉打压。在中共(南方局)的支持和领导下,左翼文化人只能在艰难中辗转腾挪,"文化活动集中于当局尚未十分注意的演剧运动"②。

《野玫瑰》火爆山城,无疑对左翼文化界形成了一定的压力。大概在左翼人士看来,陈铨不仅是针锋相对的敌手,还是一个强劲的对手。正是这种尴尬局面,更加上潘公展、王泊生等当局或亲当局的文化人,曾为《野玫瑰》作过辩护,陈铨遂成了被防范和针对的对象和目标。所以,陈铨一到重庆就遭遇不顺,《野玫瑰》遭曲解,无人愿意也不敢公开撰文为之辩解,作为"战国派"主将则不断被攻评,在电影厂则受排挤抵制,总之是处处掣肘,进退失据,难以作为。

1942年9月30日,阳翰笙来到"中制",访问副厂长王瑞麟,住在隔壁的陈铨得知多年未见的老同学近在咫尺,遂托杨邨人过去递话,说想看望阳翰笙。听说陈铨在此,阳翰笙赶紧跑过来一叙别情,还在当天的日记中记下了此事:"整整的有二十多年不见了,回想当年在省一中同学的时候,他还是一个美少年,现在身体微胖,也多少有点儿老

---

① 陈铨:《我的戏剧学习经验》。
② 《南方局关于文化运动工作向中央的报告》,南方局党史资料小组编:《南方局党史资料·文化工作》,第13页。

了。"①据说陈铨"当时情绪有些低落,大概是挨了批判的缘故",阳翰笙"劝他振作精神,继续教书写作"②,老同学的理解和情谊让他感到了很大的安慰。

到重庆时,陈铨随身带着在昆明写好的剧本《金指环》,并先后创作了《蓝蝴蝶》《无情女》两部新作。据其自述:"排挤的力量,使我没有公演的机会","屡次厂里当局,决定排演,均遭阻碍。只有《蓝蝴蝶》才侥幸得着上演的机会,但是经过不知道若干的困难"③。据说排演《蓝蝴蝶》时,一些演员态度消极,不愿配合,甚至公演时也无所用心,竟然出现笑场的混乱局面④,虽然也连续上演了15场⑤,但效果和影响与《野玫瑰》无法相比。陈铨自己则说是失败的演出⑥,此后他心灰意冷,逐渐放弃了在戏剧上的努力和进入文艺界的念想。

"中制"三年,陈铨有机会接触并认识了不少一线的导演演员,了解不少中国的电影界、戏剧界的内幕,但出师不利,无法打开局面,又忙于四处教课,始终没有真正进入文艺界。因为曾与电影厂同事、音乐家黎锦晖同住一个宿舍,故过从甚密,两人也互相敬佩。陈铨曾说:"从黎先生那儿,我学习了许多作人处世的方法,特别对于音乐和戏剧语言的关系,我获得了好些的启示。"⑦黎锦晖还为《无情女》《蓝蝴蝶》两剧配写过音乐。而经黎的介绍,陈铨还结识了中央管弦乐队的提琴手张少甫(1909—1974)。在重庆新交的朋友中,陈铨与张少甫最为投缘。

陈铨在重庆还经历一件匪夷所思的奇事。据沈醉所言,被称为中国"特工王"的戴笠,非常喜欢《野玫瑰》一类的谍战戏⑧,当听闻这位擅写特工间谍剧的作家就在重庆时,戴笠大概想到抗战以来部下杀寇锄奸、喋血献身的真实案例还真不少,居然突发奇想,派人去"中制"邀

---

① 阳翰笙:《阳翰笙日记选》,成都:四川文艺出版社,1985年,第77页。
② 徐志福:《阳翰笙与陈铨》,《四川政协报》,1995年3月21日。
③⑥⑦ 陈铨:《我的戏剧学习经验》。
④ 陶白莉、陈健:《陶金影剧生涯五十年》,广州:广东人民出版社,1990年,第63—68页。
⑤ 1943年4月22日,《蓝蝴蝶》由"中制"的"中国万岁剧团"在"抗建堂"上演,至5月6日结束,共演15场。
⑧ 沈醉:《沈醉回忆作品全集》(第1卷),北京:九州出版社,1998年,第470页。

请陈铨、黎锦晖等专业人士帮忙编导戏剧。陈铨后来"交代"说：

> 1943年5月，戴笠有一天突然派了三个特务驾起汽车到中国电影制片厂来找史东山、黎锦晖和我去吃饭，到时我们去了。戴笠在饭厅接见了我们，坐一分钟，立刻就食吃。戴笠说，请我们三人来，主要是希望我们三人替我们的抗日剧团演剧。他说戏剧对宣传工作很重要，没有戏剧，根本谈不上宣传，我们都唯唯诺诺，不置可否。吃饭结束，他就派三人用原车送我们回厂，我是送到南温泉。第三天，他派来了一个特务，拿了一份材料，指名我们三人，我编剧本，黎锦晖编音乐，史东山设计导演，结果我们都作到了。史东山那时身体不好，好像是派钱千里去担任导演和舞台设计的。再隔一些时候，戴笠派人来请我们三人看戏。演戏的是江安的一位女学生。又隔一些时候，戴笠派郑锡麟请我们吃饭，而且再三送了每人五百元酬金，以后这个事情就算结束了。①

事实上，不仅是陈铨，史东山、黎锦晖得知戴笠有请，也是非常震惊，"一时不知怎么办"，因为坊间早已传闻"戴笠是个杀人不眨眼的魔王"，大家都听过神秘而又令人生畏的"戴老板"的种种传说，"他杀进步人士，也杀部下的人，只要触犯了他"。② 好在这段插曲，未给他们带来更多的纷扰。有意思的是，《野玫瑰》中的大汉奸王立民的原型王克敏，1938年3月在北平曾遭遇暗杀，此事正是戴笠命"军统"天津站站长陈恭澍策划实施的锄奸行动。因为在戏剧中表现抗战特工，陈铨得与真正的"特工王"有这样一段特殊的过往，也算是奇闻一桩。

二、回归本业

陈铨本欲借"中制"平台，在重庆戏剧界有所作为，实现导演的理想，但事与愿违。现实中的种种困扰，让他不由得怀念起"联大大批纯

---

① 陈铨：《〈野玫瑰〉上演的前后》。
② 陈铨"文革"交代材料，无题，手稿。

洁热情,可爱的学生,和许多学术修养甚高,没有嫉妒,没有偏见的同事"。① 《蓝蝴蝶》后,陈铨只为应付"中制"的工作任务,勉强写了一个电影剧本《不重生男重生女》,"写出来后未得演出,结果还是遭到开除",从此以后他就"不再写戏剧电影了"②——1944年新厂长蔡劲军上任,由于"表现"不力,就被"中制"解聘了。

实际上,当陈铨"感觉环境不允许"他继续从事戏剧事业,1943年初即在四川同乡、清华校友陈石孚的介绍下,担任中央政治学校的英文教授,回归了本行。随后在旧识张沅长(时任国民政府外交部参事)的推荐下,担任了青年书店的总编辑。同样在这一年,他还应王泊生之邀,在重庆国立歌剧学校讲授一学期的课程(编剧与导演),课余还曾带领学生排练过《黄鹤楼》,只是因为无钱演出,排练也停止了。③ 为了谋生,陈铨还曾化名在重庆的报上登载过英文补习教师的广告。

陈铨任职青年书店期间,将八弟从老家招来重庆,担任书店的办事员。陈雄岳因此得有机会与兄长朝夕相处三年,获悉了哥哥的不少往事,晚年他感慨万端,写下了题为《与家兄陈铨相处时的记忆》的回忆录,记载了五哥陈铨所述自己的经历见闻,以及有交集交往的梁启超、陈寅恪、金岳霖、洪谦、吴晗、张荫麟、黎锦晖、杨西孟、林同济、闻一多等学界中人的趣闻逸事。他同时还保存陈铨从清华学校到抗战时期120多封家书、少量未曾发表的文章,以及成绩单等物件,为研究陈铨提供了珍贵的资料。

教书上课、编辑书刊是陈铨的本行和长项,更不用面对各种复杂关系,做来自然得心应手。他之所以四处奔忙,做了这么多的兼职,一方面是生活所迫,另一方面也想干出一番事业,对青年书店的事业更是颇有期待。陈铨不仅请来陈邦彦和黎锦晖主编《青年与科学》《新少年》

---

① 陈铨:《我的戏剧学习经验》。
② 陈铨:《〈野玫瑰〉上演的前后》。
③ 陈石孚(1899—?),四川中江人,1922年清华学校毕业留美,毕业于哥伦比亚大学,时任中央政治学校外交系主任。王泊生(1902—1965),河北遵化人,戏剧艺术教育家,当时在重庆主持国立戏剧学校。

两大月刊,并有编译出版"西洋近代名剧百种,作有系统的介绍"的宏伟计划①,尤其是为自己主编的《民族文学》费了不少心力。

有论者认为,《民族文学》是"战国派"的后续刊物,并依据其"论坛""广告"等栏目,刊载了孙中山、蒋介石等关于民族主义、抗战时局的言论和广告,认为该刊"偏'右'偏'白'",并判定陈铨"由一位中间派文人走向国民党阵营"②。事实上,青年书店是1938年由军事委员会政治部主办,总部在重庆,以出版三民主义书刊为主。1942年移交三青团主办,陈铨即在此时被聘为"总编辑"。作为一个国民党的官方宣传出版机构,刊布发表官方的言论,本属正常,据此判断陈铨的政治倾向和现实意图,未免有些粗率。抗战初期,《新华日报》《群众》《解放日报》等共产党报刊,也刊载过孙中山和蒋介石的言论。

国民党的官僚体制相对松散,嫡庶系统多,组织不严密,裙带色彩浓厚,关系复杂。记者出身的俞树立因为与张治中(时任军委政治部部长、三青团书记长)关系密切,当了青年书店的总经理。俞树立是张沅长的表哥,陈铨因为与张沅长熟识,并在他的介绍下,做了书店的"总编辑"。陈铨则拉来自己的弟弟,以及好友黎锦晖、张少甫(青年书店秘书)等人来帮忙。陈铨做这个"总编辑"直接原因无非是做兼职赚钱养家糊口,当然也可以此为平台,发挥专长,实现文学理想,并非主动表示向当局示好,即使是为了倡导"民族文学运动",也只是宣扬他个人的抗战救亡的文化见解,并没有刻意的政治目的。

不幸的是,青年书店很快就关门停办,《民族文学》1943年7月创刊至1944年1月,只出了五期即无奈停刊,而陈铨计划的西洋"名剧百种"仅出了《名门街》一种。青年书店倒闭的原因,令人啼笑皆非。1943年底,俞树立把资金挪去做投机买卖,结果血本无归,书店被上峰责令停办,无奈关门,陈铨的愿望再度落空。至于《民族文学》受到《新华日报》《群众》等左派报刊不断攻击,大概也是迂回的策略,若非如

① 陈铨:《西洋近代名剧百种序》,巴蕾著,毕竑译:《名门街》,重庆:青年书店,1944年。
② 李金凤:《"大政治"与"大文学"——陈铨主编的〈民族文学〉》,《新文学史料》,2017年第3期。

此,他们何不直接针对国民党的官媒,或者干脆批判政府,岂不更好?

《民族文学》的宗旨是"建立民族文学,介绍西洋文学,鼓励文学创作"。为了办好刊物,陈铨约请多位教授名家为"特约撰述",如沈从文、吴达元、孙大雨、朱光潜、梁宗岱等①,并给冯至去信征求办刊意见②。除上述几位外,《民族文学》的作者还有朱自清、姚可崑、柳无忌、吴晗、方重、袁昌英等有名的学者,以及戴镏龄、杨静远、林同端、金启华等青年学生。

由于存在时间短,很难考详《民族文学》的确切影响和实际意义。但文学界众多名家学者都加入其中,本身就说明刊物的品位,陈铨还曾照多年的习惯把自己的"作品"寄给远在昆明的老师吴宓,吴宓还曾在日记中写道:"上午,小雨。靛舍立读铨编《民族文学》第一期,甚服铨之才干。"③尤值得一提的是,《民族文学》发表了一批青年学生的文章,有扶掖新人的尝试和努力,其中第四期所刊短篇小说《紫》就是一例。

《紫》的作者杨静远时为武汉大学英文系三年级学生,系陈铨当年在武大的同事杨端六、袁昌英夫妇的女公子。小说写的是大学生的生活,文笔细腻,描写真切,陈铨在《编辑漫谈》中充分肯定了作品在描写"青年生活"方面,"开辟了一个新的境界",并说一个年轻学生"写作已经有了这样的成绩","令人欣幸"④。在专业刊物发表作品,还得到主编的夸奖和千元稿费,让杨静远大喜过望:

> 我的期望的终于来了!午饭后,妈妈说:"《民族文学》来了。"我立刻拿到手。天哪,是粉红封面,比前几期都难看,可是再难看也无足轻重了。我翻出我的 child[孩子],看见《紫》这题目下自己的名字,我看内容,它对于我却好像很陌生……我的小说在第二篇。妈妈说:"陈铨真是给你最大的 honour[荣誉],把你的放在前面。"妈妈显然很高兴,眉飞色舞地频频问我:"快活吧!快活

---

① 参见:《青年书店 三大月刊》(广告),1943年5月4日。
② 冯至:《冯至日记》,《新文学史料》,2001年第4期。
③ 吴宓:《吴宓日记》(九),北京:生活·读书·新知三联书店,1999年,第104页。
④ 《编辑漫谈》,《民族文学》(重庆),第4期,1943年12月7日。

吧！"……快乐填满了我脑子，不能再接受什么东西了……我想起在远方的朋友们，我想起本校的同学们，不久他们会用怎样一种眼光看待我……①

据杨静远日记所示，王世杰还为她的这篇小说专门写信给杨端六，说罗家伦给他推荐了《紫》，他们夫妇都看了，并称赞有加②。此事足足令杨静远开心兴奋了大半年，其日后学有所成，研究英国作家勃朗特姐妹，是西洋文学翻译名家。

三、艰难旅程

在陪都的经历，使陈铨逐渐认识到，大学校园才是适宜之地。当然，在重庆的日子，即使不如在昆明那样单纯，也并没有对他的个人生活造成直接伤害，只是后来这段经历成为他反复"交代"的历史，并因此屡遭排压。

重庆期间，陈铨的确在不同场合结识了朱家骅、张治中、张道藩、潘公展、陶百川、李辰东等官方人物，还曾向主管"中制"的"第三厅"厅长黄少谷提出，厂方应"招收新演员，附设戏剧学校"，以培养电影戏剧方面的后备人才，只是这个建议并"没有被采纳"。此外，他还曾为了上演《蓝蝴蝶》，偕蒋复璁去见过朱家骅，但无论作为"审查委员"③审读剧本，还是著述办刊，无非是职业需要和专业特长，他根本未想夤缘攀附，主观上也无意与左翼为敌，甚至还曾有意迎合，创作了歌颂"游击队员"的电影剧本《不重生男重生女》。

实际上，作为成名的学者和有影响力的作家，陈铨的确是官方当局极力拉拢争取的对象，如李辰东、蒋复璁等人曾多次游说，劝其加入国民党或当局相关组织，但均被他毫不迟疑地谢绝。陈铨在重庆的交游，除了工作上交集的同事朋友，如黎锦晖、朱玉杰、张少甫、李鸿一等，主

---

① 杨静远：《让庐日记》，武汉：武汉大学出版社，2003年，第181—182页。
② 杨静远：《让庐日记》，第233页。
③ "审查委员"是学术职位，除陈铨外，洪深、余上沅等也是戏剧方面的"审查委员"。

要是学界中人,且多为同学故交,如孙大雨、余上沅、梁宗岱,以及先后到重庆任职的林同济、杨西孟等人,其中过往最密切的则是二十多年的知交——向理润。

广州沦陷后,向理润随军方撤退到重庆,供职国民党军事委员会政治部,一度任国民政府军事委员会第三厅副厅长。这位威斯康辛大学的政治学博士,青年时代与陈铨一样满怀报国理想,同样善于撰文编刊。1941年3月,国民党军事委员会政治部创办的《军事与政治》杂志,即由向理润主编,陈铨因此在该刊发表《衣橱》《金指环》《文学运动与民族运动》《戏剧的深浅问题》《戏剧批评与戏剧创作》等一批作品。是以该刊也常被论者牵强地视为"战国派"的后续刊物,但其实是错会了。

我们知道,出身清华者,有不少到国民政府中任职,但一般皆以专业见长(所谓技术官僚),尤其是抗战时期,民族为大,国事为重,他们一般都谨言慎行,大抵不愿牵涉党派纷争,不少人以后都远离政治,甚至到海外谋生。陈铨熟识的就有顾毓琇、浦薛凤、王季高、洪思齐、王之、钟耀天以及清华同班的张彝鼎、陈之迈等人。事实上,无论是在昆明,还是在重庆,从未听说陈铨有什么说不清、道不明的劣迹恶行,《野玫瑰》就是他的所有原罪,正如他在临终前的最后"交代":"大家说到我的问题,说来说去,总是离不了《野玫瑰》。"[①]

陈铨没赶上《野玫瑰》在重庆首演的火爆场景,但后来经历《野玫瑰》两次规模较大的公演,地点都是"抗建堂"。第一次是1943年11月,演出团体是"中制"的"中国万岁剧团",导演为"中制"厂长吴树勋,演员有钱千里、张辉凤、刘琦、陈天国、秦怡、宗由、王斑,其中秦怡、王斑参加过第一次公演。演出从11月11日持续到28日,其中在14日、21日、28日(星期日)都加演了日场,共演出了20余场。第二次是抗战胜利后(1945年9月),演出的团体是"十四军政治部一四剧团",演员有刘琦、王珏、陈莉、井淼、钱千里、房勉、罗扬等,同日《大公报》广

[①] 陈铨:《〈野玫瑰〉上演的前后》。

告称《野玫瑰》"剧坛瑰宝、艺苑奇花、脍炙人口、中外赞誉",并称陈铨是导演①。但照陈铨的回忆,前一次演出他并不知情,后一次演出是刘琦来找他商议上演权,实际上并非导演。

这两次演出,观众一如既往地热情,但重庆的舆论界、文艺界并没有多大反响,几乎闭口不谈。这很好理解,因为《野玫瑰》无非一部广受欢迎的国防娱乐剧而已,至于是不是美化汉奸,昭然若揭,无论是赞成还是反对,都无须也不便置言。事实上,批判《野玫瑰》的奥秘在昆明第二次演出时,当时舆论即已回答了这个问题:"千万的观众都明白了解,为什么反对的人偏要歪曲事实呢","他们一定别有用心。嫉妒呢?仇恨呢?还是站在政治上某种立场,所以不容别人思想言论自由呢?"②的确,"站在另一种立场而立论"③是时人和今天的研究者都认可的一种解释。

前文中,笔者认为"嫉妒"是《野玫瑰》受攻击的重要原因之一,也是有所本的。1947年,据《野玫瑰》改编的电影《天字第一号》风靡全中国,重庆有知情者旧事重提:

> 其实一般"剧作家"们攻击《野玫瑰》有"毒素"的原因很简单,陈铨把汉奸王立明[民]写成了一个"权力意志"很强的政治家,为了要满足他的"权力意志"于是在政治上不择手段去争取权位。"权力意志"是尼采的学说,陈铨在德国时曾研究过尼采的哲学,所以在剧中就写进了这一点,但照一般"剧作家"的意见,认为汉奸是应该写成鼻尖抹上白粉的小丑而不应该写成有血有肉的人物的,并且陈铨在剧坛上无藉藉名,现在一旦成名,多少有些气愤不过,于是以"有毒素"作为攻击的武器。④

重庆、昆明反对和批判的始作俑者也的确都是同行,如颜翰彤、石凌鹤、

---

① 《大公报》,1945年9月17日。
② 宸:《〈野玫瑰〉内容再度的检讨》。
③ 周可琛:《〈北京人〉与〈野玫瑰〉》(剧评),《新认识》(重庆),第6卷第1期,1942年9月15日。
④ 欢:《〈野玫瑰〉作者陈铨》,《星期电影》(重庆),(新)第11期,1947年2月1日。

潘子农以及昆明的范启新。陈铨自己一直坚持嫉妒说,陈雄岳曾回忆说:

> 《野玫瑰》发表后,为什么遭到许多人反对,说是汉奸文学。兄云这是他们不服气,认为他们在中国戏剧界搞了多年,他们才是专业人材,剧本应该在他们中间选出。今天竟落到一个教书人身上,对他们来说面子上太不光彩。因此,吹毛求疵,猛烈抨击。但是尽管他们如何批判,我始终不承认《野玫瑰》是汉奸文学。比如《三国演义》一书,不是把曹操写得非常有才能吗?但读了《三国演义》的人,谁都觉得曹操可恶可恨。《野玫瑰》写汉奸市长虽然凶狠有才干,但观剧的人看了剧后,决[绝]没有不恨汉奸市长的,我何尝是吹捧汉奸好?①

如陈铨所言:"等到看过演出以后,反宣传的效果反而无形消失了。"②但是,《野玫瑰》带来的冤屈,还是给他以很大的压力和深深的伤害。虽从来没有直接公开反驳,只是用李白的"受屈不改心,然后知君子"诗句表明心迹③,但却始终郁结于心,难以释怀,并在《嫉妒的批评》《批评与创作》《我的戏剧学习经验》等文中有所暗示投射,日后还有感而发,写下长文讨论"人类的嫉妒"的表现形态、产生原因和危害性④。

随着《战国策》《大公报·战国》的停刊,"战国派"作为一个所谓"派别",渐渐淡出了人们的视野。虽然林同济、雷海宗、何永佶、沈从文等,仍陆续发表了大量的时论文章,在"时代之波"中发出自己的声音。但相比之下,陈铨给人留下的印象太深刻了,他不单是"战国派",还是《野玫瑰》的作者,而且他就在重庆,还新办了《民族文学》。这多重的身份,曾经是他才学能力的表现,是他的骄傲,而此刻和此后,却成了他的"原罪"。

---

① 陈雄岳:《与家兄陈铨相处时的回忆》。
② 陈铨:《我的戏剧学习经验》。
③ 诗句出自李白的《赠韦侍御黄裳二首》(其一),《民族文学》(第1卷第4期,1943年9月7日)完整地录下这首诗,陈铨应是以此表达自己的感想。
④ 参见陈铨:《人类的嫉妒》,《中流》(上海),第1卷第2期,1948年。

随着战争的深入，一切更加艰难，陈铨忙着谋生，兼遭受了舆论的压力，很难静下心来从事写作。重庆四年间，他只创作了《蓝蝴蝶》《无情女》两个剧本，以及几篇戏剧理论文章。为了应付外界的约稿，他甚至把已发表过的一些旧作，都拿来充数。1944年，陈铨出版了唯一的诗集《哀梦影》，其中大多诗作实际上是清华读书期间的旧作，新作寥寥，同一年，他从"中制"去职，从此基本放弃了文学创作和作家梦。

　　重庆四年，陈铨始终没有离开过大学校园，最主要也最认同的职业是中央政治学校的英文教授，直到1946年离开重庆才去职。虽然主要教英文，但在课堂还是能发挥专业特长，也得到了学生们的肯定。有学生曾描述道："他以中等身材，长布大褂出所于讲台，满口流利的英语，讲完预定的教材后，有暇就谈点文学理论。因之同学都能马上抛掉倦意，提起精神来，细听他讲解"，"政校文艺研究会，得到陈先生的帮助更大！他常应文艺研究会的约请，作公开学术讲演，每次的听众总是非常拥挤"①，不仅讲过"京剧的舞台""戏剧与人生"等文艺问题，还有"俾斯麦的外交""民族运动与文学运动"等跨界专题。

　　此外，陈铨还曾到其他机构和大学讲学，有记载的如在重庆"文化堂"演讲《民族文学运动试论》(1942)，而在沙坪坝中央大学所讲《中国戏剧的特点》(1945)还引起了广泛的关注。陈铨在演讲中从中外戏剧的比较视野，总结了中国传统戏剧起源、形式和特点，指出中国戏剧表现手法上的象征性，"从婴儿到坟墓"的结构模式。陈铨对中国传统戏剧的细节没有充分研究过，但其在中西文化视野作宏观的比较分析，认为中国戏剧（地方戏曲）是老百姓的日常生活，以及节庆送祝等群体活动最重要的娱乐方式和精神生活之一，所以它是研究中国的古代文化和中国人的"人生观"的"最好的材料"和"可靠的根据"②，这是很有见地之解，好几家报刊曾先后转载。

　　陈铨曾跟后人谈到在重庆的一件颇为得意和自豪的事——担任"译员培训班"的英文教官。1941年太平洋战争爆发后，中国急需大量

---

① 兆申：《陈铨教授》，《文化新闻》(重庆)，1945年4月21日。
② 陈铨：《中国戏剧的特点》，《东南日报》(南平)，1945年6月17日。

英文翻译,特别是抗战胜利前夕,需求量更大,在国民党军事委员会的组织下,重庆、昆明、成都等地皆开设有多期"译员训练班",据称共培训了五千名以上"译员"①。1944年开始,国民党"中央训练团"也办了多期培训班,主事者是供职于军事委员会的清华校友何浩若和向理润,陈铨则应邀担任了几期训练班的英文教员。据其所述,"中央训练团"培训班的英文教员可不好当,就有教员被学员轰走了,而他则顺利圆满地完成了译员英文课程的培训任务。

一些迹象表明,因为遭遇大批判和误解,陈铨时刻提醒自己要谨慎小心,主动远离是非,除参加过"德奥瑞同学会",他在重庆未参加过任何组织和活动,更大有不谈政治的自觉性和警惕性。他的学生曾描述道:"最近,陈先生正在潜心著作,平时不愿意谈现实问题,只希望胜利后,中国的学术能够大放光明。"②。

陈铨在重庆期间最开心的事,大概是得有机会多陪伴妻儿,享受天伦之乐。虽然妻子仍需带着光还、光群在江津白沙镇生活和上学,但两地很近,来往方便,有时他也会把家小接到重庆住一段时间。看着两个聪明可爱的孩子健康成长,也许是他最大的安慰和快乐。陈光还回忆道:

> 大约是1944年暑假,我7岁,光群哥8岁,母亲和我们住在江津白沙镇外祖父家,指定给我们住的地方叫作"石猪槽",暑假中父亲回到白沙,一家人难得聚到一起,父亲拿出《唐诗三百首》,要我们每天背诵几首,我们从字数最少的五言绝句一直背到《长恨歌》,假期结束了,父亲要回重庆,临行前说我们学得不错要奖励,我们眼巴巴地望着,结果他拿出一个小木箱,上面印着四个大字《双手万能》,里面是一套小孩子用的木工工具,这真是别具一格的奖品,我们既兴奋又高兴。③

---

① 杨敏:《抗战中的五千译员》,《中国新闻周刊》,2011年第11期。
② 兆申:《陈铨教授》。
③ 陈光还:《我印象中的父亲》。

战争和国难中,大家都饱受煎熬,苦苦支撑,在忍耐中期待,但对陈铨而言,有劲使不出的体验和感觉,可不大好受。就这样,他在重庆度过了不免有些郁闷和憋屈的四年,终于迎来了抗日战争的胜利。1945年8月,日寇低下了不可一世的头颅。这一天终于到来!我们无法确知当时陈铨的反应,但伟大的民族战争的胜利,一定让他欣喜若狂,不能自禁。此时,陈铨已是略显沧桑的中年人。

四、同济大学

1946年,国立同济大学将从四川宜宾的李庄古镇复员迁回上海,董洗凡被任命为新校长。在蒋复璁的暗中举荐下,董校长致函陈铨,言及同济大学将办德文系,欲请他去做系主任。董洗凡曾留学德国多年,1934年秋天,陈铨还在表哥林伯遵家与他见过面,也算是故人了。在互通信函后,两人很快在重庆见面。同济大学源于1907年德国医生埃里希·宝隆创办的同济德文医工学堂,有很深的德国背景,1927年升为国立大学,陈铨不假思索就答应了,很快收到了聘书和川资。

1946年初夏,陈铨告别妻儿,独自启程,顺长江而下,先期到了上海。这一年一部谍战影片风靡全中国,这就是涂光启编导,庄国均摄影,欧阳莎菲、项堃、贺宾、史弘等主演,"中电三厂"投资拍成的《天字第一号》。在随处可见的电影海报中,只偶尔有提及改编自《野玫瑰》,看完电影的观众更加明白了,这不就是《野玫瑰》嘛,无非是把"天字十五号"改成了"天字第一号"。只是这一切对已届中年的陈铨来说,已不重要了,文学家的梦想已渐渐远去,本职工作、生存和家庭,已成为他生活的重心。

抗战虽然胜利了,国力也损耗殆尽,满目疮痍,百废待兴,百姓更是穷困不堪,亟须休养生息。树欲静而风不止,随着国共和谈失败,内战阴霾笼罩。国民党政府无节制增加军费,财政赤字直线上升,经济迅速到了崩溃的边缘,大学教授同样入不敷出。到上海后,陈铨除了同济大学的德文系、外语组的行政管理以及教学工作外,为了生活,又是四处兼职。

陈铨在沪上的第一份兼差是《新闻报》的资料室主任,工作的职责是指挥资料室工作人员,剪报分类,管理相片铜版,收集图书杂志,解答报社各部门的问题,供给资料,同时还协助写"国际社评",翻译英美杂志上的时事评论文章。陈铨入职《新闻报》系由陶百川举荐,两人在重庆结识,他很欣赏和尊重陈铨。陈铨还曾一度大力协助编辑陶百川所创办的《智慧》,在该刊发表大量时评和《玛丽与露茜》《旅伴》等短篇小说。

兼职报界,可能让陈铨燃起了早年有志于新闻事业的念头,但后来发生了变故。1948年8月,因为私事与《新闻报》总编辑赵敏恒发生矛盾,陈铨一气之下,挂职而去。此后,他又转回本行做兼职,先后到上海市立师范专科学校、上海江苏师范学院、上海震旦大学、东吴法学院等多所高校兼课,讲授英文、德文、英国文学史等课程。其中在上海特情学校教授的是《戏剧概论》和《戏剧演出法》,学校还将这两门课程的讲义打印成册,存世至今。

从清华大学到西南联大,陈铨以教授德语为主,在重庆中央政治学校四年,则以教授英语为主,到同济大学除了英语外,又承担起德语教学。而其所创的用英语教德语的独特的教学方式和风格,也是越来越有心得体会,越来越成熟,深得学生的肯定和认同。可能因为《野玫瑰》和"战国派"的争议,文科生的回忆录一般对陈铨的教学活动一笔带过,倒是对文艺问题不甚了了的理工科学生有鲜活的记载。著名桥梁专家万明坤,曾写过一篇文章,回忆几十年前就读同济大学时的情景,而陈铨的故事就占了近一半篇幅,所述情状也是绘声绘色,颇有趣味,其中写道:

> 乙班是大名鼎鼎的英、德语兼修,游学过欧美很多国家的语言学家兼文学家陈铨教授。抗战时期他写过一部著名的小说《野玫瑰》,抗战胜利后被拍成电影《天字第一号》,讲述的是一名中国女间谍潜入日占区从事间谍活动的英雄故事,曾轰动一时。那时上海学生称呼老师都叫"先生",直到"文化大革命"时才改叫"老

师"。常听乙班同学夸陈先生学富五车,满腹外国经纶,翻译不少短篇德国文学名著。

陈铨先生一口四川方言,讲起笑话来不动声色,具有四川人特有的诙谐和幽默。上课时喜欢配合教学内容介绍些欧美的风尚习俗。一次谈入乡随俗重要时举他自己的阅历说,在上海你要是当面夸素不相识的姑娘漂亮,对方多会报以白眼,甚者,骂你流氓:"侬格赤佬,想吃生活是伐!"同样情况在法国,只要你不嬉皮笑脸,举止得当,女孩会面带笑容地对你说声谢谢,陌路相逢的双方都会感到一种人间温馨。如果是一对夫妇或情侣,你夸女方,男女双方都会感到高兴。但到了德国情况又不同了,初到德国的他,一次坐在公园椅子上欣赏美景,一对老夫少妻挨他而坐。他试着与他俩搭讪,德国佬见中国佬讲一口流利德语,就热情和他攀谈起来。随后为示友好,他如法炮制夸女方长得漂亮。不曾想男方立即似真似假、鼻腔哼哼地怒目向他挥拳表示抗议。

他选用的是用英文编写的德语教科书,英文底子好的新生多半选他的课。他认为这个教材,既可复习英语,又可比较英语和德语的区别,了解一点不同语言的表达方式是件有趣的事。他说,英语软,德语硬,英语女性说好听,透出一丝柔和,德语男性说好听,有股阳刚之气,特别是雄性荷尔蒙含量高的男人。他举例英语和德语不规则动词的"走"和"捆"两个词的现在时,过去时和过去分词,叫同学念念试试。"走"字和"捆"字,英语念:go, went, gone; bind, bound, bound。德语念:gehen, ging, gegangen; binden, band, gebunden。果真,德语听起来"乒吟乓啷",好像大象闯入了瓷器店。这些都是乙班同学在寝室"卧谈会"上聊出来的。以后同学们郁闷时就在寝室里大声朗读这两个德语单词的三个时态发泄发泄。有时大家还跟着来个朗读大合唱,起哄寻开心。没想到后来陈教授就因《野玫瑰》和课堂上讲这类外国故事遇上了麻烦。[①]

---

① 万明坤:《名师上课印象记》,引自金正基主编:《同济的故事》,上海:同济大学出版社,2015年,第162—163页。

事实上，万明坤先生还不是选的陈铨的德文课，只是从同学口中获知，竟有如此深刻印象，可见陈铨课堂教学的方式、特点、风度之独到和影响之大。

1946年，陈铨初到上海时，在美国的调停下，国共在东北的激烈冲突暂告平静。6月26日，停战有效期刚过，双方立刻在中原地区展开激战，内战正式开始。随着战场上的节节失利，国民党的统治大厦即将倾覆。在瞬息万变的大时代中，如多数国人一样，陈铨渴望和平，反对战争，热切期待民族独立、国家强盛的真正实现。1946年6月到1948年12月，陈铨在《智慧》《申论》等刊发表了长短时事评论文章一百多篇，这些有强烈针对性和现实感的文字，表明了他一如既往的关心国事时局，但战事又开的现实，让他充满忧虑，并有极其尖锐的批判。

首先，陈铨竭力主张和平，反对战争，认为战后"中国问题的重心，不是内乱，不是学潮，乃是中国国家的独立"，寄希望于美国的斡旋调停和国共约定的"停战令"，提醒"各党各派"认识到中国"最严重的局势"在"东北和西北""强邻接壤的边陲"，批评了苏联战后在某些方面不友好态度①，呼吁"我们的政府""我们整个国家民族"不能做任何国家的"傀儡"和"附庸"②……

其次，站在民主自由的人民立场，将批判的矛头，集中指向民不聊生的社会现实和国民党日渐崩坍的官僚吏治。在《桥梁毁坏了》《意外的涨风》《拿出良心来》《发行新币》《治标与治本》《"等"的政策》《官吏无能》《增加生产减少发行》《请政府立即革新政治》《让有钱人拿出钱来》《黄金挤兑》等杂论中，陈铨强烈批判了国民政府的腐败无能、治国乏术，导致国库空虚、财政困难、物价飞涨、滥发货币、民怨沸腾、饿殍遍野的混乱局面，一再指责政府要"拿出良心来"，不能"只拍苍蝇，不敢打老虎"，而应出重手"打击豪门之本"，惩治贪污腐败，"让有钱人拿出钱来"，切实保障人民最基本的"不冻死的权利"，同时也尖锐嘲讽那

---

① 唐密（陈铨）：《争取中华民族的独立——论新疆及东北事件》，《智慧》，第26期，1947年7月1日。
② 陈铨：《苏联不友善的态度》，《智慧》，第8期，1946年7月12日。

些"口口声声代表民众"的官僚政客①。

再次,作为一个大学教授,他持续不断地呼吁要关注"公教人员"的生存现状,改善他们的待遇。陈铨认为,"学术独立是国家立国的根本,教育培植国家的元气","不能让大中小学教师改业与敷衍,逐渐败坏",抗战中教授们能安贫乐教,但胜利后反而事件频发,风波迭起,原因在贫富不均,知识阶级的报酬低到"不能维持最低限度的生活","荒废学术",这是损坏国家根基的"巨大的损失"②。

从这些具有强烈批判性的文章可以看出,随着时局的发展和耳闻目睹的现实,陈铨逐渐对国民党政权失去了耐心和信心。1947年7月,当一向敬重的学长、同事和朋友闻一多被暗杀的消息从昆明传来,陈铨愤懑无比,写下了《闻一多的惨死》:

> 在李公朴被杀后的第四天,西南联大教授闻一多又遭暴徒狙击,连他十几岁的儿子也不能侥幸。闻一多是有名的诗人,画家,学者。他平时人格风峻,生活严肃,作学谨严,恬淡寡欲,富于正义感,学生同事对他特别尊敬。他回国后,一直专心于教育和学术,闭门读书。最贫穷的生活,都没有改变他的意志。到去前两年,他忽然对国内政治,愤激到不能忍耐,走出书斋,公开活动,以他平日的为人,当然能够引起许多青年人的信仰,他在短时期成为昆明青年领导的力量。
>
> 闻一多为什么要走出书房,这自然是因为他本来是一个心肠最热的人,同时也反映中国的政治不能令人满意,已经到了什么程度。
>
> 不管闻一多加入的是什么党派,不管他曾经发表过什么主张,

---

① 参见唐密(陈铨):《拿出良心来》,《智慧》(上海),第12期,1946年12月1日;唐密:《不冻死的权力》,《智慧》,第14期,1947年1月1日;唐密:《打击豪门资本》,《智慧》,第49期,1948年6月16日;陈铨:《本与末》,《智慧》,第55期,1948年9月16日;唐密:《让有钱人拿出钱来》,《智慧》,第60期,1948年12月1日。

② 参见唐密:《救救教授》,《智慧》,第20期,1947年4月1日;唐密:《改善公教人员待遇》,《智慧》,第33期,1947年10月16日;陈铨:《系统和计划》,《智慧》,第38期,1948年1月1日;唐密:《教授的生活太痛苦了!》,《智慧》,第45期,1948年4月16日。

他救世心的纯洁,是没有一个人能够疑问的。以这样一个崇高的人格,优秀的学者,救世的热肠,却遭受这样卑鄙下流的暗杀,这又可以反映中国的政治不能令人满意,已经到了什么程度。

现在共产党在攻击国民党特务横行,国民党在反击共产党制造惨案,谁是谁非,一时无法揣测。但如昆明军警当局,仅止于悬赏捉拿凶手,国民政府仅止于下一道保障人民生命自由的命令,或者派一两位专员去调查调查,结果会只是拖延时间,作到大事化小,小事化无,那就未免太不成话了!

还有一个严重的问题。这八年中国教授的生活也苦得太不像样子了。闻一多家里人很多,每月薪水不过支持数天;家中只有一张桌子,父子轮流应用;衣服破滥[烂]不堪;靠刻图章未[来]维持不饱的生活。政府不顾事实的薪贴,使学者无以为生,这至少也是闻一多愤激不平走出书房的一个原故。

爱民和养士,是一切政治的基本条件,这两件不做到,是不会长治久安的。闻一多这件案子,固然是应当赶快破案惩凶,但是同时中国四万[万]五千万人民的生活,学者的生活,当政的人再也不能因循敷衍,专门说:"没有办法。""因为你既然没有办法,你就应当辞职",这是六中全会里的人对某当局说的话。①

当然,在急转直下的时局中,陈铨的这些言论在当时并未引起多少人的注意,日后也知者寥寥,但却表明了一个有良知操守的知识分子的一贯的自由姿态和人民立场。

1948年冬,中国共产党领导的中国人民解放军,将主要目标对准了大城市,国共决战拉开了大幕。12月,《智慧》停刊,曾有志于学新闻和政治的陈铨,从此收了锋芒毕露的笔,再未写过时评文章。

---

① 陈铨:《闻一多的惨死》,《智慧》,第10期,1946年7月26日。

第十章　金陵岁月

1949年，在历史转折关头，陈铨毫无迟疑地选择留在大陆，在期待中平静地迎接新时代的到来。《蓝蝴蝶·序词》中写道，"世界是一个舞台，人生是一本戏剧，谁也免不了要粉墨登场，谁也不能够在舞台休息"，但陈铨人生最后二十年却只是一个靠边站、跑龙套，任由时代潮流颠簸的小角色。1952年院系调整中，陈铨从同济大学调到南京大学，古都金陵成了他人生的最后一站。

一、新时代

1949年初，中国共产党取得"三大战役"的关键胜利，国民党的统治已穷途日暮。鉴于抗战时期左翼文化界不友好的态度，有朋友劝陈铨离开大陆。成了姨侄女婿的好朋友陈康（其妻子陶淑明是邓昭常大姐的女儿）结婚后就先行到香港去了。而陈铨以为自己不过一介书生、大学教习，并无说不清的问题，几乎没有考虑离开。日后他还告诉亲友"不去台湾，留下来是对的"。

1949年5月27日，国民党守城部队投降，中国人民解放军进据上海，大中小学校平稳过渡，短暂纷扰后，一切照常，变化不大。1949年10月25日，陈铨在同济大学填报了《上海市高等教育及学术研究工作者登记表》，其中在"宗教信仰及政治主张"一栏写道："实行新民主主义，以建设平等自由独立的新中国"，正式迈入新时代。不久同济大学的德文系合并到了复旦大学，陈铨又得到复旦兼职授课，讲授德语、德国文学史和歌德传等课程,而在同济大学则仍是外文组主任,上课教学,聘请教员,安排课程,主持系务,一如既往。

两年前,邓昭常已带着三个孩子来到了上海,多年的漂泊分离,一家人终于团圆了,光群、光还已是少年了,而陈铨最为疼爱的光琴才三岁①。他们开始住在上海有名的"礼查饭店"②,这是同济大学租来的给教授们住的临时宿舍,陈铨一家住在五楼的一个大套间。自从到了上海,陈铨先后重逢了一大批同学故交,其中来往密切的是王造时、林同济、林伯遵、雷兴翰、陈康、孙大雨、陶桐、全增嘏、徐中玉等学界中人,并在上海遇到了一位特殊的亲戚——楠林。

楠林(约1919—1966),四川富顺邓井关镇人,原名吴孔修,是陈铨的舅舅吴六爷的长子,十七岁就离开家庭,后辗转到了延安,并加入了中国共产党,曾工作于中共中央社会部,中华人民共和国成立后,任职中共中央办公厅。陈铨曾说:"他曾经使我了解共产党,虽然没有见面几次,帮助甚大。他叙述革命经过,使我兴奋佩服。"③1951年前后,楠林到上海出差期间,曾拉上林伯遵、陈铨两位表哥,与时任上海市公安局局长杨帆吃了一顿饭。事后楠林还告诉陈铨,杨帆对他的印象很不错,此时正值"镇反"运动,表弟此举给陈铨以很大的安慰。

但问题还是很快来了。1950年9月,民主德国反法西斯作家安娜·西格斯(Anna Seghers,1900—1983)随代表团访问中国。在北京参加国庆大典后,西格斯到上海访问,上海方面找到同济大学,希望能派个德语翻译,陈铨当然是不二人选,校方也找到了他。德国是他曾努力奋斗多年、留下太多美好回忆的地方,接到任务后,陈铨一想到从深深眷念的遥远国度来的朋友,就兴奋不已。可事到临头,主管外事的干部竟然不让他去当翻译了。陈铨既沮丧,又恼怒,回到家里,仍愤愤不平,

---

① 陈光琴,生于1946年,原名邓敬平,系陈铨妻兄妻嫂邓燮纲、蔡家琼夫妇的第三个女儿,其生母与邓昭常感情极好。陈铨夫妇非常想要一个女儿,陈光琴出生数月后,即过继给他们抚养。
② 黄浦江与苏州河交汇处,外白渡桥北堍东侧,今虹口区黄浦路15号,1959年改名"浦江饭店"。
③ 《陈铨档案》,南京大学档案馆。

指责那位外事干部故意跟他捣乱。他可能还未曾料想,考验和难关才刚刚起头。

1951年秋天,全国范围内的"三反""五反"运动开始。内战结束,满目疮痍,随后又是"抗美援朝",国家已不堪重负。在1951年10月开始的增产节约运动中,揭发出大量贪污浪费的现象,12月初,中共中央连续发文,在全国党政机关、事业单位,开始了为期一年的反贪污、反浪费、反官僚主义的斗争,是为"三反"运动,同时进行的还有"知识分子思想改造"运动。所谓"思想改造"运动,核心是如何让长期生活在国民党治下的知识分子,通过学习马列主义、毛泽东思想和新民主主义理论,开展批评与自我批评,从思想上脱胎换骨,以实现人生观、价值观的重塑。

高等院校是两大运动中的重要领域,大学教授更是重点"改造"对象,要"人人过关,个个洗澡"。这对长期以来习惯于教授治校、学术为先、自由言论的教授们来说,无疑是一个极大的挑战。风之所及,陈铨无可逃避地裹挟其中,"三反"运动一开始,他即"自动坦白",退还了德文系一套"久借未还"的《大英百科全书》,还在小组批判、同事"启发追问"下,"查出"家中还藏有一些西文图书。

同济大学《贪污分子定案情况调查报告表》(1952)对陈铨"坦白态度"是这样说的:"大英百科全书是主动的(因图书馆有存根),对西文原本56册书,是不够主动的。"虽不知整个过程的详细情况,但这本应不是问题的问题,竟被当作"偷窃"公家财物,无疑让他极为尴尬难堪。1952年3月16日,陈铨被通知停止教学活动,反省学习,并被发派到图书馆,参加图书整理工作。好在同济大学的"学习委员会",最终没有认定他是"贪污分子",而只"作为思想问题处理,严格批评揭发"。

更难过的是"思想改造"。运动中,陈铨共作了五次会上检讨,其中小组二次,德文系大会一次,全校的大会二次。据说他还写了几万字的个人简历,交给了同济大学校长夏坚白。根据留档材料,组织上最后认为,陈铨检讨"深刻",所作"坦白",甚至"超过了我们所掌握的材料",如"解放后收听美国之音,一直到一九五一年秋天才停止","解放后,抗美援朝、土地改革、镇压反革命,和平签名等运动,都是表面拥护,背后反对不满抗拒的";"他的反动思想,解放三年来,原封不动地存在着,一有机会他就说反动话"。同济大学"学习委员会"最后给陈铨作出的结论中,有这样一句:"解放前有系统的反动的法西斯思想,轻视女性,解放后原封未动,一有空隙即不断散发落后反动言论。"①而这也是后来陈铨被划为"右派"的原因之一。

两个运动结束之际,中国高等教育界一场规模宏大、影响深远的资源整合、人员调配运动,也拉开了大幕。这就是后世所称的"院系调整",陈铨也将奔向人生旅程中的最后一站——南京。

二、南京大学

1952年6月至9月,中央政府在全国范围内,对高等学校进行了大规模调整,打破1949年前照英美模式构建的高等教育体系,改造成完全效仿苏联模式。其主要措施为:裁撤私立和教会大学,高校改为国家事业单位;教学组织、课程、教材等完全仿照苏联;大力发展实用性工科专业,人文学科受到极大限制;办学权力统归教育部,高校教学的自主权受到严控;重新组合全国的高校、院系、资源、师生,并进行持续的思想改造,以全面祛除民国大学的影响和传统。

"调整"后的同济大学,变成了以建筑土木工程为主的单一性工科大学,外文组与复旦大学德文组、震旦大学法文组,合并到了南京大学,重组为"西方语文系"(下称"外文系")。不知是组织上安排,还是主动请缨,陈铨被调往南京大学。1952年9月,离开同济大学前,陈铨在《高等学校教师调查表》之"何种专长与技能""通晓何种外国文字"栏工整地写道:"德文及德国文学,英文及英国文学","英文德文均能笔译,比较长于外文译成中文,两种文字均能口译,均有实际经验,英文实际经验较多,现在学习俄文,已学三月,程度甚浅"。

---

① 参见:《贪污分子定案情况调查报告表》,《陈铨档案》,南京大学档案馆。

1952年深秋,陈铨携带家小,大包小箱登上沪宁线火车。陈光琴曾回忆:"我依稀记得在一个有风的夜晚,我们全家迁移到南京,被一群打着欢迎横幅、敲锣打鼓热情洋溢的师生迎进南大校门,此后,父亲再也没有离开过南京大学。"①刚到南京大学,陈铨比较受重视,担任外文系德国文学教研室主任。学校给他安排的住处是平仓巷5号洋房的二楼,此处环境优美,有宽大的庭院,校长潘菽就住在隔壁的3号房②。陈铨也早已拟好未来的工作计划:"除教学外,目前适合翻译外国小说戏剧工作,将政治水平提高,再从事写作",并特别提到要将《浮士德》"译成中文","加以详细的解释"。

　　陈铨以为自己学习改造得认真彻底,甚至还为此自学了俄语,准备在新岗位大展拳脚,展现才华和能力,为国家建设作出更大的贡献。初到南京,他也是满怀希望和热情,时常领着家人四处访古探幽,跟儿女们讲到1923年如何与贺麟、向理润参加东南大学暑期学校,以及留学归来又到南京的情形。光群、光还已上中学,光琴上小学了,胞弟陈焕章一家也随他从同济大学到了南京大学,在学校图书馆工作。平时来往较为亲密的同事,不少是清华校友,如曾远荣、黄川谷、仲崇信等教授,在外文系则与柯象峰、张威廉、何如等比较谈得来。其中与陈铨最密切的是院系调整中,从上海圣约翰大学调入南京大学的化学系陶桐教授,只是1958年陶桐又奉命调到江西南昌大学,两位已近于亲人般的同学好友,从此天各一方。

　　南京大学的头几年,陈铨的教学研究工作还比较顺利。作为德国文学教研室主任,他热爱教学工作,关心爱护学生,编写教材讲义,课余还翻译了不少德语文学作品。每年德文系学生毕业,他还会组织学生排练德语话剧,举行毕业汇报演出。其中交往较多的学生章鹏高(中山大学教授)曾写《记业师陈铨教授二三事》,深情回忆了陈铨从生活到学习对他的关心和指导,如何教德语和翻译,如何教授"德语戏剧"

---

① 陈光琴:《那朵难以凋谢的"野玫瑰"》,打印稿。
② "肃反"后,陈铨搬离了此处,住房越来越差,住过南秀村27号、上海路148号、大钟亭等处的教工宿舍,"文革"中搬到了南京大学南苑一栋筒子楼的一楼的单间。

课,如何讲霍普特曼、席勒、布莱希特的戏剧,文末写道:"回忆业师陈铨教授解惑种种,依然书香可闻。我是他的'学生',却非得以窥其崖岸的学生。他是我的老师,却非言必称'希腊',拉大旗作己皮的'老师'。"①

虽然在学校层面受到重视,但作为一个有"历史问题"的新来者,陈铨在外文系还是遇到了诸多不如意,如有意无意的排挤漠视,管理模式的不适应,翻译的作品无法出版等,尤其是他超强的业务能力和丰硕的成果,甚至也成为被嫉视的原因。而在他领衔的德语文学教研组,因为一些日常琐事而产生误解,以及教学上的歧见,还与少数同事产生了嫌隙摩擦,一时在外文系影响很大,如犹太裔女教师朱白兰(1904—1971,Klara Blum),以及廖尚果、贺良等。

陈铨与朱白兰是老熟人。1947年,朱从欧洲来到中国上海寻"夫"未果,无以为业,潦倒不堪。1948年8月,有人向陈铨(时任同济大学德文系主任)推荐了朱白兰,陈铨知悉其经历后,欲聘请她担任德文系教授,并立即向教务长夏坚白、校长丁文渊打报告:

> 弟经人介绍 Klara Blum 女士,伊为 Pen Club 会员。此会在国际社会地位甚高,非负盛名作家不能加入。弟已参观其出版著作多种及其会员证书。伊对德国文学知识渊博,弟意如能得其来校教授三年级课程,则学生受益甚多,而德国语文系基础亦可奠定。唯伊此时无有宿舍,除非学校能供给一间,不拘大小,否则伊不愿接受。弟以此时人才难得,本系需要急切,务希吾兄鼎力设法嘱总务处,在礼查饭店或北四川路拨予宿舍一间,则本年度开课方面无困难也。至于待遇,弟拟用教授名义,月薪四百八十元。②

校方很快同意了陈铨的意见,并给朱白兰发了聘书,还一并解决了她的住房问题,可谓是尽心尽力,照顾有加。只是当年12月,朱白兰又到北

---

① 章鹏高:《记业师陈铨教授二三事》,手稿。
② 陈铨:《呈文渊校长报告新聘二副教授情形》(1948年9月1日),《陈铨档案》,同济大学档案馆。

京去了,仅在同济任教了一个学期。1952年,朱白兰又到复旦大学任教,1952年也调入南京大学。

据研究者称,朱白兰经历曲折坎坷、政治立场激进,因为"陈铨'使用资产阶级的教材,向大学生宣扬不道德的生活方式',拒绝加入陈铨领导德国文学教研室,不参加教研室的会议。'朱陈'之战延续了10个月"①。而据陈铨所述,他们"本来相处很好",他还曾帮助朱白兰"辅导三年级文学选读",但因为批评其"讲义选材不当","不能依照自己的方便","尽选外国人关于中国的东西",两人"吵了一架","关系就不好了",而陈铨上课时又对学生谈起此事,并埋怨朱白兰"出作文题太难",朱获悉后大怒,此后两人遂"势如水火"②。

陈铨与廖尚果曾在同济大学和复旦大学同事多年,两人都讲授德国文学,本来关系"很友好的"。陈铨在复旦大学兼课期间,还多次到廖家做客,因为一次无意中"曾经对学生说:'廖先生不是学文学的',廖先生听见了非常生气",他本欲"向廖先生道歉",但终碍于面子而未说出口。一次德文教研室开会时,处境也同样不太顺意的廖尚果当面发难,陈铨"非常生气",两人关系遂破裂。至于贺良则是因为当年离开同济大学时,对陈铨有一些"误会",到南京大学后陈铨也无从"对他解释",贺也借开教研组会时发难,矛盾进一步加深。

陈铨在"肃反"运动的检查材料中曾说,"其实德文组的不团结都是很简单的",而在组织协调下,他主动去找贺良说明了原委,"一切就冰释了",同时也公开向朱、廖作了解释和诚恳的道歉,德文组的矛盾亦得到了缓和③。1957年,朱白兰离开了南京大学,到中山大学德文系任教,同一年,廖尚果因为与外文系主任"相处得不愉快",提出退休,随后蛰居苏州,两年后在上海病逝。

今天看来,这些本属个人之间因误解而产生的小小龃龉,在彼时的语境中,都可能关联上组织和政治层面,陈铨更是在检查交代中,将这

---

① 林笳编著:《中国籍犹太裔女诗人朱白兰(Klara Blum)生平与作品选》,广州,中山大学出版社,2016年3月,第38—39页。
②③ 陈铨:《反社会主义言行检查报告》,手稿,1955年。

些私人的矛盾误会,上升到"反社会主义"性质和高度。

三、肃反运动

1955年的"肃反"运动,陈铨遭到重击,再次被"检举揭发",大会小会批判检讨,跌到了人生的低谷。"肃反"运动的扩大化是陈铨遭到批判打击的根本原因,而从个人看,除了对系务、校务提了不少意见以及个人的日常琐事外,他的主要"问题"在于:一、一贯主张并宣扬"文艺超政治""技巧结构是艺术的灵魂"等文艺观点,与时代主流说法和要求相左;二、教学方面要求认真,强调高水准、专业性,对一些业务能力不强的教员多有批评,招致部分教员不满;三、"战国派"、《野玫瑰》与宣扬尼采学说的所谓"历史问题"①。

"肃反"运动中,陈铨写了很多"检讨"和"交代"。其中一份题为《坦白交代三个问题》,这些问题是:一、1940年代任职"中制"期间,向身边的同事批评非议过左翼作家,如郭沫若"文章写得很好,就是不懂戏剧技巧",《屈原》的"对白太长,演员简直没有办法",他的戏剧影响大、效果好,演员的功劳要占很大一部分,夏衍的戏"写得很聪明",不过《上海屋檐下》是"模仿法国电影《巴黎屋檐下》";二、1946年在《新闻报》资料室任职期间,曾翻译撰写亲美反苏的言论;三、《野玫瑰》的创作经过和素材来源②。

此外,陈铨还一口气"交代"了与近50位亲友同学的过往的简单情况,彻底向组织"坦白"了所有的社会关系和人际交往,如杨西孟、雷兴翰、陈康、林伯遵、楠林等亲戚,王造时、贺麟、孙大雨、林同济、陶桐、曾远荣、向理润、钱思亮、余上沅、孙毓棠等清华同学(校友),以及蒋复璁、黎锦晖、郑昕、王文显、吴宓、张沅长、陶百川、俞树立、梁宗岱、董洗凡、钱实甫、徐中玉等各个人生阶段的师友,这些人皆对其"过去生活、思想、文艺和反动的政治行动""有影响"。"肃反"是陈铨的"反动思

---

① 陈铨:《反社会主义言行检查报告》,手稿,1955年。
② 陈铨:《坦白交代三个问题》,1955年,手稿。

想"一次大起底,给他带来严重的心理阴影和精神创伤。1957年"鸣放"时,他曾向组织埋怨道:"肃反运动打击太大,手段粗暴,批判我的结果使得学生不敢和我来往,毕业生毕业后不给我写信,同事具有戒心,教学上没有威信,同事侧目而视,精神痛苦,什么是法律,连做人的权利都没有了。"①

一波未平,一波又起,紧接着"肃反"又是"反右"。1956年4月25日,毛泽东在中共中央政治局扩大会议上作《论十大关系》讲话,其中阐发了共产党和民主党派"长期共存,互相监督"的方针,以及"惩前毖后,治病救人"等处理矛盾和问题的原则。一个月后,中宣部部长陆定一在中南海怀仁堂,向300多名各业知识分子作了题为《百花齐放,百家争鸣》的讲话,提到"提倡在文学艺术工作和科学研究工作中有独立思考的自由,有辩论的自由,有创作和批评的自由,有发表自己的意见、坚持自己的意见和保留自己的意见的自由"。5月1日,《人民日报》刊发《关于整风运动的指示》,决定在全党开展整风运动,并号召党外人士"鸣放",以助"整风"。

"双百方针"的提出,让广大知识分子十分兴奋,不少人在单位"大鸣大放"。但出人意料的是,方向突变,"整风"迅速转为"反右"。几年来,陈铨本欲在新单位、新岗位有所作为和贡献,但却处处不顺,多遭挤对,从教学、研究到薪资待遇,屡屡碰壁,教授只定了四级,房子也换到了南秀村27号,不仅事业受挫,生活也不顺,处境越来越逼仄,心情越来越压抑。"整风运动"让陈铨有了提意见的机会和反映的渠道。

1957年2月,王造时在北京开完"最高国务会议",南归途中到南京陈铨家小住了几天,老友相见,分外开心。王造时向他介绍了在北京开会期间自由"放炮"、与各界人士会面交流等许多见闻,兴高采烈地谈到了国家领导人的英明大度,并兴奋地告诉陈铨,周恩来总理对他说,"不要以为现在我是总理,我们还是老朋友,就像当年在重庆小酒馆里一样",还特意将秘书叫过来吩咐道,"以后只要是王先生写的文

---

① 《关于右派分子陈铨的结论》,《陈铨档案》,南京大学档案馆。

章,各大报纸要及时刊发,一个字都不许改动"①。听王造时当面如是说,不久又在《人民日报》《文汇报》等报上,看到老友的《我们的民主生活一定日趋丰富完美》《把鸣放的重点放到基层去》《进一步建立民主法制秩序》等文章,如多数知识分子一样,陈铨也感到春天到了。

在江苏省委统战部的座谈会上,陈铨不顾亲友的少说为宜的劝告,坚信"三不政策"("不揪辫子、不打棍子、不戴帽子"),畅所欲言,把对政府学校、高等教育等不满与建议和盘托出。而在南京大学外文系的"鸣放"中,则将对外文系的人事人才、个人待遇、译作出版、"肃反"中受辱等不平委屈,又一吐为快。1957年6月14日,陈铨竟然向外文系党总支书面呈报了个人的诉求报告,不然就要另觅他处。报告中提出的个人问题有三条:住房问题何时解决;工资级别调整能否解决;"肃反"受错批何时恢复名誉,错误打击他的人何时道歉。关于外文系的事情主要有四条:才能平庸的林□□还做不做教研组秘书;党委会是否同意张威廉任德国文学教研组主任(陈铨认为张威廉德才兼备);叶逢植要辞职(陈铨认为叶是人才,却得不到重用),如何留下他;两部德文译作学校何时介绍出版②。

陈铨之所以义正词严向组织提出了这些要求,一方面缘于"双百方针"提出后的大环境,另一方面,王造时所述在北京中枢的经历见闻,起到了鼓励和推动作用。1957年6月14日,上海市急风暴雨般的反右派斗争,居然从批判王造时开始。7月3日,复旦大学的万人批判大会上,王造时据理力争,但最终不得不认错检讨,陈铨而后在报上看到了好友被批判的消息,十分惊讶和不解。

暑假中,陈铨还是按原计划,到上海走亲访友,并与王造时接洽出版译作的事。这是到南京五年来,第五次到上海,他还是一如既往地与王造时、林同济、雷兴翰等友亲相聚言欢,高谈阔论。这一次非同往日!想想几个月前,老朋友在南京时异常兴奋的样子,此时虽仍不改王博士

---

① 陈光还先生多次跟笔者谈过这个细节,并说当时王造时伯伯和父亲陈铨说这番话的时候,他就在旁边,印象极为深刻。
② "□□"为引者隐去,参见:《关于右派分子陈铨的结论》。

的风度,但脸上却不时流露出来些许无奈,还在苦苦琢磨如何写出让人满意的检讨。几年来,陈铨写交代、作检讨已经有了经验,眼看着一向口若悬河、滔滔不绝的老朋友,为一份自我检查如此费力,便自告奋勇帮着王造时出谋划策、遣词造句,为他代笔起来。

陈铨根本没有在意王造时此时敏感的身份和境遇,最后还是有亲戚提醒,他已经是上海有关方面重点"关注"的对象,劝陈铨还是要注意,最好还是回南京去吧。他这才幡然醒悟,用英文写了一封告别信,并征询了同行的陈光还的意见,要不要将信留给王造时伯伯,光还想了想说:"还是算了吧。"陈铨迟疑了一下,觉得有道理,想雄生兄应该也能够理解,遂撕掉了写好的英文信,丢进了马桶冲掉,不告而别①。

四、右派分子

1957年南京的9月,艳阳高照,暑热未散,而陈铨很快感受到秋天的肃杀。南京大学"南苑"的通告栏里时常能看到各种大字报,但开始并没有他的事,直到有一天终于贴出了一张,这也是"反右"中陈铨的唯一的一张大字报。签名者是外文系的党员干部。紧接着从外文系到学校,都召开了批判大会。

据陈光还回忆:"南京大学批判我父亲的大会是在大礼堂开的,发言的是各系的系主任和相关领导,还有一个党员学生,最后作总结发言的是郭影秋校长。我当时是数学系的学生,也在台下。学校对我没有施加压力,数学系书记路慧明知道我是陈铨的儿子,还跟我说,要正确对待家庭问题,对你爸爸,我们是要争取他的。"

1958年1月22日,中共南京大学委员会作出了《关于右派分子陈铨的结论》的决定,具体"罪名"除了"历史问题",就是他在"鸣放"中的言论。《结论》最后写道:

> 反右斗争开始后,陈表面上积极参加斗争,批判别人,但对自

---

① 陈光还先生也多次谈到此细节。"雄生"系王造时的字号。

己的问题却不主动向领导上交代,暑假中还给极右派分子王造时写假检讨,当他的问题被揭发后,中心组要他交代检查,陈不但不检查交代自己的问题,反再次向党和系的领导进行攻击,后经过外文系全体教职工及全校的揭发和批判,才表示低头认罪。

  根据以上事实,陈铨在解放前就是一个老右派,解放后虽经历政治运动,其不仅无改变,且仍坚持反动立场,敌视党的领导和社会主义制度,整风运动中,利用鸣放机会,挑拨煽动,全面地系统地散布反动谬论,品质恶劣,情节严重,因此应定为右派分子。

据南京大学一位知情人士日后所说:"他是有历史问题的教授,经过肃反的清理,受到过教育和教训,反右前的鸣放,他并没有什么反党的言论。他早就不是南京大学出头露面的人物了。大右派王造时的事出来后,影响太大,他因与王造时关系密切,最后找些理由把他也划进去。"① 陈铨与王造时清华时期为换帖之交,抗战胜利后在上海来往极为密切,他被划为"右派"的确与王造时有关。当然,即使没有受到王造时的"连累",陈铨大概也不可避免被划为"右派",诚如潘光旦所言:

  到反右运动时期,也就是到社会主义革命发展到政治战线和思想战线的时候,我们终于能肯定地指出,如果右派分子要到旧知识分子成堆的地方就会找到的话,要到受过清华早期教育的人中间去找,就几乎是得来全不费功夫了。当我作检查的时候,我很快就发现从 1916 到 1923 毕业的各级清华学生提供了最大的右派分子堆的一个,早于 1916 级和迟于 1923 级,一定还有些,但我不接头了。②

此系实言。实际上"反右"一开始,在天津(南开大学)的雷海宗,在上海(复旦大学)的林同济即被划定为"右派分子",陈铨怎么可能幸

---

① 转引自沈卫威:《寻找陈铨——从〈学衡〉走出的新文学家》,《徐州师范大学学报》(哲学社会科学版),2005 年第 4 期。
② 潘光旦:《清华初期的学生生活》,载《文史资料选辑》(第三十一辑),北京:文史资料出版社,1962 年,第 108 页。

免呢。

  1958年5月9日,南京大学撤销了陈铨的教授职位,留用察看,工资由四级降为八级,随后发配至外文系的资料室,职级定为"职员"。此后,"右派分子"的"帽子"戴在陈铨头上,外文系资料室图书管理员则是其新的身份。据说,划为右派后,陈铨彻底"放下了高级知识分子的架子","比较系统地批判了自己的罪行,承认犯了反党反社会主义的罪行",表示"要改变自己的顽固态度,好好改造自己"。自此,除了在图书室安静地接待学生老师借还书籍、编书目外,定期写自我检查、改造心得,向组织汇报思想,参加小组学习会议,成为他的生活常态。

  《关于建国以来党的若干历史问题的决议》(1981)对这段历史早有定性,也说得非常清楚:中华人民共和国成立十年来,"党的工作在指导方针上有过严重失误,经历了曲折发展的过程","在整风过程中",有的"反击"是"完全正确和必要的","但是反右派斗争被严重地扩大化了,把一批知识分子、爱国人士和党内干部错划为'右派分子',造成了不幸的后果"[①]。陈铨当然也在此列。

五、灰暗岁月

  种种迹象表明,陈铨的确是心悦诚服地"认罪悔过",而一向乐观向上的他,在能力无法施展,同事侮慢轻视、学生不敢来往的郁闷压抑环境中,仍然希望通过自己的真诚改造和努力工作,实现人生价值,更期待有一天能重返教学岗位。

  陈铨把外文系资料室打理得井井有条,将外文系才有的那些五花八门、采购自世界各地的外文书籍,一一编目建卡。1960年5月3日,他在日记中写道:"午后将法文书卡片全部排完,这一巨大工程,从去年此时起,至今始正式告了结束。全部一万二千余册,大部分皆我一人之力完成。"一时不能正常上课,心里闷得慌,工作闲暇,陈铨在校园角

[①] 《〈关于若干历史问题的决议〉和〈关于建国以来党的若干历史问题的决议〉》,北京:中国党史出版社,2010年,第53—54页。

落挖土开荒,种菜施肥,甚至还养了几只鸡。

为了更好地服务读者,陈铨不顾资料室同事的不满和反对,坚持延长开馆时间,还随时接受师生的咨询,为他们开列书目、查找资料、帮助翻译,提供周到而专业的服务。德国文学翻译家杨武能曾回忆道:

> 别看此人个子矮小,可却神通广大,不仅对自己掌管的宝藏了如指掌,而且尽职尽责,开放和借阅的时间总是坚守在自己的位置上,还能对师生的提问一一给予解答。从二年级下学期起,我跟这小老头儿几乎每周都要打交道,都要接受他的服务和帮助。我敢断言,像他似的既学识渊博又有求必应的图书管理员,恐怕很难找到第二个了。起初我对此只是既感叹又庆幸:自己进入的这所大学真是个藏龙卧虎之地!
>
> 日后我才得知,这位其貌不扬、言行谨慎的老先生,名字叫陈铨。他虽然精通德语和德国文学、文化,却上不了讲堂,原因是据说不但历史有问题,解放前写过一部"甚至得到蒋介石赞赏"的剧本《野玫瑰》,而且还是个"大右派"!可尽管如此,我发现我的老师叶逢植、张威廉却异常尊敬他,不像某些人似的对他直呼其名,而总是称他"陈先生,陈先生"。①

又过了十年,"始终心怀感激"的杨先生再次回忆起这位"温文尔雅,平易近人,学识渊博,恪尽职守"的"善良的小老人"时,这样说道:

> 一九六二年大学毕业,年岁渐长,见识日增,方知道"图书管理员"的来历,陈铨先生在我的心目中的形象随之丰满、高大起来:他不仅是中国现代文化史上一位有影响的作家和哲学家,而且在我学习和从事的德国文化研究和德语文学翻译领域,也是卓有建树的屈指可数的杰出前辈之一。想当初年少无知,竟仅仅从他手里借书还书,错失了向这位大学者大作家求教的难得机会,真是后悔莫及!②

---

① 杨武能:《"图书管理员"陈铨》,《文汇读书周报》,2006年1月6日。
② 杨武能:《我心目中的陈铨先生》,2016年11月22日,未刊稿。

在"改造"的日子里,陈铨时常在报上看到熟人朋友"脱帽"的消息,让他很是羡慕,并不时勉励自己要好好"改造"。1961年2月23日,他在日记中写道:

  今日闻贺良言,他的女儿告诉他,《解放日报》上登得有王造时摘掉帽子的消息。我听了很替他高兴,他必然在这期间,改造的很快,不然他的情况那样严重,怎么会摘掉帽子呢?同时这也给我很大的鞭策。以后我定要加倍努力来赶过他!

经过两年多的"工作考察",组织上认为陈铨"确已有了改好了的表现"。1960年11月10日,南京大学党委向江苏省委递呈了拟摘掉陈铨的"右派帽子"的报告。1961年9月25日,江苏省委宣传部作出"同意"的批复,9月30日,南京《新华日报》登载了《省级机关和民主党派江苏省组织:摘掉一批右派分子的帽子》的消息,陈铨与周拾禄、朱偰、陈陵、臧云远等南京高校的教授作为"摘帽"代表被提及。陈铨小心翼翼、完整无损地从报上剪下了这则报道,工整地贴在日记本上,并在当日日记中写道:

  今晨《新华日报》载有摘掉右派帽子的消息,我的名字也列在上面。晚上至焕章处,他说图书室的人均向他道贺,不过都勉励我加一把油,好好改造自己。下班后我曾受系办公室之托至王欧丽家,她早已知道我的消息,向我道贺。同她谈了一阵,她再三告诉我,要听党的话。①

摘掉"右派"帽子后,陈铨几年来的郁闷心情大为纾解,但过往的经历告诉他,不能太过兴奋,更不能忘乎所以。1962年新年第一天,他在日记中写道:

  这个新年是四年来第一个最愉快的新年,因为摘掉右派帽子,回到教学岗位,粮食由26斤改为27斤,工资由八级改为六级,这种种鼓励,加上四围左右的人态度的逐渐转变,使我精神上感觉轻

---

① 陈铨:《陈铨日记》,1961年9月30日,手稿。

松得多。今后当更加努力,争取完全恢复从前的地位和工作。争取在学术和教学上有很大的贡献。

事实上,陈铨并未马上回到教学岗位,还是一如既往,难有主动作为的空间,事事只能无条件服从,即使是不合理的对待,不能也无从表达自己的意见。此时国家正处困难时期,生活上捉襟见肘,常常身无分文,只好不断把藏书和值点钱的东西拿去一一变卖。两个儿子在外工作,在身边的女儿又还小,不能理解父亲的痛苦无奈。

在灰暗的日子里,除了经常到电影院观影听戏,陈铨最大的乐趣是利用自己在图书室工作的便利,大量阅读中外文学作品,沉浸在虚幻的空间里,以逃避现实、忘记烦恼。而王造时、林同济、贺麟等老友的关怀勉励,也让他感到些许的安慰和希望。1962年2月,林同济寄来了咖啡、牛奶和方糖,让穷困中陈铨"大喜过望",当年7月,他居然还接到了出差到南京的贺麟的电话。自1941年分别,他们已经二十年未见面了,陈铨放下电话,马上赶到南京饭店与贺麟相见,随后又一路陪送他至火车站①。

划为"右派"后,陈铨已无法遏制自己的悲观情绪和不好的预感,理想抱负已渐渐化为泡影,此生已矣,而不时获悉亲友同学或死或生的讯息,更让他添一份人生如梦、世事无常的幻灭感。从日记的只言片语中,能深切感受到陈铨悲凉的心境:

> 十时半抽空至焕章家谈了一阵,始知张二姐已于阴历元旦日去世,她生日是阴历元旦,死也在一天,享年六十余。二姐为人忠诚老实,命苦,十九即守寡,生两男,小儿子最聪明纯净,但又早死。土改后,因系地主成分,生活比较艰难,大儿子又不得力,以前几年我有时还帮助,近两年自顾不暇,无法照顾她。二姐为我小时同伴,对我甚好,闻此消息,心中悲怜。(1960年4月2日)

> 上午至办公室接光琪自富顺来函,说四哥已于去年阴历三月十四日病故,闻之甚为伤感。四哥为我儿时同伴,对我感情甚挚。

---

① 陈铨:《陈铨日记》,1962年2月2日,7月29日。

多年不见,今生已不能再见了!(1962年3月6日)

柯象峰先生从北京归来说会见吴景超,他托柯先生致意我。我与景超有20年不见了。(1962年8月25日)

早上写给自昭及田汝丰各一函。寄自昭函中附有两诗:"回首望山城,山城路不平,悠悠三十载,忧患见真情。""有泪酬知己,无心慨夕阳,夕阳何灿烂,珍重莫相忘。"(1962年11月4日)

昨接汝舟及雄生来函,汝舟想约我到上海过年假,并愿赠路费,感情令我心感,但我尚有种种不便的地方,还要考虑。雄生函告老友彭文应已患心脏病逝世,函中顺便谈到陈国玱已死,我还不知道呢。(1962年12月28日)①

1963年新年第一天,陈铨在日记中写道:

早上八点钟才起床,开始度过这一个新年。我的心情是平静的,也可以说是麻木的,没有快乐,也没有悲哀。几年来,尤其是去年一年,已经渐渐习惯,幻想常常破灭,痛苦感觉越来越不尖锐;现在已经有了把握可以接受现实,收拾起一切壮志雄心来无声无息地度过这一生。文章、学术、生活、家庭幸福、社会贡献,让一切的幻想收拾起来吧。让自己不要把自己看得太重要吧。反正就是这么一回事,何必自苦呢?

所幸的是,金陵的灰色岁月中,陈铨始终有相濡以沫的贤良妻子邓昭常陪伴。自1935年结婚以来,夫妇之间也为日常琐事发生过一些不快和摩擦,如抗战期间邓昭常一个人艰难地带着两个孩子,陈铨不计得失一直接济兄弟亲戚,以及与女性朋友、学生交往过程中一些闲言碎语等,偶尔令出身大家庭、受过教育,却甘心相夫教子、当家庭妇女的邓昭常不满、猜疑和埋怨,但夫妻二人还是一路携手共渡难关,相伴相依,也是陈铨人生的一大安慰。

让陈铨最为揪心的是不能给予子女过多的关怀照顾,甚至还可能

---

① "自昭""汝舟"分别为贺麟、林同济的字号,彭文应、陈国玱皆清华同学。

因为他而受到或隐或显的牵累。两个儿子大学毕业后虽然都被分配到西北,好在二人已立业成家,有了自己的生活,他们一向崇敬并理解父亲,不时寄来一些地方特产,这让失落无助中的陈铨感到了莫大的宽慰。

六、最后的努力

摘掉右派帽子后,除开设过一门"德国戏剧"课程外,陈铨仍在外文系图书室工作,管理资料室和为师生提供服务,依然是他的主要工作,图书管理的业务也越来越纯熟。1961年12月,当听说陈铨要离开图书馆时,不少外文系的学生居然感到非常"可惜",陈铨在日记中是这样说的:"因为他们和许多同学都认为我是理想的馆员。四种文字我都懂,而且可以帮助他们找资料。"[1]

1962年9月20日,陈铨终于回到了梦寐以求的讲台,他在当天的日记中感慨地写道:"四年半没有教书,今日走上讲坛,百感交集。德文专业五年级学生共十六人,此外有董祖祺、廖镇、马君玉、钱杰四位助教来旁听。我讲了两小时,主要讲德国现代戏剧的特点。"[2]只是陈铨排的课程还是很少,如1963年上半年整学期都没有课可上,但又毫无办法:"午后教研室开会,各教学小组各年级教师报告开学后教学情况。由于我没有功课,坐在那儿旁听,感觉心情很不舒服。近来意志消沉,心境恶劣,必须加倍提高警惕。"[3]

1963年,高等教育和文化教育领域渐有了一些举措和活动,如教材编写、学术翻译等,学术界也偶尔有邀请陈铨加入的。如贺麟请他翻译黑格尔《精神现象学》,田汝康邀约他参加克罗齐的史学论文翻译,华东高等教育局还点名让他翻译文艺理论经典《语言的艺术作品》(沃尔夫冈·凯塞尔)。1963年,中宣部曾有组织全国学者,系统翻译西方

---

[1] 《陈铨日记》,1961年12月26日。
[2] 《陈铨日记》,1962年9月20日。
[3] 《陈铨日记》,1963年2月13日。

哲学的计划,一度还想请陈铨翻译他克尔大学的老师克洛那的名著《从康德到黑格尔》。

当然,这些校外的邀约,在单位还是受到了这样那样的干扰和阻碍,有的翻译并没有得到允许和机会。陈光还曾说:"我觉得父亲在战前,有一个比较好的研究学问的环境,所以他能够写出那些东西,比较有价值。抗战开始,环境有了很大的变化,热衷于抗战文化倒也是必然。而1942年他下海去重庆,情况就有了根本性的变化,几年下来也没有太好的成绩,战后几年生活所迫,兼了许多职,忙于挣钱了。解放以后,环境更有了更大的变化,做学问已经谈不上了。"

事实上,到南京大学以后,陈铨的事业规划是利用自己精通中外语言和文化的长处,从事翻译工作。大致来说,"肃反"前和"摘帽"到"文革"这两个阶段,在不利的环境中,他在翻译方面还是做了很大的努力,也取得了相当的成绩。无可奈何的是,陈铨已不能署名或不便署本名,出版时有的用的是陈正心(父亲的名)、金东(取陈铨两字各一半)等笔名,有的则迟至1980年代才得以出版。此外,还留下了一些断编残简。这些译作有:

一、署"陈铨译":民主德国作家柏伦涅克(W. D. Brennecke)的长篇小说《学校广播站》(1952),上海少年儿童出版社1955年出版。

二、署"陈正心译":德国作家沃尔夫(Fridrich Wolf)的长篇小说《两人在边境》(1934)《儿子们归来》(1944);联邦德国戏剧家根特·魏森波尔恩(Günther Weisenborn)三幕剧《西班牙婚礼》(1948),波兰作家莫文森尼克(Gustaw Morcinek)的长篇小说《约翰纳煤井》。此四者皆经王造时介绍,1955年由上海新文艺出版社出版。

三、署名"金东译":德国诗人贝希尔(Johannes R. Becher)的诗剧集《冬战》(收《冬战》《莫斯科外围战》两个作品),由北京人民文学出版社1959年出版。同年人民文学出版社出版的《沃尔夫戏剧集》(上下),收录了陈铨翻译的《爱国者》《托马斯·闵采尔》两个剧本。

四、"右派"期间,陈铨从俄语翻译、编著了几部教材,如《德国文学概论》《德语词汇学》。其中存世可见的《德文文法教学参考书》,以

"南京大学西方语文系"名义印刷,署"陈铨译",《德国文学概论》保留有手稿。此外,还留下了一些打印稿和未刊手稿,如《舞台与戏剧问题》(1954,南京大学西方语文系打印稿)、《对张威廉先生〈泰尔报告〉的补充意见》(1955,手稿)、《科里奥兰纳斯的改编问题——从普鲁塔克、莎士比亚到布莱希特》(时间不详,手稿)、《精神现象学》翻译残稿等。

六、陈铨去世后出版:(1)瑞士文论家沃尔夫冈·凯塞尔的名著《语言的艺术作品——文艺学引论》,此著陈铨于1965年译完,并写有《译后记》,1984年由上海译文出版社出版,署"陈铨译";(2)上海人民出版社1982年出版的《现代西方史学流派文选》中,陈铨翻译有德国史学家迈纳克《1936年1月23日在普鲁士科学院发表的纪念演说》,以及意大利哲学家、史学家克罗齐《历史学的理论和实践》的部分篇章[1]。

尤值一提的是,陈铨曾对照德文原典,帮助王造时完整校阅黑格尔的《历史哲学》译稿,但1957年印行时,出版社不愿署陈铨的名字,仅在版权页提了一句:"本书根据J. Sibree的英译本转译,并经译者请友人依德文原本校阅。"[2]实际上,王造时、贺麟当时均对出版社表示不满,曾再三交涉,为陈铨争取署名的权利[3]。陈铨曾在日记中写道:"接雄生来函,谓商务已复信,仅允在卷头'友人'二字后加我的名字,至于报酬则推得一干二净,原来商务所提出意见,无形收回。此想系三联当初拒绝发表我名字,此时商务翻案,不合党的政策。"[4]但事实上,再版时却压根没提陈铨的名字,直到今天,该译著一版再版还是如此。

[1] 编者(田汝康)在序言中写道:"十年浩劫后,人事已非,早先参加翻译的王造时、雷海宗、陈铨三先生均已故世,我们谨向他们表示悼念。"参见:《编者的话》,田汝康等编:《现代西方史学流派文选》,上海:上海人民出版社,1982年。
[2] 参见黑格尔:《历史哲学》,王造时译,北京:生活·读书·新知三联书店,1957年。
[3] 此书1963年商务印书馆再版,为给陈铨争取署名权和稿费,陈铨、王造时、贺麟三人间有多次通信相商,终未果。参见:《陈铨日记》(手稿),1963年6月15日、21日、24日、28日、7月24日。
[4] 《陈铨日记》,1963年9月6日。

七、"文革"与谢幕

从"肃反"到"反右",陈铨已心灰意冷,明白了自己的处境,被批评、写检查、交汇报,低头做人,谨慎做事,委曲求全,业已成为本能和习惯,外文系给他安排了课程,就全身心地投入,不安排也就算了。而随着步入花甲之年,陈铨逐渐感到有些力不从心,营养不良、缺乏锻炼、抽烟习惯,尤其是精神压力和心情郁闷,逐渐侵蚀了他的身体。从1962年开始,陈铨隐隐觉得"健康"是不是要"坏",后来诊断为并不算严重的肺气肿和哮喘。

1966年,文化大革命发生,陈铨再没能挺过去。大概因为早已是靠边站的"死老虎"了,南京大学的"造反派""工宣队"一开始对他兴趣不大。只是一向有成见者不肯忘记这样一个老"反革命",他们带人抄走他的书信、日记和藏书,并从《野玫瑰》中按图索骥,深挖细掘,臆想出种种情节,甚至不断追问他:若不是有亲身体验,不是隐藏很深的特务,如何写得出那么多特务戏。虽然没有任何事实和证据,陈铨还是被戴上了一顶"特嫌分子"新帽子。

就这样,陈铨白天在学校参加政治学习和体力劳动,晚上回家则要写没完没了的"交代"和"检查"。精神麻木,穷困潦倒,有时饿了,竟然连一个馒头都买不起。

1968年初,在山西运城师范学校工作的陈光还回到南京,一来是看望父母,二来也是向二老报告要结婚的消息,陈铨夫妇听了很高兴。陈光还后来回忆道:"父亲身体、精神状态都挺好,我们坐在客厅里聊天,一切都显得那么平静,'文革'前期那种狂暴的激情似乎离得挺远。"[1]他甚至还清楚地记得,祖父八十岁时所写的勉励父亲的"自有文章惊海内,不应书剑老风尘"条幅还挂在堂间。但就在儿子离家不久,陈铨夫妇被强迫从大钟亭南京大学教工宿舍搬出。新住地是南京大学

---

[1] 陈光还:《我印象中的父亲》。

南苑的一栋筒子楼,这是底层的一间朝北的单间公寓房,厨房、卫生间都是公用的,此处也是陈铨最后的栖身地。

这个阴暗的单间系南京大学一位"靠边站"的干部,被校方要求不得已腾出来的。所以他们夫妇一搬来,就遭到原女主人的冷眼和不满,而对这位"资产阶级大教授"也是处处找茬,轻慢侮辱,并主动地行使起"无产阶级专政"的"权利",逼着陈铨打扫公共院落、楼道和厕所。冬天一到,陈铨的肺病就更难挨了,连走路都气喘吁吁,可每天晚上要搜肠刮肚地写交代,天不亮还要起床劳动。在这样的环境下,陈铨再也扛不住了,他想到了死亡,甚至告诉妻子,自己若有不测,赶紧去跟儿子过,要活下去。

1969年元旦,在苏州上大学的女儿陈光琴放假回家。返校那天清晨,母亲送她出门,她看到了父亲,也看到了平常而又不平常的一幕,两位老人——她的父亲陈铨、数学家曾远荣,拿着大扫把,一声不响地在扫雪,弯腰低头,步履蹒跚,动作笨拙。待看到陈光琴时,陈铨停下了动作,没有说话,只呆呆地看着女儿……多年以后,女儿终于明白,那个阴冷晦暝的早晨,父亲瞥向她异样的无神的目光,是在向她诀别!

1969年1月18日,陈铨铺开稿纸,抖抖索索,缓缓落笔,开始写一份题为《〈野玫瑰〉上演的前后》新的"交代"材料:

> 在《野玫瑰》发表和上演的前后,正是我本人非常忙碌之时。重庆的许多事情发生,我本人不在那里,那还是半年或一年之后,我有机会到重庆,才有人遇机会补告了我一些情况。这些情况不一定完全,也不一定真实,我不过听听而已……

这份花了两天时间写成的五页纸近两千字的"交代",字迹绵软无力,东倒西歪——陈铨的绝笔!1969年1月31日,古城金陵的冬天肃杀寒冷,陈铨终于倒下了!时年六十六岁!

十年后,历史翻开了新的一页!1979年7月1日,中共南京大学委员会发布"南委发〔79〕223号"文件——《关于陈铨同志政历问题的审查结论》:

陈铨,又名陈大铨,男,一九〇三年生。四川富顺人,家庭出身商。原外文系教授,一九六九年初因病逝世。一九五七年曾定为右派分子,一九六一年摘帽,一九七九年一月根据中共中央〔78〕55号文件精神给予改正,恢复教授职称及政治名誉。

陈文化革命中曾受审查。现经复查,关于陈解放前写反动剧本和文章问题,本人早已交代。此外,未发现其他政历问题。

1979年7月11日,南京大学外文系"陈铨治丧委员会"向全国各地发出了将召开陈铨追悼会的通知。7月21日,追悼会上外文系主任张威廉致悼词,曾远荣、柯象峰、何如、胡允恭、叶逢植、赵瑞蕻、郑寿康等五十余位生前亲友同事,到会参加了悼念仪式。仪式现场,曾远荣教授大声拒绝了工作人员提供的花圈,坚持要出钱另买,以示对这位早逝的"三同"故人[①]的深深情谊和沉痛哀思,柯象峰教授写下了"生死从来无定律,丹心不愧贯长虹"[②]的挽联,王造时的女婿以亡妻王海容的名义敬献了花圈。

未能到现场的林同济特地写了一封唁信:"南京大学外文系 接到你系陈铨教授悼会仪式的通知。我远道未能参加为憾!许多学界人士对陈铨教授横遭'四人帮'的磨折,终于不幸逝世,是愤慨的。对你系这次昭雪之举十分致敬!"追悼会前出差到南京的冯至在招待所写了一封唁函:"在北京时得到通知,陈铨先生追悼会将于本月二十一日举行。我因事路过南京,仅留一日,不能参加追悼,甚以为憾。谨修唁函,以致悼念,并请代为慰问家属。"贺麟、雷兴翰、李振麟、章鹏高等友亲学生则发来了唁电[③]。

十年生死两茫茫,贺麟似乎并不知道陈铨已去世多年,竟在唁电中写道:"顷悉陈铨先生逝世不胜痛惜特电悼念。"事实上,直到1990年代初,老同学阳翰笙还在打听陈铨的下落,而与之颇有过往的徐中玉、贾植芳两位先生,皆曾借题发挥,回忆起这位早已阒无声迹的老朋友:

---

① "三同"指同乡、同学和同事。
② 据陈铨九弟陈焕章当时记录,手稿。
③ 林同济、冯至、贺麟等唁函唁电均据原件。

（陈铨）原是清华和西南联大的德国文学教授，因《野玫瑰》一剧一直被较多进步文艺界人士指责，以后并去南京大学任教，五七年划为右派后派在资料室工作，不久去世。据我所知，他精通德语，中国文学修养也不错，在《清华学报》发表过不少颇有质量的论文，并没有离开过学校做什么国民党的官。林同济、沈从文等都在《战国策》上写过文章，说不上有多大坏影响。解放前后受到批评后即绝口不再谈论当代政治和文事。我觉得对他的很多指责，现在看来有点过火了。①

陈铨是留德学生，三十年代曾经写过中德文学关系的研究的专著和《天问》、《革命前的一幕》等小说及《野玫瑰》等话剧。大陆解放时留了下来。他原在同济大学教书，教授德国语言与文学，一九五二年院系调整时调到南京大学外文系，后来就不知所踪。八十年代，我去南京时就曾经向我熟悉的江苏文化出版界的领导同志打听过他的情况，他说，南京解放后，文艺界召开各种活动从未邀请过他，最后竟致湮没无闻，为历史的泥沙埋葬了。②

虽然陈铨 1979 年即已彻底"平反"，也不乏知他懂他的朋友，但世人真正认识和了解陈铨则经历了很长一段时间……

---

① 徐中玉:《我与同济——祝贺同济八五华诞》,《同济大学学报》(人文社科版),1992 年第 1 期。
② "《革命前的一幕》"应作"《革命的前一幕》",参见贾植芳:《不能忘却的纪念:我的朋友们》,第 148 页。

结　语

"战国派"是中国现代文化史最著名的学案之一,其中尤以陈铨所遭误会曲解尤甚,连偶有涉及的西方学者也难脱窠臼。美国学者 John Israel(易社强)在其名著《战争与革命中的西南联大》(*Lianda: A Chinese University in War and Revolution*)中,骇人听闻地称陈铨是"联大唯一有资格"称为"法西斯分子(The Fascist)"和"法西斯剧作家(fascist playwright)"的教授[1]。

从某种角度看,"战国派"和陈铨至今仍留下不少谜团。有论者曾说道:"《西方之没落》最突出的贡献乃在于文学意境和预测未来两者之间,史宾格勒此书之所以能成为本世纪的巨著之一,在于它可以当作一个时代的征兆、综合与表号",其重要性"来自想象力丰富,及其主要的预言准确无误","道出现代人的抑郁","道尽二十世纪西方人对自己的历史前途所感到的悲观",更使人"认识置身其中的时代意义"[2]。斯宾格勒的中国传人雷海宗、林同济们在很长一段时间里为历史掩埋,甚至连他们的爱国情怀也长期被无视。

有意思的是,时代朝着他们的预言而演进。二战之后民族独立运动风起云涌,两个超级大国诞生,东西方长期冷战,一一回应并印证了他们的理论和论断。有研究者别有意味地写道:

> 历史的意义不在于成为什么,而在于将要成为什么。"已成"

---

[1] John Israel. *Lianda: A Chinese University in War and Revolution*(《西南联大:战争与革命中的中国大学》), Stanford: Stanford University Press, 1998, p164—165;148.

[2] 《西方文化的诊断者——史宾格勒》,第 226—227 页。

是事实,"方成"是命运。命运无疑是比事实更为深奥和神秘的东西。它完全值得人们去思索一辈子。但真正做到这点的人却少之又少。为此之故,有意识地这么做的人便显得难得可贵,卓尔不凡。但谁又能说,战国策派的成员不具有这种值得称道的先知先觉性呢?!①

对这奇迹般的"预言"惊叹不已:

> 林、雷二先生是在三十年前说的,当时第二次世界大战正在进行,交战双方诸国都以联合的姿态出现,尚未成为二强对垒的局面。但战后情势便有变化,证明向着上述的预言进行。美俄两大强国对峙的局面形成……②

1993年,美国政治学者塞缪尔·亨廷顿,在美国《外交》季刊发表《文明的冲突?》,再次提出了"文明冲突"论,引起了国际学界的广泛关注,在中国更是引起了极大的反响。事实上,亨廷顿与斯宾格勒、汤因比一脉相承,尝试在新的历史语境中,对世界的未来作前瞻性的解释。今天全球化已成事实,这是"战国派"诸人早已记挂于心的事情,如论者所言:"在民族危机已经解除之后,'形态史观'可以免除其宣扬民族主义的政治使命而回归到历史思想的本色,焕发其对'全球化'的解释潜力。"③

即如陈铨的尼采论说、英雄崇拜等争议性话题,也令人玩味。实际上,尼采不断演变的学说,大概也是西方人对现代文明悲观失望和痛苦迷惘的文化镜像,而尼采凭借其敏锐的直觉和超人的天才,以"重新估定一切价值"的批判勇气,断然宣布与"过去和现在"彻底决裂,自创了"可望而未必可捉,可然而无必然,因而也更加令人神往"的"超人",给沉沦于空虚茫然、痛苦失望中的现代人带来了"一种诗意的憧憬,一种

---

① 雷戈:《论"战国策派"的历史警醒意识》,《武陵学刊》,1998年,第5期。
② 《重印〈文化形态史观〉序》,雷海宗、林同济著:《文化形态史观》,台北:业强出版社,1988年。
③ 单世联:《"西方的没落"与中国的希望——"战国策派"的设计》,孙周兴等主编:《德意志思想评论》(第二卷),上海:同济大学出版社,2004年,第420页。

乌托邦的梦求"①。这种天启式的神思感性,使每一个遭遇者不由得逡巡留恋。如贺麟所言,尼采"无论在哪一个国家,都有热烈爱好的读者"②。虽然从批判陈铨开始,尼采的魅影渐渐离我们远去,但到了又一个启蒙时代,国人还是记起了这位震古烁今的奇异哲人,于是又一波"尼采热"重现于中国大陆。

无独有偶,直到今天仍有人大声疾呼,英雄崇拜是"反击历史虚无主义者强有力的精神武器",是"民族信仰的源泉","一个具有英雄崇拜情结的民族永远蕴藏着昂扬向上、积极自信的深厚内力"③。只是在陈铨看来,英雄崇拜更是一种个人的道德情怀:

> 英雄崇拜和奴隶服从是两样的。英雄崇拜,是由于诚恳的惊羡,没有利害关系存乎其间,奴隶的服从,则由于贪图利益,惧怕惩罚。换言之,英雄崇拜,是一种高洁光明的情怀,奴隶服从,是一种卑鄙浑浊的心理。④

平心而论,卡莱尔也许是对的,"只要有人类存在,就永远会有英雄崇拜"。从某种程度上说,它就是"人类历史剧变中有生命力的中流砥柱",无论你承认与否,世界的历史往往就是各类伟人们的传记⑤,作为后来者,对那些真正为人类社会做出贡献的英雄,何妨"高山仰止,景行行止,虽不能至,然心向往之"。

几十年前"战国派"的深刻洞见和良苦用心,证明了其历史的预见性,也决定了他们曲高和寡的现实命运。历史一再表明,思想和文化具有穿透时空的能力,给不同时代的人以启迪,而他们提出的种种问题,民族精神,民族文化,民族文学,知识分子的职责与担当,……是否仍是我们需要思考和面对的问题?

在笔者看来,陈铨、雷海宗、林同济诸人令人崇敬的不仅是思想学

---

① 林同济:《我看尼采》,《自由论坛》(昆明),第2卷第4期,1944年4月1日。
② 贺麟:《纳粹毁灭与德国文化》,贺麟:《文化与人生》,上海:商务印书馆,1947年,第89页。
③ 欧清华:《英雄崇拜是民族信仰的源泉》,《中国社会科学报》,2015年8月13日。
④ 陈铨:《谈英雄崇拜》。
⑤ [英]托马斯·卡莱尔著:《论英雄、英雄崇拜和历史上的英雄业绩》,第14—15页。

识,还在其文人合一和公德私德兼修的书生本色和人格魅力。陈铨曾评价闻一多道:"他救世心的纯洁,是没有一个人能够疑问的。"这何尝不是为"战国派"、为他自己量身定制的墓志铭。

作为中国现代知识分子,陈铨突出体现了"自由之思想,独立之人格"的个性精神,作为一个有强烈民族情怀的爱国主义者,他满怀激切的救世热情、参与精神和批判意识,其民族意识和社会改良的思想观念,历经多年,从未改变,始终保持自我的独立性和炽热的赤子之心,思考民族未来,渴望国家强盛。作为文学家,陈铨为中国现代文学奉献了独具审美风貌的长篇小说和极富时代感召力的剧作,《天问》《彷徨中的冷静》《死灰》以及《野玫瑰》《金指环》《无情女》等优秀作品必将会得到应有的声誉而载入中国现代文学史。作为以学术救国为己任的学者,他发前人之未发,《中德文学研究》《中国文学对于世界的贡献》等都堪称经典之作,尼采、叔本华等言说也是具有学理性、个性化的学术著作。1949年后,尽管遭遇不公平待遇,但他真诚地"自我改造",尽可能以学术专长,为新中国作出自己的努力和贡献,并翻译出《语言的艺术作品——文艺学引论》这样的泽被后学的经典文献。

终其一生,陈铨本质上是一个具有强烈民族情怀和自由精神的知识分子,也是一个深具浪漫气质的小说家、戏剧家,同时还是一个卓有创见的学者、业务精湛的大学教授。其曲折的人生经历和现实遭际,见证了一代知识分子为个人理想和民族未来不断探索的心路历程、始终如一的求真精神和终被沉埋的悲剧命运,也映射了现代中国乃至世界历史的风谲云诡、坎坷沧桑。

主要参考文献

一、陈铨相关文献资料

(一)著作

《天问》(长篇小说),上海:新月书店,1928年(上下册);上海:商务印书馆,1936年(一册)。

《冲突》(长篇小说),上海:励志书局,1929年。

《革命的前一幕》(长篇小说),上海:良友图书印刷公司,1934年。

《彷徨中的冷静》(长篇小说,上下册),上海:商务印书馆,1935年。

《死灰》(长篇小说),天津:大公报社出版部,1935年。

《蓝蝴蝶》(短篇小说集),长沙:商务印书馆,1940年。

《狂飙》(长篇小说),重庆:正中书局,1942年。

《无名英雄》(《革命的前一幕》再版),重庆:商务印书馆,1945年。

《再见,冷荇!》(《死灰》再版),上海:大东书局,1946年。

《归鸿》(收短篇小说3篇及电影剧本1部),上海:大东书局,1946年。

《西洋独幕笑剧改编》,上海:商务印书馆,1940年。

《黄鹤楼》(五幕剧),长沙:商务印书馆,1940年。

《野玫瑰》(四幕剧),重庆:商务印书馆,1942年。

《金指环》(三幕浪漫悲剧),重庆:天地出版社,1943年。

《蓝蝴蝶》(四幕浪漫悲剧),重庆:青年书店,1943年。

《无情女》(三幕剧),重庆:青年书店,1943年。

《婚后》(独幕剧集),重庆:商务印书馆,1944年。

《哀梦影》(诗集),重庆:青年书店,1944年。

《中德文学研究》,上海:商务印书馆,1936年。

《叔本华生平及其学说》,重庆:独立出版社,1942年。

《文学批评的新动向》,重庆:正中书局,1943年。

《戏剧与人生——编剧概论》(戏剧理论),重庆:在创出版社,1944年;上海:大东书局,1947年。

《从叔本华到尼采》,重庆:在创出版社,1944年。

《戏剧概要》(电影戏剧系讲义之一),上海:特勤学校编印,1948年。

《戏剧演出法》(电影戏剧系讲义之二),上海:特勤学校编印,1948年。

(二)报刊文章与译著(略)

(三)学位论文

Thomas Chuan Chen. *The Comic Elements in Jane Austen's Works*,1930年5月,奥柏林学院档案馆。

Chen Chuan. *Die Chinesiche schöne Literatur im deutschen Schrifttum*,Philosophie Fakultät der Christian-Albrechts-Universität zu Kiel,1933.

(四)档案

南京大学档案馆、同济大学档案馆、奥柏林学院档案馆(Oberlin College)、德国石荷州档案馆(Schleswig Landesarchiv Schleswig-Holstein)、云南省档案馆相关档案。

(五)手稿

《海滨日记》(1924)

《陈铨日记》(1959—1963)

《〈野玫瑰〉上演的前后》(1969)

《陈铨家书》(129通)

二、主要报刊

报纸:《大公报》《北平晨报》《解放日报》《时事新报》《新蜀报》《新华日报》《新闻报》《益世报》《中央日报》《云南民国日报》《云南日报》《朝报》等。

期刊:《清华周刊》《清华文艺》《弘毅》《新动向》《战国策》《今日评论》

《荡寇志》《当代评论》《军事与政治》《民族文学》《群众》《中央周刊》《文化先锋》《文艺先锋》《智慧》等。

三、主要参考著作

[法]柏格森著,徐继曾译:《笑:论滑稽的意义》,北京:中国戏剧出版社,1980年。

[英]以赛亚·伯林著,吕梁等译:《浪漫主义的根源》,南京:译林出版社,2008年。

成芳编:《我看尼采——中国学者论尼采(1949年前)》,南京:南京大学出版社,2000年。

邓世安编译:《西方文化的诊断者:史宾格勒》,台北:允晨文化实业股份有限公司,1982年。

冯启宏著:《战国策派之研究》,高雄:高雄复文出版社,2000年。

郭少棠著:《权力与自由:德国现代化新论》,上海:华东师范大学出版社,2001年。

贺麟著:《文化与人生》,上海:商务印书馆,1947年。

何永佶著:《为谋中国政治改进》,重庆:商务印书馆,1945年。

何永佶著:《为中国谋国际和平》,上海:商务印书馆,1946年。

何兆武口述,文靖撰写:《上学记》,北京:生活·读书·新知三联书店,2006年。

[德]黑格尔著,朱光潜译:《美学》,北京:商务印书馆,1979年。

[美]塞缪尔·亨廷顿著,周琪等译:《文明的冲突与世界秩序的重建》,北京:新华出版社,1998年。

John Israel. *Lianda*: *A Chinese University in War and Revolution*, Stanford, Stanford University Press, 1998.

季进、曾一果著:《陈铨:异邦的借镜》,北京:文津出版社,2005年。

江沛著:《战国策派思潮研究》,天津:天津人民出版社,2001年。

蒙树宏著:《云南抗战时期文学史》,昆明:云南教育出版社,1998年。

[德]尼采著,刘崎译:《瞧,这个人》,北京:中国和平出版社,1986年。

[德]尼采著,余鸿容译:《快乐的科学》,北京:中国和平出版社,

1986年。

［德］尼采著,张念东等译:《权力意志——重估一切价值的尝试》,北京:中央编译出版社,1991年。

［德］尼采著,陈涛等译校:《历史的用途和滥用》,上海:上海人民出版社,2000年。

浦薛凤著:《浦薛凤回忆录》(上中下),合肥:黄山书社,2009年。

清华大学校史研究室编:《清华大学史料选编》(1—4),北京:清华大学出版社,1994年。

《清华年报1925—1926》,清华出版物,1926年。

《清华一览》(多种),清华出版物。

桑兵等编:《先因后创与不破不立:近代中国学术流派研究》,北京:生活·读书·新知三联书店,2007年。

［德］叔本华著,石冲白等译:《作为意志和表象的世界》,北京:商务印书馆,1982年。

［德］叔本华著,范进等译:《叔本华论说文集》,北京:商务印书馆,1999年。

［德］奥斯瓦尔德·斯宾格勒著,齐世荣等译:《西方的没落》,北京:商务印书馆,1963年。

苏云峰著:《从清华学堂到清华大学1911—1929》,北京:生活·读书·新知三联书店,2001年。

苏云峰著:《从清华学堂到清华大学1928—1937》,北京:生活·读书·新知三联书店,2001年。

［英］汤因比著,曹未风译:《历史研究》,上海:上海人民出版社,1966年。

卫茂平著:《中国对德国文学影响史述》,上海:上海外语教育出版社,1996年。

吴宓著:《吴宓日记》,北京:生活·读书·新知三联书店,1998—1999年。

［美］E.希尔斯著,傅铿等译:《论传统》,上海:上海人民出版社,1991年。

叶隽著:《另一种西学——中国现代留德学人及其对德国文化的接受》,北京:北京大学出版社,2005年。

后 记

与陈铨结缘源于我的导师沈卫威先生。2007年秋,在南京大学中文系的一间办公室里,当我提出想法时,老师并不建议做陈铨研究,但不久后改口了,还提供一些资料和线索,并介绍我去访问陈铨的后人。2007年冬天,我到吴江拜访陈光琴、秦星坡(陈铨的女儿女婿)两位先生,得到他们热情招待,解决了我很多疑问,并惠赠了不少资料,甚至还带我游览了同里古镇。2008年初,我到北京待了半个多月,奔走于几个图书馆,当年底,完成了博士学位论文初稿《陈铨论(1903—1949)》。沈卫威老师当时在国外讲学,我们面临毕业,遂托王彬彬先生代管学生,在王老师指导和建议下,论文最终改题为《论陈铨的民族精神与浪漫情怀》,2009年5月通过了答辩。

毕业后,我到安徽滁州学院工作,又多次到各地继续收集陈铨与"战国派"的资料。2012年5月,在南京第一次拜见了陈光还(陈铨的次子)先生,2016年5月还随光还先生到北京拜访了他的大哥陈光群先生。这之前之后,数不清多少次或当面或电话或网络请教光还、光琴两位先生,他们有求必应,我有幸一览他们珍藏的父亲的书信、日记、照片等多种资料。虽学浅才疏,还不无怠惰,也一直在坚持,对他们的信任和鼓励唯有感激。

2016年12月,在当地政府、学界同人等共同努力下,来自全国各地近四十名学者、陈铨的亲属和乡贤们相聚陈铨的故乡——四川富顺,成功召开了"全国首届陈铨学术研讨会"。作为会议组织者和服务者之一,我感到非常快慰,也深切感受到"才子之乡"的气韵,至今时时忆及与刘海声前辈、高仁斌先生,在富顺西湖边寻迹陈铨的老家、廻澜塔下俯瞰滔滔沱江的情形,犹记得孙周兴先生在会上说:"中国学界欠陈铨先生一个公正的评价。"

遗憾的是,十年光阴已逝,却并未磨成一把好剑。此书如还有些新意的话,大概在材料和史实。除了陈铨先生的书信、手稿等私人物件,以及沿着李扬女士、季进先生等先行者提供的线索外,还有以下方面:一是十余年在全国各地图书馆的奔走搜罗;二是实地或托人查阅部分陈铨曾求学供职的大学以及相关机构的档案;三是陈铨当年的熟人、学生的书信问访,如徐中玉、何兆武、杨武能诸位先生。读过不少传记,总感觉作者多少有点偏待传主,虽自认为本书中的判断和观点皆从史料中得来,有一分证据讲一分话,但可能仍不免如是,还请有缘的读者谅解。

感谢郭娟、李仲明、李建平、陈子善、丁帆、王学振、解志熙诸位老师的扶掖关爱,书中部分文字,得以先后在《新文学史料》《戏剧》《抗日战争研究》《抗战文化研究》《现代中文学刊》《中国比较文学》《文学评论丛刊》《海南师范大学学报》《中国现代文学研究丛刊》等刊发表。郭娟老师还为本书的出版费心费力,更当铭记于心。

徐有威教授、蒙树宏教授、徐志福先生以及同门师妹张帆,在资料和德文翻译等方面也多有帮助。在此一并致以诚挚的谢忱!

二〇二〇年三月